Mensch Maya/Bernd Zeiger

Zauberhafte Illusionen

Beiträge aus der »Magischen« Welt
über Yogakräfte, Wunder, Meditation,
Licht- und Schatten-Theater,
Tricktechnik, Quantenmechanik
und Unterhaltungstäuschung

Druck und Bindung: Books on Demand GmbH, Norderstedt
Printed in Germany

alfa-veda.com
alfa-veda@email.de

Hardcover ISBN 978-3-945004-66-1
Paperback ISBN 978-3-945004-67-8

Beiträge aus der 1952 gegründeten Zauberfachzeitschrift
»Magische« Welt
vom Okt./Dez. 1985 bis Juni 1994
von Mensch Maya und Dr. Bernd Zeiger,
Nachdruck mit freundlicher Genehmigung von Werry,
dem damaligen Herausgeber der »Magischen« Welt
Werner Geissler (1925-2000),
samt dem Echo vieler entrüsteter oder begeisterter
Berufs- und Hobby-Zauberkünstler
herausgegeben von Jan Müller

Inhalt

»Magische« Welt 1985 – 1994
Wie Unterhaltungstäuschung, Yogakräfte und Quantenmechanik dazu beitragen, Grenzen zu überwinden

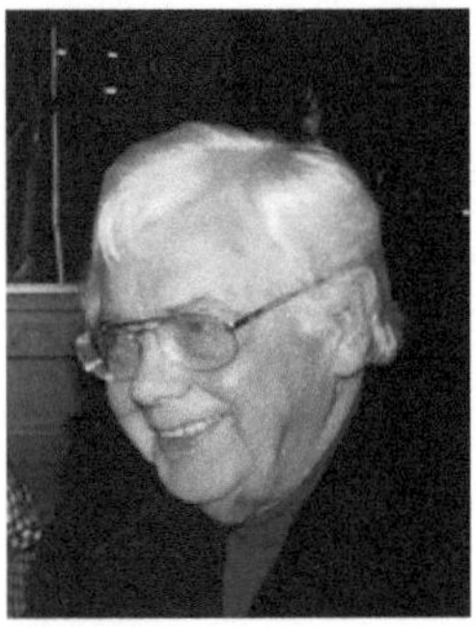	**Werry, Werner Geissler, »Magische« Welt (MW)** **MW =** **M**ehr **W**issen *„Viele Meinungen, Ansichten und Anschauungen zu veröffentlichen, halte ich für besser (und auch interessanter), als dem Leser vorgefasste Meinungen aufzuzwingen."* *»M«W Jg. 35, Heft 2, 1986*
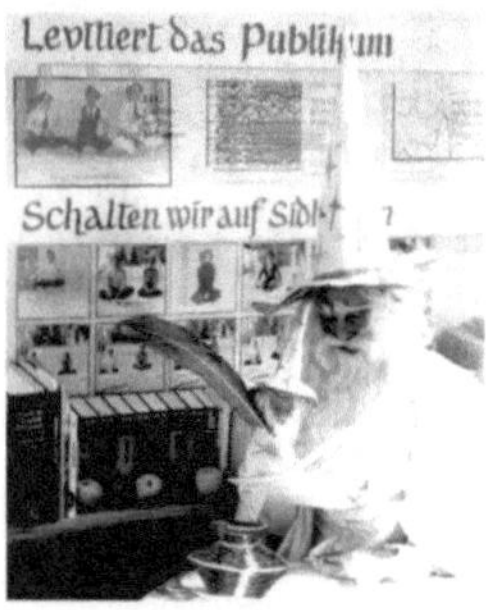	**Mensch Maya** Bewusstsein als Heim allen Wissens und Feld aller Möglichkeiten *„Im Sanskrit heißt das Wörtchen Maya: Weisheit, Kunst, Trick, Wunder, Zauber, Täuschung, Illusion – also alles, was auch zur Täuschungskunst gehört."* *»M«W Jg. 34, Heft 4, 1985*
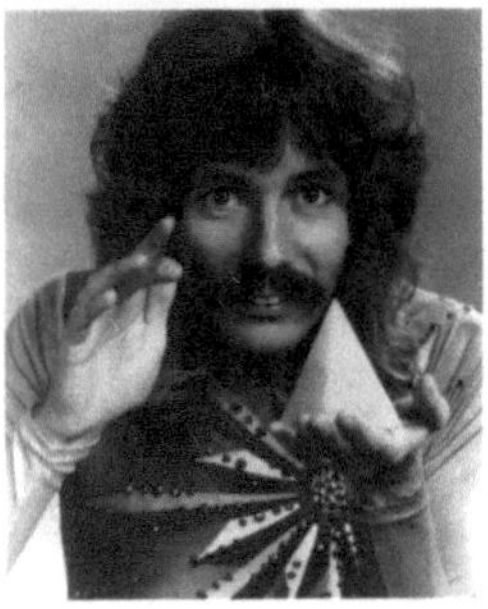	**Doug Henning** Veda Vision – wie Unterhaltung genutzt werden kann, das Bewusstsein des Menschen anzuheben *„Durch Meditation erfahre ich das Wunder, und durch Zaubern teile ich es mit dem Publikum."* *»M«W Jg. 36, Heft 2, 1986*
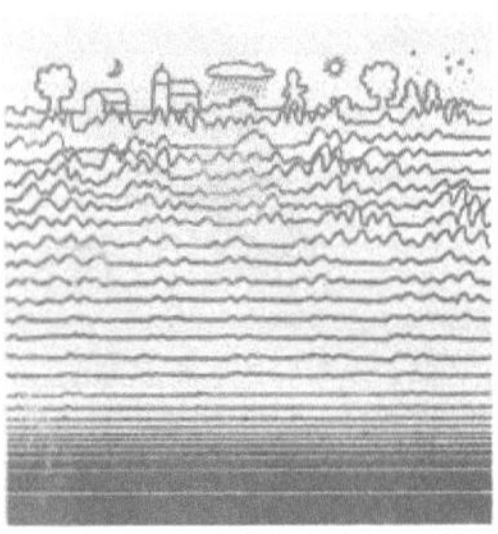	**Dr. B. Zeiger** Quanten-Vakuum, ein Feld aller Möglichkeiten *„Es ist ein Grundsatz der modernen Quantenmechanik, dass alles, was potentiell möglich ist, auch verwirklicht werden kann."* *»M«W Jg. 37, Heft 1, 1988*

Heft **4** · 34. Jahrg. · Okt./Dez. 1985 · **G 21240 F**

»Magische Welt«

Zeitschrift für angewandte Tricktechnik und Wahrnehmungstäuschung.

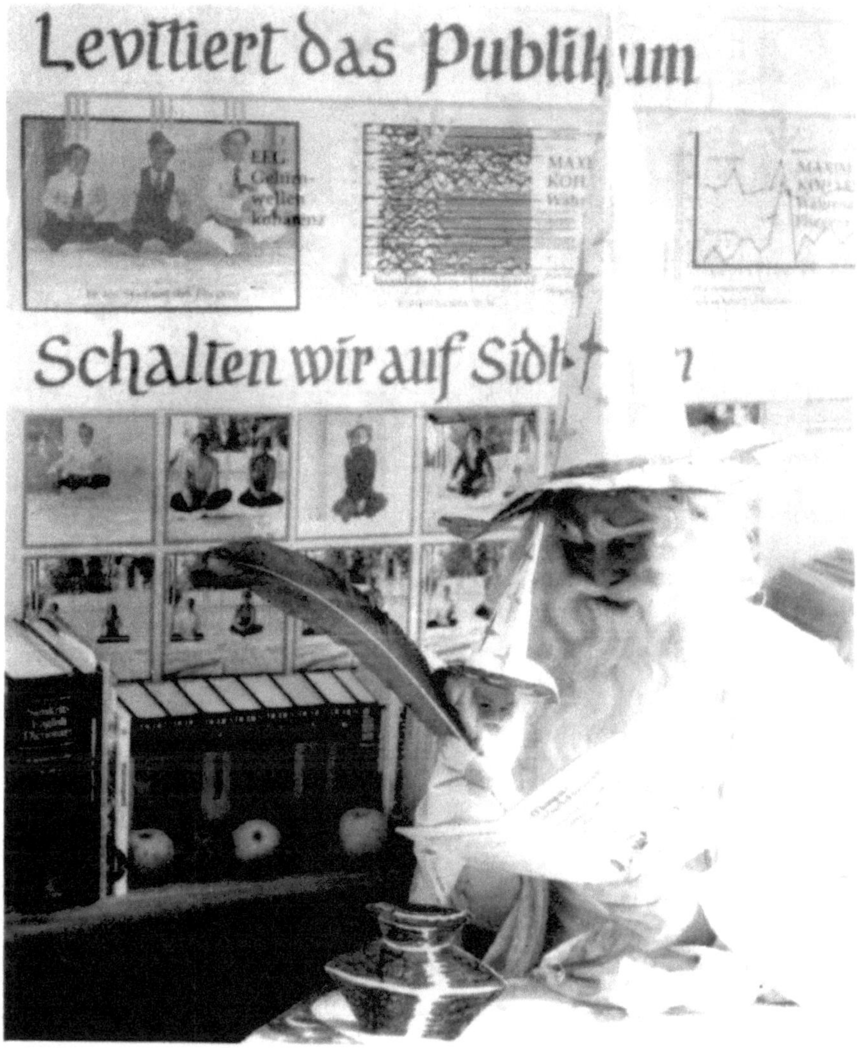

Interview mit Mensch Maya

Pantomime

Fantasie der Körpersprache
Von Mensch Maya
In der neu geschaffenen Kolumne
„Künstlerisch wertvoll"

34. Jahrgang Heft 4 – Okt./Dez.1985

»Magische« Welt

ZEITSCHRIFT FÜR ANGEWANDTE TRICKTECHNIK UND WAHRNEHMUNGSTÄUSCHUNG

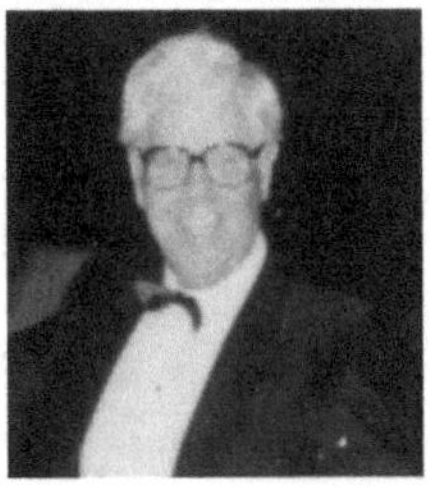

Lieber Leser!

Die vorliegende „M"W-Ausgabe enthält (zumindest) zwei Beiträge, welche bei etlichen Lesern Verwunderung oder gar Kopfschütteln hervorrufen werden – das Interview mit Mensch Maya und die tricktechnische Veröffentlichung Der schwebende Bettuchine, 1. Teil. Handelt es sich bei beidem um verspätete Aprilscherze, oder ist das alles ernst gemeint? Nun, lieber Leser, wenn Sie die Texte sehr aufmerksam lesen, dürfte es Ihnen nicht schwerfallen, sich selbst die richtige Antwort zu geben. Ich denke, daß dieses Thema (das Schweben ohne technische Hilfsmittel o. ä.) eine heftige Diskussion in der „M"W auslösen wird.

Na dann – prosit Neujahr!

Herzlichst
Ihr Werry

Interview

Die folgende Unterhaltung zwischen Mensch Maya und Werry entwickelte sich spontan im Laufe eines unerwartet regen Briefwechsels, der mit einem Leserbrief begann, in dem M. M. vorschlug, eine Serie über die „Gesetze des Wunders“ zu schreiben. Da es sich dabei um einen für die „M“W ungewöhnlichen Stoff handelt, der möglicherweise viele Fragen aufwerfen wird, hielt Werry es für sinnvoll, die kommende „Wunderserie“ mit der Beantwortung jener Fragen einzuleiten, die sich bei ihm selbst der Reihe nach ergeben haben (siehe auch: „Der Schwebende Bettuchine“, Seite 292).

Mensch Maya: Lieber Werry, als frischer Abonnent der „M“W möchte ich Ihnen zum Empfang des Hofzinser-Ringes und für das, wofür Sie ihn bekommen haben, herzlich gratulieren. Ihre Zeitschrift bringt genau das, was ich mir von einem Abonnement erhoffte: tiefere Einblicke in die Tricktechnik, in die Kunst der Darbietung und die aktuelle Szene der Täuschungskünstler. – Ich selbst bin Amateur und befasse mich als Bewußtseinsforscher hauptberuflich mit der Erforschung der Gesetzmäßigkeiten des Bewußtseins, unter anderem mit Techniken zur Erzeugung der sogenannten „wahren Wunder“. Wenn Sie möchten, könnte ich für die „M“W eine Serie über „Bewußtseinserweiterung, Maya und die Gesetze des Wunders“ entwerfen. Was halten Sie davon?

Werry: Eine Serie über die „Gesetze des Wunders“ zu veröffentlichen könnte in der Tat eine schöne Aufgabe sein – wenn Sie Hand und Fuß hat. Immerhin versuchen wir ja, mit der sogenannten Tricktechnik die Wunder der Legenden nachzuahmen. Was ich allerdings bisher auf dem Gebiet des Paranormalen erlebt und erfahren habe, ist alles andere als ermutigend, weiterzusuchen. Dennoch bin ich offen geblieben – nach allen Seiten! Nur, ich möchte nicht glauben, sondern wissen. – Sie sagen, Sie seien Bewußtseinsforscher. Erzählen Sie doch mal etwas über diesen Beruf.

M.M.: Der Bewußtseinsforscher taucht mit Hilfe geeigneter Techniken in die Tiefe seines eigenen Bewußtseins ein, bis er die Ebene erreicht, auf der er alle Naturgesetze mit mathematischer Präzision erkennen und nutzen kann. Zu diesem Zwecke praktiziere ich seit 1967 die **Technik der Transzendentalen Meditation** und seit 1977 das TM-Sidhi-Programm. Seit 1972 bin ich als Lehrer für Transzendentale Meditation an in- und ausländischen Universitäten, Schulen, Gefängnissen etc. tätig. Als Experte der Maharishi-Technologie des Vereinheitlichten Feldes bin ich seit einigen Jahren Mitglied einer Forschungsgruppe, die in einem Intensivprogramm die tiefsten Schichten des Bewußtseins erforscht und belebt, um den Beweis zu erbringen, daß das Vereinheitlichte Feld ein Bereich aller Möglichkeiten ist.

W.: „Vereinheitlichtes Feld“ sagen Sie. Was ist damit gemeint?

M.M.: Von der modernen Quantenphysik wird das Vereinheitlichte Feld als einheitliche Grundlage aller Kraft- und Materiefelder beschrieben, also der Bereich, in dem alle Materie und Energie und somit alle Phänomene des Universums ihren Ursprung haben. Die vedischen Rischis beschreiben diesen Ursprung aller Naturgesetze seit jeher als das „Selbst“, das jeder Mensch im einfachsten Zustand seines Bewußtseins als „reines Bewußtsein“ erfahren kann.

W.: Und was ist die Maharishi-Technologie?

M.M.: Die Maharishi-Technologie des Vereinheitlichten Feldes verbindet die modernen objektiven Wissenschaften mit der subjektiven Bewußtseinstechnologie der uralten Vedischen Wissenschaft, die von Seiner Heiligkeit Maharishi Mahesh Yogi wieder ans Licht gebracht wurde. Durch ihren praktischen Aspekt – die Technik der Transzendentalen Meditation und das TM-Sidhi-Programm – wird das Vereinheitlichte Feld im Zustand transzendentalen Bewußtseins unmittelbar erfahren und belebt.

W.: Was meinen Sie mit transzendentalem Bewußtsein?

M.M.: Den Zustand absoluter Ruhe und Gedankenstille. Während der Ausübung der Transzendentalen Meditation taucht der Geist auf einfache, mühelose und natürliche Weise zweimal täglich für etwa 15–20 Minuten in diesen Zustand „ruhevoller Wachheit" ein.

W.: Die absolute Gedankenstille kann ich durch einen „Trick" (das ist kein Scherz) hervorrufen. Ich bin vor Jahren spontan darauf gekommen, als ich auf einem Parapsychologen-Kongreß in San-Remo war. Dort demonstrierte ein Arzt aus Mailand, wie man durch Gehirnwellen eine elektrische Spielzeug-Eisenbahn dirigiert. Es hieß, man müsse das mindestens ein halbes Jahr lang üben. Ich bat später, es auch mal versuchen zu dürfen, und konnte es sofort. Oder genauer: nach etwa 30 Sekunden. Später stellte ich erneut fest, daß ich die absolute Leere im Gehirn sofort erzeugen kann ohne erst Meditieren oder ähnliches tun zu müssen. Nur, ich weiß mit diesem Vorzug – falls es wirklich einer ist – nichts anzufangen.

M.M.: Wenn Sie Ihren Geist spontan zur ruhevollen Wachheit führen können, sind Sie ein Naturtalent und Glückspilz. Um „mit diesem Vorzug etwas anzufangen", empfiehlt es sich allerdings, diesen Zustand ruhevoller Wachheit systematisch herbeiführen zu können und regelmäßig zu erfahren. Dadurch entfalten sie alle Bereiche der Persönlichkeit: Das Nervensystem wird frei von Streß und Verspannungen, der Körper wird gesund und leistungsfähig, die Sinneswahrnehmung wird gesteigert, das Gefühl verfeinert sich, der Geist wird klarer und der Intellekt schärfer. Schließlich haben Sie Ihr volles Selbst erkannt und leben im Zustand der Erleuchtung. – Ihre Wachheit, Offenheit und Kreativität lassen darauf schließen, daß Sie feinere Bereiche Ihres Denkens nutzen können. Je mehr wir fähig sind, von der Ebene der Stille aus zu denken und zu handeln, desto größer werden unsere Fähigkeiten. Wenn wir die Ebene der Stille ständig wach in uns erhalten können, gibt es nichts mehr, was unmöglich wäre. Dann arbeiten wir von der Ebene transzendentalen Bewußtseins, von der aus die Natur das gesamte Universum schafft und lenkt. Ebenso wie die Gehirnwellen dann den Regler einer elektrischen Eisenbahn beeinflussen können, können sie auch viele andere Phänomene erzeugen, die als „Sidhis" in den Yoga-Sutras des Patanjali beschrieben werden.

W.: „Sidhis" ist für mich ein neuer Begriff – und sicher auch für unsere Leser. Was meinen Sie damit?

M.M.: „Sidhi" heißt „Vollkommenheit" und bezeichnet die natürlichen Fähigkeiten eines erleuchteten Menschen, eben jene „Wunderkräfte", die wir als Täuschungskünstler nachzuahmen versuchen. Durch das TM-Sidhi-Programm werden diese Fähigkeiten, die zeigen, daß das Vereinheitlichte Feld ein Feld der unbegrenzten Möglichkeiten ist, systematisch belebt. Die Gesetzmäßigkeiten, die für die Erzeugung der verschiedenen Arten des „Wunders" verantwortlich sind, könnten wir in der erwähnten „Wunderserie" unter die Lupe nehmen. Seit ich Personen bei der

Ausübung der TM-Sidhi-Technik des Fliegens sah, habe ich auch mein Zauberhobby wieder aufleben lassen. Schon die ersten Stadien des Fliegens mit Gehirnwellenkohärenz sehen ganz anders aus als die üblichen starren „Hypnose-Levitationen" der Illusionisten. Doug Henning, der ebenfalls das TM-Sidhi-Programm praktiziert, zeigt inzwischen levitierende Yogis im Lotossitz.

W.: Fliegen mit Gehirnwellenkohärenz? Jetzt haben Sie mich doch ein wenig verwirrt. Sie behaupten – wenn ich Sie recht verstanden habe –, daß Sie es selbst gesehen haben???!!! Das sogenannte Fliegephänomen geisterte hier vor etlichen Jahren durch die Boulevardpresse, wurde aber, nachdem es anfangs groß aufgebauscht worden war, als Schwindel dargestellt. Ich habe diese Darstellung seinerzeit akzeptiert, weil „das Fliegen" ja allen bekannten Gesetzen der Physik widerspricht. Sind Sie sicher, daß man Sie nicht getäuscht hat? Oder daß Sie einer Selbsttäuschung erlegen sind?

M.M.: Die „bekannten Gesetze der Physik" sind heute nicht mehr beschränkt auf die klassische Physik vergangener Jahrhunderte, die noch immer unser allgemeines Weltbild prägt. Fortschritt heißt ja gerade, daß laufend neue, bisher unbekannte Naturgesetze entdeckt und genutzt werden. Ohne Weiterentwicklung der Physik hätten wir heute weder Mondrakete noch Mikrocomputer. Im Rahmen der Supergravitation wird bereits seit 1977 auf die ersten Manifestationen der Antigravitation hingewiesen. Levitation wäre im Prinzip kein Widerspruch, sondern sogar eher ein Beweis der Supergravitationstheorie. Im Zuge der Erforschung des Vereinheitlichten Feldes werden alle Sidhi-Phänomene ihre physikalische Erklärung finden. Doch selbst ohne Kenntnis der modernen Physik ist das Fliegephänomen leicht zu begreifen: Denken Sie nur an den schweren Erdball und all die Planeten, die seit Jahrmillionen frei durchs Weltall fliegen.

W.: Wenn es das Fliegephänomen wirklich gäbe und ich es sehen könnte, würde das mein ganzes Leben verändern!

M.M.: Daß das Fliegen das ganze Leben verändert, kann ich bestätigen. Allerdings nicht durch zuschauen, sondern durch praktizieren. Das Zuschauen kann allenfalls ein amüsiertes Lächeln und die intellektuelle Erschütterung des bisherigen Weltbildes bewirken, die Ausübung aber bewirkt konkrete physiologische Veränderungen: verstärkte Geist-Körper-Koordination, Optimierung der Gehirnfunktionen (das EEG zeigt maximale Gehirnwellenkohärenz im Augenblick des Abhebens), Umkehrung des Alterungsprozesses und viele andere Parameter, die eine Entwicklung in Richtung Erleuchtung anzeigen.

W.: Das Fliegen ohne tricktechnische Hilfsmittel – bitte verzeihen Sie mir – kann ich mir nur so erklären: Der Glaube an die Möglichkeit, der Wunsch, daß es möglich sei und die Autosuggestion rufen die Illusion hervor. – Ich möchte zwar glauben, daß es so etwas gibt, allein mein Verstand ist mir dabei im Wege.

M.M.: Ihre Erklärung wäre richtig, wenn Sie damit sagen wollten, daß die ganze Schöpfung reine Maya, also Illusion und Sinnestäuschung sei.

W.: Wenn ich das sagen wollte – obwohl es möglicherweise nicht abwegig ist – wäre ich ja ein Anhänger der Maya-Philosophie, was aber sicher nicht zutrifft. – Ich gebe zwar gerne zu, daß auch jedes hochgeschleuderte Objekt einen Augenblick schwebend in der Luft verharrt, bevor es zurückfällt, aber das kann man doch wohl nicht als Sinnestäuschung bezeichnen.

M.M.: Wie die Natur – das größte Vorbild jedes Täuschungskünstlers – unsere Sinne zu täuschen versteht, darüber könnten wir im letzten Teil der „Wunderserie" sprechen. – Sie sprachen eben von tricktechnischen Hilfsmitteln. Nun möchte ich Sie fragen, was Sie unter „Tricktechnik" verstehen. Ich verstehe darunter die Anwendung bestimmter Naturgesetze, die den meisten Menschen nicht bekannt sind. Der Unterschied zwischen dem Hervorrufen eines vorgetäuschten Wunders und eines wirklichen ist gar nicht so groß: Der Täuschungskünstler kennt die Gesetze der Wahrnehmung und der Aufmerksamkeit und wendet sie an, um sein Publikum zu täuschen und abzulenken, der „Sidha" dagegen kennt die Gesetze seines eigenen Bewußtseins und wendet sie an, um von der feinsten Ebene der Schöpfung die Naturgesetze auf den groben Ebenen zu lenken. Also verwenden wir beim Fliegen ebenfalls eine „Tricktechnik", allerdings rein geistiger Art. Ohne Anwendung der TM-Sidhi-Technik geht es nicht.

W.: Ich würde das „Fliegen" gerne einmal sehen – nur dann kann man sich ja ein Urteil aus eigener Anschauung bilden.

M.M.: Von außen sehen Sie natürlich nur das Abheben. Was im Inneren des Körpers, in der Wirbelsäule oder im Gehirn abläuft, können Sie von außen nicht erkennen. Das erlebt man erst, wenn man die Technik selbst erlernt hat. Der Augenblick des Abhebens ist mit einem starken Glücksgefühl verbunden. Als ich selbst zum erstenmal vom Boden abhob, fühlte ich mich wie ein Pingpongball, der über eine Platte hüpft. Ich war völlig verwundert, als mein Körper plötzlich, ohne irgendwelche Bewegungen auszuführen, mehrmals vom Boden hochgehoben wurde und dann zwei, drei Meter weiter vorne saß. Daß die Technik auch bei einem selber funktioniert, glaubt man im allgemeinen erst, nachdem man es am eigenen Leib erfahren hat.

W.: Sie reden vom „Hüpfen" eines Balles. Vorhin sprachen Sie vom „Fliegen".

M.M.: Wie gesagt, zur Zeit befinden wir uns noch im Anfangsstadium. In der mehrere Jahrtausende alten Siva-Samhita werden die ersten Stadien der Levitation folgendermaßen beschrieben: „Im ersten Stadium beginnt der Körper des Yogis zu schwitzen, im zweiten zu zittern, im dritten hüpft er wie ein Frosch, und wenn die Übung zunimmt, schreitet der Eingeweihte durch die Luft." Das stimmt exakt mit unserer Erfahrung überein: Wir sitzen auf den Schaumstoffmatten, werden federleicht, heben ab und plumpsen dann zurück. Manche fangen an zu schwitzen, zu vibrieren und auf der Stelle abzuheben, andere hüpfen wie die Frösche durch die Halle. Bei größeren Versammlungen, wenn z.B. 7000 Sidhas in der Halle sind, herrscht reges Auf und Ab. Bisweilen hört man auch von einzelnen, die sich schon länger in der Schwebe halten können, aber gesehen habe ich es noch nicht. Viele haben allerdings das Gefühl, daß sie kurz vor diesem Stadium stehen.

W.: Könnte man das nicht einmal fotografieren?

M.M.: 1977, als das Phänomen des Abhebens noch ziemlich neu war, wurden öfters Außenstehende zugelassen, zum Beispiel Wissenschaftler oder Journalisten, darunter auch ein wissenschaftlicher Fotograf der Zeitschrift „Esotera". Aber jeder sieht nur, was er sehen möchte. Wer das Fliegephänomen mit seinem Weltbild schon vereinen kann, sieht die Leichtigkeit und Mühelosigkeit des Abhebens. Wem es gegen seinen Glauben geht, der vermutet irgendeinen Trick. Obwohl es selbst für Akrobaten schwer sein dürfte, beispielsweise aus dem Lotossitz, wenn beide Füße mit den Sohlen aufwärts auf den Oberschenkeln liegen, in die Luft zu springen. Letztlich kommt es darauf an, was innerlich geschieht. Denn wir praktizieren diese Übung nicht als Selbstzweck oder um ein Publikum zu unterhalten . . .

W.: Sondern?

M.M.: . . . sondern um die volle Koordination von Geist und Körper zu trainieren und Kohärenz im Weltbewußtsein zu erzeugen. Wenn nur eine kleine Anzahl von Personen – die Formel ist die Wurzel aus einem Prozent der Bevölkerung, also nur 800 für Deutschland und nur 7000 für die ganze Welt – die TM-Sidhi-Technik gemeinsam praktiziert, gehen negative Trends wie Verbrechen, Unfallrate, Krankheiten und Konflikte in der Gesamtbevölkerung zurück, und positive Tendenzen werden gestärkt. Diese Wirkung ist das eigentliche Wunder: daß das Leben auf der Erde besser wird, wenn nur eine kleine Gruppe Kohärenz, das heißt Geordnetheit, erzeugt. Oder wundert Sie das etwa nicht?

W.: Hm. Ich sehe eigentlich, daß weder das Leben auf der Erde noch der Mensch besser wird. Mir scheint vielmehr, daß wir alle in einen teuflischen Abgrund torkeln. Aber vielleicht liegt das daran, daß im Verborgenen noch eine andere, größere Gruppe am Werk ist, die ein „kohärentes" Weltbewußtsein ganz anderer Art schaffen will und es als höchstes Ziel ansieht, die Menschheit auszurotten.

M.M.: Keine Sorge, lieber Werry, das Vereinheitlichte Feld ist unbesiegbar. Es ist weitaus mächtiger als die Kernkraft der zerstörerischen Waffen, mit denen man versucht, die Welt in Furcht zu halten. Wer das Vereinheitlichte Feld anzapft, der hilft, die zerstörerischen Kräfte zu zerstören und die Menschheit vor dem „Abgrund" zu bewahren.

W.: Schön wär's. – Sie sprachen vorhin von Erleuchtung und nannten den Begründer der Maharishi-Technologie Seine Heiligkeit. Sind Sie eine religiöse Bewegung?

M.M.: Als „heilig" bezeichnet man einen Menschen, der in Geist und Körper vollkommen „heil" oder „ganz" ist und in vollem Einklang mit dem Naturgesetz denkt und handelt. Wäre es nicht merkwürdig, wenn eine Organisation, die den Menschen zur vollen Entfaltung seiner geistigen Fähigkeiten, also zur Erleuchtung führen will, von einem „unheiligen" Menschen geleitet würde, der Erleuchtung nur vom Hörensagen kennt? Ob wir durch unsere Zielsetzung als religiös zu bezeichnen seien, können Sie am besten selbst entscheiden: Wir lehren weder Glaubensbekenntnis noch Gebote noch unüberprüfbare Dogmen und halten weder Gottesdienste noch Predigten, sondern bieten wissenschaftlich überprüfbare Techniken an, die das menschliche Bewußtsein zur Erleuchtung führen, verbunden mit den modernsten und ältesten Erkenntnissen der Wissenschaft des Objektiven und des Subjektiven. Über die Auswirkungen dieser Techniken wurden in den letzten 15 Jahren mehr als 300 Untersuchungen im Bereich der Physiologie, Psychologie und Soziologie durchgeführt. Die mehreren Millionen Menschen, die diese Techniken praktizieren, gehören allen Religionen an und gewinnen im Zuge der Bewußtseinserweiterung ein immer tieferes Verständnis für die Werte ihrer eigenen Kultur.

W.: Unterhaltungstäuschung ist ja ebenfalls ein Ausdruck der Kultur. Wie sieht Ihr Stil aus und was zeigen Sie am liebsten?

M.M.: Kurze Bühnendarbietungen in Versform, mit denen ich die Wunder des Schöpfungsprozesses und die Prinzipien des Wachstums kreativer Intelligenz veranschaulichen kann; z. B. den unerschöpflichen Glaskrug, der nach dem Leeren immer wieder voll ist, sobald er sich ausgeruht hat, oder die Gedankenblasen, die so lange platzen, bis man gelernt hat, sie auf feineren, stilleren Ebenen wahrzunehmen.

W.: Jetzt verraten Sie uns noch, wie alt Sie sind.

M.M.: Ich nehme an, Sie fragen nach dem Alter meines Körpers. Nun gibt es aber in der Medizin zwei Arten Alter. Das „chronologische", das die Zahl der Jahre angibt, die seit Geburt verstrichen sind, und das „biologische“, das den durchschnittlichen „Alterungszustand“ bestimmt. Wenn Sie beispielsweise einen 20 Jahre alten VW generalüberholen lassen, bis er wieder läuft wie neu, dann ist sein „biologisches Alter“ sozusagen fast Null. Bei Personen, die das TM-Sidhi-Programm praktizieren, regeneriert sich der Körper so schnell, daß er nicht älter, sonder jünger wird. Biologisch gesehen bin ich inzwischen weit unter 20. Aber selbst das ist nicht mein wahres Alter. Sie wissen doch: Reines Bewußtsein, unser Selbst, ist unsterblich und läßt sich nicht von Raum und Zeit begrenzen. Oder fühlen Sie sich etwa alt, nur weil Ihr Körper seit einigen Jahrzehnten auf der Erde wandelt?

W.: Ich fühle mich alt, seit ich nach meinen Augen-Operationen nicht mehr arbeiten kann wie zuvor. Ich fühle mich alt, seit ich sehe, was aus Europa werden wird. Und ich fühle mich alt, seit ich erkannt habe, daß die Wörter Recht und Freiheit hohle Begriffe sind.

M.M.: Sie sind ein alter Täuschungskünstler, lieber Werry. Man spürt doch deutlich, wie jung und frisch Sie innerlich geblieben sind.

W.: Nun verraten Sie uns bitte noch, wer Ihnen den Namen „Mensch Maya“ gegeben hat.

M.M.: Das Publikum. 1983, als ich in einer Vorstellung „das Weltall schrumpfen“ ließ, hörte ich, wie ein Berliner rief: „Mensch Meier!“ Das klang wie „Maya“. Im Sanskrit heißt das Wörtchen Maya „Weisheit, Kunst, Trick, Wunder, Zauber, Täuschung, Illusion“, also alles, was zur Täuschungskunst gehört. Jetzt las ich auch noch bei Ihnen in der „M“W, Maya sei die Schutzgöttin der Täuschungskünstler. Woher haben Sie das eigentlich?

W.: Ja, wo habe ich das her? Seit meiner Jugendzeit geistert das durch die Weltgeschichte. Ich habe es dutzende Male gelesen. Es gab auch mal eine Zeitschrift für Täuschungskünstler, die sich so nannte.

M.M.: Seit ich das mit der Schutzgöttin gelesen hatte, stand mein Pseudonym endgültig fest. Ich habe also die Ehre, meinen Künstlernamen zum Teil dem jetzigen Träger des Hofzinser-Ringes zu verdanken.

W.: Mensch Maya! Ich freue mich auf Ihre Serie über die „Gesetze des Wunders“, die – nach Ihren bisherigen Auskünften zu urteilen – bestimmt einiges Aufsehen erregen wird.

Mensch Maya

Der Schwebende Bettuchine (1)

Eine Schwebeillusion vor levitierendem Publikum

Das Trickprinzip der folgenden Schwebeillusion ist Ihnen, lieber „M"W-Leser, in den Grundzügen bereits aus der „M"W bekannt. Auch ist es unter der Bezeichnung „Burlesque Comedy Levitation" in Micky Hades' „Encyclopedia of Suspensions and Levitations" (1) beschrieben. Warum also einen Trick erklären, den fast jeder kennt? – Der Grund sind zahlreiche Verfeinerungen des Effekts, um damit einem Publikum gerecht zu werden, das die ersten Stadien des Levitierens ohne Täuschungstrick bereits aus eigener Erfahrung kennt. (Lesen Sie ruhig weiter: kein Aprilscherz!) Da diese Art von Publikum beständig wächst, gern Feste feiert und dabei eine Vorliebe für „Wunder" hat, ist es durchaus möglich, daß auch Sie einmal die sonderbare Einladung bekommen: „Können Sie uns mal was vorzaubern? Am besten ein paar schöne große ‚Wunder', aber ohne präparierte Bühne oder schwarzen Vorhang, und es sollten Tricks sein, die wie echte ‚Sidhis' wirken . . ."

„Hoppla", werden Sie fragen, „was sind Sidhis?"

„Wieso? Sie sind doch Zauberkünstler. Da müssen Sie doch wissen, was ein Sidhi ist."

Um einer solchen Lage vorzubeugen, will ich kurz erklären, was ein Sidhi ist und was die neue Art von Publikum damit zu tun hat, und Ihnen dann ein Beispiel geben, wie man ein Sidhi möglichst lebensnah und ungekünstelt nachahmt.

SIDHIS – uraltes Vorbild unserer Trickeffekte

Der Sanskritbegriff „Siddhi" (Vollkommenheit) bezeichnet jene zauberhaften Fähigkeiten der Helden und Heiligen, die uns seit alters aus Mythen, Märchen, Sagen und Legenden überliefert sind. In der vedischen Literatur, ebenso in der Edda, werden eine ganze Reihe solcher „Wunderkräfte" aufgezählt: Sehen des Entfernten und Verborgenen, Durchdringen der Materie, Unsichtbarwerden, Levitation und vieles andere.

Während die meisten Schriften sich damit begnügen, lediglich von diesen Phänomenen zu berichten, wird in den „Yoga-Sutras" des Patanjali (2) genau beschrieben, welche geistigen Techniken zur Meisterung der Sidhis führen. Dieses etwa 2000 Jahre alte Büchlein, mit dem Maharishi Patanjali das Yoga-System schriftlich niederlegte, liest sich fast wie ein moderner Zauberkatalog – mit dem Unterschied, daß zuerst die Technik und darauf der Effekt beschrieben werden.

Daß jedoch allein das Lesen dieses Büchleins nicht genügt, um die Ausübung der Sidhi-Technik zu erlernen, erkennen wir, sobald wir lesen, welche Komponenten zur Sidhi-Technik, dem sogenannten „Sanyama", gehören: 1) das Aufrechterhalten eines für das Sidhi geeigneten Gedankens (Dharana), 2) das Transzendieren dieses Gedankens (Dhyana) und 3) die Erfahrung reinen Bewußtseins (Samadhi). Ebenso wie das Transzendieren und Eintauchen in reines Bewußtsein nicht aus Büchern erlernt werden kann, so bedarf auch der Prozeß des Sanyama der persönlichen Unterweisung durch einen dafür ausgebildeten Lehrer.

Durch die dritte Komponente, die Erfahrung reinen Bewußtseins, ist von vornherein ein Mißbrauch dieser „Wunderkräfte" ausgeschlossen: Auf dieser Ebene steht jeder Wunsch des Menschen im Einklang mit dem kosmischen Naturgesetz, das alle Phänomene der Natur entstehen läßt.

Nur, wer die Einheit (Yoga) mit dem großen Selbst erfährt, dem stehen diese Kräfte zur Verfügung.

SIDHAS – das levitierende Publikum

Die Anwendung der Sidhi-Techniken erfordert also, daß der Geist zunächst geschult wird, zu transzendieren, in feinere Bereiche des Denkens einzutauchen und reines Bewußtsein zu erfahren. Dies wurde in unserer Generation durch die seit etwa 25 Jahren von Maharishi Mahesh Yogi weltweit verbreitete Technik der Transzendentalen Meditation (TM) ermöglicht, die den menschlichen Geist mit dem Vorgang des Transzendierens vertraut macht und ihm dadurch die Erfahrung reinen Bewußtseins auf leichte und mühelose Weise zugänglich macht. Vor etwa zehn Jahren begann Maharishi, das TM-Sidhi-Programm zu lehren, das auf der Technik der TM sowie auf den Yoga-Sutras des Patanjali aufbaut und unter anderem auch die sogenannte „Flugtechnik“ enthält, eine Sidhi-Technik, die bewirkt, daß der Körper vom Boden abhebt. Das „Fliegen“ ist allerdings kein Selbstzweck, sondern dient dazu, die Koordination von Geist und Körper zu steigern und Kohärenz im Weltbewußtsein zu erzeugen. Personen, die die TM-Sidhi-Technik praktizieren, nennt man „Sidhas“.

Erstes Stadium des Fliegens

Nun werden Sie sicher fragen: Welchen Reiz kann es für einen Sidha haben, eine Schwebeillusion zu sehen, wenn er angeblich selber ohne Trick viel besser schweben kann? – Dazu muß man wissen: Das freie Schweben lernt man nicht von heute auf morgen. Noch wäre es verfrüht, aus dem „Fliegen“ eine neue Olympiadedisziplin zu machen: dafür steckt es noch zu sehr im Anfangsstadium.

Erinnern Sie sich an die ersten Flugversuche zur Jahrhundertwende, als das Flugzeug erst entwickelt wurde? Damals hielt man so etwas für reine Utopie – doch das Flugzeug machte stolz die ersten Hopser. So ähnlich ist es heute bei den Sidhas. Die Sidhas heben zwar vom Boden ab, aber nicht sehr hoch und nicht sehr lange. Es sieht so ähnlich aus wie Froschgehupfe. Mit dem Aufkommen moderner Wissenschaft ist die Kenntnis der Naturgesetze Jahr für Jahr gestiegen. Im 19. Jh. glaubte man, es widerspreche den Gesetzen der Physik, daß sich ein schweres Stück Metall bepackt mit Menschen in die Lüfte heben könne. Heute haben wir uns längst daran gewöhnt, daß riesengroße Kästen von Kontinent zu Kontinent, ja sogar zu anderen Planeten fliegen. In wenigen Jahrzehnten werden neue Möglich-

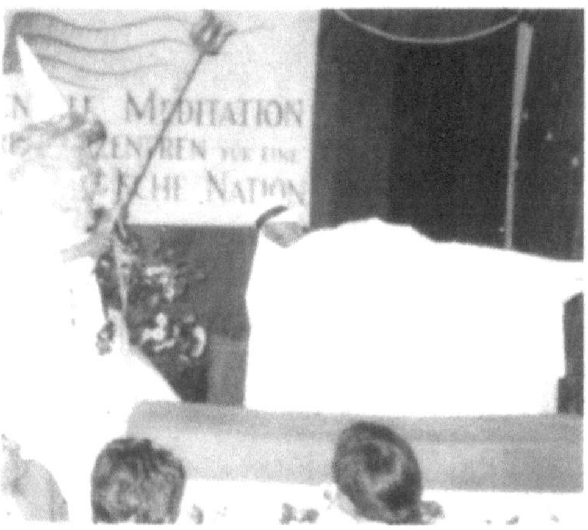

Mensch Maya mit dem „Schwebenden Bettuchinen“ und . . .

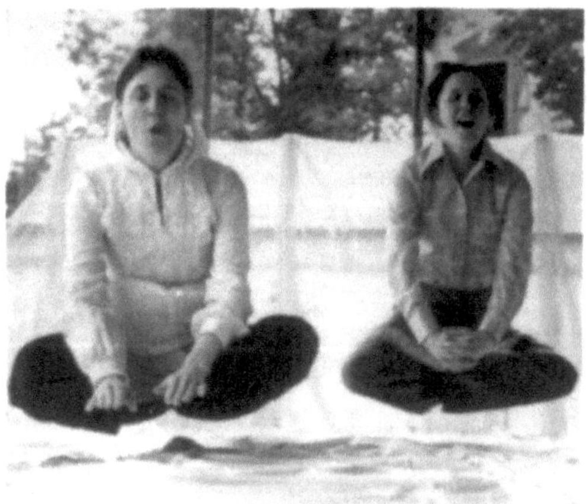

. . . Das levitierende Publikum

keiten und Errungenschaften, die anfänglich als „Wunder" angesehen wurden, in Kultur und Technik integriert. Dasselbe ist vom Fliegen durch die TM-Sidhi-Technik zu erwarten.

Gruppendynamik des Bewußtseins

Solche Phänomene neuer kollektiver Möglichkeiten für die Menschheit sind abhängig vom Reinheitsgrad des Weltbewußtseins. Für kollektives langes Schweben ohne Zwischenlandung ist das Weltbewußtsein augenblicklich noch nicht rein genug. Durch die Ausübung der Flugtechnik in großen Gruppen wird das Weltbewußtsein jedoch Tag für Tag gereinigt, so daß das Phänomen des dauerhaften und stabilen Schwebens schon bald genauso selbstverständlich werden könnte wie Magnetbahn, Flugzeug oder Mondrakete.

Um diesen Durchbruch zu beschleunigen, fliegen die Sidhas so oft es geht in Gruppen. Je größer die Gruppe, desto stärker wirkt die Gruppendynamik des Bewußtseins und desto höher, glücklicher und leichter ist das Fliegen.

Bewußtseinssektor – Publikum der Zukunft

Gegenwärtig gibt es in Deutschland etwa 120000 Personen, die die Technik der Transzendentalen Meditation erlernt haben, davon sind etwa 7000 Sidhas. – Ein verschwindend kleines Publikum, gewiß. Aber wie lange noch? Der Kreis der Meditierenden und Sidhas wächst von Jahr zu Jahr, und zwar dynamisch. Anhand von Wachstumskurven zeigt der Zukunftsforscher Peter Russell (3), daß die Zahl der Menschen, die im Bereich der Selbsterkenntnis und Bewußtseinsforschung tätig sind, sich im Durchschnitt etwa alle vier Jahre verdoppelt. So wie der vorherrschende Berufssektor der Industrienationen um 1900 vom Lebensmittel- auf den Industriesektor und in den 70er Jahren vom Industrie- auf den Informationssektor überging, so wird er schon in absehbarer Zeit laut Russell vom Informations- auf den Bewußtseinssektor übergehen.

Ich möchte Ihnen daher eine Kostprobe meiner Schwebeillusion für Sidhas geben, die ich erstmals im Juni dieses Jahres zum Tag der Deutschen Einheit vor 850 deutschen Sidhas in Bonn zeigte und bei der ich versuchte – innerhalb der Grenzen meines Trickprinzips –, die verschiedenen Stadien des Levitierens möglichst lebensnah und überzeugend nachzuahmen. Weitere Hinweise zur TM-Sidhi-Technik finden Sie im Interview (Seite 263), in der angegebenen Literatur – oder in der Beantwortung Ihres Leserbriefes, zu dem ich gerne Stellung nehmen werde.

Literaturhinweise:

1) Bruce Armstrong: Encyclopedia of Suspensions and Levitations. Alberta: Micky Hades, 1976, S. 197–199

2) Die Yoga-Sutras des Patanjali, 3. Kapitel: Psychische Kräfte, enthalten in: Swami Vivekananda: Raja-Yoga. Freiburg: Bauer-Verlag, 1937, S. 227–255

3) Peter Russell: Die erwachende Erde. München, Heine Verlag, 1984, S. 94f, 200

Literatur zum TM-Sidhi-Programm:

4) David W. Orme-Johnson et al.: EEG-Kohärenz, Kreativität und Erfahrungen der TM-Sidhis, in: MERU Journal Nr. 29. Rheinweiler: MERU-Press, 1979, S. 84–94

5) Wolfgang Manke: Transzendentale Meditation, Levitationserfahrung und Entspannung. Husum: Hannemann Verlag, 1984, 456 Seiten (Doktorarbeit, medizinische Psychologie)

6) Schule der Levitation, in: Esotera 9/28, September 1977, S. 776–784, 825–829

7) Flug zum Ich, Sonderdruck aus Pardon 11/77, 12/77 und 1/78, 24 Seiten

8) Verzeichnis deutscher Bücher, wissenschaftlicher Arbeiten an deutschsprachigen Hochschulen und Veröffentlichungen in Fachzeitschriften über die Technik der Transzendentalen Meditation, das TM-Sidhi-Programm und die Wissen-

schaft der Kreativen Intelligenz. Bissendorf: Deutsche MERU Gesellschaft, 1984, 27 Seiten.

Vortrag und Präsentation

1.

(Vier Schaumstoffmatratzen werden auf unpräparierter Bühne aufeinandergestapelt. Schreitmusik. Mensch Maya kommt mit hohem Zauberstab auf die Bühne.)

„Ich komme grad vom Quantenfeld
und soll Euch herzlich grüßen,
man tuschelt, diese Kopfstehwelt
steht bald schon auf den Füßen. . . .
. . . Das Weltbewußtsein wächst in Reinheit,
und in Europa wächst die Einheit . . .
. . . Ja, dieses Reinheitsphänomen
ist deutlich überall zu seh'n:"

2.

„In MECCA sah ich bei den Dünen
erst kürzlich einen Bettuchinen
im ganz normalen Alltagsleben
hoch über allen Dingen schweben.
Ich sag' Euch: Ohne Netz und Teppich!
Ein wahrer Sidha! . . . Und ich Depp, ich,
ein echter alter Europäer,
ein Wahrheitssucher, Weisheitsseher,
ich hopse wie ein Frosch herum,
statt frei zu schweben . . . Tja, zu dumm!
Ich fragte ihn: ‚Wie geht der Trick,
zu schweben, statt zu huppen?'
Er sagte mir: ‚Ich flieg' zum Glück
in großen Sidhagruppen.
Da ist die Atmosphäre rein;
die Illusion verschwindet,
die uns an dieses Erdensein
und an die Schwerkraft bindet,'
Damit wir sehen, wie er's macht,
hab' ich den Mann mal mitgebracht."

3.

„Also: unser Bettuchine
kommt auf einmal auf die Bühne . . .
Hallo! Unser Bettuchine!
Bitte schleunigst auf die Bühne! . . .

(Statt des Bettuchinen kommt der Veranstalter verstört zur Bühne und reicht Mensch Maya einen Zettel, den dieser auseinanderfaltet und liest.)

Ach, du Schande! – Ist das wahr?
Unser Mann ist unsichtbar . . .

(Er zeigt den Zettel mit der Aufschrift: „BETTUCHINE Z. ZT. UNSICHTBAR!" Gelächter.)

Gut, das soll nicht weiter stören.
Uns kann sowas nur betören.
Schließlich sind wir keine Iddis,
die die Augen gleich verdrehen –
Sidhas können ja mit Sidhis
auch das Unsichtbare sehen!"

4.

„Also, unser Bettuchine
kommt jetzt sichtlich auf die Bühne . . .

(Schreitmusik. Mensch Maya beobachtet mit deutlicher Geste, wie der unsichtbare Bettuchine auf die Bühne schreitet und sich auf die Schaumstoffmatratzen setzt. Eintauchmusik.)

. . . und beginnt zu meditieren,
klar und tief zu transzendieren,
und taucht immer tiefer ein
in das reine, stille Sein. –

(Eintauchmusik verklingt. Schwebemusik beginnt.)

Plötzlich, seht nur! Kinder, Kinder!
Seht nur, wie er sich erhebt
und allmählich höherschwebt!

(Mensch Maya folgt dem unsichtbar Schwebenden mit dem Blick bis zur Dekke und zurück, bis der Unsichtbare etwa einen Meter über den Matratzen in der Luft schwebt. Mit dem Zauberstab fährt er nun von allen Seiten um den Schwebenden, um zu zeigen, daß keinerlei Aufhängung oder Stütze verwendet wird.)

Nichts davor und nichts dahinter,
nichts darüber, nichts darunter,
Kinder, Kinder, welch ein Wunder!

(Schwebemusik hört auf.)

Tja, so einfach kann das gehen . . .
Kann auch jeder deutlich sehen?
Das ist bei dem Trick ganz wichtig.

(Gelächter. Ein Zuschauer, verärgert:)

„Also komm, jetzt mach mal richtig!"
Richtig? – Tja, das ist fatal . . .

Gut, probieren wir's noch mal."
5.
(Schreitmusik. In ein langes, bis zum Boden hängendes Bettuch gehüllt, schreitet der Bettuchine mit Beduinenkopfschmuck auf die Bühne.)
„Endlich, jetzt geht's auf die Bühne!
Unser echter Bettuchine,
wie er lächelt, leibt und lebt
und schon halb im Himmel schwebt."
(Eintauchmusik. Der Bettuchine setzt sich auf den Schaumstoff, beginnt zu meditieren, wird immer stiller und regloser. Schwebemusik beginnt. Plötzlich wird er lebendig, streckt die Beine aus, beginnt zu vibrieren und zu hopsen und schwebt schließlich mit ausgestreckten Beinen schwerelos und langsam wie in Zeitlupe auf und nieder, bis er sich etwa 10–15 Sekunden in der Luft halten kann. Dann legt er sich wie zum Ausruhen flach auf die Matratzen.)
6.
„Seht nur, wie das Nachtgespenst,
mit den tollsten Sidhis glänzt. –
Ist der Kerl auch wirklich echt?"
(Mensch Maya untersucht den Liegenden, klopft ihm an den Kopf, kitzelt ihn am Bauch und zwickt ihm in den Zeh. Der Bettuchine zeigt normale Reaktionen.)
„Klopfen, Kitzeln, Zwick – nicht schlecht!"
(Er fährt mit dem Stab um den Liegenden, um zu prüfen, ob eine Aufhängung verwendet wurde.)
„Hinten ... vorne ... oben ... unten ...
Donnerwetter: nichts gefunden! –
Was die Decke wohl bezweckt?
Soll sie einen Trick verstecken,
ein Naturgesetz verdecken?
Jetzt wird das Gesetz ent-deckt!"
(Er beginnt, das Bettuch, aus dem bisher nur Kopf und Füße herausschauten, langsam von den Füßen her aufzurollen, bis Beine, Bauch und Oberkörper sichtbar werden. Nichts Ungewöhnliches ist zu entdecken: Der Bettuchine liegt, in sportliches Flugdreß gekleidet, tiefatmend und leise schnarchend da. Plötzlich wacht er auf, winkt mit dem Kopf und flüstert Mensch Maya etwas zu. Mensch Maya beginnt zu begreifen und deckt den Bettuchinen beruhigt wieder zu.)
„Endlich haben wir's! – Zum Glück
kennt ja jeder längst den Trick.
Bitte, wenn die Täuschung fleucht,
seid nicht allzusehr ent-täuscht:
Er kann schweben, statt zu huppen,
denn er fliegt – IN GROSSEN GRUPPEN!"
7.
(Musik zum Ausklang. Mensch Maya verbeugt sich, nimmt den Beifall entgegen und geht ab. Der Bettuchine beginnt tiefatmend zu schnarchen. Die Musik geht über in Schwebemusik. Plötzlich geht der flachliegende Körper nach oben und schwebt mit leichten, schwerelosen Bewegungen in etwa zwei Meter Höhe quer über die Bühne aus dem Saal.)

Schluß folgt

Mensch Maya

Pantomime:
Fantasie in Körpersprache

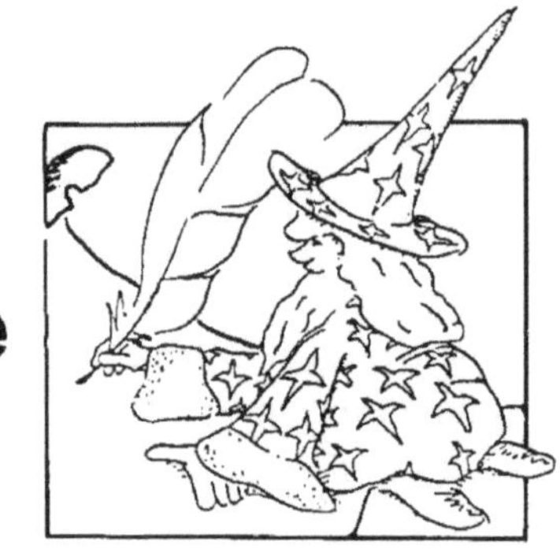

Zaubern mit leichtem Gepäck – das ist besonders wichtig, wenn man zum fahrenden Volk gehört. Was machen wir aber, wenn wir einmal einen Elefanten erscheinen und verschwinden lassen wollen, ohne einen Zirkuswagen mitzuschleppen? – Ganz einfach: Wir verwenden dazu das Gepäck, das wir ohnehin das ganze Leben mit uns führen: unsren Körper. Und wie stellen wir mit unsrem Körper einen Elefanten dar? – Wiederum ganz einfach: Wir zeigen damit jenen Elefanten, der in unsrer Fantasie vorhanden ist. Das Elefantöse unsrer Fantasie transportieren wir von Vorstellung zu Vorstellung: Nämlich von der eignen Vorstellung in unsrem Kopf zur Vorstellung im Kopf des Publikums. Als Transportmittel dient uns die Sprache unsres Körpers – die Pantomimik.

Wenn wir auf der Bühne stehen, muß diese Sprache deutlich sichtbar sein. Besonders, wenn wir dabei stumm sein wollen. Denn die Körpersprache ist ja eine Sprache ohne Ton, die wir nicht hören, sondern mit dem Augen lesen. Wir können sie mit Bilderschrift vergleichen: Klare optische Symbole, deutlich voneinander unterschieden, setzen sich zu einer Aussage zusammen. Und schon sehen wir zwei Hauptprinzipien: Jedes körperliche Sprachsymbol muß deutlich lesbar sein und sich deutlich von dem nächsten unterscheiden. Dazu dienen uns zwei pantomimische Kunstgriffe: NEUTRAL und TOCK.

NEUTRAL – Das Schweigen der Sprache der Stille

Da die Körpersprache lautlos ist, müssen wir ein neues Mittel finden, um zu zeigen, daß wir augenblicklich schweigen. Dazu nehmen wir die Position „Neutral" ein. In Kay Hamblins Lehrbuch „Pantomime – Spiel mit deiner Fantasie"* wird die Übung für „Neutral" wie folgt beschrieben:

„1. **Stell dich hin, deine Füße schulterbreit auseinander.** Verteile dein Gewicht gleichmäßig auf die Fersen und auf die Fußballen.

2. **Beuge leicht die Knie, so daß dein Rükken ganz gerade wird.** Halte die Knie lokker.

3. **Zieh die Gesäßbacken zusammen und nach innen.** Straffe Bauch und Unterleib.

4. **Öffne Brust und Schultern,** laß sie einfach nach unten sinken.

5. **Bringe deinen Kopf auf der Rückgratspitze zur Ruhe.** Lehne weder nach vorne noch nach hinten; dein Kinn ist parallel zum Fußboden.

6. **Entspanne dein Gesicht.** Spüre, wie sich Kinn, Mund, Stirn und Schläfen lokkern. Die Augen blicken geradeaus ins Nichts.

7. **Denke ‚Stille'.** Du bist entspannt, dabei hellwach und in einer bewußten Körperhaltung. Beginnst du zu lächeln oder ver-

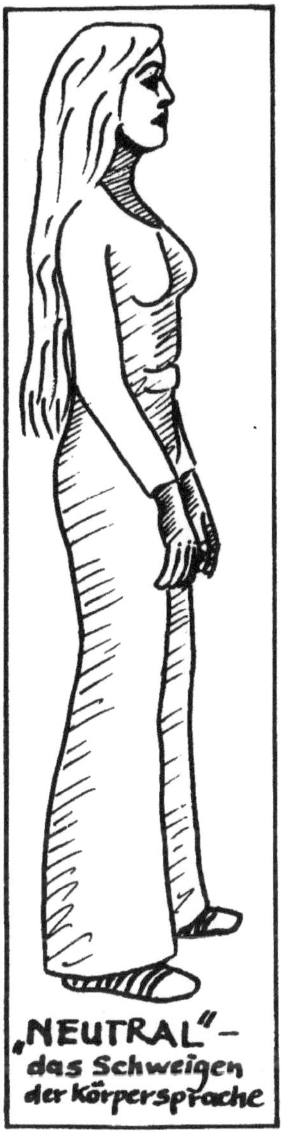

schiebt sich dein Gewicht, so bringe dich in die neutrale Position zurück."

Aus diesem „Körperschweigen" beginnt die „Körpersprache" aufzusteigen. Hier die Übung für den Übergang:

„Wechsle blitzschnell von Neutral in Auf-der-Stelle-Laufen und wieder zurück auf Neutral. Überprüfe deine Haltung. Korrigiere, was nötig ist. Wiederhole die Übung so lange, bis du scharf und mühelos von Neutral zu Bewegung wechseln kannst und wieder zurück."

TOCK – Anfang und Ende einer Bewegung

Während Neutral den Vorhang ersetzt, der zwischen zwei Szenen fällt, ist der Tock eher mit dem Punkt nach jedem Satz zu vergleichen. Kay Hamblin schreibt: „Um Anfang und Ende einer Bewegung klar herauszustellen, benutzt der Pantomime den ‚Tock' oder ‚Snap' – Stop und Start in übertriebener Form. ‚Tocken' kannst du mit den Händen, den Augen, der Brust oder deinem ganzen Körper, manchmal überdeutlich, manchmal kaum merklich, aber nie verzichtest du ganz darauf. Zunächst wirst du dich daran erinnern müssen, den Tock zu gebrauchen, doch mit wachsender Übung wird er dir selbstverständlich werden."

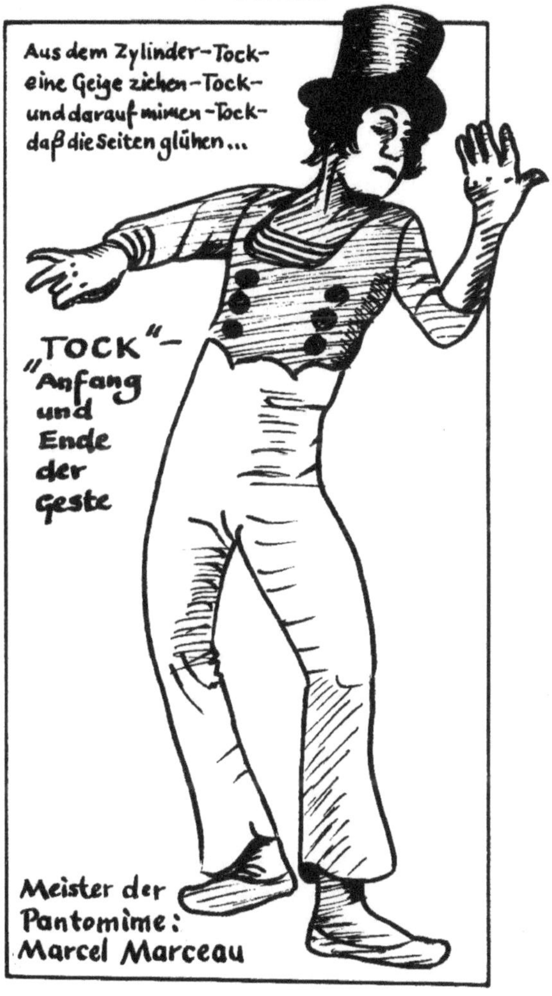

Wie sieht der Tock nun praktisch aus? Er ist nichts als eine Unterbrechung der Bewegung, ein kurzer Augenblick des reglosen Verharrens. Angenommen, wir nehmen ein unsichtbares Kartenspiel zur Hand, um es aufzufächern und einen Zuschauer eine Karte ziehen zu lassen, die er sich merken soll. Wir können in die Tasche greifen und etwas Viereckiges herausziehen, auseinanderfächern und hinhalten. Wenn die Pantomine nicht deutlich getockt ist, kann der Zuschauer den Eindruck gewinnen, wir ziehen ein Taschentuch aus der Tasche, das sich plötzlich in einen Würfel verwandelt, aus dem ein Fächer entsteht. Natürlich können wir Worte zu Hilfe nehmen. Aber dadurch wird die Qualität der Pantomine nicht verbessert, sondern nur verwässert, bestenfalls vertuscht. Der gute Pantomine muß fähig sein, den Tatbestand ohne Worte eindeutig sichtbar zu machen. Er wird also erst einmal seine Hände leer zeigen – Tock – dann in die Tasche greifen – Tock – das Kartenspiel anfassen – Tock – es langsam aus der Tasche ziehen – Tock – die zweite Hand deutlich auf die Form des Kartenspiels legen – Tock – die Karten auffächern – Tock – und dem Zuschauer das Spiel hinhalten – Tock.

Der gute Pantomine schweigt sich aus

Wir sehen hierbei noch ein weiteres Prinzip: Die Pantomine wirkt stärker und stilvoller, je weniger wir dabei sprechen. Denn Sprechen bei der Pantomine ist nur ein Zeichen, daß wir kein guter Pantomine sind.

Wenn die Pantomine klar und deutlich war, wird der Zuschauer die Karte ziehen, ohne daß der Mime etwas sagen muß. Erst jetzt beginnen wir zu sprechen: „Bitte merken Sie sich diese Karte, stecken Sie sie in das Kartenspiel zurück und mischen Sie." Durch das gute Vorbild angeregt, wird auch der Zuschauer die Pantomine automatisch klar und deutlich weiterführen.

Illusion aus dem Unsichtbaren

Ich habe Pantomine bisher völlig unbewußt verwendet und nie daran gedacht, diesen klassischen Zweig der Täuschungskunst, mit dem bereits die alten Griechen Illusionen aus dem Unsichtbaren zauberten, systematisch zu studieren und zu üben. Erst kürzlich kam ein Freund mit dem erwähnten Buch und bat mich, mit ihm Pantomine zu trainieren. Beim Durchblättern des Buches merkten wir: „Jeder ist bereits ein Pantomine. Jeder Mensch hat Fantasie und einen Körper, der gewohnt ist, sich mit Gesten auszudrücken."

Schon in den ersten Übungsstunden spürten wir den Nutzen dieses neuen Abenteuers: Die Fantasie wird klar, die Vorstellung zum Anfassen genau, der vorgestellte Tisch steht plötzlich hart wie Holz vor unsren Augen, der Körper wird in jeder Zelle vom Geist durchdrungen und geschult, sich sicher, graziös und stilvoll zu bewegen.

Wer sein Pantomimerepertoire bereichern will, für den lohnt es sich, zumindest einen Blick in dieses Buch zu werfen. In kurzen Sätzen und durch viele große Fotos erfahren wir darin, wie wir uns schwebend in die Lüfte heben und dennoch auf dem Teppich bleiben können, wie wir Bälle, Seile, Kisten, Wände oder einen Assistenten schaffen, sich verwandeln lassen und durchdringen können, kurz, wie wir etwas sichtbar machen können, ohne daß es jemals außerhalb des Geistes existiert. Durch ein altes Grundprinzip der Schöpfung: den Bruch der Symmetrie, des Gleichgewichts. Wir bewegen unsren Körper so asymmetrisch und widersinnig, daß der Betrachter, um darin einen Sinn zu finden, sich unsre Vorstellung im Geist ergänzen muß. So täuscht er freiwillig die eigene Wahrnehmung und sieht vor seinem inneren Auge etwas, was mit den anderen Augen nicht zu sehen ist.

Ob wir alleine üben, vor dem Spiegel oder mit dem Assistenten – das Publikum wird es auf jeden Fall bemerken und mit Begeisterung und Beifall danken.

*Kay Hamblin: Pantomime-Spiel mit deiner Fantasie, Ahorn Verlag, Soyen, 1980, 188 Seiten, kartoniert, DM 26,–.

Im nächsten Heft:
Dramaturgie: Spannung, Entspannung, Steigerung

In der Spalte **KÜNSTLERISCH WERTVOLL** wollen wir jeweils eine kurze Einführung zu den verschiedenen Kunstgattungen geben, die in der Unterhaltungstäuschung eine Rolle spielen, wie z. B. Pantomime, Dramaturgie, Schauspiel, Regie, Sprache, Rhetorik, Dichten, Bühnenbild, Maskenbild, Grafik, Schrift, Tanz, Ballett und Musik. Die Einführung erklärt zwei, drei Grundprinzipien und gibt Hinweise auf weiterführende Literatur und Übungen. Sie ersetzt zwar keine Fachausbildung, gibt aber Anregung zur weiteren Vertiefung jeder Gattung. Die Spalte soll uns auch als Forum für Erfahrungsaustausch dienen. – Welches ist Ihr künstlerisches Fachgebiet? Fassen Sie die Essenz Ihres Könnens und Ihrer Erfahrung für die Spalte **KÜNSTLERISCH WERTVOLL** zusammen. Sie erwerben sich dadurch ein bleibendes Verdienst um die künstlerische Entwicklung der Unterhaltungstäuschung.

Lieber Leser!

35. Jahrgang Heft 1 – Jan./März 1986

Mein Aufruf im Editorial der „M"W 4/85 zur (wieder) verstärkten Mitarbeit hat starken Widerhall gefunden. Ja, so muß das sein. Der Engpaß ist bereits überwunden – und mehr als das. Was aber nicht heißen soll, daß die „M"W nun auf Ihre – ja, ganz speziell auf IHRE – Mitarbeit verzichten könnte. Mensch Maya hat an anderer Stelle in diesem Heft versucht, Ihnen diese Mitarbeit auf humorige Weise schmackhaft zu machen.
Apropos Mensch Maya: Das Interview mit ihm und all das, was er in „Der schwebende Bettuchine (1)" zu Papier brachte, machte „müde ‚Zauber'-freunde" munter. Lesen Sie in diesem Heft (Leserforum), wie „M"W-Leser darüber denken. – Einige Leser meinten, es sei ein großer Fehler, Mensch Maya zu Wort kommen zu lassen. Ich bin nicht dieser Auffassung. Immerhin ist er Bestandteil AUCH UNSERER Szene. Ferner: Er kann schreiben (druckreif sogar) und hat – so denke ich – auch einiges zu sagen (wie z. B. seine Verbesserungen zu der altbekannten Stelzenschwebe in diesem Heft zeigen). Die Tatsache, daß seine Denkweise von den üblichen Denkschemata deutlich abweicht, hat damit nichts zu tun. – Wer einen Stein werfen will, der werfe ihn – – – aber bitte auf mich! – – –

Herzlichst
Ihr Werry

Leserforum

SCHILLERNDES THEMA

. . . Sie sollten wissen, daß Sie mit Ihrem publizistischen Schaffen das kritische Gespräch anregen und uns zu vertieftem Nachdenken über unsere gemeinsame Liebhaberei geradezu zwingen . . .
J. Auweiler, Köln

GEFÄHRLICH

. . . Mitten im Rummel vorweihnachtlicher Hektik erhielt ich heute die neue Nummer der Magischen Welt. Und da interessierte mich, was es mit „Mensch, Meier = Mensch Maya" auf sich hat.

Den ersten Teil, nämlich das Interview, interpretierte ich als echten Versuch, für die Transzendentale Meditation zu werben. Und da wurde ich sauer, weil ich dachte, daß es gefährlich für eine tricktechnische Zeitschrift ist, sich auf das Gebiet von Religionen und Religionsersatz zu begeben. Beim zweiten Teil, „Bettuchine 1“, kommt mir in der Versform aber dann doch der Verdacht, das Ganze sei ein Gag. Und da tut es mir wiederum leid um die Leute der TM, die sich vielleicht verschaukelt und verhohnepiepelt vorkommen.

Ich persönlich möchte meinen, wie auch in meinem Interview mit Ihnen gesagt, man muß die Dinge scharf trennen. Unser Hobby hat es rein mit tricktechnischen und psychologischen Methoden der Ablenkung usw. zu tun. Ein Wunder, Schweben durch Gedankenkraft, gehört in eine andere Kiste. Sonst haben wir wieder den Geller-Effekt: Leute sind wild auf solche Effekte des Mystischen und lassen sich da gerne was vormachen. Ich selber kann mir nicht vorstellen, daß es echtes Schweben gibt, außer in den Bereichen, die die Religionen „Ekstase“ nennen. Da soll es ja tatsächlich solche Phänomene einer Geistentrücktheit gegeben haben. Aber wir haben es doch mit Entertainment zu tun, und ich kann religiöse oder quasireligiöse Dinge schlecht auf die Bühne bringen – just for fun. Deshalb auch meine Zurückhaltung bei solchen Dingen, die es wirklich gibt, wie Hypnose, wenn sie „zur Show gestellt“ wird.

P. Bickel, Neuenkirchen

OFFEN

Herzlichen Glückwunsch! Es ist mitunter das Zeichen einer wissenschaftlich orientierten Fachzeitschrift, Randgebiete und der Unterhaltungstäuschung affine Bereiche zu tangieren und sich dafür offen zu halten. Ich denke dabei an die angefangene Serie „Gesetze des Wunders“ von Mensch Maya. Auch die Abhandlung von Herrn Prof. Dr. Reutterer verstärkt diese Tendenz.

Ihr persönlicher Schreibstil ist nicht nur locker und zwischendurch amüsant, sondern auch ehrlich und offen. Sie sprechen einfach alles aus, was sich die anderen längst denken! Eine Aufrichtigkeit, die man heutzutage mit der Lupe suchen muß.

W. Schneider, Höchheim

BEZIRZT

. . . Das darf doch nicht wahr sein!

Schon beim Durchblättern, erst recht beim genauen Lesen, zweifelte ich mehrmals, ob ich auch die richtige Zeitschrift in den Händen hielt. Da hat Sie doch einer ganz schön bezirzt / eingewickelt / umgarnt!

Wenn „Mensch Maya“ tatsächlich so starke Geisteskräfte besitzt, so ist der beste Beweis dafür, wie es ihm gelungen ist, in der „M“W dermaßen viel Raum für sein Geschwafel zu erhalten. Jahrelange Bemühungen Ihrerseits um eine saubere Abgrenzung zu Scharlatanen dürften damit vergeblich geworden sein, die Gänsefüßchen bei der „Magischen“ Welt sind zumindest in dieser Ausgabe überflüssig – trotz der ansonsten sehr guten Beiträge. Diese bilden aber keinen Ausgleich!

Wenn ich mir vorstelle, irgendein unbefangener Anfänger, der die „M“W zum ersten Mal in die Hand nimmt, schlägt zufällig zuerst die Seite 293 auf und erblickt ein „levitierendes Publikum“ ! ! ! . . . Man muß kein Huhn sein, um die Güte eines Omeletts beurteilen zu können – und kein Sidhi, um zu erkennen, daß hier jemand eine neue Plattform für seine verkorkste Weltanschauung sucht. Bitte geben Sie sie ihm nicht!

PS: Ihr Aufruf um Beiträge wird nicht ungehört bleiben: sobald ich etwas Zeit habe, . . .

W. Hund, Hersbruck

KEINE AHNUNG

Daß eine neue Zeit herankommt, mit vielen interessanten Dingen, ist klar. Deshalb habe ich mich über den Abdruck der Beiträge von Mensch Maya gefreut. (Daß sich einige da schwer aufregen werden, steht zu erwarten.) Übrigens hatte ich bisher keine Ahnung, daß es „organisierten Zauber" bei uns zulande gibt. Das Heft der „M"W fiel mir ganz „zufällig" zu – – – und ich mochte es nicht mehr aus der Hand legen: soviel feiner Humor und Menschlichkeit! Ich möchte mich herzlich bedanken. Bitte weiter so! Jeder leistet eben das Seine für eine Welt mit mehr Freude. Ihr Magier seid eine liebe Familie . . .

B. Gretzmacher, Stuttgart

VOLKSVERDUMMUNG

. . . Über Mensch Maya wird wohl noch eine längere Diskussion notwendig sein. Mag man das Interview noch als Denkanregung gelten lassen, so grenzt der „Bettuchine" schon an Volksverdummung.

Vor Jahren machte die Sensibilität einer religiösen Gruppe tiefen Eindruck auf die Zuschauer, einfach weil sie in der Lage war, Seifenblasen mit den Händen aufzufangen. Die Flucht in Sekten ist ohnehin ein Phänomen unserer Zeit, eigentlich sollte man sich als Zauberer eher davon abgrenzen, sonst laufen wir Gefahr, in die Richtung „Zauberkunst und Verbrechen" abzugleiten. . .

J. Zirner, Düsseldorf

HOCHINTERESSANT

. . . Das Interview mit Mensch Maya fand ich übrigens hochinteressant. Nicht etwa, weil ich seine Äußerungen für bare Münze nehme, sondern weil diese Glaubens-Theorien für mich völlig neu sind . . .

Ich würde es begrüßen, wenn die „M"W interessierten Lesern einmal die Möglichkeit bieten könnte, bei diesen Flugversuchen zuzuschauen. Wie Sie im Interview schon sagten: Nur dann kann man sich ein Urteil aus eigener Anschauung bilden . . .

W. Buschmann, Oberndorf

VERDACHT

. . . Ich bin mir zwar nicht sicher, aber ich habe den Verdacht, daß es den Menschen Maya (trotz Titelfoto) gar nicht gibt, daß er ein Produkt (Ihr Produkt) der „Saure-Gurken-Zeit" ist. – Das Ganze ist mir ein wenig zu phantastisch . . .

H.-P. Weiler, Neuenkirchen

MIT GEMISCHTEN GEFÜHLEN

. . . Das Spektakel um Mensch Maya habe ich mit großem Interesse – aber mit sehr gemischten Gefühlen – gelesen. Ich weiß wirklich nicht, was ich davon halten soll. Wenn das Ganze ernst gemeint gewesen sein sollte, dann fragen Sie Mensch Maya doch mal, warum er auf Ihren deutlich ausgesprochenen Wunsch, „das Fliegen" einmal zu sehen, nicht eingegangen ist. Er hätte doch eine einmalige Chance gehabt, zu beweisen, was er sagt . . .

H. Hansemann, Buch

REINER QUATSCH

. . . Ich liebe die „M"W, aber nicht alle Probleme kann man in einer Zeitschrift lösen, oder doch?

Die Technik der Transzendentalen Meditation und das Schweben ist reiner Quatsch! Es geschehen keine Wunder, wenn man Gott nicht einbezieht und die Wunder den Menschen gut tun! Keine Wundergeschichte umsonst!

Das alles hat nichts mit Quanten-Energie zu tun! . . .

B. Spalty, Hoboken (Belgien)

ANSICHTEN

... Ich möchte nun zu zwei Themen meine Ansichten äußern:

1. Der in 4/85 beschriebene Trick „Magische Farben" ...

2. Einige Gedanken zum Interview mit Mensch Maya. Ich habe in seinen Antworten den Versuch gespürt, Abstraktes definieren zu wollen. Oft war die Erklärung eines Begriffes so kompliziert, daß mehr Unklarheit als Klarheit entstand. Ich bezweifle irgendwie, daß solche Phänomene durch Naturwissenschaften und Mathematik erklärt werden können, denn auch diese Wissenschaften sind nicht über alle Zweifel erhaben. Im übrigen frage ich mich, ob solche Phänomene wie etwa das „Fliegen" überhaupt wissenschaftliche Erklärungen brauchen. Ich vertrete eher die Ansicht, daß es dem subjektiven Empfinden des Einzelnen überlassen werden sollte, ob er sein Befinden als Schweben oder Fliegen oder . . . interpretieren will. Ich würde sogar behaupten, daß alles nur Suggestion ist und – nicht erstaunlich – in der Masse besonders gehäuft auftritt. Wer möchte denn in einer großen Versammlung von Anhängern einer bestimmten Lehre schon derjenige sein, der nicht daran glaubt . . . das wäre ja paradox.

Von einer anderen Seite her betrachtet sind solche Phänomene in der subjektiven Erlebenssphäre eines Individuums durchaus denkbar, aber objektiv nicht meß-, damit auch nicht vergleichbar und natürlich nicht wiederholbar, was für wissenschaftliche Zwecke eminent ist. Ich persönlich kenne Körpergefühle aus Übungen in Hypnose, wo ich subjektiv das Erlebnis hatte, an der Decke zu schweben und den Boden unter mir zu sehen. Dieses Schweben hielt meiner Erfahrung nach längere Zeit an, bis ich wieder nach unten sank. Das Schweben war sehr angenehm, mit Gefühlen von Freiheit und Leichtigkeit verbunden. Es gibt aber auch eine bedrohliche Seite solchen Erlebens, nämlich das Gefühl des Bodenlosen und Unsicheren. Vielleicht ist es in dieser Beziehung wie beim Autogenen Training. Es wird einem selten gelingen, absolut ruhig zu werden – wir können uns mit Recht fragen, ob das je unser Ziel sein muß.

Ein weiterer Gedanke: Ich habe in meiner Arbeit als Psychotherapeut an mir und anderen erfahren, daß gerade der absolute Wille, etwas zu erreichen, dazu führt, es nicht zu erreichen, und daß die einzig richtige Botschaft nur über oder besser durch den Körper erhalten wird. In diesem Sinne könnte die Absolutheit Ihrer Theorien kontraproduktiv wirken, das heißt, die wünschenswerten Veränderungen werden eher nicht stattfinden. Letztendlich bin ich der Ansicht, daß nur jeder selbst den Weg zu seinem Zentrum finden und begehen kann. Dazu LAOTSE: WENN ICH VERMEIDE, MICH EINZUMISCHEN, SORGEN DIE MENSCHEN FÜR SICH SELBER .... WENN ICH VERMEIDE, ANWEISUNGEN ZU GEBEN, FINDEN DIE MENSCHEN SELBST DAS RECHTE VERHALTEN . . . WENN ICH VERMEIDE ZU PREDIGEN, BESSERN DIE MENSCHEN SICH SELBER . . . WENN ICH VERMEIDE, SIE ZU BEEINFLUSSEN, WERDEN DIE MENSCHEN SIE SELBST . . . (Dies ist nicht zu beweisen . . . aber warum auch . . .).

Nun hoffe ich, meine Gedanken verständlich dargelegt zu haben, einen Anspruch auf absolute Logik habe ich nicht.

R. Jud, St. Gallen (Schweiz)

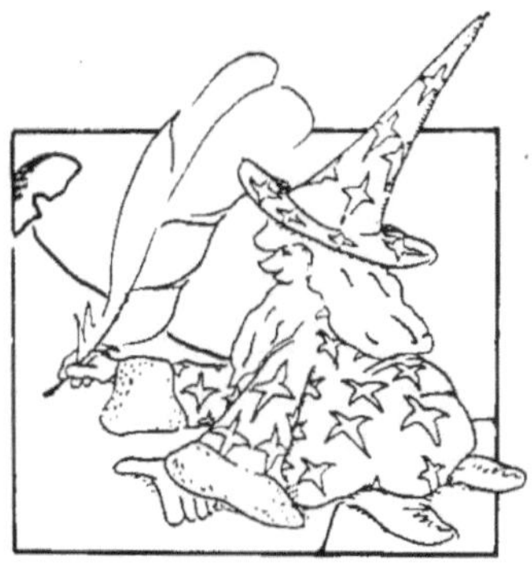

Mensch Maya

Dramaturgie:

Spannung, Entspannung, Steigerung

In seinem Buch „Showmanship for Magicians" (1) betont Fitzkee, daß der Publikumserfolg nicht vom Trickgeheimnis, sondern davon abhängt, wie gut man es versteht, beliebte Publikumsreize in die Darbietung zu integrieren. Fitzkee nennt 39 Publikumsreize, darunter Bewegung, Charakter, Handlung, Komik, Konflikt, Situation, Überraschung – alles Punkte, die auf dramaturgische Gestaltung deuten. Wie wir durch dramaturgische Taktik die Aufmerksamkeit und Erwartung des Publikums und damit die Wirkung unserer Darbietung steigern können, möchte ich Ihnen am Beispiel des „Schwebenden Bettuchinen" (2) erläutern.

Von Höhepunkt zum Anfang bauen

In seiner Serie „Regie für Zauberkünstler" (3) erklärt Astor, daß die Spannungskurve eines Zauberkunststückes in etwa dem eines Dramas entspricht. Herbert Giffei rät in seiner „kurzen Dramaturgie für das Selberbauen von Stücken" (4), ein Stück immer vom Höhepunkt ausgehend rückwärts bis zum Anfang und von dorther wieder vorwärts bis zum Schluß zu bauen (Abb. 1).

Der Höhepunkt in der Stelzenschwebe ist das Schweben eines flachliegenden menschlichen Körpers. Wenn ich – wie es im Zirkus oft geboten wird – nur den Höhepunkt gezeigt hätte, wäre die Freude an dem Trick sehr kurz gewesen. Wir kennen aber das Sprichwort: „Die Vorfreude ist die schönste Freude." Diese Vorfreude gilt es auszukosten. Also habe ich das Schweben des flachliegenden Körpers ans Ende meiner Darbietung gelegt (Punkt 7 der Präsentation). Wie läßt sich dieser Höhepunkt nun vorbereiten?

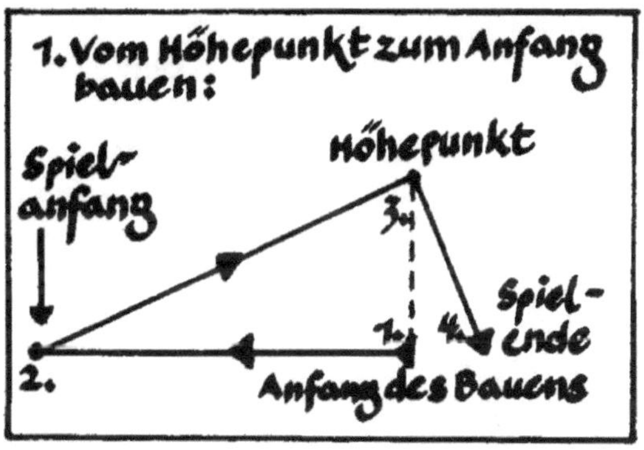

Zaubernkönnen oder nicht – das ist hier die Frage

Siegmund Graff erklärt in seiner „Taktik des Theaters" (5), daß der Höhepunkt in der Lösung der Machtfrage besteht. Die Machtfrage entscheidet über Glück oder Unglück des Helden, in unserem Falle des Zauberkünstlers. Und was ist bei einem Zauberkünstler Glück oder Unglück? Ob ihm das Zaubern gelingt oder nicht gelingt. Wenn der Zuschauer laufend zwischen der phantastischen Erwartung eines Zaubertricks und der realistischen Erkenntnis, daß der Mensch nun mal nicht zaubern kann, hin- und hergeworfen wird, entsteht für ihn ein höchst dramatisches Geschehen. Ich habe also im Bettuchinen versucht, den Höhepunkt durch einen Tiefpunkt der Erwartung einzuleiten, indem ich den liegenden Bettuchinen genau untersuche und das Publikum glauben lasse, daß der Trick bereits zu Ende sei (Punkt 6). Diesem Tiefpunkt der Erwartung geht das Gelingen eines kleineren Effekts voraus: Der Bettuchine ist fähig, sich nur ein bißchen länger als gewöhnlich in der Luft zu halten (Punkt 5). Das Anfangsstadium des Schwebens wird fast so dargestellt, wie es der Sidha kennt – nur ein kleines bißchen länger Schweben: etwa zehn Sekunden! So ist das Sidha-Publikum irritiert und weiß kaum, ob es Trick war oder echt.

Dieses Gelingen eines Trickeffekts wird wieder durch ein Nichtgelingen vorbereitet: das pantomimische Beobachten des „unsichtbar schwebenden Bettuchinen" (Punkt 4). Wir sehen hier, daß jedes Nichtgelingen keineswegs ein plumper Reinfall ist: Die Pantomime ist ebenfalls ein wirkungsvoller Effekt und vermittelt dem Zuschauer ein Schwebeerlebnis, aber er weiß, daß sich dieses Erlebnis in seiner eigenen Phantasie vollzieht. Außerdem wird er verleitet zu glauben, daß der ganze Trick schon hier zu Ende sei. Seine Erwartung einer wirklichen Trickvorführung sinkt auf einen Tiefpunkt.

Der Pantomime geht ein eingeplanter Zwischenfall voraus: Der Bettuchine ist nicht aufzufinden (Punkt 3). Vor diesen ersten dramatischen Zwischenfall ist die verhältnismäßig undramatische Trickeinleitung gespannt (Punkt 2) und vor diese die situationsbezogene Einleitung (bei der Vortragswiedergabe stark gekürzt), die den aktuellen Anlaß der Feier langsam auf das Trickgeschehen hinführt (Punkt 1).

Allmähliche Steigerung

Wir sehen, daß am Anfang (1 und 2) nichts anderes geschieht, als daß das Bühnenbild (vier aufeinandergestapelte Matratzen) und der Zauberkünstler auf die Bühne kommen. Aber bereits durch die Matratzen ist jedem Sidha die erste Andeutung auf eine Schwebeillusion gegeben. Dieser Anfang ist mit dem ersten Akt eines Dramas zu vergleichen. Je weniger darin geschieht, desto leichter läßt sich später das Geschehen steigern. Der Anfang hat nur den Sinn, das Publikum mit dem, was zu erwarten ist, vertraut zu machen. Durch kleine Hinweise und Winke werden Neugier und Erwartungshaltung aufgebaut.

Die Mitte (3, 4 und 5) steigert das dramatische Geschehen bis zum scheinbaren Höhepunkt der Trickvorführung, wobei Glück und Unglück (Gelingen und Nichtgelingen) sich laufend abwechseln. Diese Mitte ist mit dem zweiten Akt vergleichbar, der im (scheinbaren) Höhepunkt kulminiert. Dann folgt der dritte Akt mit Auflösung und Schluß (6 und 7). Die gesamte dramatische Struktur des Bettuchinen mit Spiel und Gegenspiel läßt sich an einem nach Giffei entworfenen Diagramm etwa folgendermaßen darstellen (Abb. 2):

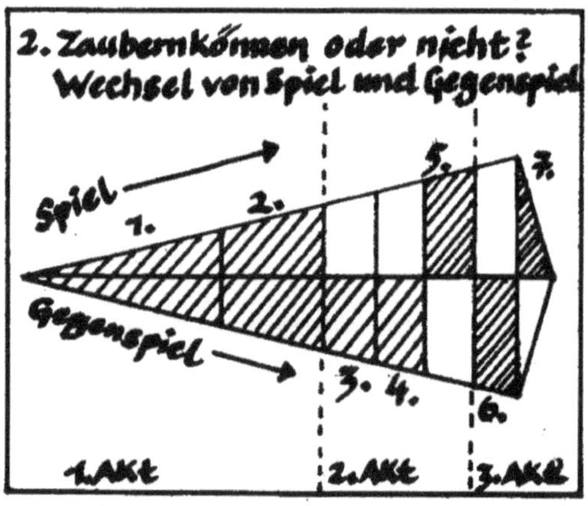

Der Trick verblüfft den Intellekt, die Kunst geht ins Gefühl. Mensch Maya

Das retardierende Moment
Sie sehen, daß die Vorfreude auf den Höhepunkt durch eine Anzahl retardierender Momente ausgekostet wurde: Nichterscheinen des Assistenten, verstörtes Auftreten des Veranstalters, Pantomime als Ersatzlösung, verärgerter Zwischenruf eines Zuschauers, alles das sind verzögernde, aber sehr dramatische Momente, die die Aufmerksamkeit und das Miterleben des Publikums steigern und bei vielen verschiedenen Zauberdarbietungen eingesetzt werden können.

Literaturhinweise:
1) Dariel Fitzkee: Showmanship for Magicians, Oakland, Magic Limited, 1943, S. 181/2
2) Mensche Maya: Der Schwebende Bettuchine (1), in: „M"W 4/34, S. 295/6
3) Astor: Regie für Zauberkünstler (3), in „M"W 6/18, S. 200
4) Herbert Giffei: Kurze Dramaturgie für das Selberbauen von Stücken, in: Amateurtheater zum Mitmachen, S. 45
5) Siegmund Graff: Taktik des Theaters, in: Otto Schumann, ed.: Grundlagen und Technik der Schreibkunst, Pawlak Verlag, Herrsching, 1983, S. 232–249.

Im nächsten Heft:

Der Zauberjournalist
Schreiben, feilen, probelesen.

In der Kolumne **KÜNSTLERISCH WERTVOLL** wollen wir jeweils eine kurze Einführung zu den mit Unterhaltungstäuschung verbundenen Kunstgattungen geben. Welches ist Ihr künstlerisches Fachgebiet? Fassen Sie die Essenz Ihres Könnens und Ihrer Erfahrung für die Kolumne **KÜNSTLERISCH WERTVOLL** zusammen. Sie erwerben sich dadurch ein bleibendes Verdienst um die künstlerische Entwicklung der Unterhaltungstäuschung.

TRICKTECHNIK

Mensch Maya

Der Schwebende Bettuchine (Schluß)

Das Trickprinzip
Das Trickprinzip wurde mir zum erstenmal bereits als kleines Kind im Zirkus vorgeführt: Ein Clown stieg in ein Kastenbett, streckte die Füße aus der Decke heraus und schwebte waagerecht in die Luft. Der andere Clown trat auf die Decke, sie rutschte weg – und das Publikum sah zwei Besenstiele mit Schuhen, die der Schwebende als Beine hochgehalten hatte.*
Außer dem Erklären hat diese Art der Vorführung noch den Nachteil, daß der Effekt keinerlei dramatische Vorbereitung oder Steigerung erfährt. Zudem mußte ich den Bettuchinen, um das Abheben eines Sidhas vorzutäuschen, auch im Sitzen schweben lassen und konnte keine Schuhe, sondern nur Socken verwenden.

Vorbereitungen
Da ich keine Schaufensterpuppenbeine hatte, schnitt ich aus Steckschwämmen (einer steifen grünen Schwammasse für Blumengestecke, die man leicht mit dem Messer und sogar durch bloßen Händedruck verformen kann) zwei Füße, nahm zwei Holzleisten, legte etwas Schaumstoff unter und umwickelte das Ganze mit braunem Packband, bis ich zwei künstliche

Beine hatte, die vom Boden bis zu den Händen reichten (Abb. 1).
Kurz hinter den Knien befestigte ich ein festes Band, das um den Hals des Bettuchinen gehängt wird und beim Gehen beide Beine kurz über dem Boden in der Luft hält. Durch das Band entsteht eine Hebelwirkung: Wenn der Bettuchine im Sitzen die Griffe nach unten drückt und sich erhebt, halten sich die Füße automatisch oben, und es sieht aus, als schwebe er im Sitzen (Abb. 2).

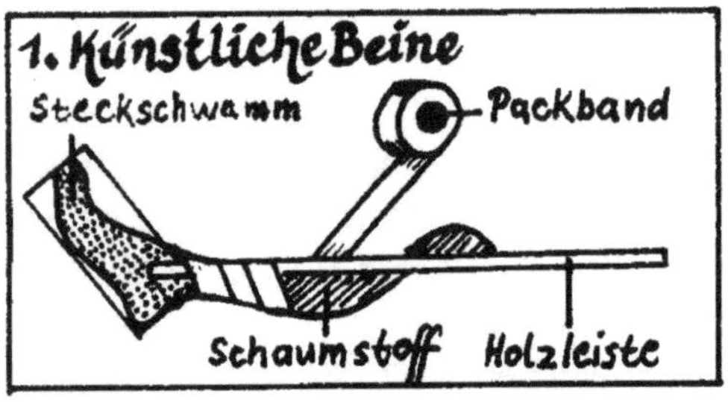

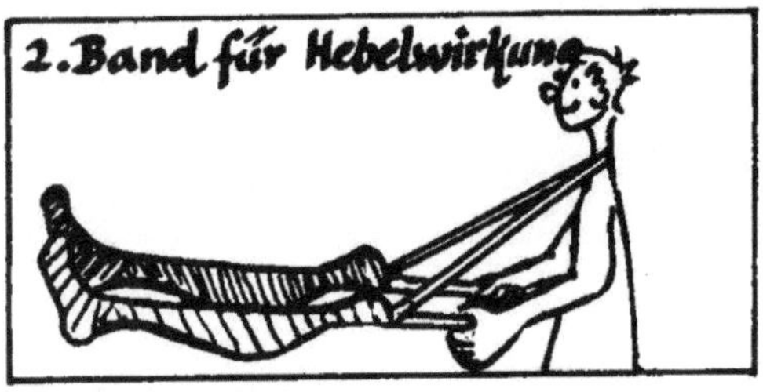

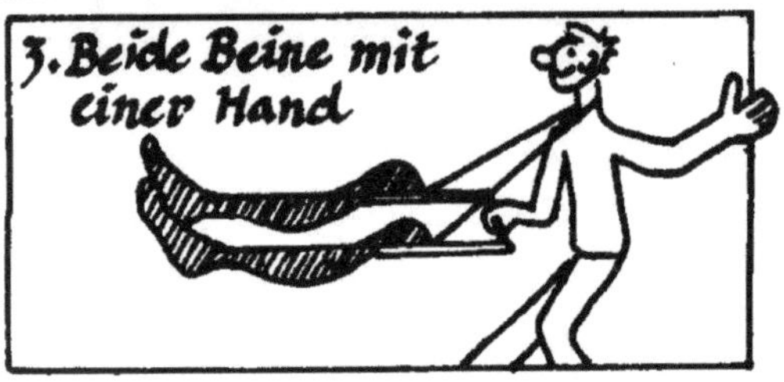

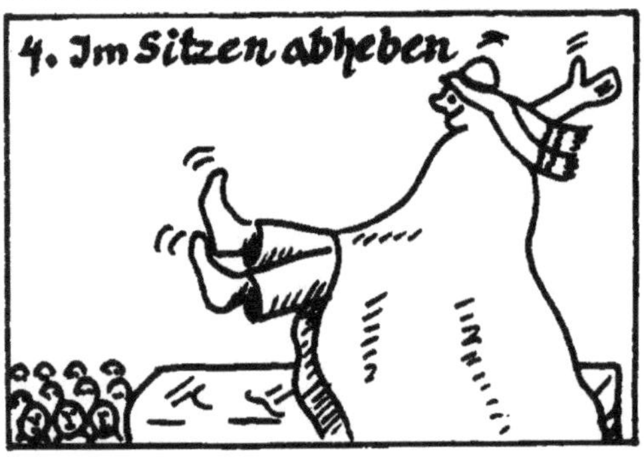

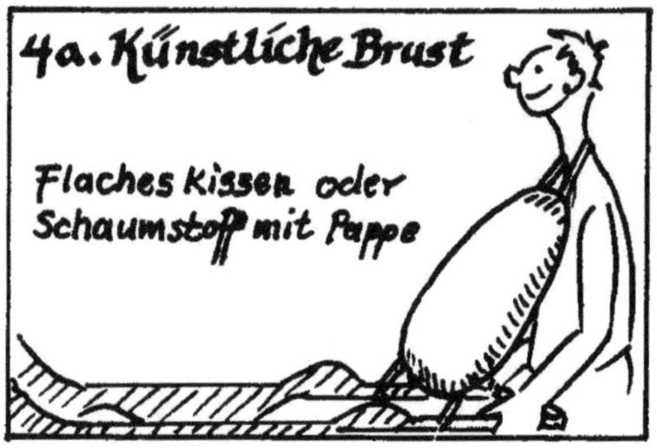

Um das Trickprinzip noch undurchschaubarer zu machen, verband ich die Griffe mit einem kurzen Stück Holz, so daß beide Beine kurzfristig von einer Hand gehalten werden können (Abb. 3). So kann der Bettuchine den zum Publikum gerichteten Arm unter dem Tuch hervorbringen und damit auffallende, ablenkende Balancierbewegungen machen (Abb. 4).
An dem Band wird mit Sicherheitsnadeln ein flaches Kissen oder ein Stück Schaumstoff auf Pappe als künstliche Brust befestigt (Abb. 4a). Die Brust wird mit einem Hemd (mit kurzen oder nach innen gekrempelten Armen) und die Beine werden mit Socken und Hose bekleidet, damit der liegende „Körper" des Bettuchinen aufgedeckt und untersucht werden kann (Abb. 5).

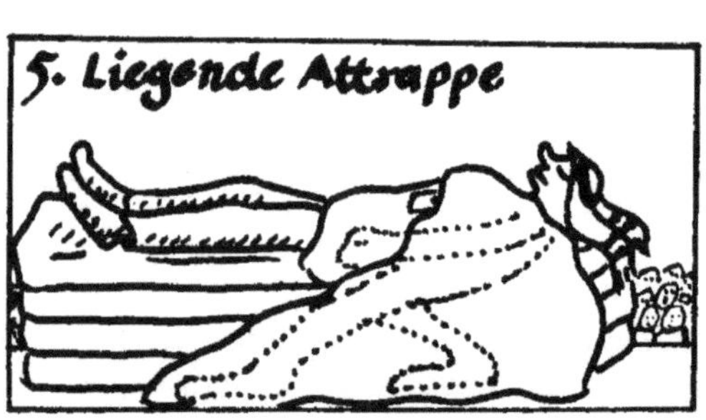

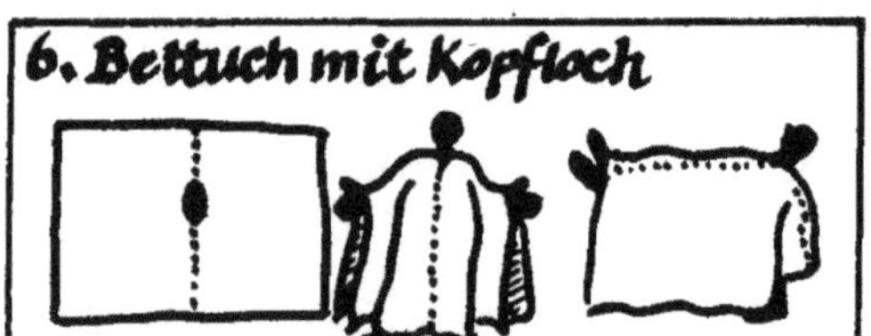

Diese bis zum Hals reichende Körperattrappe wird nun durch ein weites Bettuch verdeckt (zwei zusammengenähte Laken mit Kopfloch, Abb. 6).
Zur Sicherheit habe ich dem Bettuchinen noch ein weiteres Laken wie einen Rock um den Körper gehängt, damit die wirklichen Beine beim Wegschweben nicht gesehen werden. Nun noch einen schönen orientalischen Kopfschmuck, und der Bettuchine ist fertig.
Als Zauberstab zum „Überprüfen der Aufhängung" nahm ich zwei Plastikrohre (Reststücke einer Wasserleitung), die mit einem Holzpfropfen und etwas Tesafilm zu einem langen Stab verbunden und nach der Vorstellung wieder auseinandergenommen werden können. Sie sehen, das Rohmaterial findet sich in jedem besseren Haushalt und kostet so gut wie nichts.

Vorführung

Die Vorführung ist bereits aus dem Vortrag deutlich geworden. Weitere Raffinessen zur Vorführung ergeben sich beim Proben ganz von selbst.
Besonders das Hereinkommen des Bettuchinen will geübt sein, damit sein gemächliches Schreiten nicht ver-, sondern be-dächtig wirkt. Mit den weiten Tuchfalten, die von den Armen herunterhängen, lassen sich die am Körper schaukelnden künstlichen Beine leicht verdecken.

In verschiedenen Versionen habe ich auch versucht, den Stab während des Schwebens unter dem Bettuchinen hindurchzuführen, indem der Bettuchine unter Deckung der Matratzen einen Fuß nach dem anderen hebt und so über den Stab schreitet, möchte aber aus zwei Gründen davon abraten: Erstens muß der Bettuchine dabei zu lange tatenlos in der Luft stehenbleiben, und zweitens ist es nicht leicht, den Stab so flüssig unter dem Bettuchinen hindurchzuführen, daß der Eindruck eines leer herunterhängenden Bettuchs erhalten bleibt. Es ist besser, das Publikum durch Untersuchen des liegenden Bettuchinen (in Wirklichkeit der Attrappe) irrezuführen. Dadurch wirkt der Schlußeffekt um so überraschender (Abb. 7).
Zum dramaturgischen Aufbau siehe den Artikel über Dramaturgie in der Kolumne KÜNSTLERISCH WERTVOLL (Seite 38).
Nun wünsche ich Ihnen viel Spaß – und: Machen Sie sich wieder Illusionen! Sie wissen doch:
„Mit Liebe, Wissen, Witz und Leim
gelingt uns jedes Wunder."

Literaturhinweis:

*) Ähnlich, aber ohne Erklärungsgag, schildert Niedermeyer diese Illusion in „M"W 1/26 als „einfachste Schwebe mit zwei Stelzen".

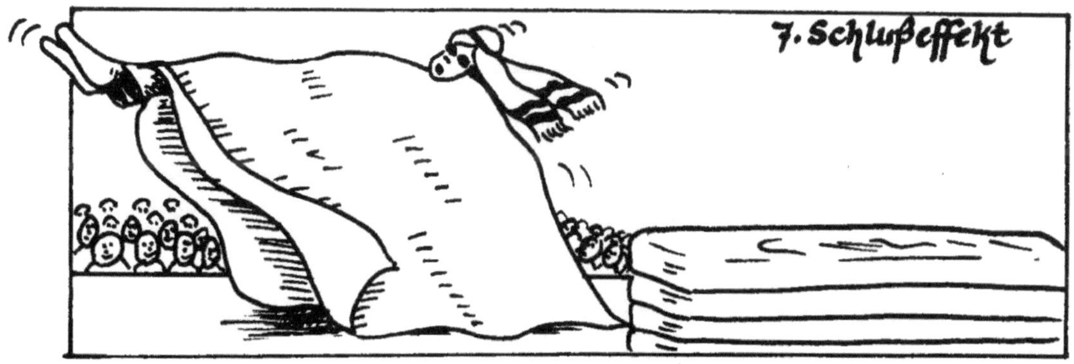

Verdoppelung der Leserfreude

Ein leichter und automatisch wirkender Trick, wie Sie die Freude an der nächsten „M"W auf unerklärliche Weise verdoppeln können.

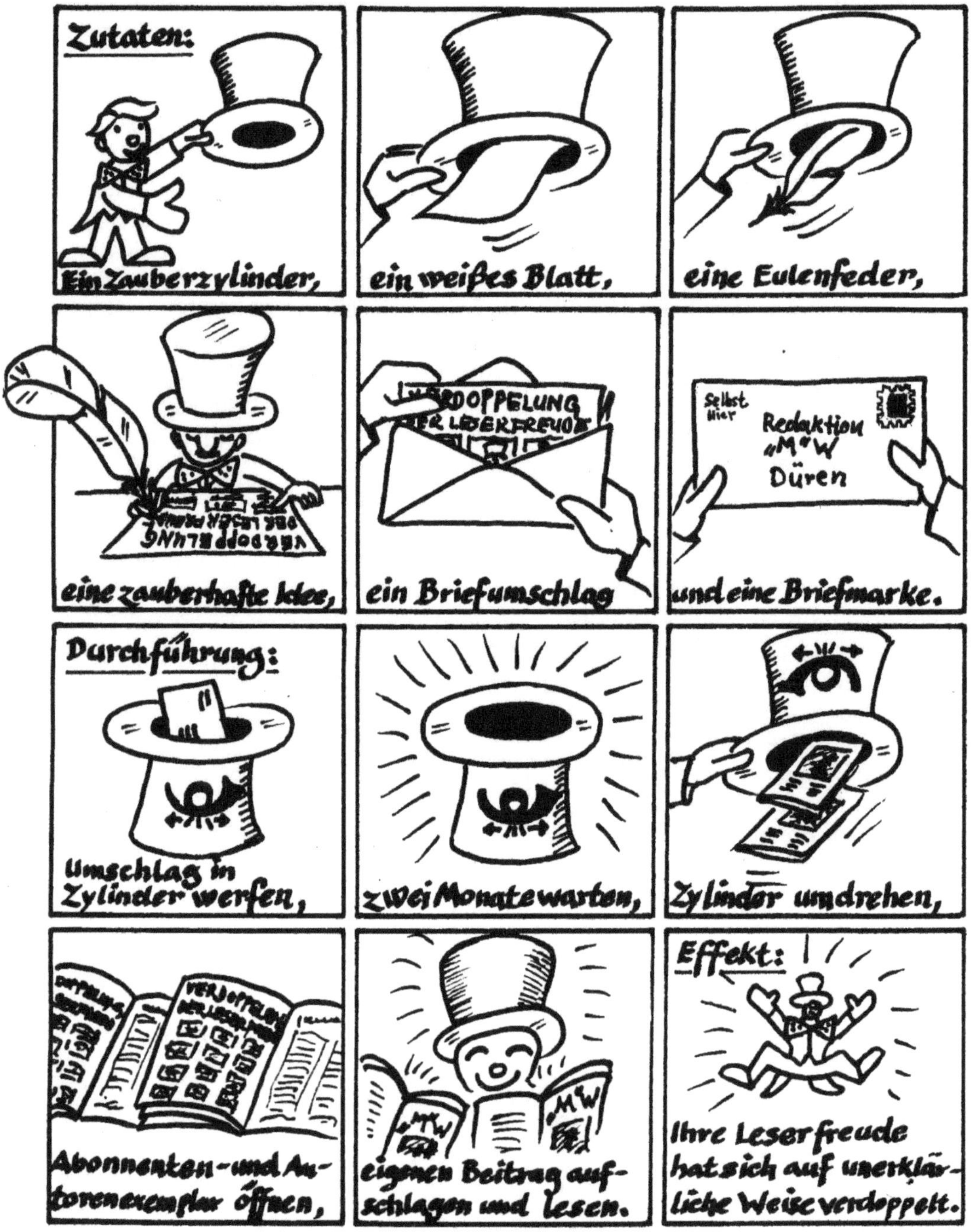

Probieren Sie es aus!

Wo bleibt IHR Beitrag für die „M"W?

Mensch Maya

Wer glaubt schon an Wunder?

Fragen und Antworten zu den Gesetzen des Wunders (1)

Als ich Werry zwei Wochen nach Erscheinen meiner Beiträge zur TM-Sidhi-Technik des Fliegens nach dem Leserecho fragte, meinte er: „Recht laut. Fragen allerdings tauchten nicht auf. So ist das nun mal. Die meisten Menschen vertreten das einmal Erlernte so heftig, daß es ihnen überflüssig erscheint, Fragen zu stellen. Es kommt aber sicher noch einiges."

Das war Ende Dezember. Kurz vor Redaktionsschluß erreichte mich jedoch (über Werry) ein Brief von Herrn Kaspar Allendorf aus Hamburg, in dem gleich 22 (!) gepfefferte Fragen standen. Ich habe daher für die erste Folge unserer „Wunderserie" eine lockere Gesprächsform vorgezogen, in der ich zu einigen dieser Fragen Stellung nehmen möchte.

Was nennt man Wunder und warum?

Frage: Sie behaupten, Techniken zur Erzeugung der sogenannten „wahren Wunder" zu kennen. Im Bedeutungsduden wird Wunder definiert als „a) ein außerordentlicher, Staunen erregender, den Erfahrungen oder den Naturgesetzen widersprechender Vorgang" und „b) ein Gegenstand, den man bewundern muß". Wie wollen Sie einen Vorgang bewirken, der sowohl den Erfahrungen als auch den Naturgesetzen widerspricht?

Antwort: Einen solchen Vorgang gibt es nicht. Der Duden definiert ein Wunder aus der Sicht des außenstehenden Beobachters. Wir wissen doch: Jeder Mensch hat andere Erfahrungen. Wenn Sie etwas beherrschen, was nach meiner Erfahrung nicht möglich ist, dann kommt mir das wie ein Wunder vor. Für Sie aber ist es ein ganz alltäglicher Vorgang, der Ihren Erfahrungen keineswegs widerspricht. Auch den Naturgesetzen widerspricht es nur aus der Sicht dessen, der die zugrundeliegenden Gesetze nicht erkennen kann. Wenn die Buschmänner ein Flugzeug als Wunder betrachten, dann nur, weil sie nicht wissen, wie es funktioniert. Der Pilot, der die Gesetze der Aeronautik kennt, wird das Flugzeug auch dann nicht

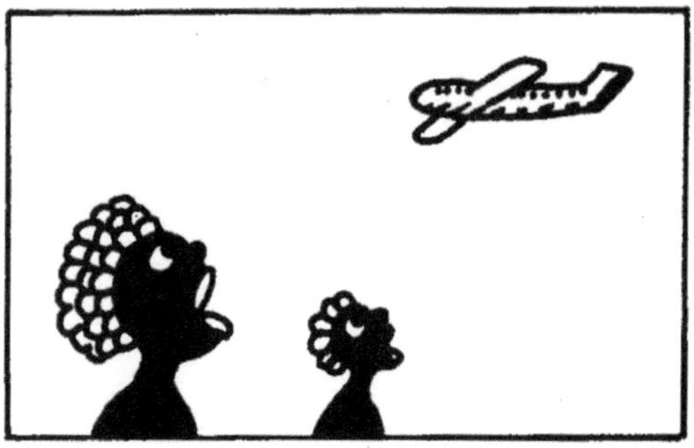

Nur der Unwissende glaubt an Wunder

als Wunder betrachten, wenn er zwei Jahre lang im Busch gelebt hat. Er wird sich allerdings dem Sprachgebrauch der Buschmänner anpassen und es, um besser verstanden zu werden, als „silbernen Wundervogel" bezeichnen. Wenn wir die verschiedenen Arten des Wunders genauer unter die Lupe nehmen, sehen wir, daß es letztlich keine wahren Wunder gibt. Das „Wunder" liegt im Auge des Betrachters.

Frage: Was meinen Sie mit „verschiedenen Arten des Wunders"?

Antwort: Das, was man landläufig als Wunder bezeichnet. Wunder ist, was im Betrachter Ver- oder Bewunderung hervorruft, z. B. das „Wunder" der Technik, das künstlerische „Wunder" eines Wunderkindes, das vorgetäuschte „Wunder" eines Zauberkünstlers und das „Wunder", das auf reiner Geisteskraft beruht. Allen diesen von Menschen hervorgerufenen „Wundern" ist gemeinsam, daß sie nur durch überdurchschnittliche Leistung und durch Beherrschung der jeweiligen Technik erzeugt werden können. Der Erfinder, der Künstler, der Zauberkünstler und der Sidha, alle tun nichts anderes, als ihre Fähigkeiten und die in ihrer Fachausbildung erlernten Techniken zur Meisterschaft zu führen. Daher hat es etwas Paradoxes an sich, alles das als „Wunder" zu bezeichnen.

Bewußtseinserweiterung und Wunder

Frage: Sie nennen Ihre Serie „Bewußtseinserweiterung, Maya und die Gesetze des Wunders". Was hat Bewußtseinserweiterung mit Wunder zu tun? Ich erweitere mein Bewußtsein seit 20 Jahren durch Schule und Studium, habe aber dabei nicht gelernt, ein Wunder zu bewirken.

Antwort: Sie verwechseln Bewußtseinserweiterung mit Informationsaufnahme. Unser heutiges Erziehungssystem beschränkt sich im großen und ganzen noch immer auf verbale Wissensvermittlung, d. h. wir lernen durch Sprache Informationen kennen. Während dieses Vorgangs bleibt der Geist die ganze Zeit an der Oberfläche unseres Bewußtseins. Informationsaufnahme ist horizontal, Bewußtseinserweiterung vertikal. Bewußtseinserweiterung heißt, in die Tiefe des Bewußtseins zu tauchen und feinere Bereiche des eigenen Denkens kennenzulernen, die uns bisher nie bewußt geworden sind. In diesen Bereichen liegen Energien verborgen, die uns zu allem befähigen, was wir bisher für unmöglich gehalten haben.

Frage: Sie behaupten, ein Sidha könne von den feinsten Ebenen der Schöpfung die Naturgesetze auf den groben Ebenen lenken. Was meinen Sie mit „feinen und groben Ebenen"?

Antwort: Die feineren Ebenen sind abstrakter als die groben Ebenen. Ein Stein ist beispielsweise ein sehr konkretes, grobes Ding, mit dem wir eine Fensterscheibe einschlagen können. Wenn wir jedoch in die feineren, inneren Strukturen des Steines eindringen und seine Atome spalten, wird eine noch viel größere Energie freigesetzt. Auch in unserem Geist sind die feineren, abstrakteren Ebenen weitaus energievoller als die Gedankenblasen, die an der Oberfläche platzen.

Frage: Was meinen Sie mit „platzenden Gedankenblasen"?

Antwort: Stellen Sie sich ein Aquarium vor, von dessen Boden Luftbläschen nach oben steigen. Die meisten Menschen nehmen ihre Gedanken erst wahr, wenn sie an der Oberfläche ihres Wachbewußtseins angekommen sind. Wenn wir aber die gesamte Tiefe des Wassers sehen, erkennen wir, wie die Bläschen bereits am Boden entstehen und allmählich an die Oberfläche steigen. Wenn wir unseren Geist zur Ruhe bringen, sind wir fähig, unsere Gedanken auf immer feineren, tieferen Ebenen wahrzunehmen, bis wir schließlich die Quelle unseres eigenen Denkens, den Ursprung der „Gedankenblasen", erreichen.

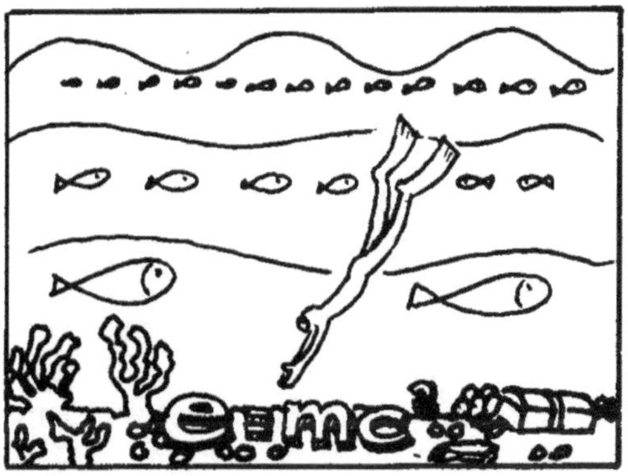

Am Grunde liegen die Strukturen, auf denen alles Wasser ruht.

Frage: Sie behaupten, der Bewußtseinsforscher erreiche in seinem eigenen Bewußtsein eine Ebene, auf der er alle Naturgesetze mit mathematischer Präzision erkennen und nutzen kann. Was ist mit dieser Ebene gemeint, und wo soll sie zu finden sein?

Antwort: Wir können unser Bewußtsein mit einem Ozean vergleichen. Auf der Oberfläche schaukeln Wellen hin und her. Wenn wir Fische fangen wollen, müssen wir das Netz ins Wasser halten. Wenn wir aber Perlen und versunkene Schätze heben wollen, müssen wir zum Grund des Meeres tauchen. Am Grunde liegen die Strukturen, auf denen das gesamte Wasser ruht. Wie der Tiefseetaucher nicht ohne Taucherkugel bis zum Meeresboden tauchen kann, so braucht auch der Bewußtseinsforscher eine Technik, um sich zu „versenken". Wenn unser Geist den Zustand reinen oder transzendentalen Bewußtseins erreicht, können wir diese Ebene unmittelbar erfahren und feinere Naturgesetzes erkennen und nutzen.

Frage: Sie sprechen von „transzendentalem Bewußtsein". Meinen Sie damit einen Zustand der Trance, wie er beim Hypnotisieren auftritt?

Antwort: Nein, auf keinen Fall. Transzendentales Bewußtsein ist der Zustand, in dem der Geist völlig zur Ruhe gekommen, dabei aber gleichzeitig vollkommen wach ist. Geistige Ruhe und Wachheit in höchster Form. Es ist der einfachste Zustand, also der Grundzustand des menschlichen Bewußtseins.

Fliegen – das Potential jedes Menschen?

Frage: Sie sagen, es gibt keinen Vorgang, der den Naturgesetzen widerspricht. Wie erklären Sie das angebliche „Fliegen"?

Antwort: Wie erklären Sie das Phänomen, daß eine Stecknadel nach oben fliegt, sobald wir einen Magneten darüberhalten? Wird da nicht die Schwerkraft überwunden? Eine stärkere Kraft als die Schwerkraft, nämlich die elektromagnetische Kraft, wirkt auf die Nadeln ein und zieht sie in die Höhe. Genauso ist es bei der Flug technik. Die Kraft, die uns nach oben zieht, wirkt im Augenblick des Abhebens viel stärker als die Schwerkraft. Die Kohärenz des Bewußtseins wirkt auf den Körper genauso stark wie die Kohärenz des Magneten auf die Nadel. Die Kraft der Kohärenz möchte ich an einem Beispiel deutlich machen: Ein Laserstrahl kann Stahl zerschneiden. Laser ist nichts anderes als kohärentes Licht. – Durch die Flugtechnik wird die Geist-Körper-Koordination so gesteigert, daß der Körper dem Impuls des kohärenten Geistes folgen kann und abhebt.

Frage: Was verstehen sie unter verstärkter Geist-Körper-Koordination, und wie soll das durch das „Fliegen" bewirkt werden?

Antwort: Die Koordination von Geist und Körper drückt sich dadurch aus, daß der Körper fähig ist, einem Wunsch des Geistes nachzukommen. Wenn der Geist wünscht: „Stehe auf!", dann folgt der Körper. Wenn der Geist wünscht: „Fliege!", folgt er nicht. Wir sehen also, daß die Koordination von Geist und Körper bei den meisten Menschen nicht vollkommen ist. Das hat zwei Gründe: Der Geist ist noch nicht fähig, klar genug zu wünschen, und der Körper ist durch seine Unvollkommenheiten noch nicht fähig, alle Wünsche auszuführen. Beide Fähigkeiten können aber voll entwickelt werden. Daß sich der Mensch daran gewöhnt hat, in Unvollkommenheit zu leben, ist keineswegs natürlich, sondern das Zeichen einer dekadenten Zeit, die langsam aufhört.

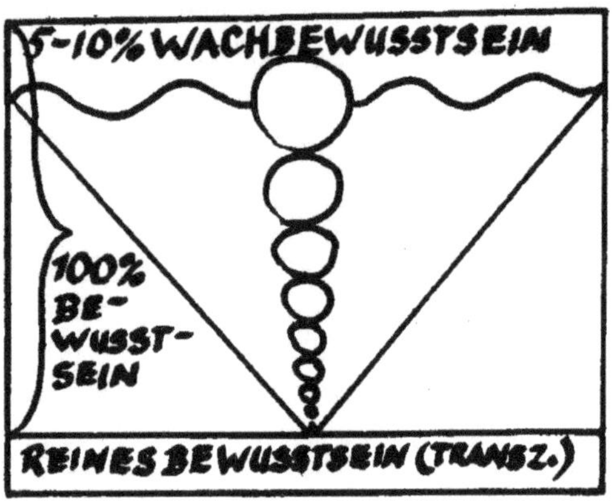

Die Psychologen sagen uns, daß wir nur 5–10 Prozent unserer geistigen Fähigkeiten nutzen. Stellen Sie sich eine Gruppe vor, wo jeder nur mit einem Finger arbeitet. Wenn jemand kommt, der beide Hände nutzt, kommen seine Leistungen der Ein-Finger-Gruppe wie ein Wunder vor. Dabei tut er nichts als seine angeborenen zehn Finger zu gebrauchen. Durch die Flugtechnik wird der Geist geschult, einen Wunsch auf der feinsten Ebene zu denken, und der Körper wird geschult, ihn zu erfüllen.

Frage: Sie behaupten, daß Sie bei der TM-Sidhi-Technik des Fliegens vom Boden abheben, aber zeigen wollen Sie es nicht. Kommt Ihnen das nicht selbst ein bißchen komisch vor? Das wäre doch der einzig wirkliche Beweis für Ihre Worte.

Antwort: Sie können sich sicher denken, daß wir täglich Zuschauer hätten, wenn wir Außenstehende zu unseren Flugsitzungen zulassen würden. Bei der Flugtechnik findet jedoch ein gruppendynamischer Prozeß statt, bei dem die Kohärenz des einzelnen sich potenziert. Personen, die die Flugtechnik nicht praktizieren, würden diese Gruppenkohärenz verringern. Die Erzeugung von Kohärenz ist aber der eigentliche Zweck der Übung. Daß wir dabei gleichzeitig vom Boden abheben, ist ein Nebeneffekt, den ich nur erwähnte, weil der Effekt bei Zauberkünstlern so beliebt ist. Damit sich die Öffentlichkeit ein Urteil aus eigener Anschauung bilden konnte, haben wir Presse und Wissenschaftler gleich zu Anfang mehrmals zugelassen.

Frage: Was hat die Presse darüber berichtet, und wo kann man das nachlesen?

Antwort: In der deutschen Presse wurde am ausführlichsten in der Zeitschrift „Esotera" (15 Seiten) und in der Zeitschrift „Pardon" (24 Seiten) darüber berichtet. „Esotera" schreibt z. B.: „... Plötzlich beginnt einer aus dem Lotussitz mit einem Sprung. Die Sprünge steigern sich, mehrfach hintereinander, teilweise sind sie rund einen Meter hoch. Die Augen der Versuchspersonen sind geschlossen ... Beine oder Hände werden, soviel ist für die Beobachtenden Noeller und Kage sicher, nicht als Mittel zum Absprung verwendet; sie können es nicht, denn die Journalisten sehen, wie der Körper aus dem Lotussitz einen Meter in die Höhe schnellt und die Beinhaltung beibehalten wird ..." Den Pardon-Sonderdruck „Flug zum Ich", der auch viele Fliegerfotos enthält, können Sie – solange der Vorrat reicht – über Werry kostenlos bekommen.

Zusammenfassung

Aus dem bisher Gesagten können wir folgende erste Gesetze des Wunders ableiten:

1. „Wunder" liegt im Auge des Betrachters.
2. Ein Phänomen wird von einem Betrachter als „Wunder" angesehen, wenn es den Stand seiner Erfahrungen und Erkenntnisse überschreitet und Ver- oder Bewunderung in ihm hervorruft.
3. Durch Erweiterung unseres Bewußtseins erweitert sich auch der Stand unserer Erkenntnisse und Erfahrungen, so daß wir zu Leistungen fähig sind, die wir vorher selbst als „Wunder" betrachteten.
4. Wir unterscheiden vier Arten von „Wundern": das technische, das künstlerische, das vorgetäuschte und das geistige.
5. Zur Erzeugung eines „Wunders" gehören überdurchschnittliche Leistung und die Meisterung der jeweiligen Technik.
6. Bei vollkommener Geist-Körper-Koordination kann der Körper jedem Wunsch des Geistes folgen und Phänomene erzeugen, die bei unvollkommener Koordination nicht möglich sind.
7. Wer sein volles Potential entfaltet hat, der betrachtet nichts als „Wunder", denn nichts scheint ihm unmöglich oder unerklärlich.

Lieber Leser, in der nächsten Folge möchte ich auf weitere Fragen und – wenn möglich – auch auf Ihre Fragen eingehen. Wenn ich Ihren Widerspruchsgeist, Ihren Zweifel oder Ihre Neugierde geweckt habe, dann greifen Sie bitte zur Feder. Ich freue mich über jede Kritik, jeden Vorwurf, jede Frage, denn fragen ist bekanntlich schwieriger als antworten. Leserbriefe, die Fragen enthalten, können Sie auch direkt an meine Anschrift senden: Mensch Maya, MECCA, NL-6063 NP Vlodrop, Holland.

Für interessierte „Zauber"freunde:

Flug zum Ich

Vierundzwanzigseitiger FARB - Sonderdruck der Zeitschrift PARDON über die Transzendentale Meditation und „das Fliegen" mit vielen Abbildungen sowie etlichen Statements bekannter Wissenschaftler und Nobelpreisträger. – Die in dem Heft enthaltenen Beiträge stammen aus den Jahren 1977 und 1978. Der Sonderdruck dürfte heute auf dem „normalen Weg" nur noch schwer aufzutreiben sein.

Mensch Maya hat für interessierte „M"W-Leser eine Anzahl dieser Sonderdrucke kostenfrei zur Verfügung gestellt. Gleichgültig, wie Sie zu TM und „zum Fliegen" stehen – lesen sollten Sie schon, was hier geschrieben steht.

Falls Sie, lieber Leser, diesen Sonderdruck besitzen möchten, fordern Sie bitte ein **kostenloses Exemplar** beim „M"W-Verlag an. Sie dürfen Ihrer Anforderung eine 80-Pfennig-Briefmarke (Porto – Drucksache) beilegen. Sie **dürfen**, doch Sie **müssen** es nicht. W.

Heft 2 - 35. Jahrg. - April/Juni 1986 - G 21240 F

»Magische Welt«

Zeitschrift für angewandte Tricktechnik und Wahrnehmungstäuschung.

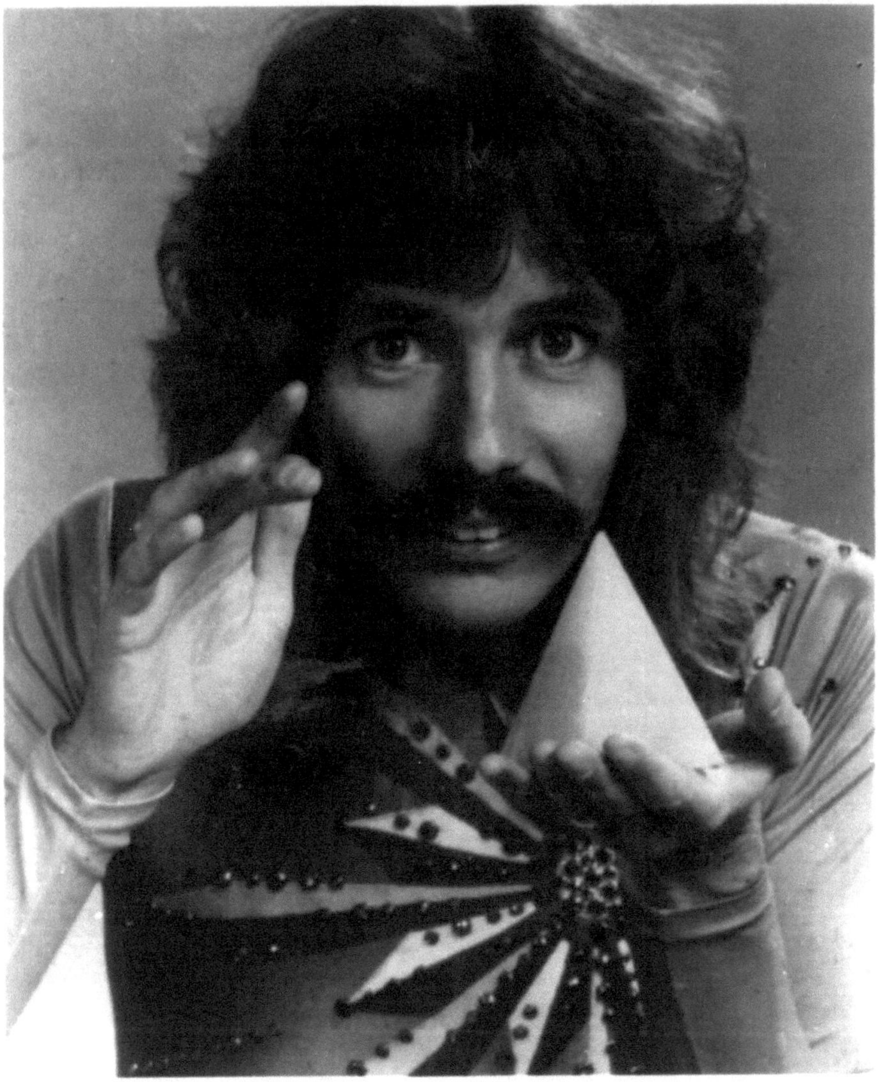

Kalanag

Wie ich ihn erlebte

Von Werry

Interview mit Doug Henning

35. Jahrgang Heft 2 – April/Juni 1986

»Magische« Welt

ZEITSCHRIFT FÜR ANGEWANDTE TRICKTECHNIK UND WAHRNEHMUNGSTÄUSCHUNG

Lieber Leser!

Die Setzerei Steinhäuser-Konrad hat ihre Pforten geschlossen ...

Eine zweite unerfreuliche Nachricht: Mein Duzfreund und Mitredakteur Dr. Bernhard Geue ist frustriert und hat sich von der »M«W gelöst. Dies soll — wie er mir versicherte — nichts mit unserer persönlichen Beziehung zu tun haben. Grund ist vielmehr, daß in der »M«W jetzt auch über Transzendentale Meditation berichtet wird, die er für höchst gefährlich hält.
Ich gestehe offen, daß ich über das Ausscheiden Dr. Geues bestürzt bin, umsomehr, da ich jahrelang wähnte, mit ihm auf gleicher Wellenlänge zu liegen. Seine Entscheidung muß ich selbstverständlich akzeptieren — wenn ich sie auch nur zum Teil verstehen kann. — Seit vielen Jahren ist allgemein bekannt, daß jeder seine Meinungen und Ansichten in der »M«W äußern darf, auch wenn sie deutlich von meinen eigenen Anschauungen (und der anderer Leser und Mitarbeiter) abweichen. Anhänger wie Gegner der Parapsychologie kamen zu Wort, eine Schwarze Magierin wurde interviewt, aber auch die Antimagie kam nicht zu kurz. Kritiken und Gegenkritiken waren Bestandteile der »M«W. Meinungen der unterschiedlichsten Art prallten aufeinander — manchmal kühl und sachlich, mitunter aber auch emotional aufgeheizt. Sogar Gegner der »M«W konnten deutlich ihre Gedanken äußern. Und selbst wenn mich mal jemand ganz persönlich (ja sogar unsachlich) »anpflaumte«, störte mich das nicht, und er wurde gehört. Viele Meinungen, Ansichten und Anschauungen zu veröffentlichen halte ich für besser (und interessanter), als den Lesern eine vorgefaßte Meinung aufzuzwingen. Ich weiß sehr wohl, daß diese Einstellung bei einigen »Zauber«freunden Unwillen hervorruft. Der »M«W wurde wiederholt vorgeworfen, sie habe keine Linie, sei inkonsequent, würde z.B. gegen die Bezeichnung MAGIE im Zusammenhang mit Unterhaltungstäuschung wettern, sich aber gleichzeitig »Magische« Welt nennen und zulassen, daß einige Autoren nach wie vor das Wort MAGIE in falschen Zusammenhängen in ihren Arbeiten benutzen. — Nun, zu der Bezeichnung »Magische« Welt kann ich nur sagen, daß Gänsefüßchen durchaus den Inhalt eines Begriffs umkehren oder ironisieren können. Und was das Wort MAGIE in falschen Zusammenhängen angeht — ich liebe es nicht, Aussagen zu zensieren, Autoren quasi zu vergewaltigen. Wenn jemand der Meinung ist, der Taschenspieler oder Illusionist sei ein Magier, dann darf das — so meine ich — auch aus seinen Beiträgen ersichtlich sein. Von seiner Warte aus gesehen hat er ja recht, wie auch der Antimagier recht hat, wenn er aufgrund anderer Einsichten den Begriff MAGIE ablehnt. Das Ganze ist lediglich ein Problem der aufgenommenen oder (noch) nicht aufgenommenen Information. — Wer wird denn schon für sich in Anspruch nehmen, im alleinigen Besitz der einzigen Wahrheit zu sein?
Nun, wie auch immer, die »M«W soll bleiben, wie sie ist: Freier Lauf des Wortes über alles, was mit (echter oder falscher) Magie, mit Täuschung oder Unterhaltungstäuschung und mit tangierenden Bereichen zu tun hat. Offenheit für alles, was eine gewisse Faszination ausstrahlt und in das Raster dieser Zeitschrift paßt. Freie Meinungsäußerung, freie Diskussion für alle, die sich beteiligen wollen. Das ist der Wille der überwiegenden Mehrzahl unserer Leser!

Herzlichst
Ihr Werry

Leserforum

35. Jahrgang Heft 2 – April/Juni 1986

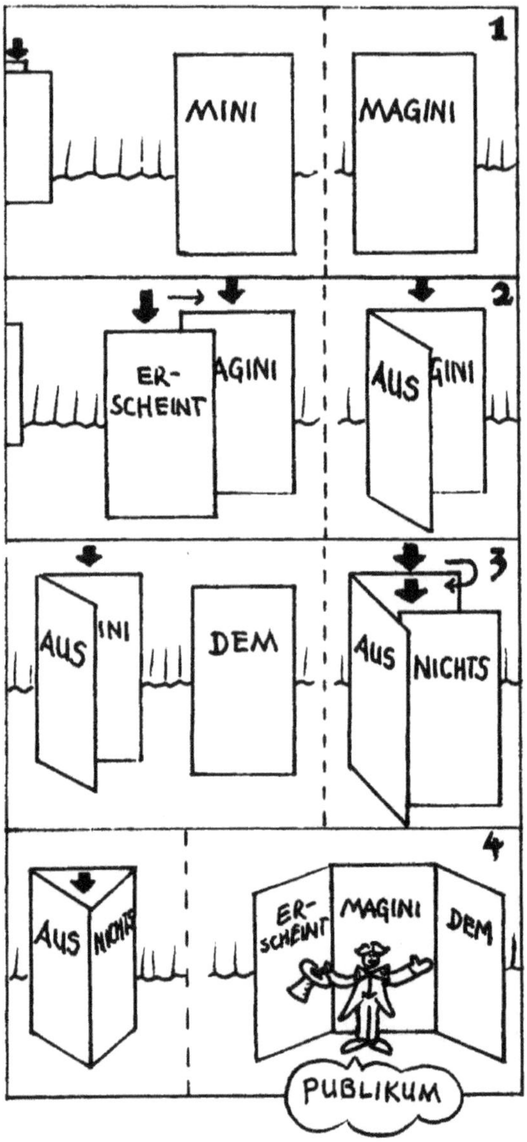

VIEL NUTZEN

... Gratulieren möchte ich Ihnen am liebsten zu jeder neuen Ausgabe der »Magischen« Welt. Ich habe immer große Freude daran und ziehe viel Nutzen daraus, was man ja leider nicht von vielen derartigen Zeitschriften behaupten kann ...

Dr. K. Zerzawy, Wien

AUS NICHTS

Die Illusion »Drei rote Rosen und die Göttin der Liebe« gefiel mir so gut, daß ich gleich überlegte, wie ich sie mit möglichst geringem Aufwand herstellen und als Eröffnungstrick verwenden könnte. Dabei fiel mir auf, daß man alle drei Wände auch ohne eingebaute Tür von beiden Seiten zeigen kann, wenn man die ersten beiden Wände nach Werrys Abbildungen B bis E und die letzte Wand nach Tarbells Abbildungen 5 bis 9 bewegt.

Um das Vorzeigen aller drei Wände von beiden Seiten besonders einprägsam zu machen, könnte man auch einen Spruch aus sechs Wörtern verwenden, die nacheinander auf den sechs Wandflächen zu lesen sind, z.B.: »MINI MAGINI (Name des Illusionisten) ERSCHEINT AUS DEM NICHTS« (bzw.: »Göttin Venus erscheint zwischen den Rosen«, etc.). Wenn die erste Wand von beiden Seiten gezeigt wird, lesen wir »MINI MAGINI« (Abb. 1). Dann wird die zweite Wand mit der Person in Deckung (Pfeil) in die Nähe der ersten geschoben, und wir lesen »ERSCHEINT«, während die Person sich hinter die erste Wand begibt. Die zweite Wand wird umgedreht, und wir lesen »AUS«. In diesem Falle empfiehlt es sich, die zweite Wand nicht rechts, sondern links anzustellen (Abb. 2). Die dritte Wand mit der Aufschrift »DEM« wird umgedreht, und während wir »NICHTS« lesen, schlüpft die Person in die Mitte des Dreiecks (Abb. 3). Wird das geschlossene Dreieck nach Werrys Vorschlag gedreht, lesen wir: »MINI AUS NICHTS« (bzw.: »Göttin zwischen Rosen«). Zum Schluß steht das geschlossene Dreieck so, daß wir lesen: »AUS NICHTS« (Abb. 4). Wenn es geöffnet wird, lesen wir

»ERSCHEINT MAGINI DEM«, gleichzeitig erscheint die Person, und wir hören den Satz: »Aus Nichts erscheint Magini dem — Publikum« (bzw. »Zwischen Rosen erscheint Venus den — Zuschauern«).
P.S.: Aufgrund des Leserbriefs von Herrn Zirner (»M«W 1/86) möchte ich auf das Urteil des Oberverwaltungsgerichts Münster vom 18.12.85 hinweisen (Az.: 5a 1125/84), das der Bundesregierung u. a. die Behauptungen untersagt, TM gehöre zu den sog. Jugendsekten oder könne zu psychischen Schäden führen. Nach umfangreicher Beweisaufnahme wurde der Regierung auferlegt, ihre seit sieben Jahren anhaltenden Verleumdungen gegen TM, denen Herr Zirner und wahrscheinlich viele »M«W-Leser leichtgläubig zum Opfer fielen, öffentlich zu widerrufen.

Mensch Maya, Vlodrop, Holland

EINLESEN

... Immer noch begeistert von der letzten Nummer mit dem »Mensch Maya«, überlege ich mir, ob ich mich nicht in das interessante Gebiet der Meditation mit diesem phantastischen Ausgang einlesen soll ... Ich glaube auch, daß man unbedingt als wissenschaftlich denkender Mensch offen sein muß — versehen mit einem gewissen Fragezeichen — für Dinge, die momentan absurd erscheinen, weil sie wissenschaftlich noch nicht in den Griff gekommen sind ... Ich glaube weiter, daß man die (Flug-) Technik auch in Verbindung bringen kann mit den Schwebeekstasen der Heiligen. Nur haben wir heute viel mehr Möglichkeiten, alles klarer im Lichte der Wissenschaft zu sehen ...

W. Schneider, Höchheim

WIR BRAUCHEN DIE WUNDER

Ich hätte zu den Ausführungen von Mensch Maya noch einige Fragen:
Was sagen Sie über göttliche Wunder? Hat es überhaupt einen Sinn, den Menschen die Wunder zu nehmen? Ich denke, daß gerade dies die Menschen motiviert. Ist es nicht so, daß ein Ziel nur so lange interessiert angepeilt wird, solange es noch nicht erreicht ist? In bezug auf Wunder heißt das, daß ich die Aufdeckung und Entschlüsselung des Wunders faszinierend finde, aber wenn ich weiß, wie es geht, nichts als Leere empfinde.
Bei vorgetäuschten Wundern (Zaubertricks) ist der Reiz nur so lange da, wie ich den Trick nicht kenne. Es dürften daher auch keine Tricks veröffentlicht, sondern allenfalls über Beziehungen ausgetauscht werden.
Was wären denn die Menschen ohne ihre Wunder? Sie zu entdecken, ist faszinierend, sie zu durchschauen, ist reizvoll, sie durchschaut zu haben, bringt Langeweile. Wenn wir keine Wunder hätten, würden wir sie erschaffen, nur damit wir noch etwas zu entdecken hätten. Wir brauchen die Wunder, damit wir die Leere unseres Daseins nicht so spüren. Für mich ist letztlich jedes Sein/Nichtsein ein Wunder. Gibt es für Sie überhaupt Wunder?
Was ist letztlich Ziel und Zweck Ihrer Gruppierung? Jeder Mensch ist (oder sollte sein) ein Individium, ein einzelner. Diese Einzigartigkeit bedingt eine einzigartige Meinung. Wenn dem so ist, brauchen wir keine ideologischen Vereinigungen, wie es möglicherweise die Ihre ist, sondern eine offene Beziehungsfähigkeit. Wir müssen miteinander in Beziehung sein und treten, das ist für das Wachstum der Menschheit und seiner Individuen weitaus wichtiger als die Abklärung, ob es Wunder gibt oder nicht, ob man fliegen kann oder nicht. Das sind Nebenerscheinungen positiver Beziehungen, wo Liebe, Ehrlichkeit und Akzeptierung keine leeren Worte sind. Oder anders gesagt: Ich fliege nicht, weil ich es kann, sondern weil ich glücklich bin.

R. Jud, St. Gallen (Schweiz)

Interview

Doug Henning (38), gebürtiger Kanadier, der heute in den USA lebt, wurde in den siebziger Jahren durch seine MAGIC SHOW, die viereinhalb Jahre lang am Broadway lief und damit alle Broadway-Zauberrekorde schlug, zum Star-Zauberkünstler der USA. Mensch Maya interviewte ihn für die »M«W.

MM: Doug, am Broadway kostet eine Eintrittskarte zu deiner Show 45 Dollar. Wie kommt es, daß die Besucher über hundert Mark ausgeben, nur um dich für ein, zwei Stunden zaubern zu sehen?

Doug: Die Besucher zahlen so viel, weil sie Wunder erleben wollen. Im Wirbel der heutigen Zeit haben die meisten Menschen das freudig-kindliche Gefühl des unschuldigen Staunens verloren, mit dem man die Welt eigentlich sehen sollte. Das liegt an dem Streß, den sie seit ihrer Kindheit aufgenommen haben. Der Zauberkünstler ist der Unterhaltungskünstler, bei dem man am meisten staunen kann. Wenn das Staunen beginnt, fangen die Menschen an zu strahlen und sind glücklich. Die Unschuld kehrt wieder, die sie als Kind empfunden haben, als sie zum erstenmal in den Himmel geschaut und Tausende von Sternen gesehen haben und das Universum begreifen wollten. Erst denkst du, gut, wir sind in unserem Sonnensystem, und es gibt Millionen von Sonnensystemen in der Milchstraße, und Millionen oder Milliarden von Galaxien im Universum und wer weiß wie viele Universen bis ins Unendliche, doch an diesem Punkt hörst du plötzlich auf zu begreifen und machst: »Ui!« Genau dasselbe geschieht beim Zaubern. Du transzendierst den Intellekt und empfindest Erstaunen und Freude. Die Leute sehnen sich danach zu staunen und bezahlen viel Geld dafür.

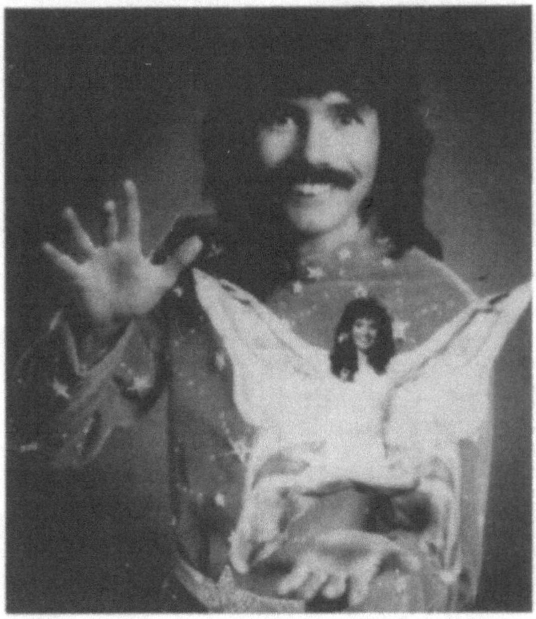

Der Schmetterling scheint bei Doug ein bevorzugtes Thema zu sein. Hier (schwebend) ein besonders reizvolles Exemplar (Debby Henning).

MM: Nur für das Staunen? Oder gibt ihnen das Zaubern noch etwas anderes?

Doug: Das Zuschauen beim Zaubern regt die Menschen an, tiefer in die Geheimnisse der Schöpfung einzudringen. Die Schöpfung ist voller Geheimnisse, voller Dinge, die wir nicht verstehen. Zaubern weckt das Interesse am Jenseitigen. Maharishi, einer der weisesten Menschen der Welt, sagte mir einmal in einem Gespräch: »Zaubern ist der größte Zündungstrick zur Erleuchtung.« Zaubern gibt den Menschen einen ersten Vorgeschmack auf reines Bewußtsein.

MM: Auf reines Bewußtsein? Wieso?

Doug: Wenn z.B. eine Dame über einem Springbrunnen schwebt — eine Illusion, die ich oft zeige —, dann denken sie zuerst: Da ist was im Springbrunnen. Dann geht der Springbrunnen runter, und sie sehen: Im Springbrunnen ist nichts. Ihr Geist wird hellwach, und sie denken: Da sind sicher Drähte. Dann fährt der Zauberkünstler mit einem Reifen rings um die Dame und sie merken: Da sind keine Drähte. Und plötzlich hört der Geist auf, nach einer Erklärung zu suchen. In diesem Augenblick überschreiten sie die Grenzen ihres Verstandes und erstaunen. Dabei kommt reines Sein oder reines Bewußtsein auf. Es ist vielleicht das erste Mal, daß jemand reines Sein erfährt. Gleichzeitig erfährt er die Welt durch seine Sinne. Das ist an sich die Erfahrung eines höheren Bewußtseinszustandes, eine Erfahrung von kosmischem Bewußtsein. Und dieser kurze Vorgeschmack auf reines Bewußtsein beim Sehen eines Zauberkünstlers reicht aus, einen Menschen zu einem Sucher zu machen, der immer mehr reines Bewußtsein erfahren will. Das Schöne ist, daß man jeden Augenblick des Lebens spontan als Wunder erleben kann, wenn man meditiert und zur Erleuchtung findet. Denn im Zustand kosmischen Bewußtseins wird jede Wahrnehmung aufgenommen, ohne durch Streß oder durch den Intellekt blockiert zu werden. Man erfährt die Welt, wie sie wirklich ist. Dann ist die Welt wahrhaftig voller Wunder.

MM: Was ist der Unterschied zwischen dem Wunder, das du durch Illusionen schaffst, und dem sogenannten wahren Wunder?

Doug: Für den Zuschauer besteht da absolut kein Unterschied. Ob du in den Himmel schaust oder eine Dame schweben siehst, beide Male erstaunst du und machst: »Ui!« Es ist genau dasselbe Gefühl.

MM: Aber du täuschst doch die Menschen und gaukelst ihnen nur ein Wunder vor.

Doug: Der Ausdruck »vorgaukeln« gefällt mir nicht. Das bringt uns auf den Unterschied zwischen dem Zeigen eines Tricks und Zaubern. Täuschen heißt soviel wie: Es ist nur ein Trick, nur ein Rätsel, das es auszuknobeln gilt. Das ist die niedrigste Form der Zauberkunst. Das Gefühl, das dabei im Zuschauer entsteht, ist Neugier, und wenn der Zuschauer — einmal neugierig geworden — das Rätsel nicht lösen kann, fühlt er sich frustriert. Zauberkünstler, die auf diesem Niveau arbeiten, sind auf Parties meist nicht sonderlich beliebt und kommen nicht sehr weit in ihrer Karriere. Eine weit höhere Form der Zauberkunst ist es, Mysterien zu schaffen, die als Wunder erlebt werden. Das Gefühl, das dadurch erzeugt wird, ist keine bloße Neugier, sondern Erstaunen. Wenn du die Zuschauer zum Staunen bringen kannst, gibst du ihnen ein sehr schönes, erhebendes Gefühl.

MM: Sie staunen also über eine Zauberei, die in Wirklichkeit nur Illusion ist.

Doug: Illusion ist die Technik, und Zaubern ist das künstlerische Resultat. Der Zauberkünstler erzeugt im Geist des Zuschauers eine Illusion, die ihm wie echte Zauberei vorkommt. Das Kriterium für alles, was ich zeige, ist, daß es wie echte Zauberei aussehen muß. Wenn es gleichzeitig sehr unterhaltsam ist, nehme ich es in die Show auf.

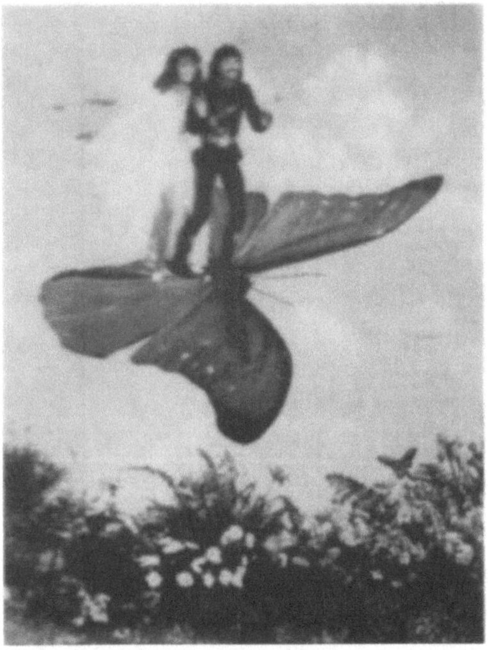

Eine Seite aus dem Doug-Henning-Katalog »World of Magic«.

MM: Welche großen Männer, welche Vorbilder haben dich beeinflußt?

Doug: Der Mann, der mich am meisten beeinflußt hat, ist Maharishi Mahesh Yogi. Wir verbrachten Stunden damit, darüber zu reden, wie man im Geist des Zuschauers Illusionen hervorrufen kann. Wir sprachen über die Psychologie der Zauberkunst, über das Staunen und über eine höhere Form des Staunens, die wir Ehrfurcht nennen. Ehrfurcht entsteht, wenn der Zauberkünstler das Gefühl des Erstaunens hervorruft und es dann im Herzen der Zuschauer belebt. Ein Zauberkünstler kann Ehrfurcht hervorrufen, indem er eine wunderbare Illusion oder etwas sehr Schönes oder Romantisches zeigt, das dem Publikum das Herz öffnet. — Außer Maharishi haben mich noch Dai Vernon und Slydini beeinflußt.

MM: Was war deine Ausbildung als Zauberkünstler? Stimmt es, das du ein Stipendium vom Staat dafür bekommen hast?

Doug: Ich habe angefangen zu zaubern, als ich etwa neun Jahre alt war, mit einem kleinen Zauberkasten. Später studierte ich Wahrnehmungspsychologie an der McMaster University in Hamilton, Ontario, Kanada, was mir sehr geholfen hat. Dann habe ich ein Canadian-Council-Government-Stipendium beantragt. Die kanadische Regierung gibt Zauberkünstlern Stipendien zum Studium ihrer Kunst in der ganzen Welt. Ich hatte Glück und bekam ein Stipendium für Schauspiel. Ich reiste durch ganz Kanada, die USA und Europa und sah mir alle Zauberkünstler unserer Zeit an. Das war Anfang der siebziger Jahre, 1971, 72. Ich habe auch Pantomime, Tanz und Sprache studiert. Ich bin der Meinung, daß ein Zauberkünstler, wenn er Erfolg haben will, die verschiedenen Sparten der Schauspielerei studieren muß, denn schon ein Kartentrick, jede kleine Illusion, ist eine schauspielerische Darbietung und muß unterhaltsam gebracht werden. Dann studierte ich einen ganzen Sommer bei Dai Vernon, der mir alle seine Techniken beibrachte. Von Dai habe ich vor allem gelernt, natürlich zu sein und ich selbst zu sein. Dann studierte ich bei Slydini, bei dem ich die Techniken der physischen Misdirection, der Irreführung, lernte. Und ich habe alles, was ich gelernt habe, zusammengebracht, meinen eigenen Stil daraus gemacht, und das brachte mir den Erfolg.

MM: Warum zauberst du? Was ist deine Motivation?

Doug: Ich fing an zu zaubern, weil ich eine Begabung dafür hatte und weil es mir half, sozusagen etwas Besonderes zu sein. Also mehr oder weniger zur Selbstbestätigung. Außerdem verdiente ich während der Schulzeit ein bißchen Geld damit.

MM: Ich bewundere deine Ehrlichkeit!

Doug: Aber dann begann ich mit Transzendentaler Meditation, und mein Geist wurde offener, und die Motive haben sich stark gewandelt. Je länger ich meditierte und je mehr Streß mein Nervensystem verließ, desto mehr sah ich die Welt mit dem Gefühl des Erstaunens und der Ehrfurcht. Ich schaute einen Baum an, aber statt einen alten Rindenstamm mit ein paar grünen Blättern zu sehen, sah ich plötzlich eine zauberhaft strahlende, majestätische Schöpfung Gottes. Nicht etwa, daß ich vom Verstand her nicht erkennen konnte, daß der Baum durch Photosynthese entsteht und aus einem Samen wächst und so weiter. Die intellektuellen Aspekte werden nicht vernachlässigt. Die Wahrnehmung wird einfach sehr klar und rein. William Blake sagt: Wenn wir die Pforten der Wahrnehmung reinigen könnten, sähen wir überall Unendlichkeit. Genau diese Erfahrung hatte ich nach einigen Jahren Meditation. Ich begann, an allen Enden und Wenden die zauberhafte Schöpfung Gottes wahrzunehmen. Und das Zaubern wurde mein Weg, das Wunderbare mit dem Publikum zu teilen.

MM: Wie machst du das im einzelnen? Wie kommt es, daß dir das so gut gelingt?

Doug: Die Leute sagen oft, ich würde in meinen Vorstellungen genauso Staunen wie mein Publikum, und das stimmt auch. Wenn ich ein Mädchen schweben lasse, dann bin ich wirklich erstaunt, daß das Mädchen durch die Luft schwebt. Natürlich weiß ich, wie es gemacht wird, aber ich transzendiere meine Technik. Ich lerne das, was ich zu tun habe, so gut, daß ich darüber nicht mehr nachzudenken brauche und für den Augenblick nur das Wunder erlebe. Das ist der Weg, dem Publikum das Wunder zu vermitteln. Wie ein guter Pianist beim Klavierspielen: Er denkt nicht an die Tasten, die er anschlägt, er spürt nur die Liebe, die er im Spiel zum Ausdruck bringen will.

MM: Was ist das Geheimnis deines Erfolges?

Doug: Das ist zweifellos die Tatsache, daß ich Transzendentale Meditation praktiziere. Es hat mich entspannt, meine Kreativität gesteigert und meine Gesundheit verbessert, so daß ich in den letzten acht Jahren keine einzige Show wegen Krankheit ausfallen lassen mußte, obwohl ich jedes Jahr Hunderte von Shows mache.

MM: Wann und warum hast du TM erlernt?

Doug: Ich war in Kanada und bereitete gerade meine erste Broadway-Show für New York vor. Ich hatte mein ganzes Geld in die Show gesteckt, und wenn die Show ein Verlust geworden wäre, wäre ich ruiniert gewesen, hätte für den Rest des Lebens Schulden gehabt. Meine ganze Karriere hing von dieser Show ab. Ich war ziemlich nervös und erschöpft. Da hörte ich von einer Technik, die den Streß im Nervensystem verringert und schlafen hilft. Ich hatte einen Abschluß in physiologischer Psychologie, schaute mir die wissenschaftlichen Messungen über TM an und gewann Vertrauen. Also fing ich an zu meditieren.

MM: Wie hat das Meditieren deine Arbeit beeinflußt?

Doug: Das Wichtigste ist: TM läßt mich das Wunder der Welt erleben. Durch Meditation erfahre ich das Wunder, und durch Zaubern teile ich es mit dem Publikum. Bevor ich meditierte, habe ich nie eigene Illusionen erfunden, und jetzt erfinde ich buchstäblich dutzende jedes Jahr für die verschiedenen Fernsehshows und andere Projekte. Meine Geist-Körper-Koordination hat sich sehr verbessert. Früher brauchte ich Monate, bei schwierigen Dingen sogar Jahre, um eine Illusion einzuüben, heute reichen ein paar Wochen oder Tage aus. Ich war 26, als ich anfing zu meditieren, jetzt bin ich 38. Ich habe mich von drei Ärzten untersuchen lassen, und alle drei sagen, mein biologisches Alter sei ungefähr 20. Ich konnte also diese äußerst hektische Karriere verfolgen, und dennoch ist mein biologisches Alter sogar sechs Jahre weniger als vor zwölf Jahren. Der Streß ist wirklich raus aus meinem Nervensystem.

MM: Wie stehen deine Kollegen zur TM? Betrachten sie dich nicht als Sonderling?

Doug: Die meisten Leute, mit denen ich arbeite, meditieren selbst. Ich habe ein sehr kreatives, dynamisches Brainstorming-

Team, das viele Illusionen herausbringt. Auch meine Frau Debby, die mit in meiner Show auftritt, und mein Zauberberater Charles Reynolds meditieren. Viele bekannte Unterhalter, Zauberkünstler, Schauspieler, Showmaster meditieren.

MM: Du praktizierst auch das TM-Sidhi-Programm, wo der Mensch das Schweben lernen soll. Was geschieht, wenn du die Flugtechnik anwendest?

Doug: Also, ich hätte nie geglaubt, daß sowas wirklich funktionieren könnte. Darum ging ich in die Schweiz, um bei Maharishi persönlich zu studieren. Ich blieb sechs Monate bei ihm und werde nie vergessen, wie ich zum erstenmal die Flugtechnik praktizierte: Ich spürte plötzlich eine geballte Ladung von Energie durch meinen Körper schießen. Ich saß im Schneidersitz auf dem Boden und flog auf einmal in die Luft, etwa einen halben bis einen Meter hoch, und dann fiel ich wieder runter auf die Matte. Das mache ich jetzt regelmäßig seit etwa acht, neun Jahren, seit 1977. Und jedes Jahr wird mein Körper leichter, nach der Flugtechnik fühle ich mich energievoller und klarer. Ich hoffe, eines Tages durchs Zimmer schweben zu können. Ganz ohne Scherz. Ich mache große Fortschritte, und es wird nicht mehr lange dauern.

MM: In deinen Shows schwebst du oft im Schneidersitz. Verwendest du dabei immer Tricktechniken, oder vermischst du das manchmal mit wirklichen Sidhis?

Doug: Alles, was ich bisher gezeigt habe, waren Illusionen. Ich habe in keiner Show echte Sidhis gezeigt.

MM: Warum nicht? Das wäre doch viel einfacher und billiger.

Doug: Natürlich wäre das einfacher und billiger. Aber ich habe die Technik eben noch nicht gemeistert. Ich bin erst in den Anfangsstadien. Aber bald wird der Zeitpunkt kommen, und dann brauchst du nicht zu erschrecken, wenn wir damit anfangen: Dann werden die Wissenschaftler eingeladen, die Sache zu untersuchen, und dann wird die ganze Welt erkennen, daß der Geist wirklich die Materie beherrschen kann.

MM: Im Augenblick bist du an der Maharishi International University in Fairfield, Iowa, wo du das TM-Sidhi-Programm gemeinsam mit 2000 Leuten praktizierst. Warum machst du das Flugprogramm trotz deines vollen Terminkalenders so häufig in großen Gruppen?

Doug: Das hat zwei Gründe: Erstens kann man in der großen Gruppe selber schneller zur Erleuchtung kommen und die Sidhis meistern. In der Gruppe entsteht eine unglaubliche Kohärenz, bei der die Fähigkeiten viel klarer zutage treten. Und zweitens kann eine große kohärenzerzeugende Gruppe den Streß in der Umwelt beseitigen. Wie eine Waschmaschine: Eine Waschmaschine im Dorf kann die Kleider des gesamten Dorfes reinigen. Genauso bewirkt die Gruppenkohärenz, daß der Umweltstreß und damit Krankheit, Kriminalität und Kriege zurückgehen.

MM: Wie sieht deine Arbeit zur Zeit aus?

Doug: Ich habe gerade mein erfolgreichstes Jahr hinter mir. Im »Amusement Business Magazine« wurden wir als drittbeste nichtmusikalische Unterhaltungstournee Amerikas eingestuft. 1986 wollen wir einen Film und eine neue Fernsehshow machen. Unter dem Namen »Doug and Debby Hennig's Wonder Whims« bringen wir gerade eine Spielzeugserie heraus, kleine Plüschtiere, die die Wunder der Naturkräfte darstellen, wie der »Sonnenprinz«, der das Wunder der Sonne darstellt, der »Mondstrahl« usw. Wahrscheinlich kannst du diese Puppen bald auch in Deutschland sehen.

MM: Was sind deine Zukunftspläne?

Doug: Ach, ich habe das Gefühl, meine Karriere hat gerade erst begonnen. Ich habe Hunderte von neuen Illusionen in meinem Notizbuch, die wir noch nicht gebaut haben. Dutzende von neuen Show-Ideen. Ideen für die nächste Broadway-Show.

Wir haben ein Brettspiel erfunden, das 1987 auf den Markt kommt, außerdem eine Reihe Spiele für Vergnügungsparks, die wir patentieren lassen und herausbringen wollen. Ich bin Berater für die Disney-Corporation und ihre Film- und Fernsehshows. Und alles hat mit Zauberei zu tun. Wir breiten uns gerade auf die verschiedenen Branchen aus, und viele aufregende Dinge sind im Kommen.

MM: Was ist dein Traum, den du in diesem Leben verwirklichen möchtest?

Doug: Mein wahrer Traum ist, erleuchtet zu werden, vollkommen erleuchtet, Einheitsbewußtsein zu erreichen, meine Erleuchtung mit der Welt zu teilen, der Welt aus ihrem Leiden und Elend herauszuhelfen, in dem sie augenblicklich steckt mit Krankheit, Kriegen, Streß und Terrorismus. Ich wünsche mir, das TM-Sidhi-Programm zu meistern, um wirklich zaubern und die Naturgesetze mit meinem Geist kontrollieren zu können. Nicht etwa, um als Zauberkünstler sensationeller zu werden, sondern um den Menschen zu zeigen, daß sie ihr Bewußtsein bis zu einem Grad erweitern können, wo es ihnen möglich ist, die Naturgesetze zu beherrschen und eine Welt zu schaffen, die sich jeder wünscht: eine Welt voller Frieden. Ich glaube, daß wir den Weltfrieden erreichen können, indem wir zuerst den inneren Frieden verwirklichen.

MM: Lieber Doug, vielen Dank für dieses Gespräch. Alles Gute und baldige Verwirklichung deiner Träume.

Doug: Ich bedanke mich, daß ich dieses Interview geben durfte und wünsche den Lesern der »Magischen« Welt — alle Wunder des Lebens.

Anmerkungen

Kosmisches Bewußtsein wird erfahren, wenn das Nervensystem durch regelmäßige Erfahrung tiefer Ruhe völlig streßfrei geworden ist. In diesem Zustand wird reines Bewußtsein nicht nur während der Meditation, sondern auch im Wachen, Schlafen und Träumen aufrechterhalten.

Einheitsbewußtsein ist ein höherer Bewußtseinszustand, der erfahren wird, wenn sich die Wahrnehmung so verfeinert hat, daß reines Bewußtsein nicht nur im eigenen Inneren, sondern auch in der Umgebung wahrgenommen wird. Dann erfährt der Mensch das beständige Einssein mit dem gesamten Kosmos.

M.M.

MW: Mehr Wissen

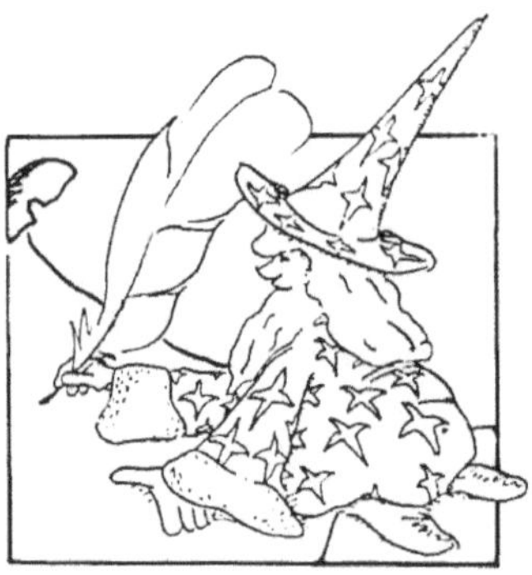

Mensch Maya

Der Zauberjournalist

Schreiben, Feilen, Probelesen

Es gibt sicher kaum einen Zauberfreund, dem noch nie eine zauberhafte Idee gekommen wäre. Doch nicht jedem fällt es leicht, seinen zauberhaften Einfall zu Papier zu bringen. Durch Werrys Hinweis auf verringerte Trickbeiträge und Edmüllers nützlichen Beitrag über die äußere Form eines Manuskripts[1] kam mir die Idee, für »M«W-Leser, die vielleicht etwas zu sagen hätten, aber nicht recht wissen, wie sie es schreiben sollen, ein paar Hinweise zum Handwerk des Artikelschreibens zu geben. Jeder Schriftsteller und jeder Jounalist hat zwar seine eigene Methode, dennoch gibt es handwerklich bedingte Wachstumsstadien, die fast jedes Manuskript durchläuft[2].

1. Wie fange ich an?

Wenn wir das Wachstum der Natur betrachten, erkennen wir, daß selbst die schönste Rose nicht gleich in voller Blütenpracht entsteht: Was wir als vollerblühte Rose in die Vase stellen, ist als kleiner, unscheinbarer Sproß entstanden, hat sich zur Knospe, und erst dann zur Blüte ausgebildet.

So ist es auch mit einem guten Manuskript. Es beginnt mit einer Grundidee, einem Titel, ein paar losen Worten. Sobald uns die Idee gekommen ist, worüber wir schreiben wollen, schreiben wir die Worte, die uns kommen, einfach hin. Wir brauchen uns keine Gedanken über eine kunstvolle Einleitung zu machen, denn es ist nicht nötig, die Einleitung zuerst zu schreiben. Meine ersten Worte für diesen Artikel sahen beispielsweise so aus:

»1. Jeder sicher was zu sagen, nicht jeder fähig, Artikel zu schreiben. Daher: Handwerk des Schreibens.

2. Schreiben: Anfangen durch anfangen. Egal was. Egal welche Reihenfolge. Egal, ob gut oder schlecht. Kann später gestrichen werden. Egal, ob letzter Satz zuerst kommt oder Mittelstück.

3. Ideen kommen in Worten, diese Worte einfach hinschreiben.

4. Manuskriptseiten einseitig beschriften (Schmierpapier), mit breitem Zeilenabstand, am besten mit Bleistift (zum Radieren) oder Computer (zum Textbearbeiten). Kuli oder Schreibmaschine weniger leicht zu verändern.

5. Wenn keine Ideen mehr kommen, hinlegen, Pause, ordnen.«

Für diese erste Wortesammlung brauchen wir so gut wie keine Sorgfalt, keine Ruhe, keine Zeit, denn die ersten Worte haben nur den Sinn, den Anfang gemacht zu haben. Dabei kommen meistens auch schon halbe oder ganze Sätze, Titel, Untertitel, Zwischentitel, eine kurze Anekdote oder ein Zitat für Anfang oder Schluß etc. Wenn wir erst einmal begonnen haben und in Schwung geraten sind, fließen uns die Sätze plötzlich ganz von selber aus der Feder. Und schon haben wir das Rohmaterial, das wir bearbeiten können. Das Bauen unseres Artikels kann beginnen.

2. Ordnen und Aussortieren

Nun beginnen wir, das Geschriebene zu ordnen und zu gliedern. Wir können — wenn wir keinen Textcomputer haben — die Gedanken numerieren oder den Text in Stücke schneiden und die Streifen so lange verschieben, bis wir mit der Reihenfolge einverstanden sind. Jetzt sehen wir auch, welche Stellen bereits formuliert sind, was wir doppelt oder dreifach hingeschrieben haben und was noch zu formulieren bleibt. Wir sortieren das Überflüssige aus, schreiben die fehlenden Übergänge, Schluß und Anfang und haben bald unsere erste »fertige« Textfassung, die sich schon wie ein Artikel liest. Den einzelnen Themen geben wir kurze Zwischenüberschriften.

3. Kürzen und Erweitern

Langatmige, unwichtige oder doppelt formulierte Stellen streichen oder kürzen wir zumindest. Das Kürzen ist das Schwerste, aber auch das Wichtigste beim Schreiben. Es gibt kaum einen guten Schriftsteller, der nicht immer wieder kürzt und kürzt, und es gibt kaum einen Text, der dadurch nicht gewinnt. Denn bei der ersten Niederschrift sind die Gedanken oft noch nicht so klar, daß wir sie von vornherein straff und präzise formulieren können. Alle Stellen, die zu knapp geraten sind und den Sachverhalt nicht deutlich genug schildern, erweitern wir.

4. Verdeutlichen und Glätten

Wo immer wir verwaschene Ausdrücke finden, die zu allgemein, zu farblos oder zu abstrakt gehalten sind, versuchen wir, einen treffenderen Ausdruck einzusetzen[3]. Jetzt liest sich unser Manuskript schon straff und farbig. Nun achten wir auf Klang und Melodie und versuchen, alles holprige im Sprachfluß auszubügeln, indem wir auf den eigenen inneren Rhythmus lauschen und Betonung oder Silbenzahl des Satzes ändern, bis das Ganze »sitzt«.

5. Probelesen

Das so bearbeitete Manuskript geben wir einem Freund zu lesen (oder lesen es ihm vor, wenn es zu wild aussieht) und bitten ihn, alles zu bemängeln, was ihm auffällt oder unklar scheint. Wenn wir mehrere Probeleser haben, umso besser. Wir übernehmen alle Korrekturen ohne Widerspruch und lassen unser Manuskript zumindest eine Nacht, am besten ein paar Tage einfach liegen. Nachdem wir Abstand zu dem Text gewonnen haben, lesen wir ihn nochmals durch und geben ihm den letzten feinen Schliff.

6. Dudenreines Manuskript einsenden

Jetzt bringen wir das Manuskript in eine saubere Form, überprüfen Zweifelsfälle in

Grammatik, Rechtschreibung und Zeichensetzung und senden es mit breitem Rand und doppelzeilig[1] an die Redaktion. Alles **Fettzudruckende** (Titel, Zwischenüberschriften) unterstreichen wir. Wenn wir nach den Absätzen auf Leerzeilen verzichten, ist die Zeilenanzahl leichter zu errechnen.

7. Markttest und Leserresonanz

Sobald wir später das gedruckte Exemplar erhalten, lesen wir den eigenen Beitrag im Zusammenhang mit anderen Artikeln und sehen, wie die gedruckte Fassung auf uns wirkt. Auch die Resonanz der Leser schult uns, immer mehr auf deren Wünsche einzugehen. Und die Freude, die wir in den tausend Leserherzen schaffen, strahlt jetzt tausendfach auf uns zurück.

Lieber Zauberfreund, wenn ich Sie durch diese vielen Worte vollends entmutigt haben sollte, einen Artikel zu schreiben, dann vergessen Sie am besten alles und schreiben einfach einen Brief an Ihren Zauberonkel aus Amerika, dem Sie einen Trick erklären wollen. Sie können mit dem Satz beginnen: »Lieber Zauberonkel aus Amerika, ... « Bevor Sie Ihren Brief dann in den Kasten werfen, lesen Sie ihn einfach nochmal durch. Falls Sie noch irgendetwas ändern wollen, können Sie nach Lust und Laune ordnen, streichen, kürzen und erweitern, glätten, lesen und polieren — wie ein Bildhauer, der sein Rohmaterial bearbeitet. Wir haben diesen unbewußten Schreibprozeß nur in bewußte, kleine Einzelschritte aufgeteilt, die im allgemeinen ineinanderlaufen und spontan und nebenbei erledigt werden. Schon Ernest Hemingway gestand: »Ich kann nicht schreiben, aber feilen« — und seine Bücher wurden weltberühmt.

Literaturhinweise

1) Andreas Edmüller: Formalitäten, in »M«W 4/85, S. 308

2) Schule des Schreibens, Fernlehrkurs, IFS-Institut zur Förderung des Schriftstellernachwuchses, Hamburg

3) Ludwig Reiners: Stilfibel, dtv

35. Jahrgang Heft 2 – April/Juni 1986

Mensch Maya

Wohin mit ungeklärten Phänomenen?

Fragen und Antworten zu den Gesetzen des Wunders (2)

In der ersten Folge haben wir versucht, dem Begriff »Wunder« einmal alles Mystische zu nehmen und dabei erkannt, daß die Bezeichnung »Wunder« relativ ist, da sie allein vom Erfahrungs- und Erkenntnisstand des Betrachters abhängig ist. Wir haben auch gesehen, wie wir durch Bewußtseinserweiterung die in uns schlummernden Fähigkeiten so weit entfalten können, daß wir in der Lage sind, Phänomene wie z. B. das Fliegen hervorzubringen, die wir früher selbst als Wunder betrachtet haben. Die natürliche Schlußfolgerung war: *Wer sein volles Potential entfaltet hat, betrachtet nichts als »Wunder«, denn nichts scheint ihm unmöglich oder unerklärlich.*

Durch Leserfragen angeregt, wollen wir heute untersuchen, wie Selbstverwirklichung zu »Wunderkräften« führt, welche Einstellung Erzeuger und Betrachter eines Wunders haben können, wie sich »Wunderkräfte« nutzen und erforschen lassen und was das geistige vom vorgetäuschten Wunder unterscheidet. Die Fragen und Einwände entstanden im Briefwechsel mit Waldemar Schneider, Höchheim, Kaspar Allendorf, Hamburg und Daniel Lukas, München.

Selbstverwirklichung und Wunderkräfte

Frage: Ich bin Amateurzauberer und vielleicht gerade deshalb sehr skeptisch gegenüber Dingen wie Parapsychologie, Esoterik, Meditation etc. Oder sollte man das nicht in einen Topf werfen?

Antwort: Sie sagen es: wir dürfen diese Dinge nicht vermischen. Das Ziel der Meditation ist Selbstverwirklichung. Die Entwicklung sogenannter »Wunderkräfte« ist nur ein winziger Aspekt davon. Unser Selbst ist eine Burg mit Schätzen. Der Räuber hat es auf die Schätze abgesehen, der König aber auf die ganze Burg. Meditation führt uns zur Ganzheit unseres Selbst. Wenn wir unser Selbst erobert haben, werden wir erkennen, daß uns dadurch viele ungeahnte Schätze zur Verfügung stehen. Diese Schätze — die sogenannten »Wunderkräfte« — sind aber nicht das Ziel, sondern eine Beigabe der Selbstverwirklichung.

Wunder zeigen oder Wunder wirken?

Frage: Ihre Weigerung, die »Flugversuche« öffentlich zu zeigen, fasse ich schlicht gesagt als Kneifen auf. Sie sagen, Personen, die die Flugtechnik nicht praktizieren, würden die Gruppenkohärenz verringern. Aber ein einzelner Zuschauer wird die Kohärenz doch kaum vermindern. Und warum haben die anwesenden Reporter, die seinerzeit über das »Fliegen« berichtet haben, die Kohärenz nicht vermindert?

Antwort: Wer sagt denn, daß die Reporter die Kohärenz nicht vermindert haben? Eine indogermanische Weisheit lautet: *»Der Elefant hat zweierlei Zähne: die einen zum zeigen, die anderen zum kauen.«* Es sind zwei völlig verschiedene Dinge, ob Sie das Fliegen zum Zwecke der Vorführung und Demonstration oder zur Kohärenzerzeugung ausüben. Wenn wir uns umschauen, wer heutzutage »echte Wunder« zeigt, dann finden wir in diesem Kreise meistens Scharlatane, die Täuschungstricks zur Steigerung der Sensation als »echte Wunder« ausgeben, oder solche, die ich einmal unter dem Begriff »Fakir« zusammenfassen möchte. Damit meine ich Personen, die tatsächlich irgendwelche außergewöhnlichen Fähigkeiten entwickelt haben und nun stolz damit hausieren gehen. Wer Wunder vorführt, will sie meistens nicht erklären, sondern Aufsehen, Staunen und Bewunderung hervorrufen. Auch der Zauberkünstler will die Zuschauer zum Staunen bringen und spiegelt ihnen dazu »echte Wunder« vor. Außerhalb der Vorstellung gibt er aber gerne zu, daß es sich dabei um Illusionen, um künstlerische Darbietungen handelt. Der Sidha hat dagegen nicht die Absicht, Staunen und Bewunderung hervorzurufen. Er will nicht Wunder zeigen, sondern Wunder wirken. Beim Zeigen zählt der äußere Effekt, beim Praktizieren nur die Kohärenz, die auf Körper, Geist und Weltbewußtsein einwirkt.

Frage: Das klingt geradezu, als wäre die Kohärenz im Weltbewußtsein das Wichtigste für Sie. Was kümmert es den einzelnen, ob das Weltbewußtsein kohärent ist oder nicht?

Antwort: Das sagen Sie, weil gegenwärtig Sicherheit und Frieden herrscht. Doch als die Amerikaner kürzlich Libyen bombardierten, dachten Sie wahrscheinlich wie die meisten: »Jetzt wird's brenzlig!« Wenn das Weltbewußtsein voller Spannung ist, kann der kleinste Funke schon verheerend wirken. Zum Glück hat sich der Konflikt nicht ausgeweitet. Das macht die Kohärenz im Weltbewußtsein. Sie wirkt wie kaltes Wasser, das man in den Brodelkessel gießt. Das Brodeln kann sich nicht verstärken, die Lage kühlt sich sofort wieder ab.

Wunder betrachten oder erforschen?

Einwand: Zurück zum Zuschauen bei Flugversuchen: Wenn ich morgen behaupte, das Perpetuum mobile erfunden zu haben, wird man mich erst dann ernst nehmen,

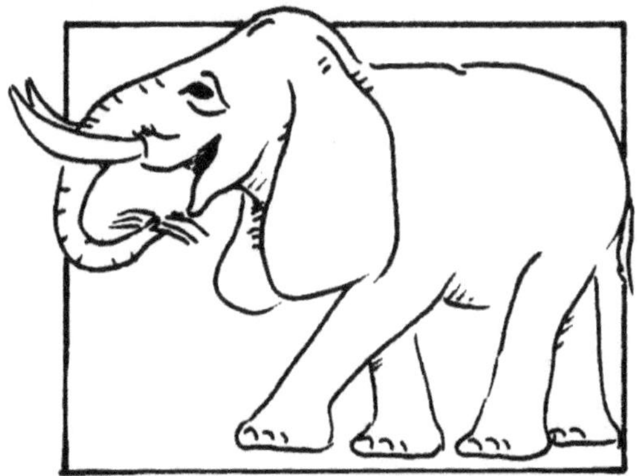

Zähne zum zeigen und Zähne zum Kauen.

wenn ich es beweise! Und würde ich es wirklich erfinden, dann würde ich auch alles daransetzen, der etablierten Wissenschaft zu zeigen, daß zumindest ein Kernsatz der Physik auf einem Irrtum beruht.

Antwort: Wir laden jeden herzlich ein, die Wirkungen des TM-Sidhi-Programms zu erforschen. Sie müssen aber zugeben, daß das bloße Zuschauen keine wissenschaftliche Erforschung ist, denn es liefert keine zuverlässige Erklärung, sondern führt nur zu Vermutungen. Gerade als Zauberkünstler wissen wir, wie leicht sich ein Betrachter täuschen und in abwegige Erklärungsversuche verirren kann. Daß Scharlatane immer wieder Erfolg damit haben, Täuschungstricks als »echte Wunder« auszugeben, zeigt, wie leichtgläubig die Menge ihren Sinnen traut. Kein Wunder, daß viele Zeugen solchen Betrugs ins andere Extrem verfallen und ungläubig auf alles reagieren, was unmöglich oder unerklärlich scheint. Der Forscher aber gibt sich nicht damit zufrieden, etwas Unerklärliches zu sehen, sondern ist bestrebt, den zugrundeliegenden Gesetzen systematisch auf die Spur zu kommen, damit man ihre Wirkungen vorausberechnen, wiederholen und zum Wohl der Allgemeinheit nutzen kann. Um das Phänomen des Fliegens zu erforschen, wurden und werden z. B. folgende physiologischen Untersuchungen an Sidhas durchgeführt: Versuchspersonen, die die Flugtechnik in Testkabinen praktizieren, werden an Meßgeräte angeschlossen und über Video beobachtet. Dabei werden Gehirnströme, Herzfrequenz, Hautwiderstand und andere Parameter gemessen. Außer den Wirkungen, die während des Fliegens eintreten, werden auch die Auswirkungen auf den Alltag wie Steigerung der Kreativität, der Reaktionsgeschwindigkeit, der Lernfähigkeit, des Gedächtnisses etc. untersucht. Allein an deutschsprachigen Hochschulen wurden bisher über 150 Untersuchungen über das TM- und TM-Sidhi-Programm in den Bereichen Medizin, Psychologie, Pädagogik, Soziologie etc. durchgeführt. In der Bibliothek der Deutschen MERU-Gesellschaft* finden Sie etwa 1000 wissenschaftliche Arbeiten aus aller Welt zu diesem Thema, die Sie über Fernleihe bestellen können.

Vergleiche mit bekannten Phänomenen

Frage: Sie vergleichen die Kohärenz des Bewußtseins, die zum »Fliegen« führen soll, mit der Kraft eines Magneten, der eine Nadel in die Höhe zieht. Kann man ein Magnetfeld überhaupt als kohärent bezeichnen?

Antwort: Sie haben recht: Wir sollten unterscheiden zwischen Wellenkohärenz und Kohärenz im Sinne von »Zusammenhang«. In einem gewöhnlichen Stück Eisen ist die Polarität der einzelnen Elementarmagneten nicht zusammenhängend ausgerichtet. Ihr Magnetismus hebt sich gegenseitig auf. Sobald die Elementarmagneten aber gleichgerichtet werden, tritt der Magnetismus in Erscheinung. Die magnetische Kraft ist also bereits in jedem Stück Eisen latent vorhanden, kann aber erst genutzt werden, wenn die innere Struktur des Eisens kohärent ist. Ein ähnlicher Prozeß findet während des TM-Sidhi-Programms in unserem Gehirn statt. Kurz vor dem Abheben ist eine 95prozentige Übereinstimmung in Phase und Frequenz der Gehirnwellen im vorderen, mittleren und hinteren Bereich beider Hemisphären festzustellen. Diese Gehirnwellenkohärenz deutet gleichzeitig auf reibungslosen Informationsfluß. Ist unsere Schaltzentrale unkoordiniert, dann gibt jeder Teil des Gehirns dem Körper einen anderen Befehl. Der vordere Bereich sagt: »ja«, der hintere »nein«, die rechte Hemisphäre »naja«, die linke »jain«, und was dabei herauskommt, ist ein »janajain«, ein Gedanke ohne klare Wirkung. Ist die Gehirnaktivität koordiniert und kohärent, dann sind wir fähig, alles zu erreichen und unsere Wünsche ohne Mühe zu erfüllen.

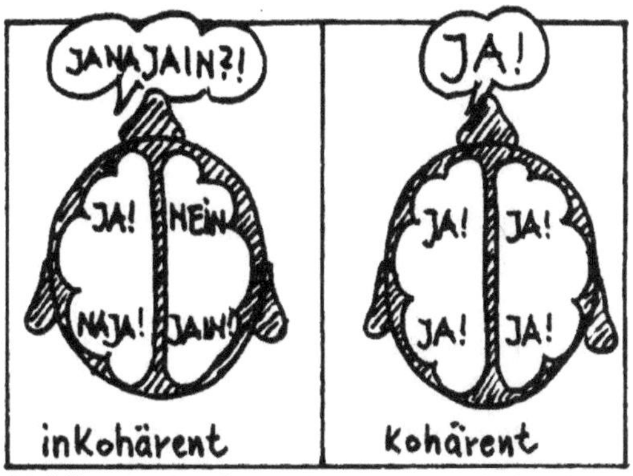

Kohärente Gehirnwellen – Klare Gedanken.

Einwand: Dennoch finde ich den Vergleich mit dem Magneten nicht so gut, den der Magnet wirkt ja von außen auf die Nadel, während die Kohärenz des Bewußtseins doch eine Wirkung von innen ist. Oder sehe ich das nicht richtig?

Antwort: Vergleiche machen Teilaspekte deutlich. Wir können auch einen gasgefüllten Ballon als Vergleich wählen, bei dem das Höherschweben durch die innere Leichtigkeit zustande kommt. Auch bei der Flugtechnik macht sich kurz vor dem Abheben ein starkes Gefühl der Leichtigkeit bemerkbar. Sie kennen sicher das Gefühl, wenn Sie im Flugzeug sitzen und das Flugzeug abhebt. Das Gefühl des Fliegens ist also gar nichts Neues für den Menschen. Wir sind längst damit vertraut, die Luft als tragendes und festes Fortbewegungselement zu nutzen. Wenn es durch Kenntnis bestimmter Naturgesetze möglich war, einen Aluminiumkasten mit Hunderten von Menschen in die Luft zu bringen, dann ist das Schweben eines einzelnen mit Hilfe feinerer Naturgesetze doch eigentlich viel weniger erstaunlich.

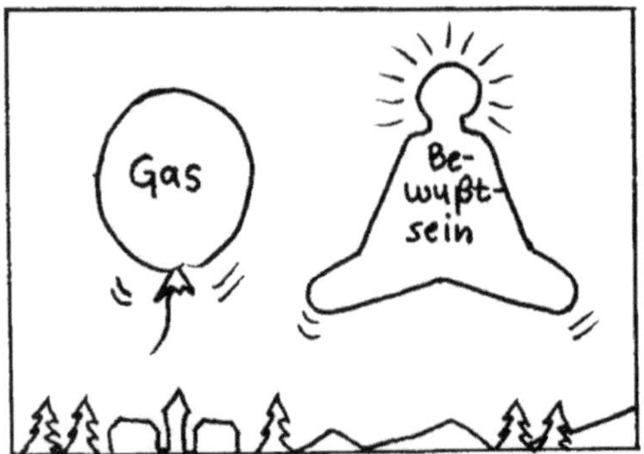

Innere Leichtigkeit – leichter als Luft?

Objektive oder subjektive Forschung?

Einwand: Gut, ich lasse mich jederzeit gerne belehren — aber nicht durch Worte! Nur ein entsprechendes Erlebnis kann mich überzeugen.

Antwort: Mit dieser Haltung stehen Sie nicht allein. Auch die meisten Sidhas sind erst überzeugt, daß die Flugtechnik tatsächlich funktioniert, sobald sie selbst vom Boden abgehoben haben. Selbst das Beobachten der anderen Kursteilnehmer, bei denen die Flugtechnik bereits gezündet hat, kann das Erlebnis, das sich beim Abheben im eigenen Geist und Körper abspielt, nicht ersetzen.

Frage: Obwohl ich das »Fliegen« nach wie vor nicht für möglich halte, beschäftigt es mich doch stärker, als ich es zunächst wahrhaben wollte. Da Sie sagen, es sei eine gewisse geistige Technik notwendig, habe ich einmal versucht, auf das Geheimnis zu stoßen. Meine Überlegungen gehen nun dahin: Man setzt sich auf die Matratzen und stellt sich vor, daß der Körper in eine vertikale regelmäßige Schwingung gerät und vom Boden abhebt. Diese Vorstellung setzt sich in einen ideomotorischen Impuls um, der durch die Matratzen verstärkt wird, und der Effekt wird hervorgerufen. Ich weiß zwar nicht, ob die Impulse so stark werden können, denn ich habe es noch nicht probiert, aber liege ich in etwa richtig?

Antwort: Ihr Erklärungsversuch geht von einer ideomotorisch hervorgerufenen Wirkung aus. Der Hauptauslöser für das Abheben ist jedoch die Erfahrung reinen Bewußtseins, die uns völlig neue Dimensionen öffnet. Selbst die Beschränkungen von Raum und Zeit sind in diesem Zustand aufgehoben, da reines Bewußtsein in der Transzendenz, also jenseits der Raumzeit existiert.

Einwand: Ihre Erklärung ist mir zu abstrakt und gibt mir leider keinen Hinweis, wie die Technik wirklich funktioniert.

Antwort: Die Technik selber kann man schriftlich nicht vermitteln. Das wäre so, als wollten Sie aus Büchern Autofahren lernen. Spätestens an der ersten verkehrsreichen Kreuzung werden Sie merken, daß der Fahrlehrer in den ersten Stunden neben Ihnen sitzen muß.

Frage: Vielleicht klingt meine Frage jetzt etwas naiv, aber wie lange braucht man, um das Fliegen zu lernen?

Antwort: Der erste Schritt dazu ist ein Grundkurs in Transzendentaler Meditation, der aus sieben Stufen von durchschnittlich ein bis zwei Stunden Dauer besteht. In dieser ersten Woche lernen Sie das mühelose Transzendieren. Sobald Sie etwa drei Monate lang regelmäßig morgens und abends für 20 Minuten meditiert haben, können Sie den TM-Sidhi-Kurs besuchen, bei dem die Flugtechnik nach etwa zwei Monaten gelehrt wird. Sie müssen also rund ein halbes Jahr rechnen, bis Sie das erste Stadium des Fliegens selbst erfahren können.

Frage: Wollen Sie damit sagen, daß praktisch jeder Mensch in einem halben Jahr das Schweben lernen könnte?

Antwort: Schweben ist zur Zeit wohl noch zuviel gesagt. Sie erfahren aber, was es heißt, wenn ein Impuls von Energie und Leichtigkeit durch Ihren Körper geht und ihn für einen Augenblick nach oben hebt. Diese Erfahrung tritt normalerweise kurz nach Erlernen der Flugtechnik ein.

Publikumswirksame Darstellung

Frage: Ich habe dabei den Hintergedanken, diese Technik auch bei Zaubervorstellungen zu verwenden, denn das echte Schweben ist sicher bei weitem interessanter als das technische Schweben. Wäre das möglich?

Antwort: Das gegenwärtige Anfangsstadium des Fliegens ist als Publikumseffekt nicht sonderlich geeignet. Es sieht nicht aufsehenerregend aus, sondern natürlich, schlicht und einfach. Und es hieße auch, eine sehr wertvolle geistige Übung nur um des äußeren Effektes willen durchzuführen. Die TM-Sidhi-Technik ist nicht zum vor-, sondern zum ausführen gedacht. Auf der Bühne gelten andere Gesetze als im Leben. Sie müssen die Handlung verkürzen, den Effekt dramatisch aufbauen, langsam steigern, überhöhen und zur Klimax führen. Das Theater lebt von dramaturgischen Gesetzen und vom Schein. Echte Gegenstände oder Vorgänge sind zur Bühnenwirkung meistens ungeeignet. Um ein geistiges »Wunder« bühnenwirksam vorzuführen, stehen dem Täuschungskünstler die Wundereffekte der Technik, der Kunst und der Täuschung zur Verfügung. Das Kennenlernen der TM-Sidhi-Technik hilft uns aber, unsere Trickeffekte originalgetreuer zu gestalten. Glasperlen wirken nur wie echte Perlen, wenn der Erzeuger echte Perlen kennt.

Gesetze des Wunders (2):

8. »Wunderkräfte« sind nicht Ziel, sondern Beigabe der Selbstverwirklichung.

9. Wir unterscheiden vier verschiedene Erzeuger eines »Wunders«: den Scharlatan, der Täuschungstricks als »echte Wunder« ausgibt, den »Fakir«, der seine »Wunderkräfte« öffentlich zur Schau stellt, den Zauberkünstler, der vorgetäuschte Wunder künstlerisch gestaltet, und den Sidha, der die Sidhis nur zur Kohärenzerzeugung praktiziert.

10. Wir unterscheiden vier verschiedene Betrachter eines »Wunders«: den Leichtgläubigen, den Ungläubigen, den objektiven Forscher und den subjektiven Forscher.

11. Das Betrachten eines ungeklärten Phänomens ist keine zuverlässige Methode, die ihm zugrundeliegenden Gesetze zu erkennen.

12. Wer davon lebt, »Wunder« zur Schau zu stellen, ist bestrebt, die zugrundeliegenden Gesetze zu verdecken, da seine Show sonst nicht als »Wunder« angesehen wird.

13. Der Forscher ist bestrebt, die Gesetze, die einem ungeklärten Phänomen zugrundeliegen, aufzudecken, damit das Phänomen vorausberechnet, wiederholt und allgemein genutzt werden kann.

14. Zur Meisterung der Sidhis gehört die Fähigkeit, reines Bewußtsein zu erfahren und zu nutzen.

15. Der äußere Effekt ist nur die Nebenwirkung einen Sidhis. Die ganzheitliche Wirkung ist die Kohärenzerzeugung.

16. Der Täuschungskünstler benutzt die Wundereffekte der Technik, der Kunst und der Täuschung, um den äußeren Effekt eines geistigen »Wunders« nachzuahmen.

17. Zur publikumswirksamen Vorführung muß der äußere Effekt nach den Gesetzen der Dramaturgie gestaltet werden.

18. Je genauer der Täuschungskünstler das Vorbild seiner Trickeffekte kennt, desto »echter« wirkt seine Nachahmung.

Lieber Leser, wir haben uns bisher lediglich mit »Wundern« befaßt, die vom Menschen erzeugt werden können. In der nächsten Folge wollen wir auf die Wunder der Natur eingehen und untersuchen, wie wir den geheimnisvollen Reiz des Unerklärlichen in jedem Wesen, jedem Ding erschauen können. Auch werde ich gern auf Ihre persönlichen Fragen und Einwände eingehen. Ich freue mich schon auf Ihren Leserbrief. Bis dahin wünsche ich Ihnen — einen Alltag voller Wunder!

* Deutsche MERU-Gesellschaft, Am Berg 2, 4516 Bissendorf 2

35. Jahrgang Heft 3 – Juli/Sept. 1986

»Magische Welt«

ZEITSCHRIFT FÜR ANGEWANDTE TRICKTECHNIK UND WAHRNEHMUNGSTÄUSCHUNG

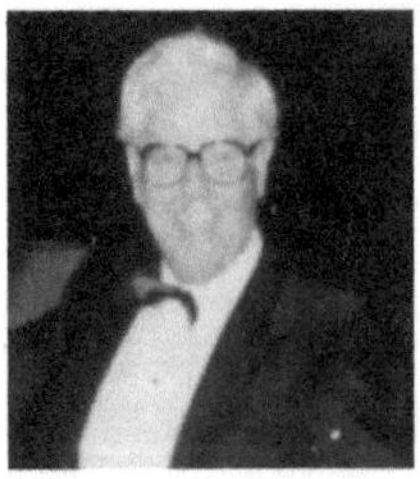

Lieber Leser!

Mein Beitrag über Kalanag in »M«W 2/86 wurde recht unterschiedlich aufgenommen. Dies zeigt deutlich, wie stark doch der Standpunkt mancher Leser für die Betrachtungsweise von Informationen ausschlaggebend ist. . . .

Auch Mensch Maya bleibt im Gespräch — obwohl der Strom an Leserbriefen zu seinen Äußerungen z. Z. versiegt ist. Bei fernmündlichen Gesprächen höre ich immer wieder wohlwollende bis begeisterte Zustimmung oder heftige Ablehnung. — Gewiß wird es manchen »Zauber«freund überraschen, daß am 21. Juli in Neu-Delhi die internationale »Yogi-Flugmeisterschaften« stattfanden, nachdem am 9. Juli in Washingtons Convention Center der erste amerikanische Flugwettkampf dieser Art ausgetragen wurde, zu dem auch Presse, Film und Fernsehen eingeladen waren. Schon am gleichen Abend flimmerten die ersten Aufzeichnungen — wie u. a. das NRC Handelsblad (NL) vom 10. Juli berichtete — über die amerikanischen Bildschirme. — Wir dürfen gespannt darauf sein, was wir über »die neue Art zu fliegen« noch alles hören werden. — In diesem Zusammenhang eine Klarstellung: Bei einigen »Zauber«freunden scheint der Eindruck entstanden zu sein, ich sei dem Okkultismus verfallen. Seien Sie versichert, lieber Leser, daß dies nicht so ist. Wenn man einem Gebiet offen gegenübersteht und versucht, sich von Vorurteilen frei zu machen, so heißt das nicht, daß man nach dieser Seite hin befangen ist. Eigentlich hätte das aus meinen Arbeiten zu diesem Thema längst deutlich werden müssen. Nun, vielleicht hat mancher die Beiträge nicht so aufmerksam gelesen.

Herzlichst
Ihr Werry

Leserforum

VORSICHTIG MIT ABERGLAUBEN

Zum Editorial, MW, 35. Jg., Heft 2 — daß jeder seine Meinungen und Ansichten in der »M«W äußern darf . . .

Halt da! — Was sagen Sie, wenn jemand Pornofotos abdrucken lassen will, weil die Mädchen einen alten Zauberapparat in der Hand oder auf dem Busen haben? — Wollen Sie einen Text erlauben, in dem jedes zweite Wort ein Fluch ist? — Können Sie bei Gossenjournalismus applaudieren? Sehen Sie, bei solchen Sachen ist Ihnen klar, daß nicht alle Meinungen . . . Das verstehen Sie. Aber auch in Glaubensfragen sollte man ganz vorsichtig mit Aberglauben, noch mehr mit Charlatanismus oder Satanismus und Guru-Kulten umgehen. Aus diesem Grunde bin ich völlig mit Dr. Geue einverstanden; er weiß vielleicht, wieviele Menschen durch solche Meditationstechniken krank werden.

So, jetzt haben Sie etwas zum Meditieren!

B. Spalty, Hoboken (Belgien)

WAHRE PRESSEFREIHEIT

Ihr Editorial habe ich mit wachsender Hochachtung und Begeisterung gelesen. Wieviele Herausgeber deutscher Zeitschriften praktizieren schon wahre Pressefreiheit, indem sie tatsächlich die freie Meinungsäußerung jedes einzelnen Autors gelten lassen? Daß Sie sogar trotz Ihres eigenen klaren Standpunkts jedem Autor gestatten, sich unzensiert nach Belieben weiterhin Zauberer oder Magier zu nennen, ist für mich ein weiteres Zeugnis Ihrer praktisch gelebten Aufgeschlossenheit und Ihrer Achtung vor dem Standpunkt anderer. Schließlich läßt sich die Bezeichnung Magier nicht durch Bevormundung bekämpfen (die nur zu Trotzreaktionen führen würde), sondern durch ständiges Anheben und Erweitern des Bewußtseins aller Beteiligten. Ich entdecke immer mehr, daß der »olle Werry« uns allen ein klares Beispiel wahrer Weisheit vorlebt. Und Franz Brauns Werry-Kritik — in der eigenen Zeitung! Wer hat schon so viel Abstand zu sich selbst?

K. Allendorf, Hamburg

FASZINIEREND

. . . Gestern habe ich die neueste Ausgabe der »'Magischen' Welt« erhalten. Ich muß sagen, daß ich es sehr begrüße, wenn Sie nicht nur über die reine Tricktechnik informieren, sondern auch über Hintergründe, Besonderheiten usw. (Stichwort »Mensch Maya«). Faszinierend sind seine Beiträge ja schon; aber selbstverständlich ist es für mich nicht möglich, solche Phänomene einfach zu akzeptieren, ohne daß wirklich schlüssige Beweise vorliegen. In diesem Zusammenhang würde es mich sehr freuen, wenn Sie mir und einigen Bekannten einen Pardon-Sonderdruck zur Verfügung stellen könnten . . . J. Schepp, Göttingen

VERWUNDERT

. . . Wenn ein kritisches Wort erlaubt ist: Es hat mich schon etwas verwundert, wie Sie mit Parapsychologie umgehen. Zum einen ist da der ins Spirituelle gehende Artikel von Mensch Maya über Wunder, zum anderen der Fortsetzungsaufsatz von Reutterer über Parapsychologie, die mir beide nicht auf dem aktuellen Stand der modernen Kommunikationsforschung zu stehen scheinen, oder im Rahmen dieser Zeitschrift nicht ausreichend dargestellt werden können. Solche Kontroversen sind sicher sehr schwer unter einen »Zauber«-Hut zu bringen. — Ich bin gespannt, wie's weitergeht! . . . F. K. Herrmann, Niddatal

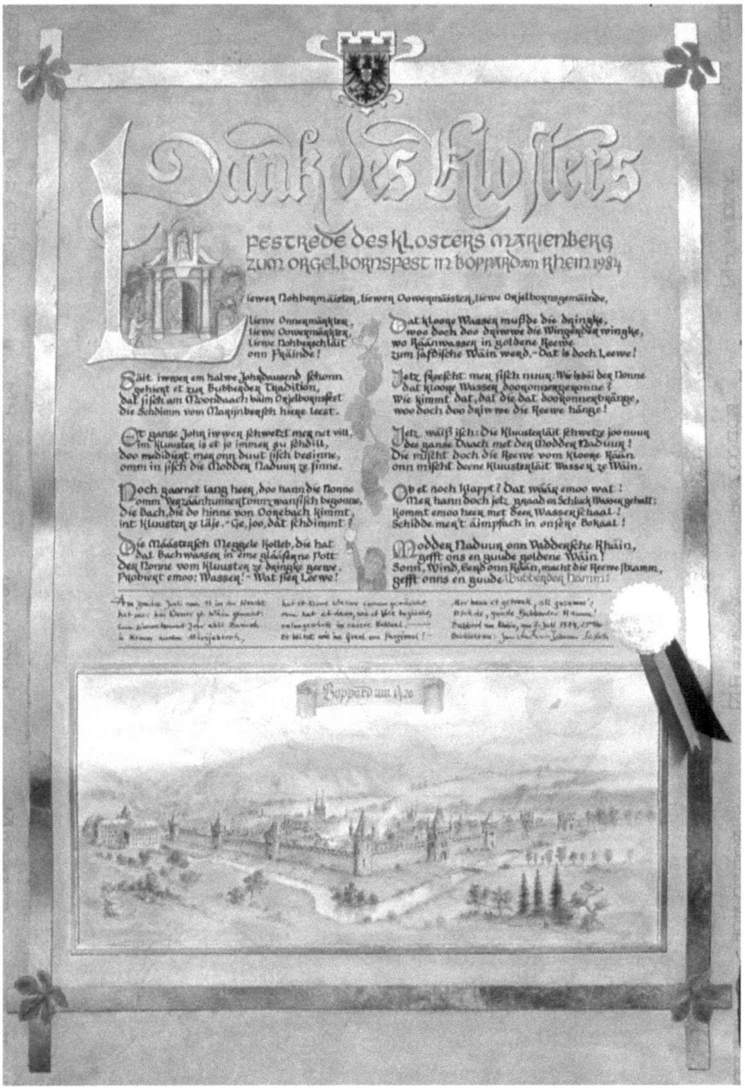

Mensch Maya

Wasser zu Wein

Zu Boppard am Rhein hängt im Hause des Untermärkter Nachbarmeisters Heinrich Conrad eine wertvoll verzierte Schriftrolle, auf der Sie, wenn Sie einmal durch Boppard kommen sollten, in mittelalterlichen Lettern und Bopparder Mundart unter anderem folgende Beschreibung eines ungewöhnlichen Ereignisses lesen können:

»Am zweiten Juli um elf in der Nacht
hat man hier Wasser zu Wein gemacht.
Ein siebenhundertjähriger Zwerg
trat aus dem Kloster Marienberg,
hat klares Wasser herumgereicht
und hat es dann, wie das Volk bezeugt,
hineingeschüttet in unsren Pokal. —
Es blitzt wie im Gral von Parzival! —

Wir tranken es alle, der ganze Verein:
echter, guter Bopparder Wein!«

Darauf folgen Ort, Datum und zwei Zeugenunterschriften nebst Siegel des alten Klosters, vor dessen Mauern sich das kleine »Wunder« zugetragen hat.

Die Idee zu diesem »historischen Ereignis« kam mir, als ich vor einigen Jahren beim Bopparder Orgelbornsfest auftreten sollte. Unsere Meditationsgruppe wohnte damals vorübergehend in einem ehemaligen Kloster, dessen Bewohner alljährlich als Dankesgeste für einen Trinkwasserzufluß den Festpokal der Nachbarschaftsgemeinde mit Wein füllen und mit einer kurzen Festrede überreichen mußten. Was lag näher, als den geschichtlichen Hintergrund durch eine Wasser-zu-Wein-Verwandlung zu illustrieren? Ich wußte allerdings nicht, wie die Gemeinde darauf reagieren würde, denn die Bevölkerung betrachtete die fremden, zugereisten »Yogis« mitsamt ihren seltsamen Yogi-Flugübungen noch voller Skepsis und Mißtrauen. So brachte ich meinen Vortrag mit Hilfe des Mundartdichters Kreuz in das einheimische »Bubberder Blatt« und trat auf als »Wonnerzwersch vom Marienbersch«, der sich bereits seit Erbau des Klosters in dessen »Gemäuern der Stille« verborgen hielt. Den Vortrag habe ich inzwischen so bearbeitet, daß er auch bei anderen Gelegenheiten verwendet werden kann.

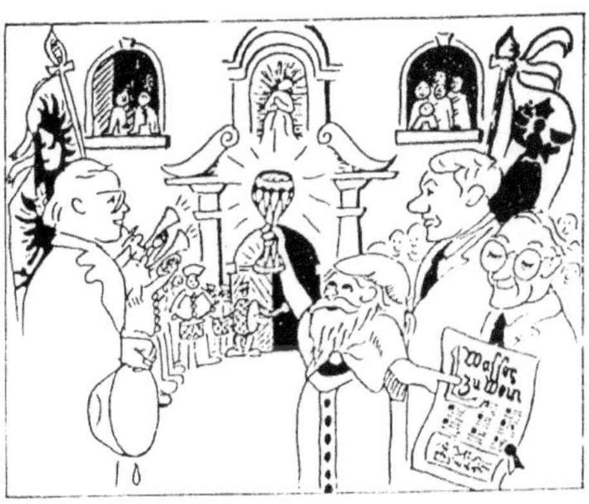

»Wasser zu Wein« — Im hochgehaltenen Pokal verwandelt sich das soeben gekostete Wasser zu bestem Wein.

Vortrag und Präsentation

(Auf einem Tisch steht ein leerer Pokal und eine bernsteinfarbene Glasschale voll Wasser. Der Künstler entrollt eine große, reich verzierte Schriftrolle, aus der er folgende Festrede verliest:)

»Kennt Ihr den uralten Wunderzwerg
vom rheinischen Kloster Marienberg?
Der schüttet seit jeher statt goldenen Wein
nur glasklares Quellwasser in sich hinein.

(Er deutet auf die Glasschale mit Wasser.)

Und auch den Nonnen zum täglichen Mahle
hat er seit je in der gläsernen Schale
immer nur Wasser zu trinken gegeben.
Probiert's nur! — Wasser! — Was für ein Leben!

(Ein Assistent reicht die Schale zum Probieren durchs Publikum.)

Schales Wasser mußten die trinken,
wo doch im Rheintal die Weinberge winken,
wo Regenwasser in goldenen Reben
zum saftigen Wein wird — das ist doch Leben!

(Der Künstler dreht die Schriftrolle zum Publikum und zeigt auf ein altes Bild mit rheinischen Weinbergen.)

Ich frage mich nur: Wie ist bei den Nonnen
das schale Wasser heruntergeronnen?
Wie können die sowas herunterbringen,
wenn ringsum die Winzerlieder erklingen?!

(Er zeigt nochmals auf die Reben und Weinberge im Bild.)

Doch halt: Die Nonnen handeln ja nur
im Einklang mit unsrer Mutter Natur:
Die läßt doch vom Regen die Reben gedeihn!
Macht die Natur nicht aus Wasser Wein?

(Der Assistent kommt mit der Schale zurück.)

Gleich mal probieren, ob es noch klappt.
Haben wir eben nicht Wasser gehabt?
Wir nehmen das Wasser aus unserer Schale —
und hier soll es reifen: in diesem Pokale!

(Der Künstler läßt den leeren Pokal von einem Zuschauer prüfen und stellt sich mit dem Gefäß in die Mitte des Zuschauerkreises. Der Assistent schüttet das soeben gekostete Wasser deutlich sichtbar hinein. Der Künstler hält den Pokal mit freiem Arm in die Höhe und ruft:)

Liebe Freunde, gedenket der Reben!

Gemeinsam laßt uns das Wunder erleben!
So wie vom Regen die Reben gedeihn
so reife das Wasser — zum goldenen Wein!

(Fanfare und Goldregen. Der Künstler steht für einen Augenblick reglos da, dann reicht er dem neben ihm stehenden Zuschauer den Pokal zum Probieren — er enthält die beste Sorte des lokalen Weines. Der Pokal macht die Runde, und jeder kann sich von dem »Wunder« überzeugen.)

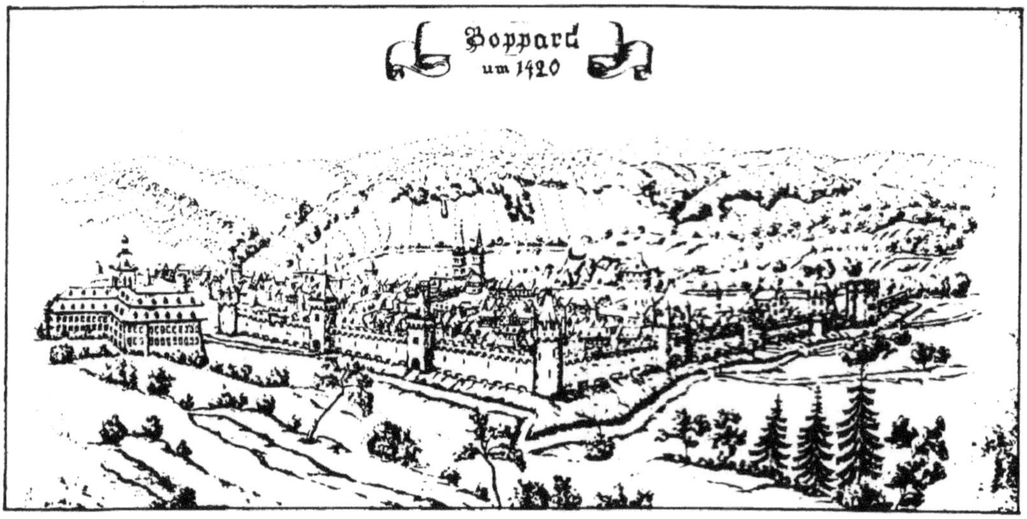

Ein Bild fesselt die Aufmerksamkeit: Weinstadt Boppard mit Weinbergen und Kloster Marienberg (links).

Zubehör

Eine reich verzierte Schriftrolle mit dem Vortragstext und einem Bild rheinischer Weinberge, ein Pokal, etwa zwei Liter Wein und zwei gleiche bernsteinfarbene Glasschalen.

Trickprinzip

Sicher haben Sie längst bemerkt, daß ich die Schriftrolle nicht ohne Grund so reich verziert und bebildert hatte. Während alle Blicke von der kostbaren Schriftrolle gefesselt waren, konnte mein Assistent, der das Wasser durchs Publikum reichte, in aller Ruhe hinter die Reihen der Zuschauer treten und die Schale Wasser gegen eine Schale Wein austauschen, die ein zweiter Assistent im Schatten der Menge bereithielt. Die beiden Schalen aus farblosem Glas hatte ich mit gelber Glasmalfarbe so getönt, daß Wein und Wasser optisch nicht zu unterscheiden waren. Das »soeben gekostete Wasser« wurde in den Festpokal geschüttet, und aus dem Trick entstand ein wahres Wunder: Die neuen Bewohner des früheren Klosters, von denen so viel Ungewöhnliches gemunkelt wurde, waren auf einmal keine Fremden mehr, sondern ganz normale, liebe Nachbarn, deren Herz und Maul am rechten Fleck saß.

Nachbemerkung

Wer nur eine Schale hat und die Aufmerksamkeit gut zu fesseln vermag, kann den Wein hinter dem Publikum einfach in die Schale umfüllen lassen. Zeit ist genügend vorhanden. Auf das Umgießen in einen Pokal, der die ganze Zeit sichtbar bleibt, sollte man allerdings nicht verzichten, weil der Zuschauer die Verwandlung dadurch im Pokal und nicht in der Schale vermutet. — Für die Aufführung war keine Probe nötig. Die »Verwandlung« funktionierte automatisch.

*

Mensch Maya

Wettfliegen für den Weltfrieden

Sonderbericht über die Erste Olympiade im »yogischen Fliegen«

In unserer letzten Wunderfolge haben wir erfahren, warum Sidhas ihre Flugübungen normalerweise nicht vorführen: Das wahre Wunder ist für sie nicht der Flugeffekt, sondern die Wirkung der beim »Fliegen« auftretenden Kohärenz im kollektiven Bewußtsein, durch die die Menschheit auf ein höheres Niveau angehoben werden soll, wo die vier »K«s — Kriminalität, Krieg, Krankheit und Katastrophen — nur noch als »Kuriositäten vergangener Kulturen« betrachtet werden.

»Das klingt alles sehr schön«, meinte Werry dazu, »aber — pardon — es sind halt nur Worte. Solange ich derartiges nicht sehe, solange existiert es nur in der Phantasie.« Und ich kann seine Skepsis durchaus verstehen. Werden doch die Täuschungskünstler vornehmlich mit falschen Medien konfrontiert (die Kräfte vorführen, die sie nicht beherrschen), während sich Sidhas mehr an echten Meistern orientieren (die Kräfte beherrschen, die sie nicht vorführen). Verständlich, daß Funken sprühen, wenn diese beiden Traditionen aufeinanderprallen. Doch ich finde, der Funke belebt uns alle . . .

Erinnern Sie sich noch an den Satz aus dem Vorspann zum Schwebenden Bettuchinen: »Noch wäre es verfrüht, aus dem 'Fliegen' eine neue Olympiadedisziplin zu machen.«? Nun — unverhofft kommt oft. Inzwischen ist es soweit: Im Juli dieses Jahres fand die »Erste Olympiade des Zeitalters der Erleuchtung« mit vier verschiedenen Disziplinen im »yogischen Fliegen« statt. Der Aktualität halber möchte ich Ihnen daher heute statt der »Wunderserie« folgenden Sonderbericht geben.

Flugdemonstration in Washington

Insgesamt 17 Kamerateams waren unter den etwa 100 Funk- und Presseleuten, die am Morgen des 9. Juli 86 ins Washingtoner Convention Center gekommen waren, um die ersten amerikanischen Ausscheidungskämpfe im »yogischen Fliegen« erleben und filmen zu können. Vom 5. bis zum

13. Juli tagte dort die »Weltversammlung für vollkommene Gesundheit« mit etwa 3000 Experten der Maharishi-Technologie des Vereinheitlichen Feldes, die durch gemeinsame Kohärenzerzeugung »den Frieden auf Erden mächtig und die Macht auf Erden friedlich« machen wollten.
Im Rahmen der Einweihung von Maharishis Programm zur Verwirklichung des Weltfriedens, für das ein eigener Weltfriedensfonds eingerichtet wurde, sollte die TM-Sidhi-Technik des Fliegens, die normalerweise nur unter Ausschluß der Öffentlichkeit praktiziert wird, nun zum erstenmal vor öffentlichen Film- und Fernsehkameras demonstriert werden.
Während die Reporter in dem überfüllten Konferenzraum gespannt auf die Vorführung warteten, gab Dr. Bevan Morris, Präsident der Maharishi International University, Fairfield, Iowa, den Grund für die öffentliche Demonstration bekannt: Der wachsende Terrorismus in der Welt, die gefährliche Rivalität der Großmächte und die angehäuften Atomwaffen, die das Leben jedes Erdenbürgers bedrohten, machten es notwendig, daß sich mehr und mehr Menschen für die Sicherung des Weltfriedens einsetzten. Maharishi Mahesh Yogi hielt es daher für angemessen, die Ausübung der TM-Sidhi-Technik und die damit verbundenen Möglichkeiten zur Verwirklichung des Weltfriedens öffentlich zu demonstrieren.

Zum ersten Mal: Kamera frei

Bevor die Flug-Demonstrationen begannen, wurden physiologische und soziologische Forschungsergebnisse vorgestellt, die zeigten, wie die Kohärenz, die während des »Fliegens« entsteht, das kollektive Bewußtsein anheben, internationale Krisenherde beruhigen und so den Weltfrieden stabilisieren kann. In Krisengebieten sei z.B. die Zahl der Unruhen und der Kriegstoten drastisch zurückgegangen, sobald die Kohärenz im kollektiven Bewußtsein durch eine große Weltfriedensversammlung angehoben wurde. Die unmittelbar vor dem »yogischen Fliegen« auftretende Gehirnwellenkohärenz konnte auf dem Computer-Bildschirm verfolgt werden.
Der Physiker John Hagelin erklärte den theoretischen Hintergrund für das Fliegen des Menschen. Die TM-Sidhi-Technik wirke nicht durch An-spannung, sondern durch Ent-spannung. In der tiefen Entspannung erfahre der Geist die grundlegende Funktionsebene der Natur, wo der Friede ewiger Stille die Dynamik des Universums aufrechterhalte — die Ebene des vereinheitlichten Feldes aller Naturgesetze. Das »yogische Fliegen« entwickle sich in drei Stadien. Gegenwärtig sei das erste Stadium des Fliegens — das sogenannte »Hüpfen« — erreicht. Das zweite Stadium sei das Schweben oder Levitieren und das dritte Stadium das freie lenkbare Fliegen und Fortbewegen durch die Luft.

»Yogisches Fliegen« — Neue Olympiadedisziplin

In der Flughalle, wo etwa 1000 Zuschauer das Wettfliegen verfolgten, saßen die Wettkämpfer in weißen Hosen und grünen Hemden mit aufgenähten Nummern auf langen Schaumstoffbahnen und bereiteten sich durch eine fünf Minuten lange Meditation auf die Flugtechnik vor. Die Journalisten wurden um absolute Ruhe gebeten. Trotz der über tausend Personen herrschte eine Stille im Raum, bei der man eine Stecknadel hätte fallen hören.
Nach der Meditation, bei der die Teilnehmer völlig still gesessen hatten, kam Bewegung in die Wettkämpfer: Zittern, schnelles Atmen, Kopfzucken. Es gab keinen gleichzeitigen Start. Jeder Wettkämpfer begann mit dem Fliegen in dem Augenblick, in dem die Flugtechnik bei ihm zu wirken begann und die Flugimpulse eintraten. Nun begann der Wettkampf in folgenden vier Disziplinen:

1. 50 Meter Spurt im Lotussitz,
2. 25 Meter Hürden im Lotussitz,
3. Weitsprung im Lotussitz,

4. Hochsprung im Lotussitz.

Obwohl das Beherrschen des Lotussitzes zur TM-Sidhi-Flugtechnik nicht unbedingt nötig ist, wurde diese traditionelle yogische Flughaltung für den Wettkampf gewählt, um die Leistungen besser vergleichen und den Zuschauern zeigen zu können, daß das »Hüpfen« durch eine geistige Technik und nicht durch reine Muskelkraft entstand. Die Hände durften zwar zum Halten des Gleichgewichts, nicht aber zum Abstoßen oder Vorwärtsbewegen verwendet werden.

Die Kameraleute knieten währenddessen am Rande der Schaumstoffmatratzen, um den besten Aufnahmewinkel zu finden. Schon beim ersten 50-Meter-Spurt waren die Zuschauer von den Leistungen sichtlich beeindruckt: Die Teilnehmer hüpften in hohen Sätzen über die Schaumstoffbahnen, während sie gleichzeitig den Lotussitz beibehielten.

Nach der konzentrierten Stille des Wettkampfs kam unerwartet starker Applaus. Mit »Höher! Höher!« wurden die Wettkämpfer beim Hochsprung angefeuert. Es kam eine Stimmung auf wie bei einem normalen Sportwettkampf.

Die Goldmedaille in den ersten drei Disziplinen gewann Eddie Gob aus Guadeloupe mit 23,33 Sekunden im 50-Meter-Spurt, 11,53 Sekunden im 25-Meter-Hürdenfliegen und 1,77 Meter im Weitsprung. Der Kanadier Blaine Watson gewann mit 61 cm die Goldmedaille im Hochsprung.

Je höher, desto glücklicher

Nach dem Wettkampf wurde der dreifache Goldmedaillengewinner Eddie Gob stürmisch interviewt. 20 Mikrophone streckten sich ihm entgegen. Ob die Schaumstoffmatratzen zum Abheben wichtig seien, fragte jemand. »Nicht zum Abheben«, erklärte er, »sondern zum Landen. Ohne Schaumstoff gibt's beim Landen blaue Flecke.« Ob er sich nach dem Wettkampf nicht erschöpft fühle. »Im Gegenteil: Ich könnte immer weiter machen. Je länger und höher ich fliege, desto toller fühle ich mich.« Er strahlte, sah frisch aus und zeigte keine Anzeichen von Erschöpfung.

Schon am gleichen Abend wurden die ersten öffentlichen Aufzeichnungen des »yogischen Fliegens« im amerikanischen Fernsehen gezeigt. Die TV-Nachrichten kündigten auch die »internationalen yogischen Flugmeisterschaften« in Neu-Delhi an, wo sich am 21. Juli jeweils die 11 besten »Flieger« jedes Kontinents messen sollten. Auch in Europa waren die Berichte durchweg positiv. Die BBC zeigte einen Vier-Minuten-Film, und viele Zeitungen und Zeitschriften brachten Bilder vom »yogischen Fliegen«.

Ein skeptischer Sportreporter traute der Sache nicht. Als gelenkigem Sportler gelang es ihm, seine Beine bis in den Lotussitz zu verschränken. Nun versuchte er, das »Hüpfen« ohne TM-Sidhi-Technik zu vollbringen: Die Geist-Körper-Koordination reichte dazu leider nicht aus.

Christoph Mecke

Meditation und Täuschungskunst

Oder: Neue Wege in der »Magischen« Welt

Als in Heft 4/85 Mensch Maya zum ersten Mal auftauchte, und ich das Interview gelesen hatte, hielt ich das Ganze zunächst für einen Witz. Meine ernsthafte Überzeugung war, daß Werry die »Probe aufs Exempel« machen und überprüfen wollte, was der werte »M«W-Leser schon alles bei ihm gelernt hat. Aber die anderen Artikel Mensch Mayas ließen mich dann doch zweifeln, und ich beschloß, abzuwarten. Und tatsächlich, auch in den folgenden Nummern tauchte Mensch Maya mit seinen Theorien auf! So bleibt mir gar nichts anderes übrig, als mich zu Wort zu melden.

Grundsätzlich bin ich sicherlich ein offener Mensch und versuche immer, mich neuen Ideen objektiv (alles ist relativ) gegenüberzustellen. Und grundsätzlich, nein, tatsächlich halte ich es für gut, wenn sich in der »M«W jeder mit jeder Meinung zu Wort melden kann. Aber hier geht es nicht um Darstellungen von Meinungen!

Wenn sich eines Tages herausstellen sollte, daß der Weltfrieden durch die Erzeugung von Kohärenz durch die Wurzel aus einem Prozent der Erdbevölkerung tatsächlich erreicht werden kann, dann nehme ich meinen Hut und schwebe mit. Aber gerade diese Behauptung scheint mir nicht bewiesen, ist also zu vergleichen (für mich) mit Theorien wie: »Folget mir, und ihr werdet den tiefsten inneren Frieden erlangen.« Der Unterschied ist lediglich, daß die TM-Sidhi-Programm-Theorie ein wenig überzeugender, plausibler klingt. Das macht sie jedoch nicht richtiger!

Dennoch stellt Mensch Maya zum Beispiel fest, daß »bei vollkommener Geist-Körper-Koordination der Körper jedem Wunsch des Geistes folgen und Phänomene erzeugen kann, die bei unvollkommener Koordination nicht möglich sind.« Und er stellt das so fest, als handele es sich um $2+2=4$. Es tut mir leid, vielleicht bin ich der Wilde im Urwald, der den silbernen Wundervogel anstarrt, aber es klingt (oh, ich dummes Geschöpf!) für mich bisher nicht überzeugend. Es gibt eine unendliche Masse von endgültigen Wahrheiten, warum sollte ich ausgerechnet diese als die vollkommene anerkennen?

Viele weltumstoßende Theorien wurden aufgestellt, die scheinbar wasserdicht waren. Und viele von ihnen erwiesen sich später als schlicht falsch. Das ist wissenschaftlicher Alltag. Einen gewissen Abstand sollte man schon zu diesen Dingen gewinnen!

Wen das alles bisher noch nicht überzeugt, für den habe ich ein weiteres Argument »auf Lager«.

Ich bin keineswegs der Meinung, man müsse neue Ideen, so fantastisch sie auch sein mögen, in die Kammer stellen, weil sie neu sind. Nein, sie sollen diskutiert, in Frage gestellt werden (denn das bekommt neuen Ideen sehr gut!). — Aber warum in der »Magischen« Welt?

Die Aufgabe dieser Zeitschrift (so wie ich sie sehe) ist es ja wohl, über angewandte Tricktechnik und Wahrnehmungstäuschung zu informieren. Darüber hinaus natürlich auch über Dinge, die entfernter mit der Täuschungskunst zu tun haben, wie zum Beispiel Pantomime (Mensch Mayas Artikel zu diesem Thema war ganz ausgezeichnet!) oder Infragestellung von sogenannter Magie. Aber Meditation und Täuschungskunst? Solche Berichte sind meiner Meinung nach fehl am Platz, haben nichts mit unserem Genre zu tun. Natürlich kann so etwas interessant sein, aber nicht für mich als Tricktechniker!

Und: Wenn man über Dinge wie von Tatsachen berichtet, die unseren bisher bekannten Gesetzen widersprechen — das Schweben im Yogasitz —, so muß man gerechterweise auch Platz lassen für Berichte über das magische Pendel und seine heilende Wirkung. Es werden sich sicher Leute mit überzeugend klingenden Argumenten finden lassen.

Lieber Werry, kann es sein, daß am Ende deshalb so viel Platz für diese neuen Ideen da ist, weil Beiträge zur Tricktechnik sich rar machen? — Das wäre schade.

Lieber Mensch Maya, verstehen Sie mich bitte nicht falsch. Es handelt sich um keinen persönlichen Angriff, sondern lediglich um einen Denkanstoß für die Leser: Ist es sinnvoll, über Ihre Theorien in der »M«W zu diskutieren?

Lieber Leser, was meinen Sie?

Ganz persönliche Anmerkung des Herausgebers

Wer mich näher kennt, weiß, daß ich kritische Beiträge sehr schätze. Normalerweise werden sie ohne Kommentar veröffentlicht. Im vorliegenden Fall will ich eine Ausnahme machen, denn Christoph Mecke stellt zwei Fragen in den Raum: 1) Kann es sein, daß am Ende so viel Platz für diese neuen Ideen da ist, weil Beiträge zur Tricktechnik sich rar machen? 2) Lieber Leser, was meinen Sie?

Da ich ja auch »M«W-Leser bin, will ich zunächst zu 2) meine Meinung sagen, quasi mit gutem Beispiel vorangehen:

In vorliegenden Berichten wird behauptet, daß es den TM-Leuten gelänge, durch Erreichen eines höheren Bewußtseinszustands »übernatürliche« Fähigkeiten zu entfalten, jeden denkbaren Effekt der Schöpfung hervorrufen zu können. Über folgende Siddhis (Vollkommenheiten) wird z.B. berichtet: Erkenntnis von Vergangenheit und Zukunft — Verständnis der Lautäußerungen aller Lebewesen — Unsichtbarwerden — Erkenntnis von kleinen, verborgenen, weit entfernten Gegenständen — Fähigkeit, über Wasser, Sumpf und Dornen zu laufen, ohne einzusinken — Levitation (quasi das einzige »Phänomen«, das an die Öffentlichkeit gedrungen ist) — Meisterschaft über die gesamte materielle Welt — Allmacht und Allwissenheit.

Für mich (und nicht nur für mich) ist das magisches Gedankengut. Mensch Maya ist zwar nicht dieser Auffassung, dennoch bleibt es für mich Magie — wenn auch (da die TM-Leute nicht Böses wollen) »nur« Weiße Magie. Magie aber ist seit Jahren fester Bestandteil der »M«W. Nicht nur, weil ich — wie Sie wissen — für eine klare Trennung der Begriffe Magie und Unterhaltungstäuschung plädiere, sondern auch, weil wir vielfach aus der Magie unsere Trick- und Vortragsthemen schöpfen. Und nicht zuletzt aus dem Grunde, weil es keinen **überzeugend arbeitenden** »Täuschemann« gibt, der noch nie in ein Gespräch über Magie verwickelt worden wäre. Wie peinlich für ihn — der sich ja häufig selbst immer noch als Magier bezeichnet —, in solchen Fällen sagen zu müssen: »Tut mir leid, ich — der große Magier — verstehe nichts von Magie!«

Aus diesen Gründen — und nicht nur aus diesen, denn Mensch Maya ist (abgesehen von unseren differierenden Meinungen über das Thema Wunder) ein ganz phantastischer Mensch — halte ich es für legitim und auch für richtig, die faszinierenden Theorien der TM zu veröffentlichen. — Aber — wie auch Christoph Mecke schreibt — wenn Sie anderer Meinung sein sollten, lassen Sie es mich und die große »M«W-Leser-Familie wissen.

Zur Frage 1:

Es ist richtig, daß die Zahl der tricktechnischen Beiträge (leicht) zurückgegangen ist. Einige ehemalige Mitarbeiter sind verärgert, weil in der »M«W auch Meinungen gehört werden, die sich nicht mit ihren eigenen Anschauungen decken. Ich bedauere das sehr! Auf der anderen Seite muß ich mein Bedauern einschränken, denn wenn jemand seine Meinung in dieser Zeitschrift äußert, muß er damit rechnen, daß ein anderer Leser nicht der gleichen Aufffassung ist. Wenn man das nicht ertragen kann, ist es vielleicht wirklich besser, aus der Diskussionsrunde auszuscheiden. Schade zwar — aber davon geht die (»Magische«) Welt nicht unter.

Im übrigen ist die Zahl der allgemeinen Beiträge (wovon sicher ein Teil auch der Tricktechnik zugeordnet werden könnte) größer geworden. Groß genug jedenfalls, daß sich auch in diesem Jahr wieder eine (kleine) Erweiterung des »M«W-Umfangs durchführen läßt. — Aus der Art der eingehenden Arbeiten glaube ich, entnehmen zu können, welche Themen von den Lesern bevorzugt werden. Daß dies nicht sooo falsch sein kann, wird deutlich, wenn man die langsam aber ständig wachsende Zahl der Abonnenten betrachtet. In den letzten Jahren war ein Zuwachs von fast 100% zu verzeichnen! W.

Mensch Maya

Auf dem fliegenden Teppich bleiben

Zu den Gesetzen des Wunders (3)

Nach den bisherigen Ausführungen über die Unterschiede zwischen Sidhis und Illusionszauberei wird sicher mancher »Zauber«-freund erstaunt sein zu hören, daß bei den ersten »Internationalen Yogischen Flugmeisterschaften«, zu denen im vergangenen Juli etwa 10.000 Zuschauer und 100 Vertreter der Weltpresse im Indira-Gandhi-Hallenstadion in Neu-Delhi zusammengekommen waren, nicht nur die TM-Sidhi-Flugtechnik vorgeführt wurde, sondern auch altvertraute klassische »Zauber«kunst: Unter den rund 70 Flug-Wettkämpfern aus 18 Ländern war auch der meditierende US-Zauberkünstler Doug Henning angetreten — und gewann sogar eine Auszeichnung. Allerdings nicht für seine Leistungen im »yogischen Fliegen«, sondern für die Vorführung seiner »Metamorphose« (Fluchtkiste) während des anschließenden Festprogramms. Sein Kunststück wurde zum Gleichnis für die Transformation der Welt des Terrorismus und Wettrüstens in eine Welt des Friedens und der Freude. Über das »yogische Fliegen« sagte er zu einem AP-Reporter: »Wenn Sie jemals auf einem fliegenden Teppich sitzen oder im siebten Himmel schweben wollten — this is it.«

Um auf dem »fliegenden Teppich« zu bleiben: Im August/September 86 wurde das »yogische Fliegen« auf der ganzen Welt in vielen größeren Städten — darunter in 32 deutschen — öffentlich demonstriert. Allein in Deutschland erschienen etwa 100 Zeitungsberichte darüber. Das ZDF wird seine Aufzeichnungen der »Flug«-Demonstration voraussichtlich im März 87 ausstrahlen.

Auch im Ostblock wurde das »yogische Fliegen« vorgeführt. In Belgrad kamen 2500 Zuschauer, zum Teil aus über 800 km Entfernung. Ein Österreicher, der durch die Tschechoslowakei nach Warschau fahren wollte, um das »Fliegen« dort zu demonstrieren, mußte seine »Flugkünste« zuerst vor tschechischen Grenzbeamten unter Beweis stellen, bevor sie seinen ungewöhnlichen Reisezweck akzeptierten.

Erfahrung und Erklärung nötig

Daß sich viele »M«W-Leser noch immer nicht sicher sind, ob sie das »yogische Fliegen« als Witz oder Wirklichkeit betrachten sollen, liegt vor allem an dem Fehlen der konkreten Erfahrung und einer stichhaltigen Erklärung. Das »Fliegen« scheint der klassischen Physik zu widersprechen. Das klassische Weltbild wird jedoch in Fachkreisen bereits seit einigen Jahrzehnten immer mehr von einem quantenmechanischen Weltbild abgelöst, das völlig neue Möglichkeiten zuläßt und uns bisher ungeahnte Dimensionen öffnet. Im letzten Jahrzehnt gelangte die theoretische Physik zu einem zunehmend vereinheitlichten Verständnis der fundamentalen Kräfte und Teilchen der Natur. In den vergangenen Jahren und Monaten führten viele theoretische und experimentelle Entdeckungen dazu, die Existenz eines vereinheitlichten Feldes aller physikalischen Kräfte und Teilchen anzuerkennen. Da sich mit Hilfe des vereinheitlichten Feldes viele bisher ungeklärte Phänomene erklären lassen, eignet es sich auch ausgezeichnet für Vortragsthemen bei Zauberdarbietungen vor gebildetem Publikum. Doug Henning verbindet seine Zaubervorstellungen vor Sidhas seit Jahren mit Erklärungen über das vereinheitlichte Feld. Ich habe ihn daher gebeten, uns die Wundereigenschaften des vereinheitlichten Feldes in kurzen Worten zu verdeutlichen.

Das größte Wunder: das vereinheitlichte Feld

Frage: »Was hat das vereinheitlichte Feld mit Wunder zu tun?«

Doug: »Das vereinheitlichte Feld ist das Feld aller Möglichkeiten. Es ist die Heimstatt aller Naturgesetze. Es ist die Basis der gesamten physikalischen, d.h. objektiven Schöpfung. Wenn wir zum Beispiel eine Kerze aus Wachs untersuchen und zu fundamentaleren Ebenen vordringen, finden wir Moleküle und Atome. Auf noch grundlegenderen Ebenen finden wir Elektronen, Neutronen und Protonen und auf noch fundamentaleren Ebenen Quarks und Gluons und andere Elementarteilchen. Je feiner der Bereich, den wir untersuchen, desto grundlegender sind die Bausteine, die wir dort finden. Ebenso verhält es sich mit den Kräften. Auf der Ebene der makroskopischen Körper spielt vor allem die Schwerkraft eine Rolle, auf der atomaren Ebene hauptsächlich die elektromagnetische Kraft, während die Schwache und die Starke Kraft im subatomaren Bereich wirksam werden. Diese vier Grundkräfte, die Gravitation, Elektromagnetismus, die Schwache und die Starke Kraft, werden heute in der Supergravitationstheorie durch ein einheitliches Kraftfeld beschrieben, das vereinheitlichte Feld (siehe Abb.). Das war schon Einsteins Ziel. Diese Supervereinheitlichung erfolgt bei einer Größenordnung von 10^{-33} cm, der sogenannten Planckschen Skala. Die neueste Forschung in diesem Bereich ist die Superstring-Theorie, über die man sich in Zeitschriften wie ‚Scientific American' usw. informieren kann (1). Dieses vereinheitlichte Feld gilt jedenfalls als Basis der gesamten Schöpfung.

Wenn das wahr ist, dann muß es das zauberhafteste und wunderbarste Denkbare überhaupt sein. Denn das heißt: Alles entsteht aus dem vereinheitlichten Feld — der Stuhl, auf dem ich sitze, die Wand, die du vor dir siehst, die Zeitschrift, die du liest, das alles sind nichts als ‚Klumpen' des vereinheitlichten Feldes, das sich zu verschiedenen Objekten mehr oder weniger verdichtet hat. Alles besteht nur aus verschiedenen ‚Interferenzmustern der Wellen' des vereinheitlichten Feldes aller Naturgesetze. Das heißt: Das vereinheitlichte Feld enthält alles — es ist alles.«

Vereinheitlichung der vier Grundkräfte der Natur

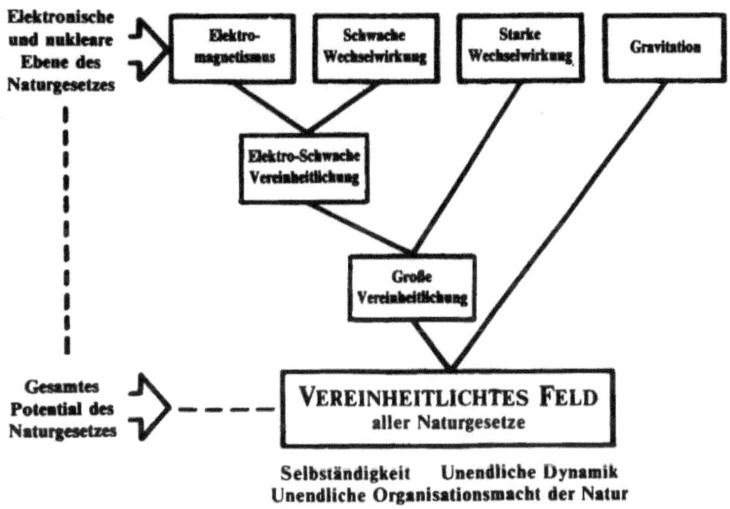

Frage: »Wie können wir aber damit ein ‚Wunder' bewirken?«

Doug: »Indem unser Geist Kontakt mit dem vereinheitlichten Feld aufnimmt. Gerade habe ich vom vereinheitlichten Feld als Grundlage der gesamten physischen, objektiven Welt gesprochen. Es ist aber auch die Grundlage der geistigen, der subjektiven Welt. Durch Meditation können wir feinere Ebenen der Bewußtheit erfahren, bis wir die feinste Ebene der Bewußtheit überschreiten und unser Geist das erreicht, was Erleuchtete, Meditierende und wer auch immer zu allen Zeiten als reines Bewußtsein oder Samadhi bezeichnet haben. Das ist Bewußtsein frei von jeglichen Gedanken. Maharishi sagt — und das ist sein großer Beitrag für die Welt —, daß dieses Feld reinen Bewußtseins dasselbe Feld ist, das die Wissenschaftler als vereinheitlichtes Feld bezeichnen. Denn sowohl das vereinheitlichte Feld als auch das Feld reinen Bewußtseins werden durch die Eigenschaft der Selbstwechselwirkung definiert, d.h. sie stehen nur mit sich selbst allein in Wechselwirkung. Wenn wir die feinste Ebene des Denkens transzendieren und ganz bei uns selbst sind, erreicht unser Geist also das vereinheitlichte Feld aller Naturgesetze. Wenn das stimmt — und ich weiß, daß es stimmt, denn ich habe es in der Meditation häufig genug erfahren —, dann müßte beispielsweise Folgendes möglich sein: Normalerweise, wenn unsere Aufmerksamkeit auf der groben Ebene der Schöpfung liegt, denken wir: ‚Mein Arm soll sich heben', und der Arm hebt sich, denn Geist und Körper sind miteinander verbunden. Wenn wir unseren Geist aber in feinere Ebenen und schließlich bis zum vereinheitlichten Feld bringen können, dann können wir denken: ‚Der Apfel am anderen Ende des Zimmers soll sich heben', und dann müßte der Apfel tatsächlich in die Luft schweben, denn Geist und Apfel sind ja auf der Ebene des vereinheitlichten Feldes miteinander verbunden. Wir müßten in der Lage sein, die Naturgesetze mit dem Geist zu steuern, da der Geist auf der Ebene des vereinheitlichten Feldes ist, der Schaltzentrale aller Naturgesetze. Und alles in der Natur wird durch Naturgesetze gesteuert, die von der gröbsten bis zur feinsten Ebene reichen. Das heißt, daß wahre Wunder möglich sind. Wahre Wunder bedeutet: Nichts ist unmöglich für den menschlichen Geist, denn er kann mit dem vereinheitlichten Feld, der Heimstatt aller Naturgesetze, Kontakt aufnehmen. Ich rede über diese Fakten nicht nur aus intellektueller Sicht, sondern spreche aus Erfahrung, denn ich habe mit meinem Geist das vereinheitlichte Feld erfahren und gemerkt, daß es möglich ist, mit dem Geist die Naturgesetze von dieser Ebene aus zu steuern. Doch was heute noch als Wunder gilt, wird schon morgen allgemein als Wissenschaft anerkannt werden.«

Theorie braucht Praxis

Lieber Leser, die Erfahrung des vereinheitlichten Feldes kann ich Ihnen schriftlich — so gern ich's täte — leider nicht vermitteln. Jede Theorie wird aber erst durch Bestätigung in der Praxis zur lebendigen Wirklichkeit. So ist auch Christoph Meckes Gedankengang durchaus gerechtfertigt, wenn er in der letzten »M«W die Frage stellt: »Lieber Mensch Maya, . . . ist es sinnvoll, über Ihre Theorien in der »M«W zu diskutieren?«

Nun, solange wir rein theoretisch bleiben, verlieren wir uns nur in intellektuellen Spielereien. Ob eine Wirklichkeit dahintersteckt, kann nur jeder an sich selbst erfahren. Ich habe versucht, den Unterschied von Sidhis und Illusionszauberei aufgrund meiner ganz persönlichen Erfahrung darzulegen. Was Werry als »faszinierende Theorien der TM« bezeichnet hat, sind keine »offiziellen Theorien«, sondern meine persönliche Überzeugung, die ich auf der abenteuerlichen Entdeckungsreise durch mein eigenes Bewußtsein gewonnen habe. Was uns erwartet, wenn wir in die Tiefen unseres Bewußtseins tauchen und uns selbst entdecken, lassen sich die meisten Menschen gar nicht träumen. Doch »den Weg zu seinem Zentrum« — um mit Herrn Jud zu sprechen — »kann nur jeder selber finden und begehen.« Niemand kann für einen anderen meditieren.

Christoph Mecke versprach in seinem Artikel: »Wenn sich eines Tages herausstellen sollte, daß der Weltfrieden durch die Erzeugung von Kohärenz durch die Wurzel aus einem Prozent der Erdbevölkerung tatsächlich erreicht werden kann, dann nehme ich meinen Hut und schwebe mit.« Ich nehme ihn beim Wort! Für das Forscherteam, das die weltweite Kohärenzwirkung der ersten dreiwöchigen Versammlung von 7000 Sidhas analysierte (2), fand der besagte Tag bereits im Frühjahr 84 statt. Vielleicht erleben wir gemeinsam diesen Tag schon dieses Jahr, sobald die erste dauerhafte Gruppe mit 7000 Sidhas etabliert ist.

Rainer Binder-Mara schrieb in seinem Leserbrief: »Nach der Einsteinschen Energieformel hat 1 Gramm Materie die Energie von 25 Millionen KW/St. ... Können wir durch die Harmonisierung der Gehirnhälften nur 1 Billionstel dieser Energie frei machen, geschehen unglaubliche Dinge.« — Ja, das Unglaubliche, das Wunderbare, das ist für mich die wahre Wirklichkeit. Mein täglich Wunder möchte ich nicht missen. Und Sie?

Literatur:
(1) Michael B. Green: »Superstring«, deutsch in: »Bild der Wissenschaft«, Nov. 86, S. 54ff
(2) Weltweiter Vorgeschmack auf Utopia, 17. Dezember — 6. Januar 1984. Der Erfolg der Versammlung der 7000 Experten der Maharishi-Technologie des Vereinheitlichten Feldes. Maharishi International University, Fairfield, Iowa, USA, 1984.

KALEIDOSKOP 36. Jahrgang Heft 2 – April/Juni 1987

Der Charme der einfachen Lösung

Zur letzten Folge der Serie: »Zu den Gesetzen des Wunders« von Mensch Maya

Von Christoph Mecke

EIGENTLICH, ja eigentlich hielt ich die Sache für erledigt, aber die ich rief, die Geister ... Mein bisheriges Zweifeln gegenüber dem, was M.M. in der »M«W in Umlauf gebracht hat, wandelte sich nach der letzten Folge der »Wunder-Serie« in grausiges Entsetzen. Ergo: Es bleibt mir nichts anderes übrig, als noch einmal einen Artikel zum Thema folgen zu lassen.

Im Verlauf der letzten Serien-Folge wurde ich das mulmige Gefühl nicht los, das entsteht, wenn sich wissenschaftliche Laien mit komplexen physikalischen Zusammenhängen vertraut machen, eine Menge esoterisches Vokabular dazuschütten, kräftig umrühren und einen Brei von Ungereimtheiten herauslassen. — Starker Tobak, nicht wahr? Aber durchaus angebracht.

Der geschätzte Doug Henning versucht sich an der Superstring-Theorie, um die Möglichkeiten der machbaren Wunder zu erläutern. Dabei unterlaufen ihm einige logische Irrtümer, zumindest in der Wiedergabe durch M.M.

Der erste Teil des Henning-Statements ist eigentlich noch ganz in Ordnung, allerdings reproduziert er lediglich (dabei kann man nicht viel falsch machen) moderne Physik. Störend ist jedoch (wenn wir schon wissenschaftlich bleiben wollen!), daß hier mit neuen Begriffen umgegangen wird, als handele es sich um bereits feststehende Tatsachen.

Der normal sterbliche Täuschungskünstler jedoch wird solche Feststellungen in diesem Rahmen nur als bare Münze annehmen können, vor allem wenn (sicher nicht unbewußt) der Verfasser mit »großen wissenschaftlichen« Worten um sich wirft. Festzustellen bleibt also: Superstring und was dazu gehört ist noch Spekulation und Theorie, nicht Tatsache.

Im Übrigen: Die Geschichte »Alles entsteht aus dem vereinheitlichten Feld — der Stuhl, auf dem ich sitze, die Wand, die du vor dir siehst (...) Das vereinheitlichte Feld (...) ist alles« ist nun wirklich kein Grund zum Purzelbaumschlagen (» ...das wunderbarste Denken überhaupt ...«), denn wenn man so will: Die Idee des Atomaufbaues enthält nichts anderes. Mit offenen Augen ließ sich schon *vor* Superstring staunen.

Nun ja. Alles noch schön und gut, jedoch auf M.M.s Frage »Wie können wir aber damit (mit dem vereinheitlichten Feld*) Wunder vollbringen?« geht das Grauen erst los.

Doug Henning springt von einem Gedanken

zum anderen, vergißt leider schlüssige Verbindungen und verstrickt sich in abenteuerliche Behauptungen.
Warum, werter Doug Henning, ist das vereinheitlichte Feld auch Gundlage der geistigen und subjektiven Welt? Wer sagt das?
Und wie schön für Maharishi, zu glauben, daß dieses »Feld reinen Bewußtseins« (große Worte) dasselbe sei wie das vereinheitlichte Feld. Ein wirklich großer Beitrag für die Welt, nur: Wie kommt er darauf? (Die Wechselwirkung ist als Erklärung zu dünn!)
Weiter im Text.
Auf überhaupt gar keinen Fall läßt sich der Akt des Armhebens mit dem Wunder vergleichen, einen Apfel am anderen Ende des Zimmers schweben zu lassen. Denn Geist und Körper sind, hebt sich der linke Arm, auf eine vergleichsweise simple Art miteinander verbunden, die jeder Physiologe leicht erklären kann. Doch um den Apfel der Gravitation zu entledigen, benötigt es ganz andere Dinge — und die müssen erstmal bewiesen werden! » . . .denn Geist und Apfel sind ja (was auch sonst.*) auf der Ebene des vereinheitlichten Feldes miteinander verbunden«: Es bedarf schon einer großen Menge Gutgläubigkeit, um das ohne Erklärung anzunehmen. Ich bin nicht bereit dazu.
Was nun folgt ist eine Reihe von Behauptungen, die in einem Wust von Begriffen untergehen und deshalb auch schwer als reine Hypothesen erkennbar sind.
»Nichts ist unmöglich für den menschlichen Geist . . .« Hurra! Na endlich! Ist er das nicht wieder, dieser uralte Traum, der hinter so mancher Theorie steht?
Noch ein letztes zu der Theorie über das vereinheitlichte Feld des Bewußtseins. Das Argument »Ich weiß es, ich hab' es ja gesehen!« ist eine alte Geschichte. Sehr selbstschützend sorgt es dafür, daß jede Kritik von außen hoffnungslos ist, weil »ich weiß, daß es stimmt, denn ich habe es in der Meditation häufig genug erfahren« (Doug Henning). Im »Spiegel« vom 13. April 1987 (**) steht ein Artikel über sogenannte »Schwerkraft- und Feldenergieforschung«. Ein Vertreter dieser angezweifelten Wissenschaft meinte, er wisse eben einfach, daß in seinem kleinen »Magnetkraft-Konverter« ein »Partikelstrom kleinster Quanten den Ausschlag gibt für höhere Leistung.« So weigert man sich auch weiterhin nach Kräften, diese Wundermaschinen durch autonome Institute untersuchen zu lassen.
Das alles kommt mir sehr bekannt vor. Was ich nicht prüfen darf, kann ich auch nicht widerlegen.
Meinetwegen können Millionen Leute behaupten, sie wären in der Lage, an den äußersten Grenzen ihres Bewußtseins (ein überaus schwammiger Begriff) Wunder zu vollbringen. Aber sie sollten es auf jeden Fall *unterlassen, eine Theorie nachzuschieben,* die in sich unschlüssig ist, und die sie hinten und vorn *nicht beweisen* können. Ich habe sehr wenig Vertrauen in eine Praxis, deren Theorie so wackelig und pseudowissenschaftlich erscheint.
Wenn wir ehrlich sind, ist das alles nichts Neues. Jemand kommt daher und breitet vor uns eine weitere Idee darüber aus, wie man auf dem besten Wege glücklich werden kann, prima, daß der Weltfriede auch noch dabei herauskommen soll! Es ist das, was man als Charme der einfachen Lösung bezeichnen könnte. Mit einfachen, scheinbar wissenschaftlich gestützten Lösungen haben es auch schon andere Leute versucht. Die Hexenverfolgung des Mittelalters beruht auf einem solchen Weg.
Nicht ganz ungefährlich also. Mit solchen Patentrezepten könnte man schnell den Überblick über wirkliche Probleme verlieren. Tatsächliches Handeln bringt denen, die es nötig haben, wahrscheinlich mehr als Meditation.
Hoffentlich stürzt er bald ab, der fliegende Teppich.

Fußnoten:
* : Die Bemerkungen in Klammern stammen von dem Verfasser des Artikels
** : »Spiegel« Nr. 16/1987 auf Seite 66ff

Kurz-Rezensionen

Braco:
DIE MÜNCHHAUSENSCHWEBE
Als Manuskript gedruckt. 10 Seiten, 8 Zeichnungen. DM 10,—. Berlin 1987.

Die Auto-Levitation ist ein vieldiskutiertes Thema aus dem okkulten Bereich. Tricktechniker haben hierzu zahlreiche Erklärungs-Hypothesen angeboten, die zum Teil auch sicher den Kern der Sache treffen.

Seit Mensch Maya seine ungewöhnlichen Gedanken in der »M«W veröffentlichte, ist die Auto-Levitation auch in unseren Kreisen wieder verstärkt ins Gespräch gekommen. Und so erscheint Bracos Manuskript — so denke ich — genau zum rechten Zeitpunkt.

Das offengelegte Trickprinzip ermöglicht dem »Täuschemann« scheinbar, stehend vom Boden abzuheben, sich schwebend etwa 15 cm hoch in die Lüfte zu erheben und dann langsam wieder zurückzusinken. Und das unter Bedingungen, die schier unmöglich scheinen: Der Fußboden ist unpräpariert, die Beine des »Aufsteigers« können abgetastet werden, und die Levitation ist mitten im Raum möglich.

Der Effekt ist so konzipiert, daß er im Beisein weniger Beobachter auf kürzeste Distanz vorgeführt werden sollte.

Ich zitiere aus dem Kapitel Präsentationsvorschläge: *Sie verabschieden sich von Ihrem Gast an der Haustür... schütteln seine Hand. Dabei passiert es: Sie schweben hoch. — Jetzt stehen Ihnen 2 Verhaltensweisen zur Verfügung: 1. Sie bemerken den Schwebevorgang scheinbar nicht. Wenn der Zuschauer Sie auf die Levitation anspricht, streiten Sie sie kategorisch ab. — 2. Sie registrieren die Erhebung. Sie bitten ihn, darüber Stillschweigen zu bewahren. Erklären Sie, daß es Ihnen unangenehm sei, hin und wieder eine solche Erhebung zu erleben. Sie möchten nicht, daß andere hiervon etwas erfahren.*

Diese Hinweise machen deutlich, daß Braco sich auf einem Okkulttäuschungs-Trip befindet. (Ich denke, wir haben auf diesem Gebiet noch einiges von ihm zu erwarten.) Zugleich aber machen sie klar, daß die Münchhausenschwebe kaum für jene »Zauber«freunde geeignet ist, die Kasperletheater-Täuschungen, Klappblumen und Glitzerplastik-Kisten lieben.

Nur eines habe ich an dem Manuskript auszusetzen: Der Titel ist eine Verniedlichung für diese hochkarätige Täuschung.

Werry

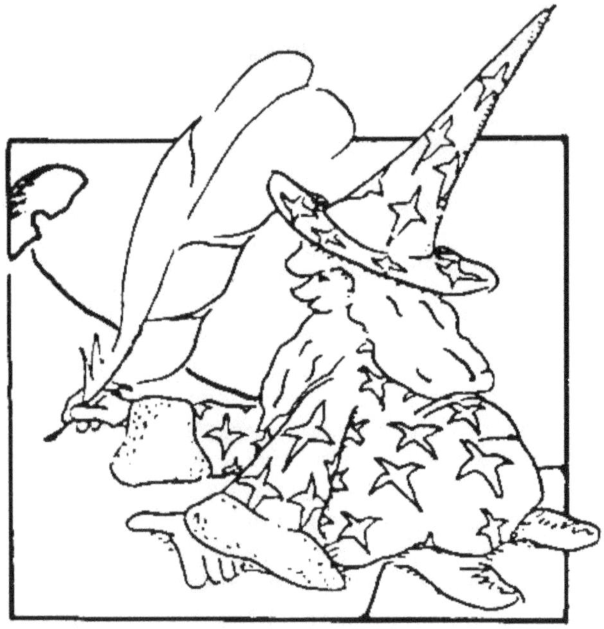

Mensch Maya

Ein Glückwunsch aus dem Zauberhut

11. April. Höchste Zeit, den Geburtstagsgruß an einen guten »Zauber«freund abzuschicken. Wo kriege ich jetzt eine Glückwunschkarte her? Der nächste Laden hat schon zu und hatte schon im letzten Jahr nichts Zauberhaftes. — Ach ja, man müßte zaubern können! Ja richtig: Ich habe doch die Zauberpuppe mit dem »völlig leeren« Hut. Die absolute Leere dieses Hutes nimmt doch immer wieder neue Formen an. Ich greife also meiner Zauberpuppe in den Hut — doch seltsam: Heute ist der Hut tatsächlich völlllllig leeeeeeer! Wie komme ich nun an die Glückwunschkarte? Meine Zauberpuppe weiß wie immer Rat:

»Falte einen Bogen Zeichenkarton so, daß du eine doppelwandige Klappkarte erhältst (Abb. 1). Schneide in die Vorderwand der Seite 3 dieser Karte einen leicht gebogenen Schlitz (Abb. 2). Schneide einen Streifen Karton zurecht, der sich durch den Schlitz ziehen läßt, doch an den Enden breiter ist und oben rechts einen überstehenden Daumen hat (Abb. 3) Stecke den Streifen durch den Schlitz und klebe die Doppelwände — bis auf die Fläche unterhalb des Schlitzes — mit einem Klebestift zusammen (Abb. 4). Nun klappe die Karte zu und vergiß alles; denke nur an Werry und den Glückwunsch (Abb. 5).«

So, das war die Vorbereitung. Als ich damit fertig war, sagte die Puppe: »Ich werde mich jetzt zwischen den Seiten dieser Karte verstecken und Werry deinen Glückwunsch überbringen. Was hältst du von folgender Vorführung (Abb. 6-9)?«

P.S.: Inzwischen habe ich gemerkt, daß man auf diese Weise nicht nur Werry gratulieren kann. Der Glückwunsch heißt natürlich immer anders. Hübsch ist es, wenn sich die vorletzte Zeile auf den Namen des Geburtstagskindes reimen läßt, z.B.: » . . .doch aus dem Hute steigt empore: Alles Gute für Eleonore.« — Vielleicht fällt Werry oder einem anderen Leser noch ein simpler Mechanismus ein, der den Glückwunsch etwa elf Sekunden nach dem Aufklappen der Karte automatisch aus dem Hute schiebt. Dann könnte man auf das Mitwirken des Zuschauers verzichten, und die Geburtstagskinder würden große Augen machen. Denn den Vorgang des Aufklappens haben sie bis dahin sicher schon vergessen.

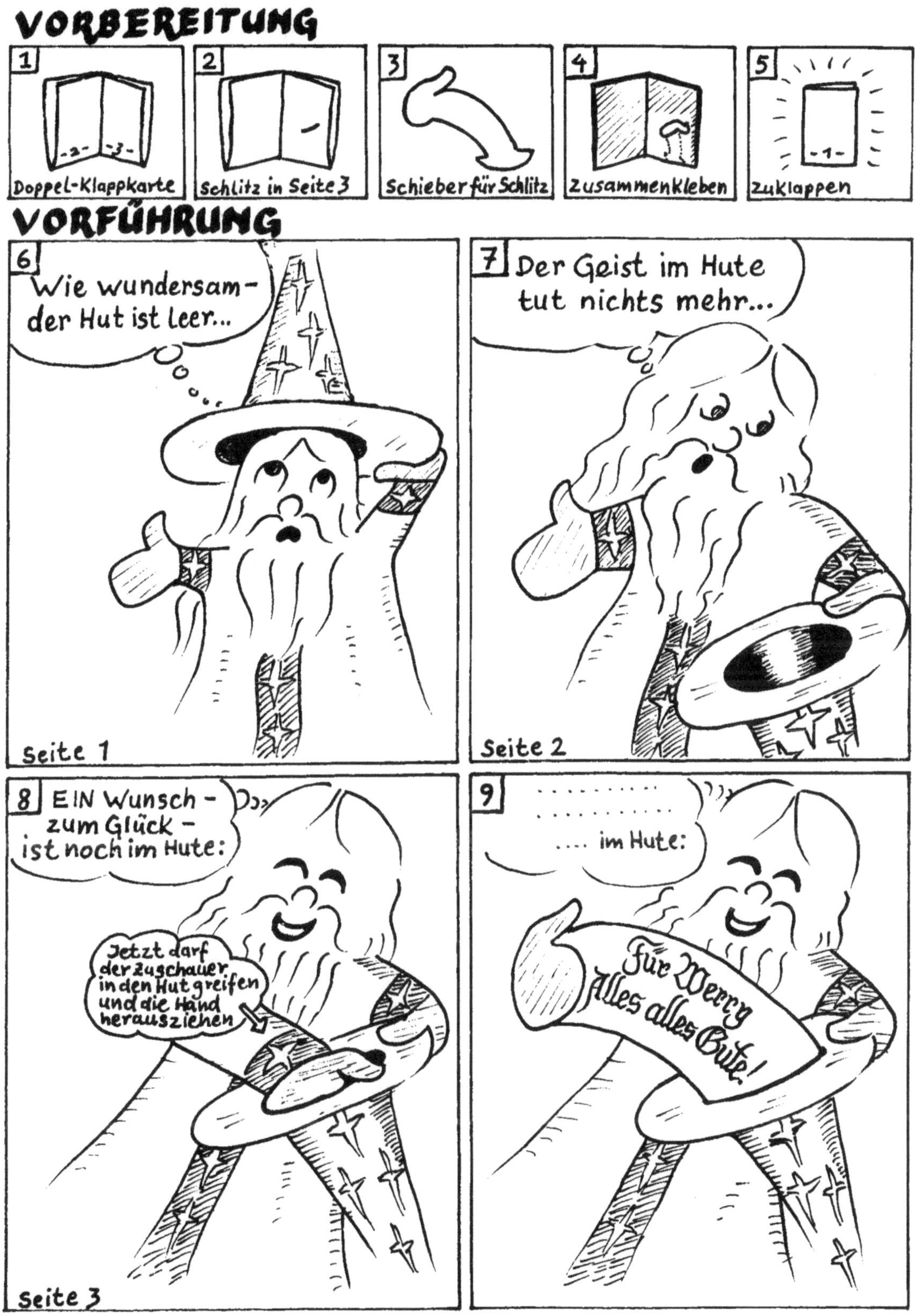
VORBEREITUNG
1
-2- -3-
Doppel-Klappkarte
2
Schlitz in Seite 3
3
Schieber für Schlitz
4
Zusammenkleben
5
-1-
Zuklappen
VORFÜHRUNG
6
Wie wundersam-
der Hut ist leer...
Seite 1
7
Der Geist im Hute
tut nichts mehr...
Seite 2
8
EIN Wunsch -
zum Glück -
ist noch im Hute:
Jetzt darf der Zuschauer in den Hut greifen und die Hand herausziehen
Seite 3
9
.... im Hute:
Für Werry
Alles alles Gute!

TRICKTECHNIK

36. Jahrgang Heft 2 – April/Juni 1987

Marvelli

Das Ding

Die Firma Josef Vögele AG in Mannheim ist weltführend in der Herstellung von Straßenfertigern. Straßenfertiger sind riesige Ungetüme, in die Lastwagen vorne das Straßenbaumaterial hineinkippen und aus denen hinten die fertige Straße herauskommt — laienhaft ausgedrückt. Jeder Autofahrer kennt diese grünen Maschinen mit dem gelben Dach, die kurz vor der Fertigstellung von Autobahnbaustellen zu sehen sind.

Einen solchen Straßenfertiger sollte ich während der BAUMA 83, die vom 8. bis 14. April 1983 in München stattfand, täglich sechsmal erscheinen lassen.

Nachdem ich die technischen Daten hatte, stellte ich mir im Geiste eine große Bühne mit Vorhängen und raffinierter Bühnentechnik vor. Aber auch hier wurden mir im nächsten Augenblick alle Hoffnungen auf eine mögliche Lösung genommen. Das Spektakel sollte auf dem Freigelände stattfinden.

Nun könnte ich den Lesern der MW erklären, wie ich die Probleme mit dem Straßenfertiger, seinem Gewicht, seinen Ausmaßen, den Raupen und dem Freigelände gelöst habe. Nichts einfacher als das. Ich bin aber davon überzeugt, daß es Zauberfreunde gibt, die eine andere Lösung finden — vielleicht sogar eine bessere. Deshalb rufe ich die Leser der MW auf, denen etwas einfällt, und die sich nicht nur mit Vorgekautem aufhalten — auch die Zauberfreunde, die immer, wenn ein anderer etwas Außergewöhnliches gemacht hat, mit dem Satz kommen: »Ja, wenn ich das Geld hätte, dann könnte ich auch . . . .!« Für die besten 3 Lösungen mit Spielhandlung setze ich je ein Jahresabonnement der MW 88 aus. Selbstverständlich werde ich anschließend meine Lösung in Wort und Bild in der MW erklären. An diesem »Preisausschreiben« sollten sich die Zauberfreunde nicht beteiligen, denen ich die Super-Illusion vorführte und erläuterte, es sei denn, sie hätten eine bessere Lösung.

Bis dahin
Marvelli

36. Jahrgang Heft 4 – Okt./Dez.1987

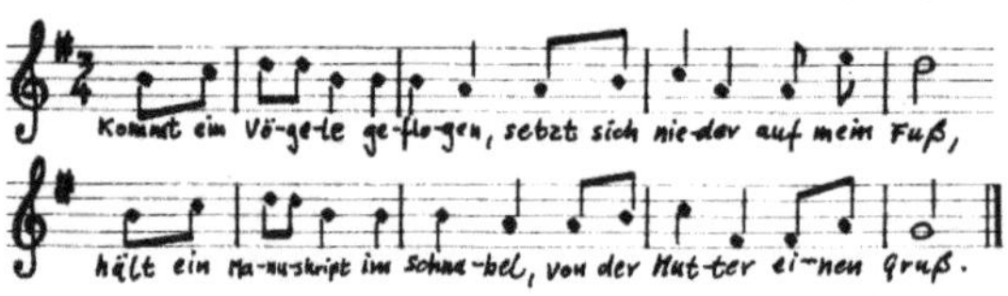

Mensch Maya

Kommt ein Vögele geflogen . . .

Vorhin, als ich gerade tief versunken auf meinem Zauberteppich hoch am Himmel schwebte, kam ein Vögelein geflogen, setzte sich auf meinem Fuße nieder und hielt einen Brief von Mutter Maya im Schnabel, auf dem stand: »Wie ich das Ding erscheinen ließe, wenn . . .« Ich möchte dieses Briefchen an Sie weiterleiten, ohne selbst etwas dazuzutun:

Der Grundgedanke

Wenn mich die Firma VÖGELE angerufen und gebeten hätte, auf einem Freigelände ohne Vorhang, Rückwand und doppelten Boden ein 17 Tonnen schweres Ding erscheinen zu lassen, hätte ich gedacht: »Das ist zu schwer. Erscheinen sollte nur die Außenhülle, aus Leichtmetall und Gummi hergestellt.« Und wenn ich gehört hätte, es handele sich dabei um einen Straßenfertiger Marke VÖGELE SUPER 1700 von 6 Meter Länge und 2,5 Meter Breite, hätte ich gedacht: ». . . und viel zu breit. Die aufklappbare Hülle sollte flachgedrückt nicht dicker sein als etwa 20 cm.«

Das Modell

Dann wäre ich ins Kinderzimmer gegangen, hätte ein Aufklappbilderbuch zur Hand genommen und beobachtet, wie die Klappobjekte aus den Buchseiten hervorspringen und Form gewinnen. Ich hätte zwei längliche weiße Pappstreifen in der Mitte gefalzt und wie die Seiten dieses Buches mehrmals langsam auf und zugeschlagen. Dann hätte ich sie mit roten Streifen beklebt wie die Warnschranken einer Baustelle. Darauf hätte ich mir den Mechanismus betrachtet, durch den die Querleisten der Jalousie verstellt werden. Nach diesem Muster hätte ich aus den Pappen zwei Klappschranken mit verstellbaren Schrankengliedern hergestellt. Dann hätte ich einen Klappkarton genommen, darauf »VÖGELE SUPER 1700« geschrieben und ihn in einer dieser Klappschranken versteckt. Mit diesem Modell und dem Klappbilderbuch wäre ich zu VÖGELE gefahren und hätte dem Geschäftsführer folgende Geschichte vorgeführt:

Die Darbietung

Ein freier Platz aus fester, glatter Erde auf dem Gelände der Baumesse, weit und breit weder Zäune noch Stellwände. Ein Autobahnlotse rollt in die Mitte des Platzes einen Ständer mit dem Verkehrsschild: »Vorsicht Straßenarbeiten«. Dann zieht er eine Trompete unter der Jacke hervor und bläst die Volksweise: »Kommt ein Vögele geflogen ...« Die Messebesucher bilden einen Zuschauerkreis. Ein Zuschauer fragt, was hier geschieht.

Lotse: »Hier wird die neue Autobahn gebaut.«

»Wie bitte? Mitten durchs Messegelände?«

»Warum nicht? Wo ein Wille ist, ist auch ein Weg.«

»Hier ist doch kein Platz für eine Autobahn!«

»Kein Platz? Dann schaffen wir uns eben etwas Platz.«

Der Lotse dirigiert zwei Straßenarbeiter herbei, die eine 8,5 Meter lange und etwa 4 Meter hohe Klappschranke neben das Schild rollen und zu einem stumpfen Winkel aufklappen. Der Lotse öffnet die Schrankenglieder, so daß man durch die etwa 20 cm breiten Zwischenräumen den geplanten Platz für die Baustelle sehen kann. »Bitteschön, hier ist doch Platz genug für eine Autobahn!« (Abb. A).

Dann dirigiert er durch die Zuschauermenge zwei weitere Straßenarbeiter, die eine zweite Klappschranke herbeirollen. Sie bemerken plötzlich, daß die falsche Seite nach vorne deutet, drehen die Schranke um 180 Grad, so daß beide Seiten von allen Zuschauern einmal gesehen werden, und verbinden einen ihrer Schenkel mit der ersten Abgrenzung, deren Glieder wieder verschlossen werden und nun die Sicht versperren (Abb. B).

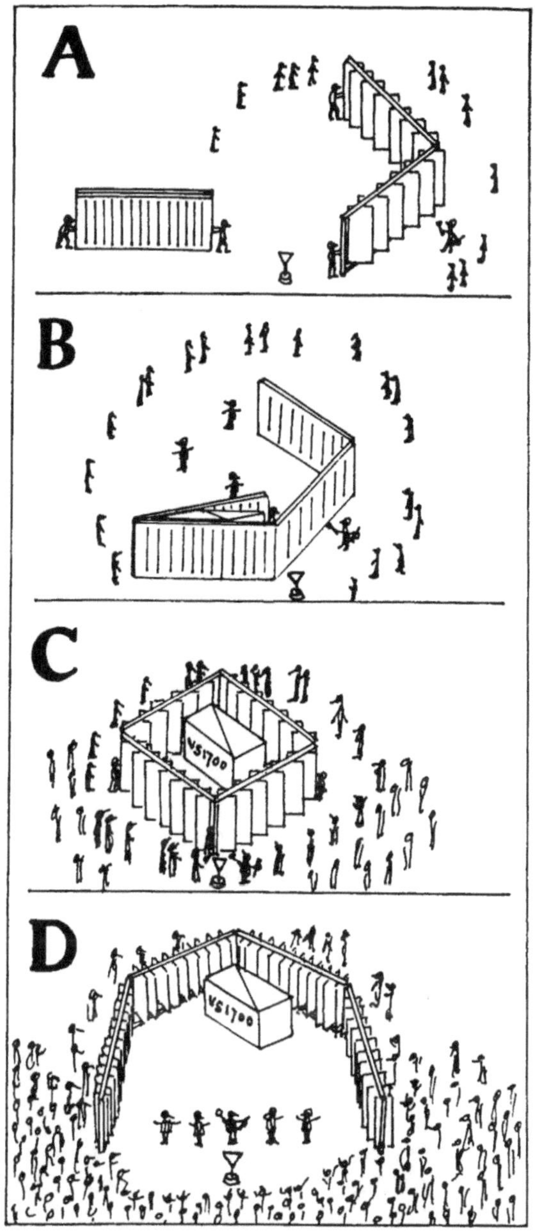

Die Arbeiter klappen die zweite Schranke ebenfalls aus, verbinden ihren zweiten Schenkel mit der ersten Klappenwand und schieben dann beide Schranken in den rechten Winkel, bis sie zusammen ein Quadrat

verdecken. Dann treten sie zurück und schaffen einen Freiraum um das Quadrat. Kein Mensch steht näher als 2 Meter an den Schranken.
Zuschauer: »Aber wie wollen Sie denn die Straße herstellen? Dazu braucht man doch Steine und Asphalt und einen weißen Mittelstreifen und . . .«
Lotse: »Ach was, man braucht im Grunde nichts als eine VÖGELE SUPER 1700.«
»Eine VÖGELE SUPER 1700? Haben Sie denn eine?«
»Noch nicht. Ich muß sie noch herbeilotsen.«
Der Lotse schaut erwartungsvoll zum Himmel.
Zuschauer: »Meinen Sie vielleicht, die fällt vom Himmel?«
»Warum nicht? Alles Gute kommt von oben.«
»Aber eine VÖGELE doch nicht. So ein Ding wiegt ganze 17 Tonnen!«
»17 Tonnen? Sehen Sie die große schwere Sonne, die leicht wie ein Vögele am Himmel schwebt? Ich will versuchen, eine VÖGELE herbeizulocken. Darf ich nun um etwas Ruhe bitten.«
Das Publikum wird still und aufmerksam. Der Lotse führt die Trompete an den Mund und bläst liebevoll und lockend das Lied: »Kommt ein Vögele geflogen . . .« Dann schaut er suchend zum Himmel, doch weit und breit ist keine VÖGELE zu sehen.
Zuschauer: »Ich wußte es doch: Das Ding wiegt 17 Tonnen. Eine VÖGELE fällt nicht vom Himmel. Die muß man sich beim Hersteller bestellen.«
Lotse: »Ach richtig, das hatte ich vergessen: Wir müssen nicht nur still sein, wir müssen uns die VÖGELE auch wünschen. Und bitte: mucksmäuschenstill, sonst scheut sie sich. Wenn ich jetzt noch einmal bitten darf: Alle wünschen sich die VÖGELE herbei.« Er schließt die Augen und bläst das Lied noch leiser, zarter, liebevoller als zuvor. Dann schaut er auf: Noch immer keine VÖGELE am Himmel.
Zuschauer: »Ich sage Ihnen doch: So geht das nicht. Probieren Sie es lieber ganz normal mit Ihrer Lotsenkelle.«
Der Lotse greift sich an die Stirn. »Natürlich, wie konnte ich das nur vergessen: Meine Zauberkelle!« Er hält die Kelle hoch wie einen Zauberstab. »Wenn ich jetzt zum dritten Male bitten darf. Und atmen Sie behutsam. Wir brauchen absolute Ruhe. Es muß so still sein, daß wir eine Nadel fallen hören. Wenn ich fertig bin mit spielen, schließen wir gemeinsam zehn Sekunden lang die Augen und wünschen uns die VÖGELE herbei.« Statt der Trompete führt er diesmal seine Lotsenkelle an den Mund und spielt darauf mit geschlossenen Augen wie auf einer Querflöte zum dritten Mal den zarten Lockruf für die VÖGELE. Nach dem Flötenspiel sagt er leise: »Nun alle bitte zehn Sekunden lang die Augen schließen.«
Alle Zuschauer tun so, als würden sie die Augen schließen, verfolgen aber wachsam durch die Augenlider, was geschieht. Es herrscht absolute Stille. Nichts geschieht. Und das volle zehn Sekunden lang! Die Wachheit ist aufs höchste gesteigert, Hören und Sehen aufs höchste verfeinert. Da geschieht es: Der Lotse war der einzige, der die Augen wirklich geschlossen hatte; nun beginnt er zu strahlen, öffnet die Augen und nickt: »Sie ist da. Wer seine Augen geschlossen hatte, konnte sie kommen sehen. Schaut doch bitte mal im Käfig nach.«
Die Arbeiter öffnen behutsam die Glieder beider Schranken: In der Mitte des Quadrats steht die 17 Tonnen schwere VÖGELE und blinkt den Zuschauern mit ihren Lampen zu (Abb. C).
Lotse: »Sehen Sie: Wo ein Wille ist, ist auch ein Weg. Und wo der Wunsch für eine Straße ist, kommt auch eine VÖGELE geflogen.«
Die Schranken werden aufgeschoben, der Lotse winkt den Zuschauer hinein und lädt ihn ein, die VÖGELE zu prüfen. Der Zuschauer nähert sich der VÖGELE, beklopft sie und läßt schließlich ungläubig den Motor an. Aus dem Auspuff steigt ein Wölkchen auf. Er schaut zum Himmel, schüttelt rätselnd den Kopf, stellt den Motor wieder ab und kehrt zurück. Inzwischen hat sich ein zweiter Zuschauer an den Arbeitern vorbeigeschlichen und rennt nun schnell auf die VÖGELE zu. Die Arbeiter rufen: »Halt, halt! Wo wollen Sie hin?« Aber er reagiert nicht. Der Lotse gibt den Arbeitern ein Zeichen, ihn gewähren zu lassen.

Der Zuschauer läuft um die VÖGELE herum, bückt sich, betastet die Raupen und alle schweren, dicken Eisenteile, schaut sich auf Knien das Unterteil an und kommt dann achselzuckend zurück. »Entschuldigung«, sagt er verlegen zum Lotsen, »ich wollte nur mal sehen, ob alles stimmt.« Der Lotse dirigiert ihn freundlich und verständnisvoll in die Menge zurück, und Lotse und Arbeiter verbeugen sich (Abb. D).

Zubehör

Ein Verkehrsschild, zwei Klappschranken, eine Klappvögele, eine Trompete, eine Zauberkelle mit Flötenspiel — und sieben Personen: ein Lotse, vier Straßenarbeiter, zwei Zuschauer.

Zur Vorführung

Nach dieser Modellvorführung hätte ich mit dem Geschäftsführer die Einzelheiten besprochen: Wenn die Schranken nach dem Applaus wieder geschlossen, zugeklappt und weggerollt werden, ist die schwere VÖGELE verschwunden. Sie kommt und geht im Schutz der Schranke und wird automatisch mit ihr auf- und zugeklappt. Unter den Raupen hat sie vier versteckte Rollen. Wenn sie nicht gepreßt wird, klappt sie auf. Eine Ecke ist im Knick der Schranke eingehakt. Sobald die Schrankenschenkel im Winkel von 110 Grad stehen, wird die VÖGELE automatisch ausgehakt und beginnt mit den Lampen zu blinken. Wenn die Schranken dann im rechten Winkel stehen, steht sie etwa in der Mitte des Quadrats. Wird die Ecke wieder auf den Haken geschoben, hakt sie automatisch ein und stellt das Blinken aus. Der Anlasser für den Motor ist mit einem Tonband für Motorengeräusche und mit einer Rauchpatrone im Auspuff gekoppelt.

Zur Herstellung

Dann hätten wir die Herstellung besprochen: Flache Flächen klappbar aus Metall, dicke Teile wie z.B. die Raupen aus Gummi. Lampen und Auspuff echt. Die genauen Daten und Klappvorgänge hätten die Ingenieure errechnet. — So hätte ich das DING gebracht. Ich bin gespannt, wie es Marvelli brachte.

Dr. Bernd Zeiger

Die Wunderwelt der Quantenmechanik

»Tricktechnisch« illustriert von Mensch Maya

Albert Einstein war vor über 50 Jahren mindestens genauso aufgebracht über die Quantenmechanik wie kürzlich Christoph Mecke über das Vereinheitlichte Feld der Superstringtheorie. Einstein zweifelte stark an dem »gesunden Menschenverstand« seiner Kollegen, die sich begeistert mit der Quantentheorie beschäftigten und einen Artikel nach dem anderen darüber veröffentlichten, eine Theorie, die in seinen Augen bestenfalls das Urteil »vorläufige Arbeitshypothese« verdiente. Nicht, daß Einstein die Quantentheorie falsch verstanden hätte, eher hatte er sie besser verstanden als viele ihrer Vertreter.

Alles ist mit allem verbunden

Einstein erkannte nämlich, daß — wenn die Quantenmechanik stimmt — alles im Universum untrennbar miteinander verbunden ist, oder mit anderen Worten: daß das Universum eine unteilbare Einheit bildet und es eigentlich keine unabhängig voneinander existierenden Teile gibt. Ganz anschaulich formuliert nach Doug Henning: »Ich und der Apfel am anderen Ende des Zimmers sind eine untrennbare Einheit, und wenn ich will, daß der Apfel in die Luft steigen und schweben soll, dann tut er das auch, so wie mein Arm das tut, wenn ich will, daß er sich hebt.«

Dies war für Einstein ein so offensichtlicher Widerspruch zur Erfahrung, daß eine Theorie, die so etwas für möglich hält, notwendigerweise unvollständig sein mußte. Um ein für allemal der Fachwelt die Unhaltbarkeit der Quantenmechanik vor Augen zu führen, formulierte er zusammen mit seinen Mitarbeitern B. Podolsky und N. Rosen die für ihn paradoxe Verbundenheit von räumlich weit getrennten und *nicht* miteinander in Wechselwirkung stehenden Objekten in Form eines Experimentes. Der entsprechende Artikel erschien 1935, führte aber nicht, wie Einstein beabsichtigte, zu einem Sturz der Quantenmechanik, sondern dazu, daß die *ganzheitliche* Natur der quantenmechanischen Systeme als der wesentliche Punkt der Quantentheorie ins allgemeine Bewußtsein der Wissenschaftler eindrang.

Mehr noch: Einsteins scharfsinniges Gedankenexperiment wurde durch zahlreiche Experimente konkret verwirklicht, und immer konnte der ganzheitliche Effekt — die quantenmechanische Verbundenheit räumlich beliebig weit entfernter, wechselwirkungsfreier Objekte — auch experimentell bestätigt werden. Die quantenmechanische Verbundenheit von allem mit allem im Universum wird heute als Einstein-Podolsky-Rosen-Effekt bezeichnet und gehört zu den empirisch-experimentell am besten bestätigten ungewöhnlichen Phänomenen der Quantenmechanik. Andere Bezeichnungen für dieses Phänomen sind: »uneingeschränkte (unendliche) Korrelation« bzw. »quantenmechanische Kohärenz«.

Von der klassischen Trennung zur quantenmechanischen Einheit

Anfang dieses Jahrhunderts wurden die Physiker durch die paradoxe Tatsache in Erstaunen versetzt, daß sich Materieteilchen (z.B. Elektronen) unter bestimmten Bedingungen wie Wellen verhalten. Umgekehrt wurde zur selben Zeit gezeigt, daß Licht, das klassisch als Welle beschrieben wird, auch Teilcheneigenschaften aufweist. Die daraus sich ergebende Einsicht der Unvollständigkeit und Begrenztheit des klassischen Naturverständnisses war der Anlaß, nach einer grundlegenden Ebene der Wirklichkeit zu suchen. Die Vereinheitlichung der klassisch unvereinbaren Vorstellungen von »Welle« und »Teilchen« wurde durch das Konzept einer *»Wellenfunktion«* ermöglicht. Die Wellenfunktion beschreibt eine Realität, die für die klassische Physik unmanifest oder transzendent ist. Uneingeschränkte Verbundenheit und Kohärenz ist das Kennzeichen der Welt der reinen Quantenmechanik, d. h. einer Welt frei von ungeordneter Aktivität (Temperatur = Null) und ohne Entropie (Unordnung).

Die Wellenfunktion bezieht sich nicht mehr direkt auf die meßbare Sinneswirklichkeit, sondern auf den abstrakteren *Bereich des Wissens bzw. der Information*. Deshalb beginnt mit der Quantenmechanik zum ersten Mal auch das Bewußtsein, der subjektive Aspekt des Lebens, in der Naturwissenschaft eine wichtige Rolle zu spielen. Der Standpunkt des Beobachters entscheidet nämlich (durch die Wahl der Versuchsbedingungen), welche klassische Eigenschaft beobachtet wird (z.B. ob Wellen- oder Teilcheneigenschaften). Die quantenmechanische Realität selbst ist jedoch jenseits aller Standpunkte, ist als reine Potentialität ein Feld aller Mög-

BILD 1 Die Parallele zwischen der Entdeckung des Unmanifesten in der Physik und im Bewußtsein

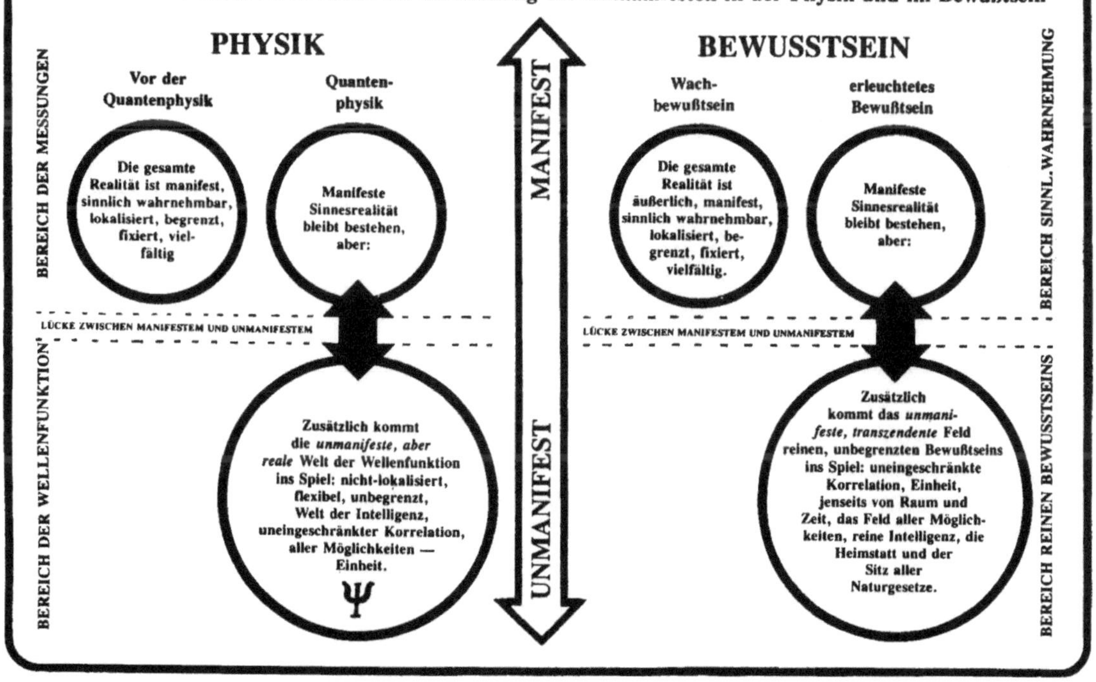

lichkeiten. Der Übergang von der reinen Quantenmechanik zu den klassischen Eigenschaften wird als »Kollaps der Wellenfunktion« bezeichnet. Dieser Übergangsbereich (die Lücke zwischen dem manifesten und unmanifesten Bereich) hat seine eigene, nicht-alltägliche, »wunderbare« Logik.

Auch in der Interpretation der Quantenmechanik spielt Bewußtsein eine Rolle. Die Tatsache, daß die materielle Welt quantenmechanisch beschrieben werden muß, kann so gedeutet werden, daß selbst in der Materie ein bestimmter Grad an Bewußtsein und damit Entscheidungsfreiheit enthalten ist.

Den objekt-orientierten Physikern bereitete dieses Eindringen des Bewußtseins in die Quantenmechanik von Anfang an großes Unbehagen. Erst in neuerer Zeit konnten die damit verbundenen Fragen in befriedigender Weise geklärt werden. Der entscheidende Durchbruch kam als Ergebnis der wissenschaftlichen Erforschung der Wirkungen der Transzendentalen Meditation, wobei klar wurde, daß auch *Bewußtsein eine quantenmechanische Realität* besitzt (siehe Bild 1).

Die ganzheitliche Natur der reinen Quantenmechanik schließt aber eine Trennung in quantenmechanische Teilrealitäten, etwa im Sinne von System und Umgebung, aus (Nicht-Separierbarkeit): d.h. *es gibt kein quantenmechanisches System in einer quantenmechanischen Umgebung, beide sind eines, wie ein Tropfen Wasser im Ozean.* Deshalb kann die physikalische Realität der reinen Quantenmechanik mit der quantenmechanischen Realität des Bewußtseins identifiziert werden, eine Folgerung, die in der Eigenschaft der *Selbst-Wechselwirkung* des vereinheitlichten Feldes der modernen supersymmetrischen Quantenfeld-Theorien seine Bestätigung findet.

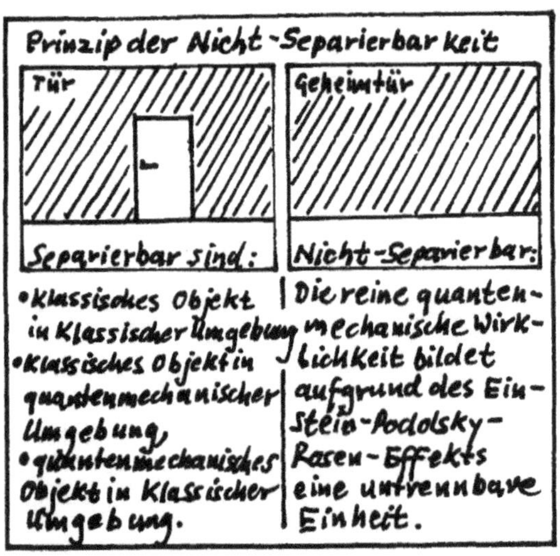

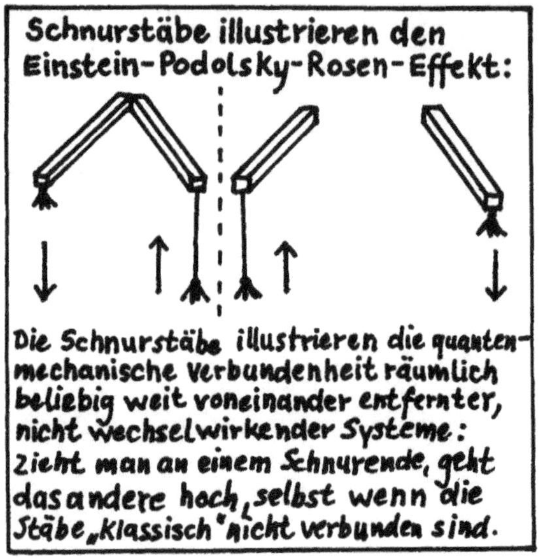

Vom Nutzen der Quantenmechanik

An dieser Stelle tauchen nun folgende gewichtigen Fragen auf:

1. Wenn für die Quantenmechanik alles letztlich ein einziger homogener unbegrenzter Ozean des Bewußtseins ist, warum erscheint uns die Welt als aus lauter Teilen bestehend?
2. Wenn alles mit allem verbunden ist, warum ist selbst ein Quantenmechaniker *nicht* in der Lage, den Apfel am anderen Ende des Zimmers durch seinen gedanklichen Wunsch zum Schweben zu bringen?

Einstein war nicht der einzige, der aufgrund solcher Fragen nach Schwachstellen der Quantenmechanik Ausschau hielt. Trotz allen kritischen Bemühungen konnte aber bisher kein zwingendes Argument und auch keine Erfahrung gefunden werden, die uns veranlassen könnten, die Quantenmechanik aufzugeben. Wir werden deshalb versuchen müssen, eine Antwort auf obige Frage im Rahmen der Quantenmechanik zu finden. Es wird jedoch sehr wichtig sein, diese Fragen zweifelsfrei zu verstehen, denn sonst bauen wir uns möglicherweise intellektuelle Barrieren, die ein *vereinheitlichtes Verständnis der Welt* unmöglich machen. Ein solches Verständnis ist aber in unserer durch Terrorismus und Kleinkriege auf der persönlichen Ebene belasteten Welt äußerst wichtig.

Es muß auch gesagt werden, daß heute keiner der akademisch ausgebildeten Quantenmechaniker, er mag die Quantenmechanik noch so gut verstanden haben, das Wissen der Quantenmechanik soweit in sein Leben integriert hat, daß er spontan in Übereinstimmung mit allen Gesetzen der Quantenmechanik lebt. Um das zu verwirklichen, genügt nämlich eine intellektuelle Beschäftigung mit den Naturgesetzen allein nicht; dazu ist ein Erziehungssystem und sind Bewußtseins-Technologien erforderlich, die mehr bewirken als nur Informationsansammlung.

Die erste Priorität des Menschen sollte es sein, die quantenmechanische Realität, das vereinheitlichte Feld aller Naturgesetze, in seinem Bewußtsein zu verwirklichen. Dann erfolgt jede Projektion des Bewußtseins in die Gedanken und Handlungen spontan in Übereinstimmung mit allen Naturgesetzen.

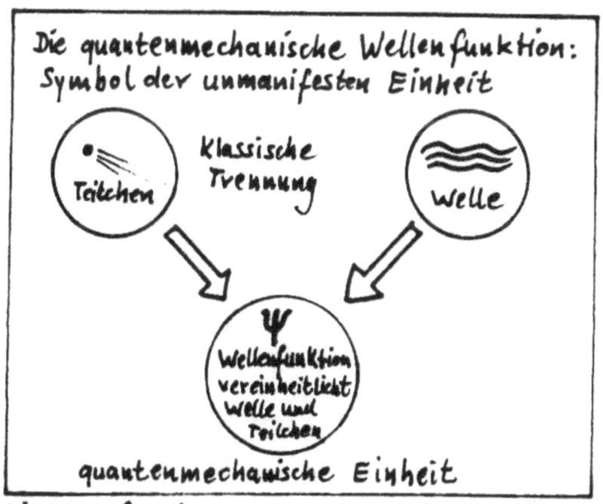

Die Wellenfunktion der Quantenmechanik stellt in mathematischer Form das gesammte Wissen über ein System dar und kann mit einem Zauberstab verglichen werden, der das geheime Trickprinzip repräsentiert. „Teilchen" und „Welle", die komplementären Aspekte der Wellenfunktion, entsprechen den Verwandlungsformen des Zauberstabs als „Trickobjekt" und „Mittel der Irreführung".

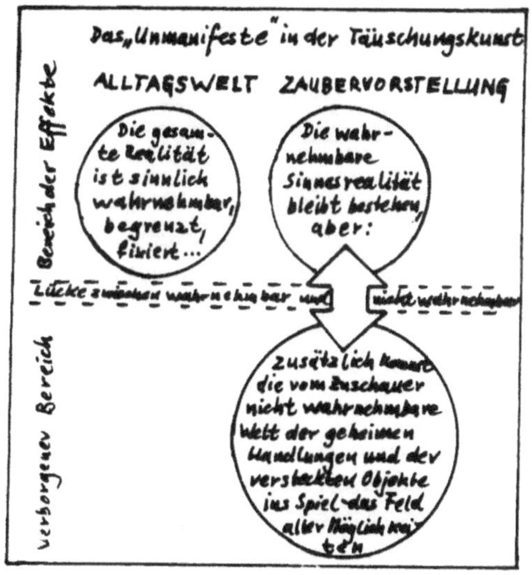

Die tägliche Aktivität und das Verhalten des Menschen erreichen dadurch den Grad an Perfektion, wie wir ihn von der technologischen Anwendung der Quantenmechanik im LASER oder in der Supraleitung her kennen. Durch die Technik der Transzendentalen Meditation wird die quantenmechanische Realität des Bewußtseins zunächst als »ruhevolle Wachheit« erfahren. Dieser Zustand »selbstbezogener Aufmerksamkeit« oder reinen Bewußtseins wird von der Physiologie als 4. Hauptbewußtseinszustand (neben Wachen, Schlafen und Träumen) bezeichnet. Er ist der Ursprung und sichere Bezugspunkt für alles Wissen und jede Erkenntnis. Alles, was wir an äußeren und inneren Veränderungen erleben, ist letztlich nichts anderes als die Transformationen reinen Bewußtseins; diese erleben wir als Wechsel der Aufmerksamkeit.

(Schluß folgt)

Marvelli 37. Jahrgang Heft 1 – Jan./März 1988

Das Ding

DM 37,99 habe ich Werry für das MW-Jahresabonnement überwiesen, das sich Mensch Maya für seine Lösung »Kommt ein Vögele geflogen« verdient hat. — Ich fand es toll, wie dieser Zauberfreund das Problem anpackte und zu einer Lösung kam. Sie ist originell und pfiffig, und ich bin sicher, daß man auf diese Weise eine Großillusion auch vorführen kann.
Doch einige Bedenken dazu: Die Illusion mußte täglich mindestens viermal vorgeführt werden und das an 7 Tagen. Da müßte man sich für jede Vorstellung ein anderes Ritual ausdenken, damit ein Zuschauer sich — stellvertretend für alle — von der Echtheit des Ungetüms überzeugt. Zum anderen hat die Praxis immer wieder gezeigt, daß das Publikum beim Erscheinen oder Verschwinden eines großen Objektes — und sogar bei einem lebenden Elefanten, der, für alle sichtbar, über die Bühne läuft — alles für »aufblasbar« hält. Desweiteren bedarf die Vorführung einer großen Zahl von gut eingearbeiteten Mitarbeitern, die ihre Rolle perfekt spielen müssen. Hier genügt sicher nicht die Werksfeuerwehr.
Ich sah in der Verwirklichung dieser Illusion nur dann einen Erfolg, wenn alle Risiken kalkulierbar, alle Schwachpunkte ausgemerzt werden könnten und die Vorführung dieser Großtäuschung auch einer mehrmaligen Betrachtung durch die Zuschauer standhalten würde. Es kamen Messegäste, die man fast bei jeder Vorstellung sehen konnte und deren Erstaunen von Mal zu Mal wuchs.
Das erste, was ich tat, war, daß ich den Auftraggeber von der Notwendigkeit einer Überdachung — in Form eines Zeltes — überzeugte. Das war nicht nur tricktechnisch nötig, sondern machte uns auch wetterunabhängig. (Wir hatten während der Präsentation Regen, Schnee und Sturm.) . . .

Leserforum

MUTIG

. . . Daß Sie trotz des Protestes eines Teils der MW-Leser zu solchen Themen jetzt die WUNDERWELT DER QUANTENMECHANIK von Dr. Zeiger veröffentlichen, finde ich nicht nur großartig sondern auch mutig. Sie müssen sich darüber im klaren sein, daß Sie dadurch manchen Zauberfreund erneut provozieren. . . Aber so muß eine gutgemachte Zeitschrift, die mehr will als berichten, sein: Jemand stellt »etwas« in den Raum, und wer will, kann (sofern er's kann) darüber mitdiskutieren. . . Anfangs konnte ich nicht begreifen, daß in der MW diametral auseinanderlaufende Meinungen veröffentlicht werden. (Ich gebe allerdings zu, daß ich von Leuten, die ich damals für kompetent hielt, beeinflußt war. . .) Heute verstehe ich. Nur so kann man die Wahrheit finden. . .
H. G. König, Kirchheim

Name ist Same
und Norm der Form.

Mensch Maya

Name und Form

Zu den farbigen Wörtern von Stefan Senf

In seinem Artikel »Farbige Wörter«* schlug Stefan Senf vor, aus dem Zauberpapier des Magischen Malbuchs Buchstaben auszuschneiden und daraus die Namen der entsprechenden Farben legen zu lassen. Werden die Buchstaben mit Wasser benetzt, zeigen sie die entsprechende Farbe. Da die Wörter ROT, BLAU, GRÜN und GELB aber gemeinsame Buchstaben haben, beschränkte er die Vorführung des Effekts auf ROT und BLAU.

Folgende Version erlaubt es, alle vier Farben zu nutzen und den Störfaktor der gemeinsamen Buchstaben gezielt zur Steigerung des Effektes einzusetzen: Die Buchstaben für ROT und GELB werden in einer *anderen Schrifttype* ausgeschnitten als die für BLAU und GRÜN (z. B. fett oder kursiv). Außerdem sollten die Buchstaben für ROT und BLAU *etwas größer* sein als die anderen. Werden die Buchstaben einzeln gezeigt, fällt der Unterschied kaum auf. Auch können mehrere Zuschauer auf getrennten Tabletts ihre Farbe legen, ohne daß dem Publikum der Schriftunterschied ins Auge fällt. Jeder einzelne bemerkt jedoch beim Legen seiner Farbe, daß die falschen Buchstaben das Schriftbild stören (siehe Bild). Es liegt also am harmonischen Empfinden der assistierenden Zuschauer, ob sie in ihrer Farbe falsche Buchstaben verwenden oder nicht.

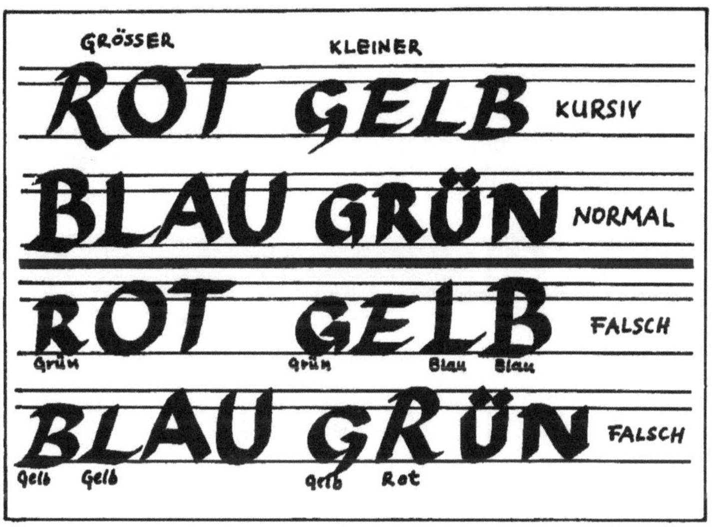

Aufgrund der Anregung von Ulrich Rausch** habe ich dazu folgenden Märchenvortrag entworfen.

Vortrag

Am Fuße des Himalayas lebte einst ein Yogi, der hatte solche Geisteskraft, daß alles, was er dachte, Gestalt annahm und wirklich wurde. In der Nähe aber lebte ein König, der dachte nur den ganzen Tag an Gold. »Wie schön und nützlich wäre es«, dachte der König, »wenn ich die Fähigkeit des Yogis auch besäße.« Er ließ ihn rufen und fragte: »Was muß ich tun, damit mein Denken Form gewinnt und wirklich wird?« »Ganz einfach«, sagte der Yogi, »denke jeden Gedanken so, daß Name und Form verschmelzen und ein und dasselbe sind.«

»Was hat der Name mit der Form zu tun?« fragte der König. Der Yogi zog verschiedene Formen aus seinem Gewand, zeigte sie dem König (wir zeigen einige Buchstaben) und fragte: »Was denkst du, wenn du diese Formen siehst?«

»Einen Klang. Wie aber kann aus einem Klang die Form entstehen?«

»Schon in den Schriften steht der Vers:
Am Anfang war das Wort, der Klang,
aus dem Gestalt und Form entsprang.

Der Klang wird Wirklichkeit, wenn unser Geist die Ebene des reinen Seins erreicht hat, von der aus alle Formen dieser Welt entstehen.«

»Wie kann er diese Ebene erreichen?«

»Kraft der Harmonie des Klangs. Bitte wähle einige Vertraute deines Hofes aus, wir wollen sehen, welche Kraft die Harmonie des Klanges mit sich bringt. Jeder denke an den Namen einer Farbe.«

(Wir bitten einige Zuschauer, Hofstaat zu spielen und eine Farbe zu nennen. Zwei bis vier Zuschauer, die eine der verwendbaren Farben nennen, bitten wir nach vorn. In unserem Kopf ordnen wir jedem Zuschauer eine zur Farbe passende Gemütsverfassung und eine zur Person passende Rolle am Hofe zu, z. B. die verliebte Prinzessin, der treue Wesir, die hoffnungsvolle Königin etc.)

Der Yogi bat den Hofstaat, so harmonisch wie möglich den Namen der Farben zu denken. (Wir bitten die assistierenden Zuschau-

er, den Namen ihrer Farbe aus den entsprechenden Buchstaben zu einem harmonischen Wortbild zusammenzusetzen.)
Der König aber zweifelte und sprach: »Seit Jahren denke ich schon voller Harmonie an Gold, und dennoch hat mein Denken nie Gestalt gewonnen.«
»Weil du das Wichtigste vergessen hast«, erwiderte der Yogi, »dein Denken gleichzeitig in reines Sein zu tauchen, in jenen farblosen Saft, der alle Farben erst entstehen läßt. Dann werden alle deine Wünsche wahr. Doch sei gewarnt: Auch deine Ängste und heimlichen Gedanken werden offenbar.«
(Wir bitten die Zuschauer der Reihe nach, ihre Hand in den farblosen Saft zu tauchen und den Namen ihrer Farbe zu benetzen. Dabei machen wir entsprechende Anspielungen auf die Farbe des Wortes und der eventuellen Falschbuchstaben, die wir anhand der Buchstabenform bereits vorher erkennen können.) Als die Gedanken mit dem farblosen Saft in Berührung kamen, nahmen sie sofort Gestalt an. Nun hieß es Farbe bekennen, denn jeder konnte die Gedanken sehen. Der Wunsch der verliebten Prinzessin war gemischt mit guten Hoffnungen (ROT mit grünem R), die gemischten Gefühle des Wesirs waren halb Treue, halb Neid (BLAU mit gelbem B und L), und der Hofnarr hatte längst vergessen, welche Farbe es am Hof zu zeigen galt (GELB in drei Farben). Nur die Hoffnung der Königin auf den neuen Thronfolger war rein (reines GRÜN). — Der König aber versucht seither, aus dem Klang des Goldes Gold zu machen, und wenn er nicht zum Ziele kam, übt er noch heute.

* Stefan Senf: Farbige Wörter, »M«W 4/36, S. 278f, 1987.
** Ulrich Rausch: Reden ist Silber, schweigen ist ... (3), »M«W 4/36, S. 314-317, 1987.

KALEIDOSKOP

Dr. Bernd Zeiger

Die Wunderwelt der Quantenmechanik (2)

»Tricktechnisch« illustriert von Mensch Maya

Quantenmechanik und Bewußtsein

Die Quantenmechanik ist für jeden Menschen von großer Bedeutung, denn in moderner Sichtweise ist die Quantenmechanik eine »Universaltheorie« (Primas) in dem Sinne, daß hierbei nicht die konkrete äußere Natur beschrieben wird, sondern die *universelle Natur des Beobachters, d. h. des Bewußtseins.* Bewußtsein ist die grundlegendste Ebene des Subjektes, während Ich-Gefühl (Ego), Unterscheidungsvermögen (Intellekt), Denken und die 5 Sinne der Wahrnehmung die zunehmend konkreteren, »klassischen« Ausdrucksformen des Bewußtseins darstellen. Bewußtsein und Körper stehen in einem wechselseitigen Abhängigkeitsverhältnis. Einerseits sind Körper und Nervensystem die materiellen Träger für das Bewußtsein; andererseits bestimmt der Zustand des Bewußtseins die Funktionsweise des Körpers, so daß sich jede Zustandsänderung des Bewußtseins auch physiologisch und biochemisch nachweisen läßt.
Die Quantenmechanik kann als exakte Beschreibung der Strukturen und Transformationen des Bewußtseins verstanden werden. Die selbst-bezogene Aktivität des Bewußtseins entspricht dabei den sogenannten »unitären Transformationen«, während die Ausrichtungen als Aufmerksamkeit den »Projektoren« entsprechen. Jeder Begriff

der Quantenmechanik hat so eine einfache Bedeutung als Beschreibung von Transformationen des Bewußtseins, und wir können die Quantenmechanik benutzen, unsere *Einsichten in die Transformationsmechanik des Bewußtseins* präzise zu formulieren. (Zwei Beispiele, wie das im Bereich der Täuschungskunst aussehen könnte, befinden sich in den Abbildungen; das eine Beispiel bezieht sich auf die Schrödinger-Gleichung, das andere auf die S-Matrix-Theorie. Beide beschreiben elementare Transformationen des Bewußtseins.) Es ist deshalb auch nicht nötig, Physik oder Chemie zu studieren, um die Quantenmechanik zu verstehen und anzuwenden: Auf der Gundlage der Erfahrungen reinen Bewußtseins und seiner Transformationen, durch die Bewußtseinstechnologien des Programms der Transzendentalen Meditation, ist die Quantenmechanik unmittelbar zugänglich. Weil die Quantenmechanik mit dem Ganzen beginnt und nicht mit den Teilen, ist sie sehr viel einfacher als die klassische Naturwissenschaft. Ferner umfaßt die Quantenmechanik jede klassische Theorie, während umgekehrt keine klassische Theorie jemals quantenmechanisch werden kann. In der Quantenmechanik ist somit das Beste vom Geist der antiken Philosophie enthalten. Sie wird deshalb auch als »Tao der Physik« oder »Vedanta der Naturwissenschaften« gelobt. Wer beginnt, die Dinge quantenmechanisch, d. h. ganzheitlich zu sehen, hat sich mit den ältesten und den modernsten Erkenntnissen der Menschheit verbunden.

Ein quantenmechanisches System vergißt nicht seinen Ursprung

Nachdem wir gehört haben, daß eine Verwirklichung der quantenmechanischen Realität im subjektiven Bereich unseres Lebens tatsächlich möglich ist, wollen wir nun auch zu einem befriedigenden Verständnis des zugrundeliegenden Prinzips gelangen. Dazu betrachten wir noch einmal die Aussage des Einstein-Podolsky-Rosen-Effektes, nur jetzt von einem etwas anderen Standpunkt aus, der auf Schrödinger, einem der Begründer der Quantenmechanik, zurückgeht. Schrödinger erkannte — unabhängig von Einstein, aber zur selben Zeit — die holistische Natur der quantenmechanischen Realität. In einer Reihe von Veröffentlichungen im Jahre 1935 betrachtete Schrödinger auch nicht-wechselwirkende Systeme, die einen gemeinsamen Ursprung haben. Er nennt sie »verschränkte Systeme«.

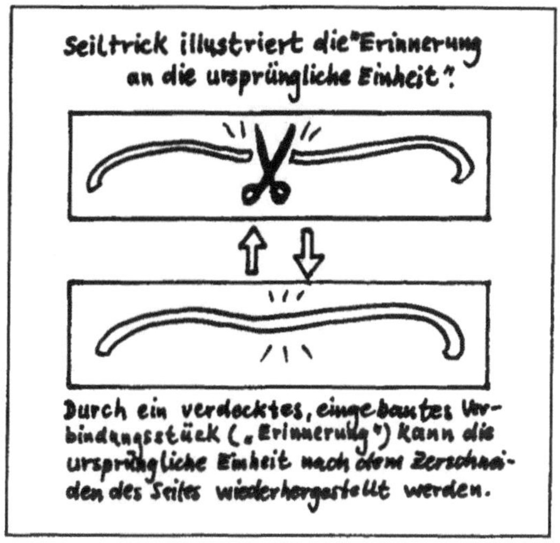

Ein zweiatomiges Molekül, das spontan in zwei Atome zerfällt, die dann auch noch räumlich beliebig weit voneinander getrennt werden, ist ein Beispiel für ein solches »verschränktes System«. In der Quantenmechanik bleiben die räumlich getrennten und nicht mehr wechselwirkenden Zerfallsprodukte eines Systems doch miteinander korreliert. Wir können die quantenmechanische Verbundenheit als *»Erinnerung an den gemeinsamen Ursprung«* verstehen. Da alles im Universum (z. B. nach der Urknall-Theorie) seinen gemeinsamen Ursprung im Vereinheitlichten Feld aller Kraft- und Materiefelder hat, ist alles im Universum quantenmechanisch unbegrenzt korreliert, denn jeder Teil erinnert sich zu einem gewissen Grad an diesen gemeinsamen Ursprung, und sein Verhalten wird von dieser Erinnerung bestimmt.

In dem Maße wie ein individuelles System

seinen Ursprung, das Vereinheitlichte Feld, *vergessen* hat, in dem Maße verhält es sich klassisch, und in dem Maße wie es sich an seinen Ursprung erinnert, verhält es sich quantenmechanisch. Vom Grad der Rückerinnerung an das Vereinheitlichte Feld hängt es also ab, in welchem Umfang die quantenmechanischen Korrelationen erkannt und genutzt werden können.

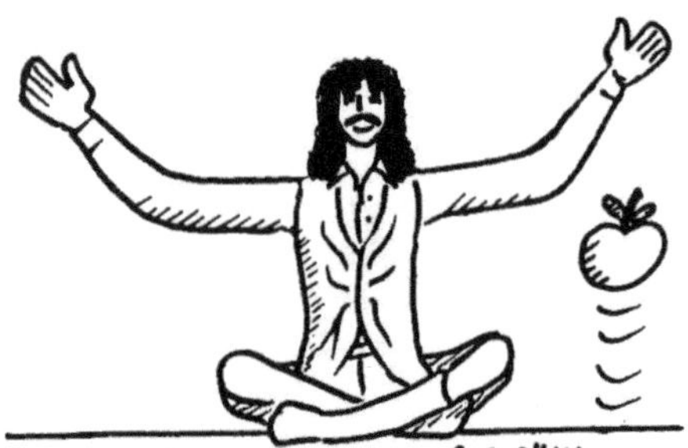

Newton sah: Der Apfel fällt.
Doug Henning läßt ihn schweben.

Wenn Doug Henning sagt, daß er in der Lage ist, auf der Ebene des vereinheitlichten Feldes tätig zu sein, so schließt das quantenmechanisch gesehen auch die — recht nebensächliche — Fähigkeit ein, einen Apfel zum Schweben zu bringen. Aber umgekehrt wird der Apfel den Doug Henning nicht zum Schweben bringen können, denn der Apfel besitzt kein Nervensystem, das eine so vollständige Widerspiegelung der quantenmechanischen Realität zuläßt wie das menschliche Nervensystem. Das macht den Unterschied aus in der Erinnerungsfähigkeit zwischen Doug Henning und einem Apfel.

Der Ursprung der Schöpfung: Eins wird drei und bleibt doch eines

Wie entsteht nun quantenmechanisch gesehen die Schöpfung in ihrer großen Vielfalt? Die Antwort, die die moderne Quantenmechanik auf diese Frage gibt, ist verblüffend einfach.

Da nach der Quantenmechanik der Beobachter den Zustand eines Systems beeinflußt, braucht nur die Frage beantwortet zu werden, w e r am Beginn der Schöpfung die Rolle des Beobachters spielte. Selbst wenn der Beobachter nicht in allen Einzelheiten bekannt ist, so erlaubt doch der Formalismus der Quantenmechanik eine Reihe von allgemeinen Aussagen. Nach den Grundsätzen (Axiomen) der Quantenmechanik beruht das Entstehen der Welt der Phänomene darauf, daß sich die selbstbezogene Einheit des reinen Bewußtseins aufspaltet in drei Komponenten: *Beobachter, Beobachtungsprozeß* und *Beobachtungsobjekt*, aber ohne daß sie sich völlig voneinander trennen, wie das in der klassischen Physik angenommen wird. Am Beginn der Schöpfung werden also aus EINEM Drei, wobei die Einheit erhalten bleibt. Alles was über den schöpferischen Prozeß gesagt werden kann, wird dann als Geschichte der DREI erzählt, wie im Märchen, wo es heißt: »Es war einmal EINE Zauberin, die hatte DREI Söhne. . .«. In der Quantenmechanik heißen diese DREI u. a. «Hamilton-Operator«, »Engerie-Eigenwerte« und »Eigenzustände der Wellenfunktion«. Ihr Zusammenspiel beschreibt die Schrödinger-Gleichung.

Der Beobachter wird in der Quantenmechanik durch seine Symmetrie, d. h. durch seine Intelligenz bzw. sein Wissen spezifiziert. Die Erinnerung an die klassische Welt erzeugt Sektoren in dem unendlichdimensionalen quantenmechanischen Hilbert-Raum aller möglichen Zustände, in dem von bestimmten Einstein-Podolsky-Rosen-Korrelationen abgesehen wird. Dadurch findet eine Einschränkung der ganzheitlichen Symmetrie der reinen Quantenmechanik statt; ein Vorgang, den man als *Symmetriebrechung* bezeichnet. Jeder Beobachter bringt so eine seinem Bewußtseinszustand entsprechende Welt hervor. Diese Welt ist aber nicht notwendig die *ganze* Welt. Erst wenn durch die Erinnerung an das vereinheitlichte Feld das volle Potential des Naturgesetzes im Bewußtsein lebendig ist, bleibt die Einheit in der Vielfalt erhalten, und nichts ist dem Menschen mehr fremd oder unmöglich.

Die Schrödinger-Gleichung als Formel der Täuschungskunst

$$\mathcal{H}\Psi = E\Psi$$

Quantenmechanik	Täuschungskunst
Die Schrödinger-Gleichung beschreibt den Mechanismus, wie die klassischen Phänomene aus der quantenmechanischen Wirklichkeit hervorgehen.	Übertragen auf die Täuschungskunst beschreibt die Schrödinger-Gleichung die verborgenen Zusammenhänge, die den sichtbaren Täuschungseffekt bewirken.

Hamiltonoperator (organisierende Kraft)	$\mathcal{H}$	Trickidee des Täuschungskünstlers
Energie-Eigenwerte	E	tricktechnische Vorbereitungen
Eigenzustände	Ψ	verborgenes Trickgeschehen

In Worten besagt die Schrödinger-Gleichung:

Die Beschränkung des Hamilton-Operators auf die einzelnen Eigenzustände enthüllt seine dynamische Struktur (Energie-Niveaus).

In Begriffen der Täuschungskunst bedeutet die Schrödinger-Gleichung:

Die Betrachtung einzelner Aspekte des Trickgeschehens enthüllt die notwendigen tricktechnischen Vorbereitungen (Ebenen der Präparation).

Das quantenmechanische Vakuum ein Feld aller Möglichkeiten

In der Form des Hamilton-Operators bestimmt der Beobachter das Energie-Spektrum und die möglichen Zustände seiner Welt. Ein Zustand ist dabei besonders ausgezeichnet: der *Zustand niedrigster Energie*, der auch als *Zustand der geringsten Anregung* oder als *Grundzustand* bzw. *Vakuumzustand* bezeichnet wird. Insbesondere die Bezeichnung »Vakuumzustand« ist sehr instruktiv, denn der Grundzustand von Quanten-Feldern entspricht der klassischen Vorstellung des *leeren Raumes*, d. h. eines Raumes frei von Materie und Feldern, mit dem Unterschied, daß die Quantenmechanik dem Vakuum eine innere unmanifeste Struktur zuordnet. Diese *Struktur des Vakuums* spiegelt die Symmetrie des Beobachters wieder. Der Vakuumzustand der Quantenfeldtheorie ist der reinste Repräsentant der quantenmechanischen Realität und kann letztlich mit dem reinen Bewußtsein gleichgesetzt werden.

Die Erforschung der Struktur des Vakuums ist das zentrale Ziel der objektiven Wissenschaft als auch der Wissenschaft vom Bewußtsein. Die Vakuumstruktur entspricht dem, was subjektiv als Intelligenz bezeichnet wird. Durch seine Struktur ist das Vakuum der *Ursprung aller Veränderungen*, die *Basis aller Naturgesetze*, das *Heim allen Wissens* und ein *Feld aller Möglichkeiten*. Nach dem Rekonstruktions-Theorem der Quantenfeldtheorie lassen sich aus der vollständigen Kenntnis der Vakuumstruktur alle möglichen

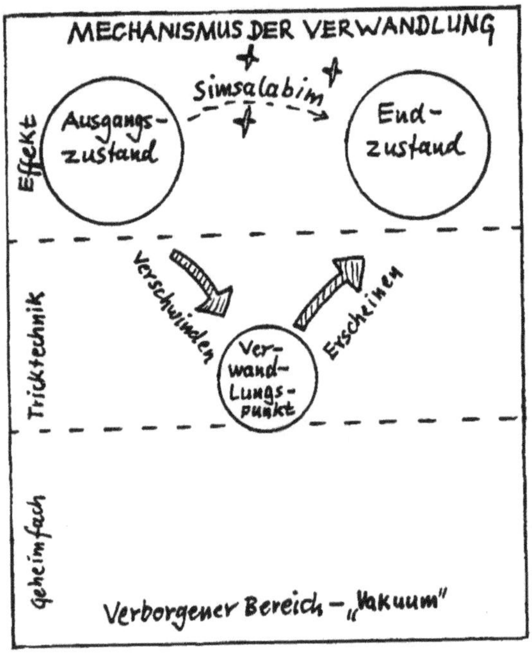

Diese Beschreibung einer Verwandlung basiert auf der quantenmechanischen S-Matrix, die die Transformation von Zuständen auf die Natur des Vakuums zurückführt. Der Zuschauer sieht nur den Effekt auf der klassischen Ebene. Der Täuschungskünstler ist auf allen drei Ebenen tätig und vermittelt dadurch dem Zuschauer eine Ahnung der verborgenen Wunderwelt.

angeregten Zustände und deren Eigenschaften mathematisch rekontruieren. Weiterhin läßt sich die quantenmechanische S-Matrix, die die Transformation einer Gesamtheit von Anfangszuständen in die möglichen Endzustände beschreibt, auf das Verhalten des Vakuums gegenüber winzigen klassischen Störungen zurückführen. Für die Quantenmechanik ist also das Vakuum ein allgegenwärtiger Zustand reiner Potentialität bzw. ein unmanifester Bereich aller Möglichkeiten:

Vakuum + Struktur = alle Möglichkeiten
(reines Bewußtsein) (Intelligenz)

Was wir als Struktur des Vakuums erkennen, bestimmt unsere Welt und w i e wir in ihr leben. In der wissenschaftlichen Literatur finden sich Vakuumstrukturen, die Antigravitationseffekte möglich machen, aber auch Strukturen, die eine Manifestation von Teilchen zulassen, z. B. das sogenannte *geladene Vakuum.*

Wenn Doug Henning weiterhin wie bisher durch die Technik der Transzendentalen Meditation die Strukturen seines Bewußtseins belebt, dann ist es quantenmechanisch gesehen durchaus möglich, daß er nicht nur einen Apfel zum Schweben bringt, sondern sogar diesen Apfel aus dem »Nichts« manifestiert. Es ist ein Grundsatz der modernen Quantenmechanik, daß alles, was potentiell möglich ist, auch verwirklicht werden kann. Was aber zu einem bestimmten Zeitpunkt tatsächlich verwirklicht wird, das hängt vor allem vom Bewußtseinszustand ab.

Weiterführende Literatur

Fritjof Capra: Der kosmische Reigen, Barth Verlag, 1977 (enthält u. a. auch eine allgemeinverständliche Darstellung der S-Matrix-Theorie)

Lawrence H. Domash: die Physik der Einheit, in: Weltregierung Aktuell Nr. 3, 1978/79 (diesem sehr empfehlenswerten Aufsatz wurde Bild 1 entnommen)

Denis Postel: Das kosmische Balett, Umschau Verlag, Frankfurt, 1974 (der Autor geht auch auf die Rolle der Transzendentalen Meditation bei der Verwirklichung der quantenmechanischen Einheit ein)

Hans Primas und Werner Gans: Quantenmechanik, Biologie und Theorienreduktion, in B. Kanitschneider (Herausgeber): Materie — Leben — Geist, Berlin, 1979 (Die Artikel und Bücher von Hans Primas, Professor für theoretische Chemie, ETH Zürich, sind zur Einführung in die moderne Quantenmechanik besonders empfehlenswert)

Johann Rafelski und Berndt Müller: Die Struktur des Vakuums, Verlag Harri Deutsch, Frankfurt, 1985 (dieser »Dialog über das Nichts« bietet eine leicht zu lesende Einführung in die modernen Erkenntnisse über das Vakuum)

»Magische« Welt

G 21240 F
37. Jahrgang
Juni 1988
Heft 2

Zeitschrift für angewandte Tricktechnik und Wahrnehmungstäuschung

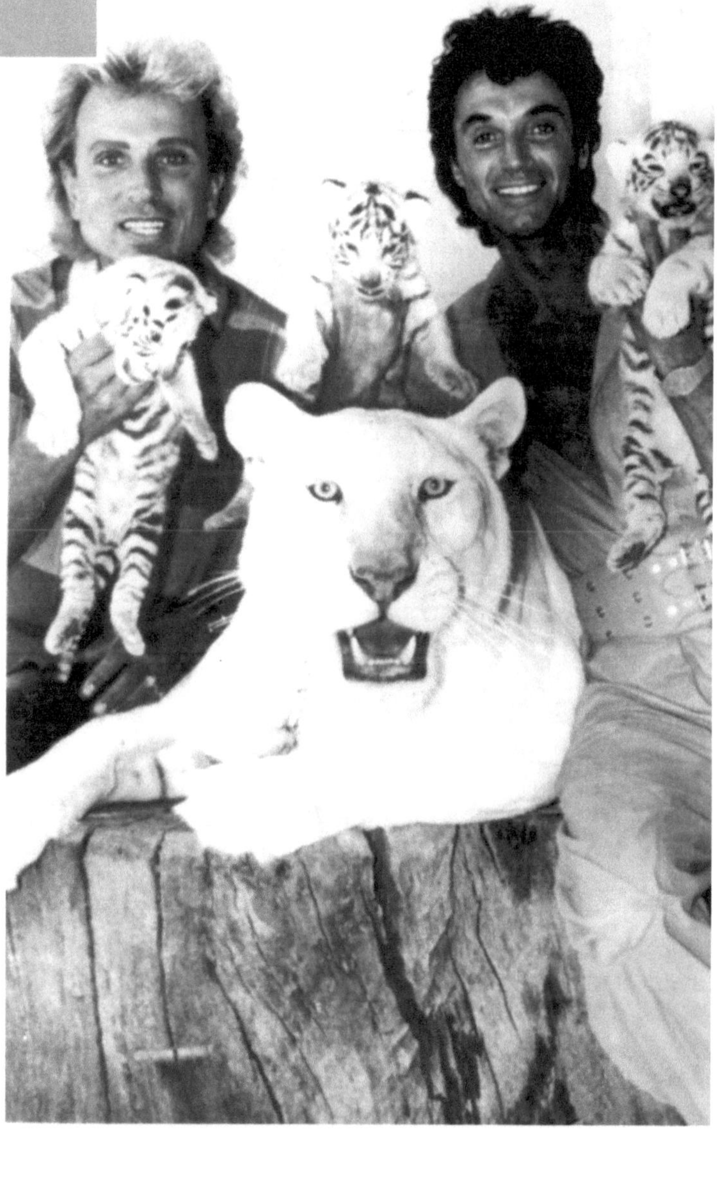

Die chinesische Kugel

Entwurf der »rollende Kugel» als Illusion.
Von Mensch Maya.

Humbug mit Bart

Zur »Wunderwelt der Quantenmechanik«
Von Christoph Mecke.

Zauberei hoch zwei

Zum 49. Geburtstag von Siegfried Fischbacher.
Von Mensch Maya.

Mensch Maya

Die chinesische Kugel

Entwurf der »rollenden Kugel« als Illusion

Anfang 1986 gab Werry in der »M«W einige Anregungen, um aus der Geschicklichkeitsdarbietung der rollenden Kugel eine »Großtäuschung allererster Güte« zu machen (1). Er schlug vor, zwei leere Hohlkugelhälften auf eine Rollbahn, die von einem scheinbar durchsichtigen Rohrgestell gestützt wird, zu setzen und miteinander zu verschrauben. Die »leere« Kugel beginnt zu rollen — und schließlich: Eine Person entsteigt ihr. Ich stellte mir nun folgende Fragen:

1. Wie kann diese Illusion auf einer unpräparierten Bühne ohne Hintergrundbespannung oder sogar umringt a) mit tatsächlich durchsichtigem Sockel, b) ohne Geheimklappe in den Kugelhälften und c) ohne zeitraubenden Aufbau einer Rollbahn mit geringstem Gepäckaufwand gezeigt werden?
2. Wie kann das geheimnisvolle Rollen der »leeren« Kugel dramatisch gestaltet und allmählich gesteigert werden (2)? Hier mein Entwurf:

1. EXPOSITION

Zwei Assistenten breiten auf der linken Bühnenhälfte ein großes dunkelblaues Tuch aus. Der Illusionist stellt sich neben das Tuch (Bild 1) und erklärt: »Bei meinem letzten Besuch in China habe ich eine Kugel entdeckt, die lebendig wird, sobald sie aus dem Schlummer, der sie als tote Materie erscheinen läßt, erweckt wird.«

Die Assistenten schieben ein rollbares Rohrgestell mit einer großen, dunkelblau verhüllten Kugel auf das Tuch. Das Gestell ist mit einer leicht geschwungenen Doppelschiene verbunden. Der erste Assistent enthüllt die Kugel (Bild 2) und schiebt sie vom Sockel auf die Schiene, die der zweite Assistent am Ende festhält (Bild 3). Dieser senkt die Schiene, bis die Kugel ins Rollen kommt, und hebt sie dann, so daß die Kugel durch den Schwung aufwärts rollt (Bild 4). Kurz vor dem Ende der Schiene kommt die Kugel zum Halten und rollt dann zurück auf den Sockel (Bild 5).

Illusionist: »Unglaublich, nicht wahr? Eine Kugel, die von selber aufwärts rollt! Ich wollte die Kugel natürlich sofort haben und fragte den chinesischen Besitzer, wie es kommt, daß die Kugel sich bewegen kann. Er verriet mir das Geheimnis: Die Kugel ist nicht leer, sondern bis an den Rand gefüllt. Und wissen Sie, mit was? Mit dem kostbarsten Stoff, den es im ganzen Universum gibt: Bewußtsein. Haben Sie Bewußtsein schon einmal gesehen?«

Die Assistenten haben inzwischen die beiden Kugelhälften, die ähnlich wie das Muster eines Tennisballes ineinandergreifen, behutsam auseinandergenommen (Bild 6) und zeigen sie nun von innen vor (Bild 7). Illusionist: »Sehen Sie: Prall bis an den Rand voller reinem, unmanifestem, unsichtbarem Bewußtsein. Es platzt bis durch die Poren.«

In den Kugelhälften sind winzige Sichtlöcher, durch die Licht von hinten fällt. Kein Zweifel: Die Kugelhälften sind absolut leer. Nachdem

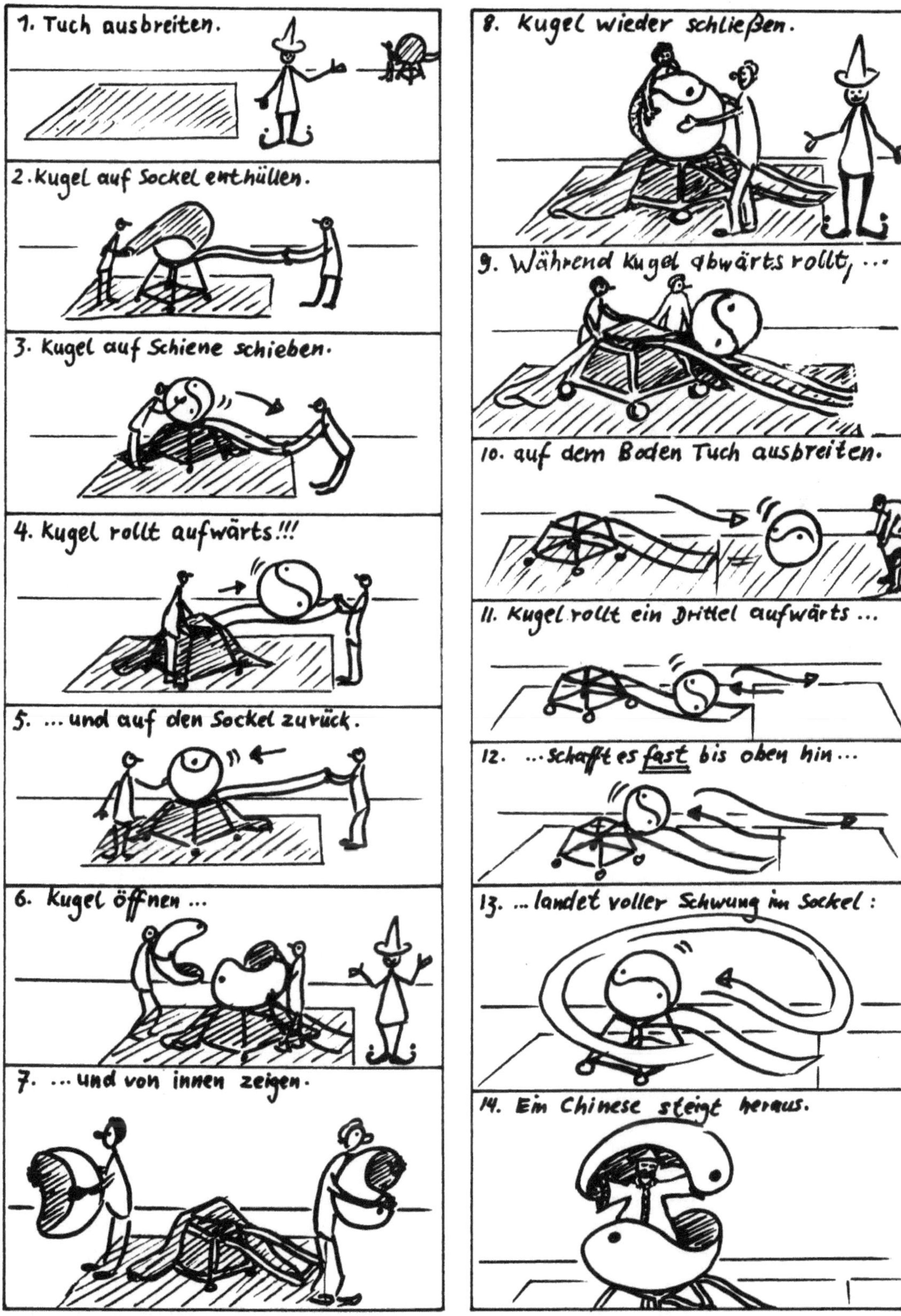
1. Tuch ausbreiten.
2. Kugel auf Sockel enthüllen.
3. Kugel auf Schiene schieben.
4. Kugel rollt aufwärts!!!
5. ... und auf den Sockel zurück.
6. Kugel öffnen ...
7. ... und von innen zeigen.
8. Kugel wieder schließen.
9. Während Kugel abwärts rollt, ...
10. auf dem Boden Tuch ausbreiten.
11. Kugel rollt ein Drittel aufwärts ...
12. ... schafft es fast bis oben hin ...
13. ... landet voller Schwung im Sockel:
14. Ein Chinese steigt heraus.

sich das Publikum von der »unsichtbaren Füllung« überzeugt hat, werden die Kugelhälften wieder behutsam — auf daß ja nichts von der kostbaren Füllung verlorengehe — zum Sockel zurückgebracht und sorgfältig geschlossen (Bild 8).
Illusionist währenddessen: »Der Besitzer, Herr Zhi-Jue, ein kleiner, weiser Chinese, erklärte mir, daß Bewußtsein nach fernöstlicher Auffassung der Urstoff des gesamten Universums sei. Wenn es schlafe, verhalte es sich wie tote Materie. Wenn es aber erweckt werde, dann sei es lebendig und könne sogar scheinbar leblose Materie beleben. Die Kugel sei nichts anderes als ein Sinnbild für Materie schlechthin; denn alle Materie enthalte im Inneren reines, unmanifestes, unsichtbares Bewußtsein.«
Der erste Assistent schiebt die Kugel wieder auf die Doppelschiene, die jetzt bis zum Boden führt. Während die Kugel langsam Schwung bekommt und abwärts rollt (Bild 9), nehmen die Assistenten das am Sockel herabhängende Tuch, das vorher die Kugel verhüllt hatte, und breiten es am Boden vor der Schiene aus. Die Kugel rollt schwungvoll auf das weiche Tuch (Bild 10). Soweit die Einleitung.

2. STEIGERUNG

Illusionist: »So, mein Kügelchen, wir haben Ausgang. Freust du dich, wieder auf der Bühne zu stehen?« Die Kugel nickt, indem sie vor- und zurückschaukelt. »Oder willst du lieber wieder auf den Sockel zurück?« Die Kugel verneint entschieden, indem sie seitlich schaukelt.
Ganz allmählich entfaltet sie nun ihre Künste, die sich ganz nach dem Rahmen der Vorstellung, nach Programm und Publikum richten. Der Mentalist benutzt sie als Orakel, der Clown als Partner, Schüler, Lehrmeister. Hier einige Möglichkeiten: Die Kugel antwortet durch Vorwärts- und Seitlichschaukeln auf Fragen; sie errät (forcierte oder durch Code übermittelte) Zahlen und Kartenwerte und gibt sie durch mehrmaliges Schaukeln kund; sie wählt unter mehreren Zuschauern den richtigen aus und rollt auf ihn zu; sie neckt Zauberkünstler oder Zuschauer, droht sie zu überrollen, weicht scheu zurück, schmiegt sich zutraulich an, zeigt alle menschlich rührenden Gefühle. Schließlich reagiert sie immer träger und wird langsam schläfrig.

3. SCHEINBARER HÖHEPUNKT

»Was Bewußtsein alles kann, wenn es erwacht! Aber jetzt scheint das Kügelchen müde zu werden. Herr Shi-Jue hat mich davor gewarnt, ihre Wunderkräfte bis zum Letzten zu erschöpfen. Sie müsse immer noch genügend Kraft haben, um auf ihren Sockel zurückzukehren. Dort ruht sie und schöpft neue Energie. Wenn sie den Sockel nicht mehr aus eigener Kraft erreichen kann, ist ihre Wunderkraft für alle Zeit verloren. — Jetzt schnell ins Körbchen, komm, mein Kügelchen, du mußt jetzt ruhen.«
Die Kugel rollt auf die Doppelschiene, steigt langsam und mühsam aufwärts, schafft es aber nur bis zum ersten Drittel (Bild 11) und rollt schlaff zurück.
»O weh, jetzt haben wir sie überfordert. Herr Zhi-Jue hat mich gewarnt. Was mach' ich bloß. Der Chinese wüßte sicher Rat. — Komm, mein Kügelchen, probier's noch mal!«
Die Kugel nimmt einen zweiten Anlauf, schafft es fast, aber nicht ganz bis oben hin (Bild 12) — und rollt müde und enttäuscht zurück. Darauf liegt sie lange bewegungslos am Boden und reagiert weder auf Worte noch Berührungen.

4. HÖHEPUNKT UND AUFLÖSUNG

»Ach, hätte ich bloß auf Herrn Zhi-Jue gehört. Ein weiser Mensch war das. Ein wahrer Zauberer. Sobald ich ihm die Kugel abgekauft hatte, war er plötzlich wie vom Erdboden verschwunden. Man munkelte, er hätte seinen Körper einfach in Bewußtsein aufgelöst. Sie hätten ihn erleben sollen, diesen Herrn. So nett und klein und zierlich. Und so weise.«
Plötzlich erzittert die Kugel, rollt voller

Schwung einmal um den ganzen Sockel herum, dann über die Schiene nach oben und landet schließlich wieder auf dem Sockel (Bild 13). Die Schalen öffnen sich von Zauberhand, und — Zhi-Jue*, der winzige Chinese, steigt heraus (Bild 14).

Schluß folgt.

* Zhi-Jue — chin. Bewußtsein (zhi — wissen, jue — bewußt werden)

LITERATURHINWEISE

(1) Tammo Schütte und Werry: Die Auskunft, »M«W 1/35, S. 53-55.

(2) Zum Aufbau der Spannungskurve eines Kunststücks vgl. auch: Astor: Regie für Zauberkünstler, »M«W 6/18, S. 200 und: Mensch Maya: Dramaturgie, »M«W 1/35, S. 38-40.

Christoph Mecke

Humbug mit Bart

Wie Dr. Bernd Zeiger das Staunen lehrt — von Mensch Maya unterstützt

Auf der Titelseite der vorletzten »M«W war es schon angekündigt: »*Wunderwelt der Quantenmechanik: Dr. Bernd Zeiger lehrt das Staunen.*« Mich hat er eher das Fürchten gelehrt.

Lieber Leser, was dort unter dem Deckmantel »Quantenmechanik« zu lesen war, ist Weiße MAGIE, das ist New Age im Zeitalter des Wassermanns mit all seinen Spielarten. Das Problem ist nur, daß hier sehr geschickt mit einem Wust von Begriffen und in Ansätzen bekannten Theorien gearbeitet wird. Solche Texte leben von der Optik, der Wirkung. Aber bei Licht betrachtet bleibt nichts mehr übrig von der Wunderwelt. Ich werde im folgenden versuchen, durch das Wirrwarr und Dickicht der »Argumentation« des Dr. Zeiger die Abstrusität des Artikels aufzuzeigen.

Es ist nicht einfach, durch die »Argumentation« zu dringen. Ein Text, dem logische Verknüpfungen fehlen, ist sehr mühselig zu entwirren. Der Einfachheit halber gehe ich abschnittweise vor, und wer es genau wissen will, kann sich den Text auf Seite 310 der Dezembernummer danebenlegen.

1. Abschnitt: »Alles ist mit allem verbunden«

Es ist sehr schön, daß Dr. Zeiger beurteilen kann, ob Einstein oder sonst irgendjemand die Quantentheorie besser verstanden hat als andere. Über einen solchen »Durchblick« verfügen wohl nur wenige.

Es ist falsch, daß die Aussage »alles im Universum (ist) untrennbar miteinander verbunden« denselben Wert hat wie »das Universum bildet eine unteilbare *Einheit*«. Dr. Zeiger verbindet die beiden Aussagen mit einem hübschen »oder mit anderen Worten«. Hinter der unscheinbaren Floskel versteckt sich ein logischer Fehlschluß. Wenn ich zwei Apfelsinen zusammenklebe, dann bilden sie noch lange nicht eine unteilbare Einheit.

Schauerlich, daß Dr. Zeiger noch einmal das Apfelbeispiel von Doug Henning bringt. Ohne Frage habe ich mit dem Apfel am anderen Ende des Zimmers ein gemeinsames Umfeld, aber das stört den Apfel wenig und bringt ihn nicht zum Schweben, wenn ich das wünsche. Auch mit Dr. Zeiger habe ich wohl irgendwas gemeinsam, aber wenn ich mich in Gummersbach konzentriere, wird er noch lange nicht in xy vom Boden abheben (obwohl der Gedanke verlockend ist). Warum auch? Auf Grund der Quantentheorie? Als Leser muß man sich hüten, aus *begrifflichen* Zusammenhängen *inhaltliche* zu folgern.

Was ist die »paradoxe Verbundenheit von räumlich weit getrennten Objekten«? Ich verstehe es nicht, und glaube auch nicht, daß es irgendjemand versteht, verstehen soll. Zunächst ist es Werfen mit schwammigen Begriffen. Das ist nicht nur in wissenschaftlichen Artikeln unzulässig.

Welches Gedankenexperiment wurde durch welche Experimente »konkret« (?) »verwirklicht«? Gedankenexperimente lassen sich nicht verwirklichen, höchstens überprüfen. Wieder der Begriffebrei.

Wenn Sie von ungewöhnlichen Phänomenen der Quantentheorie sprechen, lieber Dr. Zeiger, was sind die gewöhnlichen?

2. Abschnitt: »Von der klassischen Trennung zur quantenmechanischen Einheit«

Natürlich ist der »M«W-Leser zunächst überfordert, wenn die Rede von der »Vereinheitlichung von ‚Welle' und ‚Teilchen' durch die ‚Wellenfunktion'« ist. Auf engstem Raum mit hübschen Bildchen werden hier Theorien der modernen Physik gewälzt und »erklärt«, schon allein diese Tatsache müßte skeptisch stimmen.

Ich kann versichern, daß das Konzept der Wellenfunktion keineswegs so einfach »Welle« und »Teilchen« vereinheitlicht. Das behauptet lediglich Dr. Zeiger. Erst vor kurzem hat mir ein Physiker versichert, daß »Welle« und »Teilchen« eben *nicht* vereinbar seien. Es ist fast arglistige Täuschung, dem uninformierten Leser etwas als wissenschaftliche Information anzubieten, das in der Wissenschaft selber noch diskutiert wird. Nun kommt es knüppeldick: UNMANIFEST und TRANSZENDENT ist NICHT DAS GLEICHE! Der Begriff des Transzendenten und Tranzendentalen (was ebenfalls NICHT dasselbe ist!) ist in der Philosophie schon lange beschrieben. An dieser Stelle den Begriff des Transzendenten zu erläutern entspricht ungefähr der Aufforderung an einen Physiker, »mal eben« die theoretische Mechanik zu erklären. Es ist zu empfehlen, sich über Begriffe zu informieren, bevor man sie falsch verwendet. (In diesem Zusammenhang: Allein der Begriff der »Transzendentalen Meditation« ist Unsinn.)

Was ist die *meßbare* Sinnes*wirklichkeit*? Wer kann sie messen? Dr. Zeiger? Und nun ein toller Satz: »*Deshalb* beginnt mit der Quantenmechanik zum ersten Mal auch das *Bewußtsein*, der *subjektive* Aspekt des Lebens, in der Naturwissenschaft eine wichtige Rolle zu spielen.«

Wenn bei Ihnen, lieber Herr Dr. Zeiger, das Bewußtsein in der Naturwissenschaft bisher keine Rolle spielte, dann ist das zu bedauern. Man kann soviel meditieren oder Sackhüpfen wie man will, das Bewußtsein wird immer eine Rolle in der Naturwissenschaft spielen. Und wenn das Bewußtsein der »subjektive« Aspekt des Lebens ist, welches ist der objektive? Zur Begriffsklärung: Das Subjekt ist das Erkennende, dessen Erkenntnis sich auf das Objekt richtet. Und alles, was vom Subjekt gedacht wird, ist subjektiv. Denn es geht vom Subjekt aus. Das ist nicht meine Idee sondern sozusagen »kleines Einmaleins« der Erkenntnistheorie. Drum ist die folgende Aussage ebenfalls blanker Unsinn:

»Die *quantenmechanische Realität* selbst ist jedoch *jenseits aller Standpunkte.*« Was ist denn die quantenmechanische Realität? Eine andere als die chemische Realität? Was heißt hier Realität? Die Begriffe sind wieder nicht geklärt, und unklare Begriffe sind nie dem Leser anzulasten, sondern dem Autor. Hier wird nicht korrekt formuliert, drum auch nicht korrekt gedacht.

Sollte die Quantentheorie tatsächlich jenseits aller Standpunkte sein, wäre sie nicht erfahrbar. ALLES wird von irgendeinem Standpunkt aus gesehen, ob sich der Gemüsemann mit Kohlrabi beschäftigt, der Mensch mit Gott oder der Physiker mit den Quarks.

Noch ein Wort zu der Zeichnung von Mensch Maya auf Seite 311. Richtig lustig ist die »Lücke zwischen Manifestem und Unmanifestem«. Was wohl in der Lücke ist? Eine Menge Senf und Esoterik wahrscheinlich. Nein, meine Herren, ein Ding ist oder es ist nicht. Ein bißchen Sein und ein bißchen Nichtsein geht nicht, auch das sind wieder völlig falsch verwendete Begriffe, irritierend, ja irreführend.

Es ist fast ignorant, Logik als alltäglich bezeichnen zu wollen. Moderne Logiker beschäftigen sich mit sehr schwierigen und durchaus nicht-alltäglichen Zusammenhängen.

»Dieser Übergangsbereich hat seine *eigene,* nicht-alltägliche, *‚wunderbare‘* Logik.« Das ist glaubhaft, diese Logik als WUNDERbar zu bezeichnen. Anfangen kann ich damit aber nicht allzu viel.

Es folgt ein Abschnitt mit einsamen Höhepunkten des Absurden.

Was ist die »Interpretation der Quantenmechanik«? Und wer sagt, daß die »Welt« quantenmechanisch beschrieben werden *muß*? Das ist erst zu beweisen.

In Materie ist nie und nimmer irgendein »Grad an Bewußtsein«, Materie ist haargenau das Gegenteil (abgesehen davon, daß die Begriffe Bewußtsein und Entscheidungsfreiheit nicht identisch sind). Auch die Quantentheorie ändert daran nichts, kein Physiker würde es behaupten, das können nur Esoteriker glauben.

Noch einmal versucht Dr. Zeiger uns zu erklären, daß es objekt-orientierte Physiker gibt, demnach auch die neuen, die nicht objekt-orientierten Physiker. Wie bereits oben erläutert beschäftigt sich das Subjekt »Physiker« immer mit einem Objekt, materiell oder nicht-materiell.

3. Abschnitt: »Vom Nutzen der Quantenmechanik«

Gleich zu Beginn ein großer Vokabeleintopf aus dem Reich der Schwämme und Weichtiere: »Wenn für die Quantenmechanik alles letztlich ein *einziger homogener unbegrenzter Ozean des Bewußtseins* ist . . .« Ich kapituliere.

Das Finale des Artikels ist ein Feuerwerk, jeder zweite Terminus wäre zu hinterfragen. Hier nur das Wichtigste:

In zwei Sätzen hintereinander benutzt Dr. Zeiger den Begriff »Welt«, und vermutlich mit unterschiedlichen Bedeutungen. Dr. Zeiger will ein »vereinheitlichtes Verständnis der Welt«. Denn dieses sei wichtig in unserer durch Kleinkriege belasteten »Welt«. Diese Ansicht ist gefährlich, denn unsere Welt krankt an anderen Dingen, und die sind konkret zu benennen. Das Märchen von der Kollektivschuld entbindet die Verantwortlichen von jeder Konsequenz. Wenn die Dritte Welt heute hungert, so ist das nicht meine Schuld und auch nicht die Schuld des Taxifahrers, sondern die Schuld der aktuellen Wirtschaftspolitik. Und dagegen kann man konkret vorgehen, dazu benötige ich keine Transzendentale Meditation. Dies sei erwähnt, weil weiße Magier gerne vom »Einheitsbewußtsein« sprechen: Wir Alle Müssen Uns Ändern.

Dr. Zeiger behauptet, daß bis heute kein Akademiker »*spontan* in Übereinstimmung mit allen Gesetzen der Quantenmechanik lebt« und ein paar Zeilen weiter »sollte« es die »Priorität des Menschen« sein, Gedanken und Handlungen »spontan« in Übereinstimmung mit allen Naturgesetzen zu verwirklichen.

Pardon, das ist nicht ernstzunehmen. Alles, was uns umgibt und auch wir selber leben ziemlich »spontan« in Übereinstimmung mit den Naturgesetzen und den Gesetzen der Quantentheorie, drum sind es Gesetze. Sollte Dr. Zeiger glauben, dieses nicht zu tun, dann ändert das nicht viel. Man kann sich auf den Kopf stellen und dreimal täglich auf einen Kirschbaum klettern, aber nicht in Übereinstimmung mit den Naturgesetzen handeln und denken ist unmöglich. Ganz unabhängig davon, ob man diese Naturgesetze erkennt oder nicht.

Am Ende schließt sich noch einmal der bereits bekannte Begriffswust an, ich möchte nicht mehr auf ihn eingehen.

Lieber Leser der »Magischen« Welt, der zweite Teil der Quantenmechanischen Purzelbäume mit Dr. Bernd Zeiger und Mensch Maya ist inzwischen auch erschienen. Ich hoffe, daß es nun leichter sein wird, diesen Essay als Humbug zu entlarven.

Ich habe ein bißchen die Lust verloren, Stück für Stück mühselig zu analysieren. Doch ich denke, daß SIE, lieber Leser, so etwas wie eine Anleitung erhalten haben, mit den Gedankenflügen von Dr. Zeiger umzugehen (1). Grundsätzlich müssen SIE als Leser die ständige Forderung an den Autor stellen, sich *verständlich* auszudrücken. Und es ist immer zu fragen: Was heißt das, was sagt er eigentlich? Wer so schludrig mit Sprache und Formulierung (also auch dem Gedanken) umgeht wie Dr. Zeiger, der nimmt den Leser nicht ernst, weil er offenbar nicht erwartet, daß der Leser *genau* liest. Schon winzige Konjunktionen haben logische und inhaltliche Konsequenzen. Doch leichtfertig knüpft Dr. Zeiger *formale* Zusammenhänge, die er inhaltlich nicht leistet, eigentlich auch nicht leisten kann.

In der letzten Nummer erschien auf Seite 5 ein Leserbrief von Herrn *König* aus Kirchheim. Er äußerte sich erfreut darüber, daß »Wunderwelt der Quantenmechanik« veröffentlicht wurde. Er schreibt u.a.: »Aber so muß eine gutgemachte Zeitschrift (. . .) sein: Jemand stellt ‚etwas' in den Raum, und wer will, kann (sofern er's kann) darüber mitdiskutieren. . . Anfangs konnte ich nicht begreifen, daß in der MW diametral ausein-

Esoterische Mengenlehre

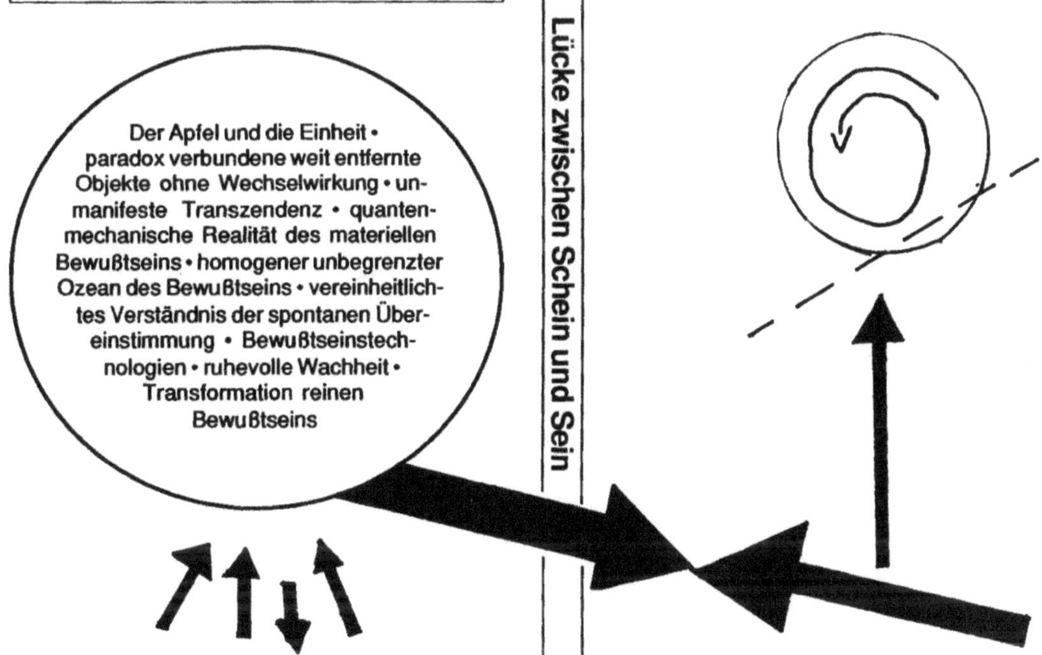

Dies ist der transzendente Kreis
der schwammigen Begriffe,
manifestiert
durch den Zeiger-Maya-Effekt

Hier geschieht
die quantenmechanische Peinlichkeit.

C. M.

anderlaufende Meinungen veröffentlicht werden (...)« Ich halte diesen Leserbrief für ein gutes Beispiel für ein unter den Scheffel gestelltes Licht. Hier streiten sich keine »Fachleute«, jeder kann mitdiskutieren, sofern er ein wenig von Sprache versteht, und dies ist in der Täuschungskunst fast unerläßlich. Auch bestreite ich, daß es dabei um das Austauschen von Meinungen geht, denn Dr. Zeiger sagt konkret nichts aus. (Das ist keine Diffamierung, ich versuchte lediglich, Dr. Zeigers Gedanken ernsthaft zu folgen.)

Vorsicht ist auch geboten bei den »tricktechnischen Illustrationen« von Mensch Maya. Vielleicht erinnern Sie sich daran, daß in der Schule »Ursachen und Gründe für den Nationalsozialismus« anhand eines Tafelbildes »erläutert« wurden, wobei mir immer ein Schauer über den Rücken lief.

Die Literaturangaben unter dem zweiten Teil der »Wunderwelt« sind auch recht aufschlußreich. An erster Stelle ist Fritjof Capra genannt, der schreibende Guru des Neuen Zeitalters. Grob gesagt ein Mann, der alte

Gedanken aufwärmt, die beispielsweise in der Kybernetik lange vor ihm gedacht wurden, mit Mystik mixt und meditierend verkauft. Zu einer Charakterisierung Capras und seiner »Ideen« empfehle ich »Zeit Magazin« Nr. 2/88, Seite 3 ff. Eine Kopie des Artikels schicke ich im frankierten Rückumschlag gerne zu, meine Adresse ist durch die Redaktion zu erfahren.

An dieser Stelle ist es zu bedauern, daß die Wissenschaft der Philosophie mit ihrem Training des konsequenten Denkens eine so kleine Position in der Gesellschaft besitzt, denn sonst fielen nicht soviele Leute auf New Age herein. Der Buchhandel gab bekannt, daß 10% des Umsatzes im letzten Jahr durch sogenannte »Esoterische Literatur« gemacht wurde. Es ist das Geschäft mit dem neuen Bewußtsein. New Age ist keine einheitliche Bewegung und hat sehr unterschiedliche Variationen. Drum kann sie auch nicht inhaltlich gefährlich werden und ist eher unbedeutend. Gefährlich aber ist das Kaltstellen gesellschaftlichen Engagements im weitesten Sinn. Wenn ich daran glaube, den Weltfrieden durch Meditation erreichen zu können, verliere ich den Blick für konkrete politische Mißstände. Und gefährlich ist die Verbreitung aufgeweichten Denkens, gegen die offenbar kein Rationalismus Chancen hat, wie die Tendenz zeigt.

Ob den Gedanken Mensch Mayas und Dr. Zeigers zum Thema Quantenmechanik und ähnlichem weiterhin Raum in einer Zeitschrift für angewandte Tricktechnik zu geben ist, sollte der Leser entscheiden.

Meine Ansicht sollte nun deutlich sein.

Bemerkungen

(1) Um Sie nicht ganz auf dem Trockenen sitzen zu lassen, hier noch ein Ansatz zu einem wesentlichen Gedanken des zweiten Teils:

Für Dr. Zeiger beschreibt die Quantenmechanik »nicht die konkrete äußere Natur«, »sondern die universelle Natur des Beobachters, d.h. des Bewußtseins«. In welchem Sinn wird hier »Natur« verwendet? Ist es die Natur als Summe aller Erscheinungen, so kann es keine zwei »Naturen« geben, wie aus der Unterscheidung hervorgeht. Oder ist beispielsweise das Wesen des Beobachters gemeint? Wie kann es dann universell sein, also allumfassend, wenn da noch gleichzeitig die »konkrete äußere Natur« ist? Im Übrigen wird »Beobachter« und »Bewußtsein« ganz nebenbei gleichgesetzt, und das nimmt man dem Autor nicht ab.

»Und achte stets des Zaubers der Welt, die dich umgibt.«
— Siegfried und Roy

Mensch Maya

Zauberei hoch zwei

Zum 49. Geburtstag von Siegfried Fischbacher

Was dem normalen Sterblichen der 50. Geburtstag, das ist dem Zauberer der 49. Denn keine Zahl ist magischer als 7, und diese zum Quadrat ergibt: Siegfried und Roy — die Zauberkunst hoch zwei.
Fast in jeder »Magischen Welt« fällt irgendwo ihr Name. Die »größten Illusionisten der Welt«, meisterhafter Umgang mit Tieren, märchenhafter Lebensstil — das machte mich neugierig. Ich fragte mich vor allem zweierlei: Wie stellen sie es an, ihre märchenhaften Träume zu verwirklichen und — wie leben sie mit ihren wilden Tieren?

1. WIE WUNDERHAFTE WÜNSCHE WIRKLICH WERDEN

Die Sage von Siegfried, der zum Unsichtbarwerden eine Tarnkappe besaß, ist unvollständig. Der Siegfried, der in Rosenheim am 13. Juni 1939 nachts um 1.20 Uhr noch einmal auf die Erdenbühne kam, kennt inzwischen hochmoderne Techniken, die weit größere Wunder möglich machen und ihn zum Märchenheld und Weltstar werden ließen.
Wie ging der Same seiner Märchenlaufbahn auf, der anfangs still und unbeachtet in ihm lag? Worin unterschied er sich von anderen? In der Beschaffenheit der DNS, der Genstruktur? Im gewählten Zeitpunkt seines Auftritts? Oder in der Art der Wünsche, die von Jahr zu Jahr in ihm erwachten und jedesmal, wenn sich ein Wunsch erfüllte, noch sagen-, fabel-, märchenhafter werden sollten?
Ich glaube, jeder weiß, was träumen heißt. Die Kunst ist nur, die Träume umzusetzen. Das beginnt schon bei der Kostenfrage. Wie macht es Siegfried, daß seine Wunderwünsche wirklich werden?

Wunscherfüllung Zauberbuch: Geld vom Konto der Natur

Am Anfang allen Wirkens steht das Wissen. Wissen hat organisierende Kraft, führt zu Taten, zu Erfolg, Erfüllung. Sobald Siegfried lesen und schreiben gelernt hatte, war sein erster Wunsch: ein Zauberbuch. Es lag beim Buchladen im Schaufenster und kostete fünf Mark. Das war zur Nachkriegszeit viel Geld. Seine Mutter konnte ihm nichts geben. Doch sein Wunsch stand fest: das Zauberbuch. Da half ihm Mutter Natur, die alle Wünsche ihrer Kinder kennt und — wenn sie rein sind — auch erfüllen hilft: Er fand ein Fünfmarkstück im Straßengraben. Das Geld für seine erste »Berufsinvestition« lag im wahrsten Sinn des Wortes auf der Straße.
Wie werden Siegfrieds Wunderwünsche wahr? Er wünscht . . . Er wünscht . . . Den Rest macht die Natur. Konnte Siegfried schon als Kind am Wunschring drehen? Beyond Belief! — Seine Mutter glaubte es ihm nicht: Es setzte Hiebe für den angeblichen Dieb. Auch Märchen haben Licht- und Schattenseiten.

Wunscherfüllung großes Tier: Vom Klischee zum eigenen Selbst

Siegfried zauberte wie üblich mit Kaninchen und Zylinderhut — bis er beim Zaubern auf dem Passagierschiff »Bremen« merkte: Wenn er statt des Kaninchens den Geparden Roys erscheinen ließ, nahm der Applaus schlagartig zu. Der Zauberer und der Dompteur fanden zusammen: Siegfried und Roy. Jetzt war die Richtung für den eigenen Stil und damit für den eigenen Weg gefunden. Die Raubtier-Zaubernummer führte Roy und Siegfried über eine Galavorstellung am Fürstenhof von Monte Carlo zum »Lido de Paris« — bis nach Las Vegas.

Das erste, was sie in Las Vegas hörten, war, daß »Zauberei in dieser Stadt nicht ankommt«. Sie blieben unbeirrt. Ihr Weg stand fest. Ihre Las-Vegas-Auftritte im »Folies Bergere«, in »Hallelujah Hollywood« und im »Lido de Paris« liefen allesamt vor vollem Haus.
Wieder half die Natur: Die Produzenten Irvin und Kenneth Feld sahen S & R, machten Fernsehaufnahmen mit ihnen und überzeugten sie davon, daß eine eigene abendfüllende Show der beste Rahmen für ihr Können sei. Die so entwickelte Show »Beyond Belief« läuft seit 1981 zweimal täglich im »Frontier Hotel« Las Vegas vor 1140 Zuschauern. Über Besucher aus der Heimat freuen sich Siegfried und Roy besonders: In jeder Vorstellung begrüßen sie alle deutschsprachigen Zuschauer in ihrer Muttersprache und fragen nach ihrem Wohnort.
Lange Wartelisten für »Siegfried & Roy«-

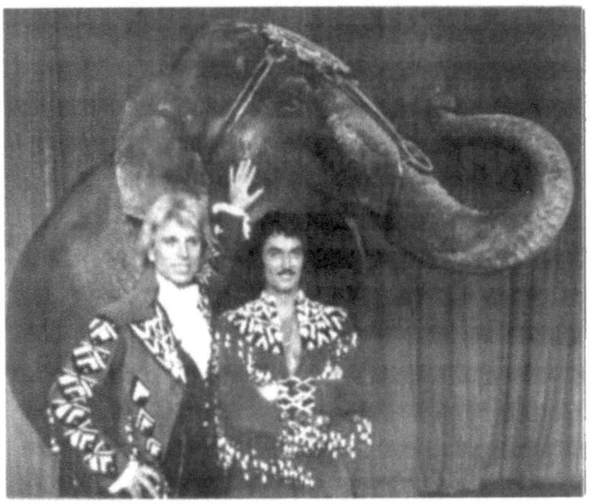

Der Elefant wohnt im Hotel — als einziger. Der tägliche Weg vom Dschungelpalast zur Bühne wäre zu umständlich.

Tickets werden in den ganzen USA geführt. »Wir müssen täglich 1500 Zuschauer abweisen«, erklärt Manager Bernie Yuman. Der Vertrag mit dem »Frontier« geht in diesem Jahre zu Ende.
Vom eigenen Stil zur eigenen Show, und von der Show zum eigenen Theatersaal: »Wir sind dabei«, erklären sie, »unseren eigenen Showroom in einem phantastischen Hotel mit einmaligem Theaterangebot einzurichten, das Anfang 1990 in Las Vegas seine Türen öffnet.« Ihr neuer Fünfjahresvertrag als Hauptattraktion für das 3500-Zimmer-Hotel »Golden Nugget« geht über 57,5 Millionen Dollar — der größte Vertrag in der Geschichte des Show-Business. Solche Spitzengagen erreichte nicht einmal Frank Sinatra. — Die fünf Mark Einsatz machen sich bezahlt!
Beide geben zu, daß dieser Vertrag der Höhepunkt ihrer Karriere sein wird. Roy sagt sogar: »Das ist der letzte große Vertrag, den ich unterschreibe.« Die neue Show wird jugendfrei sein, damit auch Familien und Kinder sie besuchen können.
Unterdessen filmen sie ein Fernsehfeature zum 75jährigen Jubiläum von Las Vegas. »Da wir seit etwa 20 Jahren hier auftreten«, erklären sie, »wurden wir gebeten, diese TV-Starparade zu leiten. In Las Vegas — dem Mekka der Unterhaltung — gibt es ja mehr ‚Sterne' als am Himmel.«
Zu ihrer Reise in den Sternenhimmel gehörten Disziplin, tägliche Manöverkritik und unermüdlicher Einsatz ebenso wie ihr Einfühlungsvermögen in die Tierwelt, ihre Vorstellungskraft und ihre unfaßliche Brillanz beim Auftritt. Wie erreichen sie die ungeheure Kohärenz und Klarheit auf der Bühne? Mit hochmodernen Techniken, die auch andere Stars und Zauberer verwenden: »Wir haben dieselbe Meditationstechnik wie Doug Henning und wir finden, sie hilft uns sehr, genügend Kraft und Klarheit für unsere Spitzenauftritte zu haben. Es scheint bei uns zu funktionieren — sind wir doch über die Jahre ununterbrochen mit Erfolg gesegnet.«

Wunscherfüllung Paradies: Wüste werde wieder Wald

Das Bild der Erde wandelt sich von Zeit zu Zeit. Wo heute Wüste herrscht, war vor Äonen Urwald. Es liegt am Menschen, ob er die Welt veröden oder blühen läßt. Wenn er gegen die Gesetze der Natur verstößt, verliert das Klima seine Fruchtbarkeit: Der Boden stirbt, das Land erbleicht, wird Wüste. Die meisten Menschen sahen Wüste um Las

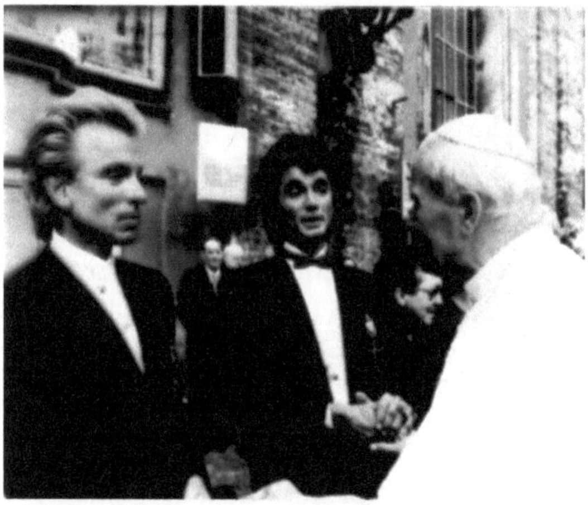

Siegfried und Roy — beide mit Bundesverdienstkreuz — empfangen den Segen des Papstes.

Vegas. Siegfried und Roy aber sahen vor ihrem geistigen Auge einen phantastischen Dschungelpalast und machten ihn sichtbar — auch für jene, die bisher nur Wüste sahen. »Als wir nach Las Vegas kamen«, sagt Roy, »hörten wir kein Vogelgezwitscher und sahen nichts Grünes. Wir beschlossen, uns unsere eigene Umgebung zu schaffen, einen Ort, der den natürlichen Lebensraum der Tiere darstellt und in dem wir in enger Verbundenheit mit der Natur leben könnten.«

Wo der Geist erblüht, erblüht die Umwelt. Das Ineinanderfließen von Natur und Kultur, das friedliche Beieinander von Mensch und Tier lassen den Himmel auf Erden wiederauferstehen. Afrikanische Vögel, japanische Seidenhühner, englische Doggen, Löwen, Panther, Leoparden, Lepjags und braune, weiße und schneeweiße Tiger leben hier friedlich zusammen, eingebettet in weiße Felsenlandschaft mit Schlafhöhlen, Kinderstube, kühlenden Wasserfällen und Schwimmbad.

»Nur in einer weißen Umgebung fühlen sich die weißen Tiger wohl«, sagt Roy. »Weiß ist ihre Tarnfarbe. Sie verschmelzen mit dem Hintergrund.« Aus diesem Grund sind selbst die Palmen weiß gestrichen.

Große Glaswände und offene Architektur verbinden das Freigehege mit dem Innenraum ihres Palastes. Neben exotischen Kunstschätzen wie einem riesigen handgeschnitzten Redwood-Buddha oder einem 450 Pfund schweren Bullen aus Jade stehen Schätze aus Siegfrieds bayrischer Kindheit: eine Truhe, in der Siegfried als Bub manchmal geschlafen hat, das Rosenheimer Wappen, ein Spinnrad, Bierkrügerl, bemalte Teller. Geschickt plazierte Spiegel erzeugen architektonische Illusionen und geheime Gänge, durch die Siegfried und Roy jederzeit erscheinen und verschwinden können.

Eine Fata Morgana in der Wüste? Ein moderner Garten Eden? Oder der Vorgeschmack auf eine Zeit, in der sich alle Menschen auf der Erde wieder ihrer Urheimat erinnern, des Paradieses, in dem sie lebten, als sie noch unschuldig und kindlich staunen konnten?

Siegfried und Roy fühlen sich in dieser Welt zu Hause. Damit sich Siegfried noch mehr heimisch fühlt, setzte ihm Roy ein Fleckchen Oberbayern in die Wüste: eine Blockhütte, aus der bayrische Volksmusik ertönt, Hühner, ein See mit Enten und Schwänen, eine Koppel mit Pferd und Esel. Palmen ersetzen den bayrischen Tannenwald. In freien Stunden fährt Siegfried hinaus, reitet auf dem Lipizzaner aus der Wiener Hofreitschule und blättert in den Zauberseiten seiner Kindheit, die er — gottlob — im Herzen stets bewahrt.

2. VOM EINSSEIN MIT NATUR UND TIER

Ihre Arbeitsteilung hat sich seit ihrem Kennenlernen auf der »Bremen« nicht geändert: Siegfried kümmert sich um Illusionen, Roy um Organisation und um die Tiere, die von Jahr zu Jahr zahlreicher werden. Auch hier half die Natur: Von einem Maharadscha bekamen sie den ersten weißen Königstiger geschenkt. Inzwischen züchten sie die seltene Rasse selbst.

Roy liebt die Tiere wie eine Mutter ihre Kinder. Als Zenza Sitarra, die schneeweiße Tigerin, trächtig war, sprach und gurrte Roy jeden Tag mit den ungeborenen Babys. »Sie kannten mich schon, obwohl sie mich noch nicht sehen konnten.« Bei der vierstündigen

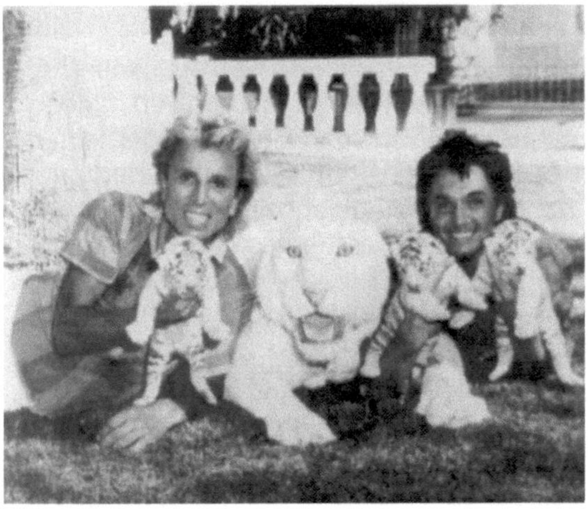

Glückliche Gesichter. — Drei weiße Königstiger von Nevada. Zwei wohnen jetzt in Brühl bei Köln.

Geburt litt Roy mit seiner Tigerin. Er ist überzeugt, daß er in einem früheren Leben einmal ein Tiger war.

Können Tiere menschlich sein?

Daß der Mensch bestialisch sein kann, ist bekannt. Wie menschlich aber können Tiere sein? »Sie zeigen alle Charakterzüge und Gefühle, die auch Menschen zeigen. Sie können genauso sensibel und temperamentvoll sein. Mit einem riesigen sibirischen Tiger zu schwimmen ist wie ein Boot zu rudern. Ein Bad mit einem heißblütigen Sumatra-Tiger dagegen ist spritzige Raserei«, sagt Roy, dem es gelungen ist, den wasserscheuen Katzen den Spaß am Baden zu vermitteln.

Wenn er bei der morgendlichen Begrüßung der Tierfamilie nicht zuerst mit seinem schwarzen Panther spricht, schmollt der und sieht ihn für den Rest des Tages nicht an. Ein anderes Tier zerfetzte einmal vor Eifersucht Roys Schlafzimmer, als eine Gruppe Revuegirls zu einer Party im Haus war.

Sarah, die sibirische Tigerin und das Familienoberhaupt, besteht darauf, mit der Hand gefüttert zu werden. Wenn Roy versucht, die Aufgabe einem Helfer zu übertragen, läßt sie das Futter fallen und starrt ihn verächtlich an.

Als Siegfried und Roy einmal in Spanien Urlaub machten, traten die Tiere in den Hungerstreik. Nachdem sie sich drei Tage lang geweigert hatten zu fressen, schlossen die besorgten Mitarbeiter auf dem Gelände einen Lautsprecher an und ließen Siegfried und Roy über Telefon zu den Tieren sprechen. Sobald die Tiere die Stimmen ihrer Herren hörten, kehrte ihr Appetit zurück.

Der Löwe mit seiner majestätischen Mähne ist laut Siegfried »in Wirklichkeit ein großer Angeber«. Wenn täglich nachmittags um vier die Glocken läuten, protestiert er mit lautem Gebrüll: *Er* ist der König der Tiere, *er* will den Ton angeben!

Auch unter Tieren gibt es kluge Geschöpfe und Naturtalente. Der »Lepjag«, eine seltene Kreuzung zwischen Leopard und Jaguar, der eigens für Siegfried und Roy gezüchtet wurde, ist hochintelligent, sehr schwierig auszubilden und unergründlich. Er beobachtete wochenlang tatenlos, wie Roy seine Tür öffnete und schloß. Bis er eines Tages hinging und sich selbst die Türe aufmachte.

Jedem Tier sein Trickrevier

»Man kann Tiere nicht wie Requisiten behandeln«, sagt Roy. »Sie müssen die Aufführung wollen. Wir versuchen niemals, ein Tier zu ändern. Sie sind alle unterschiedlich. Jedes ist für eine bestimmte Illusion geeignet. Wir bauen die verschiedenen Elemente um ihre natürlichen Persönlichkeiten und Neigungen herum auf.« Der riesige Tiger Rajah, der während der Show aus einem Käfig verschwindet, mag den Käfig instinktiv. So war es ganz natürlich, ihn auf die Käfignummer zu trainieren.

Die herkömmliche Theorie, daß wilde Tiere nur schwarz-weiß sehen, können Siegfried und Roy nicht bestätigen. Sie beschlossen einmal, die blaue Decke über dem gläsernen Tigerkäfig gegen eine goldene auszutauschen. Der Tiger sah die Farbe und blieb wie angewurzelt stehen. Nach drei vergeblichen Versuchen, ihn unter die goldene Decke zu locken, bekam er seine blaue Decke wieder. Wie Menschen reagieren Tiere am besten auf Freundlichkeit. »Genau wie Kinder wollen sie unterrichtet und erzogen werden.

Doch wie Kinder müssen sie auch völlig verstehen, was von ihnen erwartet wird und wozu sie erzogen werden«, sagt Siegfried. »Wir bringen sie in Situationen, in denen sie glücklich sind. Was sie tun, tun sie, um zu gefallen. Sie brauchen Lob wie wir alle.«
Auch Tiere haben ihr Talent, das entdeckt, entfaltet und gefeiert werden will.

Wie wild sind wilde Tiere?

Durch Menschenliebe werden wilde Tiere menschlich. Dennoch darf man nie vergessen, daß sie einmal wilde Dschungeltiere waren. Man darf sie nie mit Hauskatzen verwechseln, egal wie lange sie zur Familie gehören. Mitten im ausgelassenen Spiel auf der Wiese wurde Roy einmal von einem 600 Pfund schweren Tiger in einem gewaltigen Satz zu Boden gerissen. Aus Angst vor dem angeborenen Jagdinstinkt biß er dem Tiger in die Nase. Der schreckte verdutzt zurück, und die Gefahr war gebannt.
Fürchten ist menschlich — aber auch tierisch. Wenn einmal Stürme über die Wüste von Nevada jagen, hält sich Sarah die Tatzen vor die Augen und sucht in Roys Armen Schutz. Sie fürchtet sich vor Blitz und Donner.
Als Siegfried und Roy den dramatischen Höhepunkt ihrer Show entwickelten, bei dem ein Tiger auf eine schwebende, verspiegelte Kugel klettert, stellten sie fest, daß der Tiger Höhenangst hatte und nicht allein hinaufgehen wollte. Das Problem war nur, daß auch Roy darunter leidet. »Also gehen wir zusammen hinauf«, sagt Roy. »Ich klammere mich an den Tiger, der Tiger an mich, und dann lächeln wir beide ins Publikum.«

Zukunftswünsche Arterhaltung: Weiße Tiger und Magier

Derzeit gibt es in der Welt nur 97 weißgestreifte Tiger und nur drei »schneeweiße«, die nach statistischer Wahrscheinlichkeit nur einmal unter einer Billion auftreten. Siegfried und Roy besitzen z.Z. den einzigen männlichen schneeweißen Tiger und wollen ihn mit der schneeweißen Senza Sitarra paaren, um die Chancen der Geburt weiterer schneeweißer Tiger zu erhöhen. Sie sehen es als ihre Aufgabe an, die weißen Tiger, die wegen ihrer Stärke, Rätselhaftigkeit und bezaubernden Schönheit geschätzt werden, vor dem Aussterben zu bewahren.
»Wir haben unser ganzes Leben damit verbracht, die Naturwunder, die sich in den wilden Tieren des Dschungels offenbaren, kennenzulernen, und betrachten die weißen Tiger als seltene Schätze der Natur, die erhalten werden müssen«, erklärt Roy. »Sie sind keine Albinos, sondern eine seltene Tiger-Rasse. Sie sind wie ein perfekt geschliffener Edelstein. Ihre eisblauen Augen und rosa Tatzen kennzeichnen sie als die echtesten und reinrassigsten Tiere.«

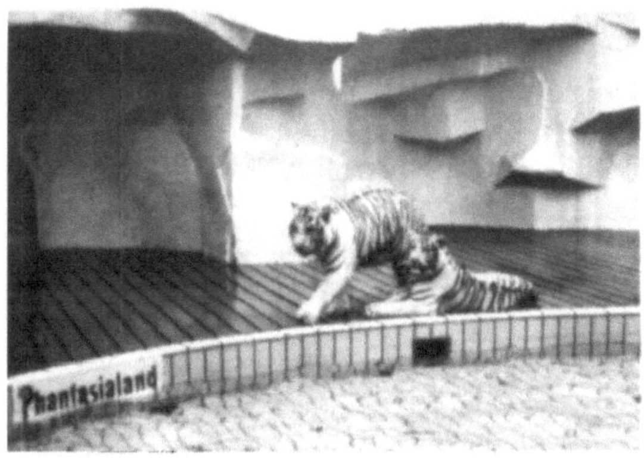

Siegroy und Vegas, inzwischen ausgewachsen, im Brühler Phantasialand. Photo Wasewitz — alle anderen S & R.

Sie wollen erreichen, daß in jedem Land zumindest ein Paar weißer Tiger lebt. Das erste selbstgezüchtete Paar weißer Königstiger von Nevada haben sie seit Juni 87 für vier Jahre an das Phantasialand in Brühl ausgeliehen, als Dank ans Heimatland, an die Menschen, »die uns als allererste applaudierten. Wir haben unsere Heimat nie vergessen. Wenn unsere beiden Tigerbabys in Deutschland sind, dann ist ein Stück unserer Herzen in der Heimat.«
Fast wäre der Plan vereitelt worden: Auf dem Weg nach Deutschland, in New York, wurde der Tiertransporter mit den Tigern von Autodieben gestohlen. 35 000 Polizisten suchten fünf Stunden lang nach ihnen. Dann waren

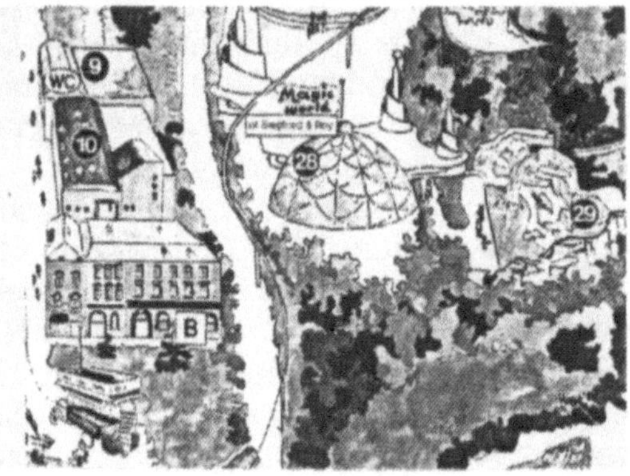

Im Phantasialand: S & Rs Rundzelt und Freigehege.

sie gefunden — unversehrt. Sobald die Diebe entdeckt hatten, was sie versehentlich »gekidnappt« hatten, waren sie geflüchtet.
Im Phantasialand sind auch das Modell ihres Dschungelpalastes, Kostüme früherer Shows und die zahlreichen Trophäen zu sehen, die Siegfried und Roy errungen haben: »Show Nummer Eins«, »Entertainer des Jahres«, »Zauberer des Jahres«, die »Goldene Kamera« und sogar das Verdienstkreuz der Bundesrepublik Deutschland, das gewöhnlich nur Würdenträgern der Regierung verliehen wird.
Neben den weißen Tigern liegt ihnen noch eine andere Spezies am Herzen. Die zweite Art, die sie erhalten wollen, ist ihre einmalige »Art of Magic«. Sie halten Ausschau nach »magischem« Nachwuchs, nach Menschen, die sich sehnen, im Einklang mit Natur und Tier zu leben, die sich nicht scheuen, zu sich selbst zu finden und ihre wahren wunderhaften Wünsche zu verwirklichen. »Vielleicht finden wir dabei auch Leute«, sagen beide wie aus einem Munde, »die besser sind als wir.«
Kinder des Wunders, das im stillen keimt, wie öffnete der Lepjag seine Tür? Ruhig, wachsam, scheinbar unbeteiligt schaute er ... und als sein Augenblick gekommen war — erhob er sich.

Lieber Leser!

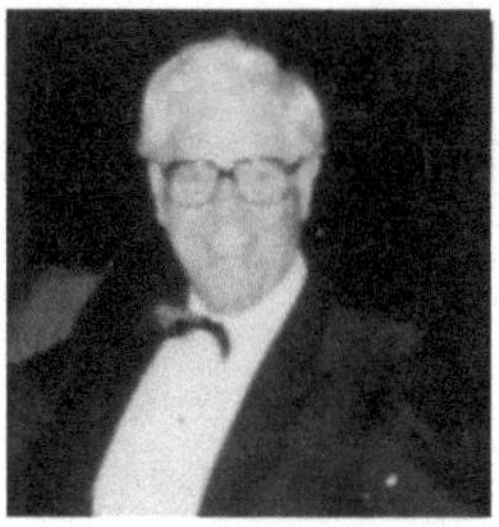

Die vorliegende »M«W-Ausgabe ist diesmal besonders stark »magisch angehaucht«: Interview mit dem ersten Okkultismusbeauftragten der Bayrischen Landesregierung, (*»Kampf gegen Windmühlenflügel. . .«*, Seite 195), Bericht über den Okkultschwindel des ZDF um Velibor (*Diskussion überflüssig — Die Invasion der Wundermännlein aus Zagreb findet nicht statt*, von Rombar, Seite 229), brisante Schilderung okkultistischer Aktivitäten bei Kindern und Jugendlichen (*»Die Geister, die sie riefen. . .«* von Wolfgang Hund, Seite 247), Kurzbeschreibung einiger »Mechanismen« bei der Wahrsagerei (*»Wenn der Hahn kräht auf dem Mist. . .«*, von Harry Meier, Seite 261).

Herzlichst
Ihr Werry

Leserforum

ÜBERRASCHUNG

. . . Einige der früheren Beiträge von Mensch Maya waren für mich fast ein Ärgernis. . . Nun muß ich aber zugeben, daß M. M. schon in Heft 4/87 mit seiner ungewöhnlichen, bezaubernden Lösung des von Marvelli gestellten Themas für eine Überraschung gesorgt hat. Und jetzt landete er in MW 1/88 den 2. Coup. Seine Erweiterung (Name und Form, S. 35) zu Stefan Senfs Entdeckung gefällt mir sehr. . . Ich erinnere mich, was Sie seinerzeit über M. M. geschrieben haben. Sicher beurteilten Sie ihn (als einer der wenigen in unserer Szene) richtig. Ich schätze, M. M. wird in Zukunft noch für manche tricktechnische Überraschung gut sein. . .
H.-J. Feinen, Neukirchen

BLASPHEMIE

Betr.: »Die Wunderwelt der Quantenmechanik«
Wenn meine Großmutter ihre Brille verlegt hatte, pflegte sie zu sagen: »Das Haus verliert nichts!« Wenn ich Dr. Zeiger/Mensch Maya folge, dann war ein solcher Vorgang ein »Quantensprung« = physische Trennung auf unbestimmte Zeit i.S. der Quantenmechanik. Brille und Träger blieben

aber durch die »Verschränkung« miteinander in Korrelation durch Zeit und Raum. Und siehe da, früher oder später fand sich die Brille wieder ein.
Und wenn wir unseren Gurus weiter folgen, dann kann dieser Vorgang durch den Geist des Menschen transzendental beeinflußt werden (»Heiliger Antonius, her damit . . .!«). Mensch Maya schwebt sogar auf diese Weise.
Aber Ironie beiseite: Wer sich über die Quantenmechanik ein eigenes Bild machen möchte, dem empfehle ich die (auch für Laien noch verständliche) Abhandlung von Prof. Ernst Peter Fischer, Konstanz »Eine verschränkte Welt« im Mannheimer Forum 87/88, herausgegeben von der Pharmafirma Boehringer, Mannheim.
Daraus verkürzt nur folgendes Zitat: »Die Quantentheorie kann ebensowenig zur Erklärung sog. telekinetischer Fähigkeiten verwandt werden. Sollte es (ein solcher telekinetischer Vorgang) eines Tages dennoch gelingen, könnte man sich nicht auf die Quantenmechanik berufen, denn sie wäre gerade dann verletzt. Die Verschränkung der Quanten kann also folglich nicht verwendet werden, um das angebliche Phänomen einer außersinnlichen Wahrnehmung wissenschaftlich aufzuwerten.«
Wenn Mensch Maya das Seilzerschneiden (also eine durchaus reale Tricktechnik i.S. der **klassischen** Physik) der Schrödinger-Gleichung zuordnet, dann ist das eine Blasphemie sondergleichen. Für einen solchen Humbug (danke für das Wort, Christoph Mecke) sind die Seiten der »Magischen Welt« zu schade.
Die Autoren Dr. Zeiger/Mensch Maya haben weder sich selbst, noch der Wissenschaft, noch uns Zauberern, Magiern, Täuschungskünstlern, Tricktechnikern (je nach Geisteshaltung das Nichtzutreffende bitte streichen) einen Dienst erwiesen.
Dipl. rer. pol. H.-J. Lehrbach, Bad Homburg

PHANTASTISCHE THEMEN

. . . Ganz besonders genossen habe ich die Beiträge von Herrn Dr. Zeiger (unterstützt von Mensch Maya) zum Thema Quantenmechanik, aber auch die kritische Entgegnung von Herrn Mecke. . . Als Vortragsanregung für bizarre Täuschungen sind solche Veröffentlichungen — gleichgültig, ob man nun zur einen oder anderen Seite hin tendiert — nicht mit G o l d aufzuwiegen. . .
Ich wünsche mir, daß noch recht häufig solche phantastischen Themen in der »MW« behandelt werden. . .
Dr. H.-P. Markgraf, Steinheim

INFORMATIONS-DEFIZIT ERSCHRECKEND

. . . Magisches Gedankengut vor den Lesern der MW auszubreiten, halte ich nicht für ganz unbedenklich. Bei dem einen oder anderen könnte durchaus etwas davon hängenbleiben.
Auf der anderen Seite schätze ich Ihre Bemühungen, den Lesern vorzuführen, was MAGIE überhaupt ist. Wie Sie in einer Anzeige auf der letzten Umschlagseite der MW 2/88 sehr richtig sagen, gibt es nichts peinlicheres, als einen »Magier«, der beim Gespräch über MAGIE nicht weiß, worüber er spricht. Und das ist zur Zeit noch — wie ich unterdessen bemerkt habe — bei den meisten der Fall. Laien wissen heute mehr darüber. als jene, die sich eigentlich auskennen sollten. Das Informations-Defizit in unseren Reihen ist erschreckend. . .
H. Dörner, Haselbach

UNANGENEHME FRAGE

. . . Sie wissen, wie sehr ich die »MW« schätze. Dennoch — oder gerade deswegen — stelle ich Ihnen eine unangenehme Frage:
Sie prangern mit Recht die von den Fernsehanstalten und der Presse systematisch betriebene Volksverdummung an. Sie selbst aber tun nichts anderes, indem Sie Ihren Lesern Artikel wie »Die Wunderwelt der Quantenmechanik« usw. servieren. Wo ist da der

Unterschied? Gibt es überhaupt einen?
Sicher werden Sie meine Frage nicht im *MW-Leserforum* oder in der Rubrik *Die Auskunft* abdrucken wollen. Ich bitte Sie dennoch um eine Antwort. Hoffentlich habe ich Sie nicht in Verlegenheit gebracht. . .
P. Brenner, Kirchberg

Anmerkung der Redaktion
Die von Ihnen gestellten Fragen brennen möglicherweise auch einigen anderen »Zauber«freunden auf der Seele — — — wenn sie die »M«W nicht immer sehr aufmerksam studieren. Darum sind es zwei interessante und zugleich (ge)wichtige Fragen.
Es ist ein himmelweiter Unterschied, ob man dem Volke Betrügereien als echte Phänomene serviert, oder ob man versucht, Menschen, welche daran interessiert sind, die von Parapsychologen oder magischen Zirkeln und Logen angenommenen Phänomene durch angewandte Tricktechnik darzustellen und die über solche Erscheinungen fundiert mitreden möchten, magische Denkweisen vorzustellen. Diesen Unterschied sollte eigentlich jeder »M«W-Leser selbst erkennen. — Das gezielte Vorspiegeln falscher Tatsachen durch die Medien hat zur Folge, daß die Denkweise der unkritischen Masse verändert und ihr Weltbild verschoben wird — verbunden mit einer Gefährdung der geistigen Gesundheit großer Teile eines Volkes. Die Wiedergabe magischer Denkweisen bei kritischen Menschen, die sich zum großen Teil bereits mit dem Thema MAGIE auseinandergesetzt haben und sich (zumindest in den Bereichen des unechten Wunders) auskennen, kann nur dazu beitragen, den Horizont zu erweitern, noch kritischer zu werden — oder die Wahrheit zu suchen. Dies muß nach Auffassung der »M«W — im Gegensatz zu den Volksverdummungs-Kampagnen der Medien — positiv gesehen werden. W.

»SUPERFLÜSSIGES« DENKEN

Die kritische Analyse der »Wunderwelt der Quantenmechanik« erscheint mir wie ein Versuch, mit einer Axt Wasser zerspalten zu wollen. Es ist deshalb verständlich, daß Herr Mecke auf halber Strecke die Lust an seiner Analyse verliert und schließlich zu der Erkenntnis kommt, daß der harte Rationalismus, dem er sich verschrieben hat, keine Zukunfts-Chance mehr besitzt. Die Entwicklungstendenz in Wissenschaft und Technik bestätigt diese Einsicht: So ist das Entstehen der Quantenmechanik nur möglich gewesen durch eine ganzheitliche Sichtweise. Nur ein Denken, das über den »Rationalismus der linken Gehirnhälfte« hinausreicht, konnte die — von der klassischen Physik her gesehen — ungewöhnlichen Quantenphänomene, wie das Wellenverhalten der Materie, die uneingeschränkte Korrelation, den Tunneleffekt oder die Fluktuationen des Vakuums, erkennen. Der einseitige analytische Rationalismus vermag immer nur **einige wenige** Naturgesetze in sein Kalkül einzubeziehen und hat deshalb letztlich die Menschheit an den Rand der Selbstzerstörung geführt. Erst ein kohärentes, »superflüssiges« Denken, das auf einer Integration der analytischen und synthetischen Gehirnfunktionen beruht, ist vom Ansatz her in der Lage, **alle** Naturgesetze zu berücksichtigen und kann so die Probleme lösen und Konflikte überwinden, die der analytische Rationalismus hervorgebracht hat.
Die Quantenmechanik beschäftigt heute mit Recht nicht nur Wissenschaftler und Philosophen, sondern sie ist für viele Sucher zu einer »magischen Formel« geworden, an die Hoffnungen geknüpft werden, die mit dem natürlichen Verlangen nach Einheitsbewußtsein zu tun haben. Diese Hoffnungen können jedoch von der Quantenmechanik allein nicht erfüllt werden, denn die Quantenmechanik und ihre Interpretation ist noch viel zu sehr Gegenstand der wissenschaftlichen Diskussion.
Damit die Quantenmechanik zur bewußtseinsmäßigen Erleuchtung und damit zur Entwicklung eines »superflüssigen« Denkens beitragen kann, muß sie mit Methoden der integrierten

Bewußtseinsentwicklung verbunden werden. Um solche Methoden aber akzeptieren zu können, bedarf es wiederum einer intellektuellen Vorbereitung. Die große Bedeutung der Quantenmechanik besteht gerade darin, dem modernen Menschen einen intellektuellen Zugang zu den uralten Erkenntnissen und Methoden zur Verwirklichung der Einheit von subjektiver und objektiver Wirklichkeit zu ermöglichen. Diese Einsicht hat bereits Eingang in die wissenschaftliche Literatur gefunden. So schreiben Primas und Müller-Herold in ihrem Lehrbuch der ELEMENTAREn QUANTENCHEMIE (1984): *Die Parallelen zwischen den überlieferten Ideen des Fernen Ostens und der Quantenmechanik sind faszinierend. Im Gegensatz zur cartesischen mechanistischen Weltauffassung ist die östliche Weltsicht organisch, sie betont die Einheit des Universums und betrachtet die von unseren Sinnen wahrgenommenen Dinge lediglich als verschiedene Aspekte ein und derselben Realität. Ähnlich lehrt uns die Quantenmechanik, die Welt nicht als eine Ansammlung einzelner für sich selbst existierender Dinge zu sehen, sondern als Einheit, in welcher Objekte nur im Zusammenhang mit ihrer Wechselwirkung mit dem Beobachter und seinen Abstraktionen existieren.*

Für die geistige Entwicklung der Gegenwart spielt die Quantenmechanik die Rolle einer Brücke zwischen der modernen Wissenschaft und den alten Wissens-Traditionen, wie der vedischen Wissenschaft (»veda« ist das Sanskritwort für Wissen). Die vedische Wissenschaft ist eine Wissenschaft, die alle drei Aspekte des Erkenntnisprozesses gleichermaßen berücksichtigt: das Subjekt, das Objekt und die Subjekt-Objekt-Wechselbeziehung. Es gibt heute viele Gründe, sich ernsthaft mit der vedischen Wissenschaft zu befassen, da sie auch Methoden — wie die Transzendentale Meditation — umfaßt, das volle geistige Potential des Menschen auf natürliche Weise zu entfalten. Nur durch ein vollständiges theoretisches und praktisches Wissen über die Natur des menschlichen Bewußtseins kann dem — durch Sensationslust angeheizten — Mißbrauch geistiger Kräfte Einhalt geboten werden. Das blinde Experimentieren mit geistigen Phänomenen ist sehr gefährlich und muß möglichst schnell durch ein vollständiges Wissen über das menschliche Bewußtsein und seine Entwicklungsstufen ersetzt werden.

Es ist ein legitimes Bestreben des Menschen, vollkommene Herrschaft über die Natur zu erlangen und dadurch »wahre Wunder« zu vollbringen. Wie die vedische Wissenschaft zeigt, kann diese Ebene der Perfektion nur durch ein Denken und Handeln erreicht werden, das spontan in Übereinstimmung mit **allen** Naturgesetzen ist. In der Quantenmechanik wird ein solches Verhalten mit dem Begriff der »unitären Transformation« beschrieben, d. h. Aktivität auf der quantenmechanischen Ebene der Realität, dem vollen Potential des Naturgesetzes.

Eine solche »superflüssige« Aktivität erfolgt vollkommen reibungslos, d. h. erzeugt keinerlei Unordnung (Entropie), vielmehr beseitigt sie ganz automatisch in der Umwelt vorhandene Spannungen und Ungleichgewichte. Die durch Abnahme der Kriminalität wissenschaftlich nachweisbare Ordnungswirkung der TM-Ausübenden auf die Gesamtgesellschaft ist also ein quantenmechanisch verständliches Phänomen, das zu den wahren Wundern unserer Zeit zählt.

Dr. B. Zeiger, Maharishi Vedic University, Vlodrop, Holland

●

Mensch Maya

Die chinesische Kugel
(Schluß)

Das Zubehör

1. Eine mit Luft- und Sichtlöchern versehene Hohlkugel aus zwei ineinandergreifenden Hälften, die sich (für umringte Vorführung) seitlich überlappen und sich auch von innen öffnen lassen (z. B. durch Hinausdrücken von zwei Verschlußbolzen in den überlappenden Seitenflächen, Bild 15). Die Kugel sollte so groß sein, daß ein kleiner Mensch (evtl. ein Artistenkind) bequem auf allen Vieren darin laufen kann.
2. Ein fahrbarer Sockel (Rohrgestell) mit einem winzigen Haken in einer der oberen Ecken.
3. Eine leicht geschwungene Doppelschiene, die am Sockel eingehakt werden kann.
4. Zwei große, dunkle Tücher. An einem ist ein Tarnsack befestigt, der aus zwei Seitenflächen sowie einem Boden besteht und genau in den Innenraum des Sockels paßt (Bild 16). Der Boden ist aus etwas steiferem Material, das dafür sorgt, daß die beiden Seitenflächen beim Herabfallen aufklappen und die beiden nach vorn gerichteten Flächen des Sockels von innen verdecken (Bild 17).

Sockel und Doppelschiene bestehen aus zusammensteckbaren Einzelteilen, so daß sich das gesamte Zubehör selbst in einem PKW verstauen läßt.

Zur Vorführung

Wenn der Sockel auf die Bühne gefahren wird, befindet sich der Chinese bereits in der Kugel. Das Tuch, das die Kugel verhüllt, ist quer über den Sockel gelegt, so daß es beim Enthüllen der Kugel automatisch über die beiden hinteren Flächen des Sockels fällt (Bild 3) und das hintere Gestänge im Schatten verbirgt (Bild 18). Der Tarnsack, dessen obere Ecken am Tuch befestigt sind (Bild 16, Punkte A), liegt zwischen Tuch und Sockel eingeklemmt. Während die Kugel durch den Anfangsschwung auf der Doppelschiene aufwärts rollt und alle Blicke auf sie gerichtet sind, läßt der erste Assistent, der vor dem Sockel steht und die aufwärtsrollende Kugel von da aus beobachtet (Bild 4), den Tarnsack in den Sockel fallen und hakt den oberen Rand an einem Häkchen in der vorderen Ecke des Sockels ein (Bild 17). Da sich sowohl unter wie hinter dem Sockel ein dunkles Tuch befindet und das hintere Gestänge im Schatten liegt, ist der Tarnsack nicht zu erkennen (Bild 18, Bild 5—9).

Das anfängliche Aufwärtsrollen durch Schwung muß abwechselnd mit unbemannter und bemannter Kugel geübt werden, bis sich die bemannte Kugel wie eine unbemannte bewegt. Vor dem Öffnen müssen die Zuschauer fest davon überzeugt sein, daß die Kugel leer ist und das Aufwärtsrollen nur durch die Geschicklichkeit des Assistenten zustandekommt.

Wenn die Kugel wieder auf dem Sockel ruht, muß die vordere Kugelhälfte waagrecht und die hintere senkrecht liegen (Bild 5). Während der Illusionist die Aufmerksamkeit durch die Geschichte vom Bewußtsein auf sich lenkt, öffnen die Assistenten die Schalen in aller Ruhe (Bild 6). Dabei wird der untere Teil der hinteren Schale zuerst weggezogen, so daß der Chinese, noch bevor die Schalen völlig auseinandergeklappt sind, automatisch in den Tarnsack rutscht (Bild 19). Wenn sich die Seitenflächen der Kugelhälften **nicht** überlappen, ist in diesem Augenblick ein Einblick in das Kugelinnere von schräg hinten möglich, wo aber bei der Bühnenvorführung keine Zuschauer sitzen. Nach dem Leerzeigen beider Hälften wird die vordere Schale zuerst auf den Sockel gestellt und mit der hinteren erst verbunden, wenn der Chinese wieder eingestiegen ist (Bild 8).

Um bei umringter Vorführung den Einblick von schräg hinten zu verhindern, gibt es folgende Möglichkeiten:

1. Die Kugel wird so beleuchtet, daß das Kugelinnere bei leichter Kugelöffnung noch im Schatten liegt.
2. Der Illusionist lenkt den Blick des Publi-

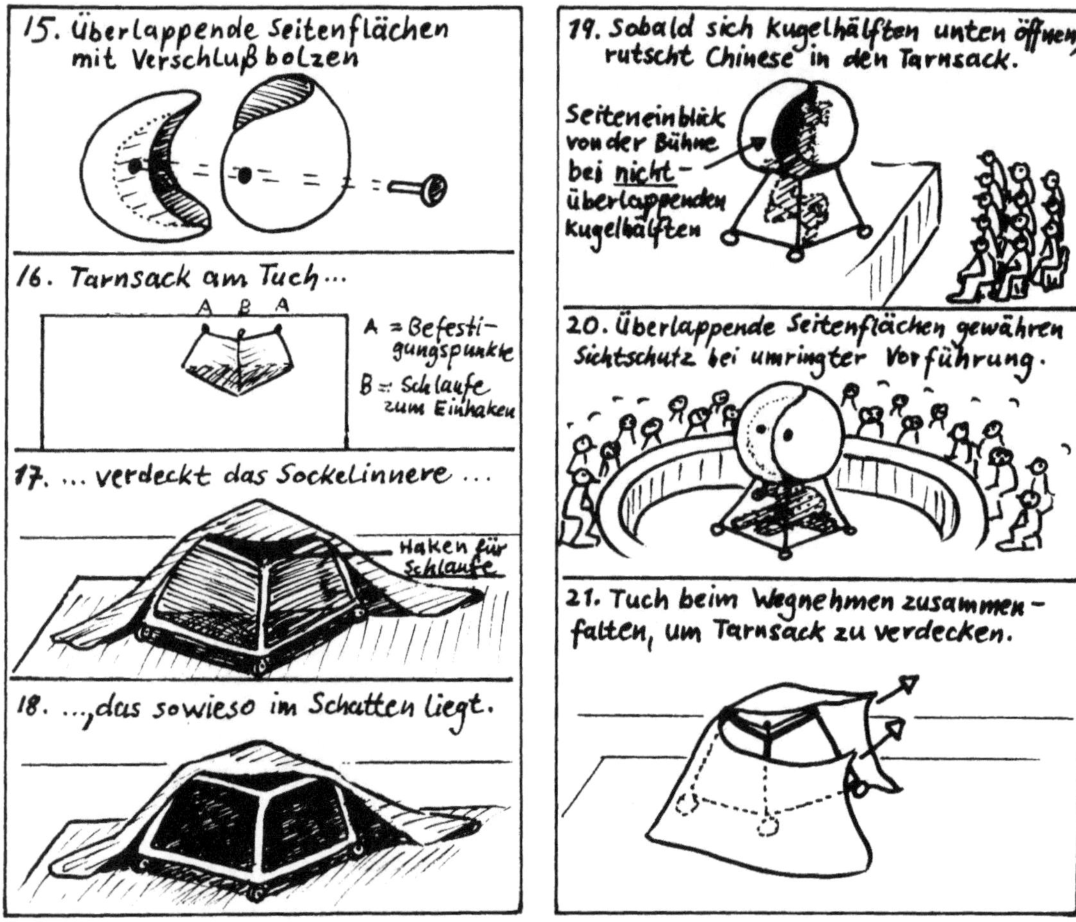

kums im Augenblick des Öffnens und Schließens durch Rede und Gestik auf sich;
3. Die Hälften überlappen sich seitlich soweit (Bild 15), daß die Seitenflächen die Sicht ins Innere erst freigeben, wenn die Unterfläche bereits genügend geöffnet ist, um den Chinesen ein- und aussteigen zu lassen (Bild 20). Damit der Chinese dazu genügend Zeit hat, werden die Schalen sehr behutsam bewegt, als könnte das »reine Bewußtsein« sonst verschüttet werden.
4. Wem dieser ganze Vorgang zu umständlich oder gewagt erscheint, der kann natürlich auch, wie Werry vorgeschlagen hatte, einfach eine Geheimklappe in eine der Kugelhälften einbauen.
Der Tarnsack bleibt solange im Sockel hängen, bis er zusammen mit dem Tuch weggenommen wird (Bild 9). Beim Wegnehmen wird der linke Teil vor den Sockel gezogen und das Tuch einmal gefaltet, so daß der Tarnsack nicht gesehen werden kann (Bild 21). Die Tücher dienen nicht nur als weiche Unterlage für die Kugel, sondern auch als Beweis dafür, daß keine Geheimtür im Bühnenboden benutzt wird. So ist die Verwendung der Tücher hinreichend motiviert. Bei geschickter Vorführung wird der Zuschauer nach der Vorstellung überzeugt sein, den Sockel die ganze Zeit über durchsichtig gesehen zu haben.
Soweit der Entwurf. Weitere Feinheiten werden sich sicher im Zuge der Ausarbeitung und bei den Proben ergeben. Viel Spaß beim Bauen, Zeigen und Verfeinern der »chinesischen Kugel«.

»Das Leben ist unsere Bühne und die Bühne unser Leben.«
Siegfried und Roy

Mensch Maya

Das Höchste zuerst

Neues von S & R

Nach siebenjähriger Laufzeit ging Siegfried und Roys Show »Beyond Belief« am 26. Juni dieses Jahres zu Ende. Mit 3.538 Vorstellungen wurde sie von insgesamt über drei Millionen Zuschauern besucht. Doch wer glaubt, daß die beiden meditierenden Weltstars nach diesem jahrelangen Kassenrekord eine Verschnaufpause einlegen würden, hat sich geirrt. Die Dynamik, die sie aus der Stille entfalten, ist schier unerschöpflich.

S & R auf Tour

Nach einer Stippvisite in Köln zur deutschen Premiere von Michael Jacksons Show und einigen Vorbereitungen in Europa für ihre künftige Las-Vegas-Show begannen sogleich die Vollzeitproben für ihre am 12. November anlaufende Show in Tokio, für die Japan im Ginsa-Viertel, dem Herzen Tokios, für 12 Millionen Mark einen High-Tech-Theaterpavillon mit 3000 Plätzen errichten ließ. Bei sechs Monaten Laufzeit und zwei Vorstellungen pro Tag rechnet man mit rund einer Million Besuchern. Nach Tokio stehen drei Monate Osaka in einem mobilen 3000-Plätze-Theater auf dem Programm.

Auf dem Heimweg werden sie vom 22. Sept. bis 15. Okt. 1989 in der 6200 Plätze fassenden Radio City Music Hall von New York auftreten und dann nach Las Vegas zurückkehren, wo zu Weihnachten 1989 mit großer Prunk-Show das 3300-Zimmer-Hotel »Golden Nugget«, das größte Hotel der Welt, eröffnet wird. Dort werden sie die nächsten fünf Jahre jeden Monat drei Wochen lang auftreten, unterbrochen von je einer Woche Shows anderer Superstars.

Nach Meinung von S & R wird das »Golden Nugget« am Las Vegas Strip nicht nur das größte, sondern auch das »schönste Hotel der Welt« werden: Das Einkaufszentrum liegt zwischen Wasserfällen und Seelandschaften, elf internationale Restaurants verwöhnen den Besucher, und am Hauptflügel entsteht ein High-Tech-Theater, das genau nach den Erfahrungen und Wünschen von S & R gebaut wird und ausgeklügelte, nie dagewesene Zauber- und Lichteffekte erlauben wird — für ihre neue Show, die »Magic Rock Opera of Siegfried & Roy«.

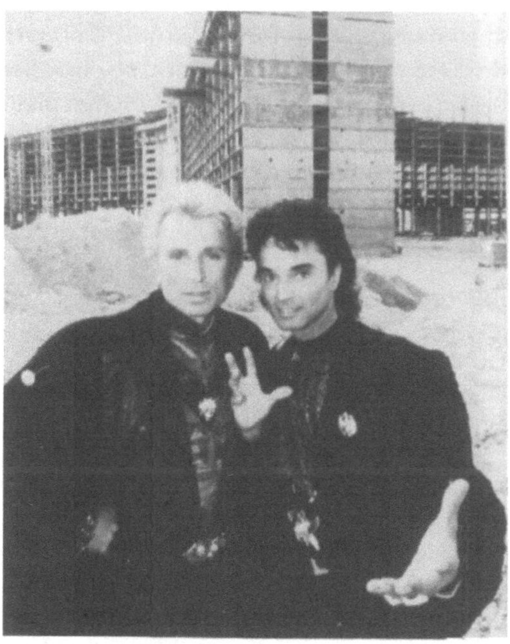

Rund eine Milliarde Mark soll das »Golden Nugget« kosten. Ende '89 wird eröffnet.

Die »Arche Siegfried und Roy«

Zunächst aber geht es ins »Land der aufgehenden Sonne«. Die Reise vom Wilden Westen in den Fernen Osten vollzieht sich — paradoxerweise westwärts — im Nonstop-Flug in zwei Jumbo Jets 747, die bereits den Spitznamen »moderne Arche Noah« erhalten haben. Im ersten Luftschiff reist Siegfried mit den Requisiten und dem über hundertköpfigen Ensemble aus Revuegirls, Musi-

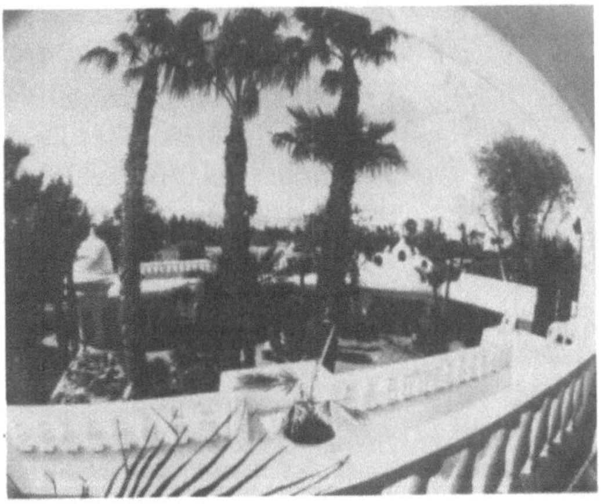

Sie ließen Walt Disneys Dornröschenschloß verschwinden — jetzt fällt ihr eigener Palast in Schlaf.

kern, Beleuchtern und Bühnenarbeitern, im zweiten Roy mit 22 Raubkatzen, einem Elefanten, einem Pferd, einer Schlange und einer Ente. Selbst der 20jährige Löwenveteran Leo, dessen Löwenalter etwa 80 Menschenjahren entspricht, geht mit auf die Reise. Ein Großteil der elektronischen Tricktechnik wurde bereits auf einem hochversicherten Spezialfrachter vorausgeschickt.

Zaubern mit leichtem Gepäck? Alles ist relativ. Siegfried und Roy nehmen es jedenfalls leicht und packen sogar Siegfrieds blauen Mercedes und Roys weißen Rolls »Roy«ce mit in die Arche.

Roy mag Dinge, die mit »Roy« benannt sind. Besonders am Herzen liegen ihm seine

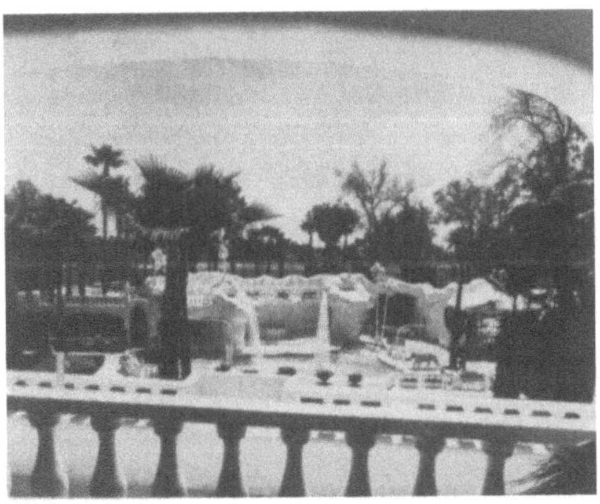

Ein Jahr verträumte Stille in den weißen Felsen.

»Roy«al White Tigers. Er empfindet sich als geistiger Führer dieser »seltensten und edelsten Tigerrasse«, von deren Weltbevölkerung über 20% in Roys Gehege wohnen. »Der Tiger ist sein eigener Herr«, erklärt Roy. »Er akzeptiert Leitung und Führung, aber die Beziehung besteht in der Gemeinschaft. Er muß als gleichberechtigt behandelt werden, nicht als Untergebener, denn Zwang und Gewalt erzeugen nur Gewalt.«

Zauberfieber in Tokio

Bei ihrer Japantour ist alles mit asiatischer Genauigkeit bis ins kleinste organisiert sowie doppelt gesichert und versichert. Die Tournee steht unter der Schirmherrschaft von Fuji Television, einem der führenden Kommunikationsgiganten Japans. Die Vorabwerbung in Tokio war so zielgruppengerecht, daß sich Tokio seit Monaten im »Magic-Fiber« befindet. Obwohl der Eintritt im Durchschnitt ganze 150 Mark kostet, war bereits im Juni über die Hälfte der Karten verkauft.

Wie schaffen sie es, das Zauberfieber derart zu entfachen? Was zieht die Massen auf den letzten leeren Platz? Ihr Weltrum? Ihr rasanter Stil? Ihre Methode, Standardillusionen nie einzeln vorzuführen, sondern beispielsweise Levitation, Sägen und Ashra dramatisch miteinander zu verketten? Ihre selbstentwickelten Originalillusionen wie die dem Tode trutzende Kristallkammer oder der verschwindende Tiger, der auf einem flammenden Spiegelball wiedererscheint und sechs Meter über dem Publikum schwebt?

Oder liegt es an ihrem Erfolgsprinzip »das Höchste zuerst«, das sie immer wieder zur Superlative streben läßt? Als Entertainer ins Entertainer-Nest Las Vegas. Zu Managementgenies wie den Felds. Zu Kommunikationsgiganten wie Fuji Television. Zur Anwendung modernster Technologien — äußerlich wie innerlich — für Ultra-Lichteffekte genauso wie zur Selbstfindung und eigenen Erleuchtung. Im US-Fernsehen verzaubern sie Amerikas Märchensymbol, das Dornröschenschloß des Disneylands. Als Weltstars zieht es sie nach Tokio, der teuersten und — mit Umfeld — größten Stadt der Welt. Und als Zauberberater helfen sie dem bekanntesten Popsänger der Gegenwart, dem »Megastar« Michael Jackson.

Pop macht Zaubern populär

Vor 15 Jahren schrieb Erhard Liebenow in der MW über die Imagesteigerung der Zauberkunst bei Jugendlichen: *Angenommen, es würde bekannt werden, daß sich eines oder mehrere der Schlageridole aus den Hitparaden mit der Magie beschäftigen, so sähe die Sache vielleicht anders aus. Hier öffnet sich ein weites Feld für eine geschickte Public-Relations-Arbeit. Schließlich ist die Jugend von heute unser Publikum von morgen.**

Inzwischen ist es soweit: Vom 3. Juli bis 4. September ist Michael Jackson mit seiner Pop-Show, in die S & R mehrere Zaubereffekte eingebaut haben, durch deutsche Lande gezogen. Beim »Zauberkönig« in München, so berichtet die BUNTE, kaufte er einem Zehnjährigen einen Zauberkasten und führte ihm dabei Zauberkunststücke vor: Er ließ eine silberne Kugel verschwinden und zauberte Karten aus Kragen und Hosentaschen. »Der Beifall seines kleinen Freundes«, so meinte der Chauffeur, »hat Michael

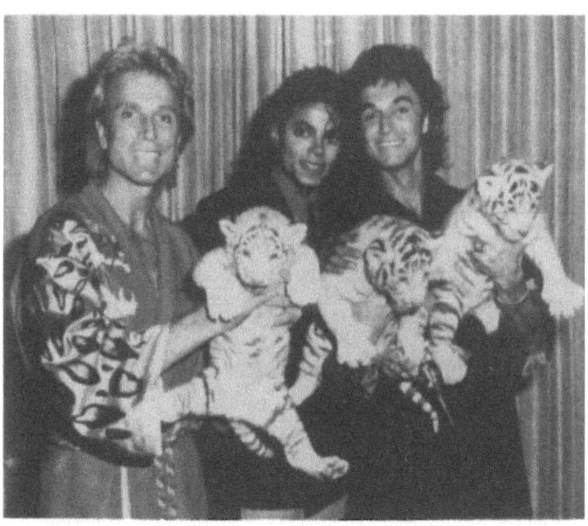

Popsänger Michael Jackson: »Thanks for the magic!«

Jackson meiner Meinung nach glücklicher gemacht als die Ovationen der Zuhörer am Abend im Stadion.«

Im Münchner Olympiastadion waren das immerhin 75 Tausend. Über eine halbe Million weiterer Fans begeisterte er auf seiner Deutschlandtournee. Im großformatigen Programmheft seiner World Tour ist er mit Siegfried und Roy und ihren Tigerbabies abgebildet. Unterschrift: »Thanks for the Magic.«

Mit Michael Jacksons Show haben S & R, wenn sie auch keine Zeit finden, mit ihrer eigenen Show nach Deutschland zu kommen, zumindest ihre Zauberspuren in der Heimat hinterlassen. Bei ihrem Aufenthalt in Köln besuchten sie zusammen mit Michael auch ihre Tiger im Phantasialand Brühl, wo jetzt auch Videobänder ihrer Shows zu sehen sind, »damit kommende Generationen daraus lernen können«.

Rat für Nachwuchs: »Suche in dir selbst«

Wenn Siegfried und Roy der Zauberkunst wieder zu einer neuen Blüte und zur Anerkennung als hohe Kunstform verholfen haben, so sicher auch deshalb, weil sie nie die Zukunft aus den Augen verlieren. »Die Kunst im Showgeschäft ist nicht nur reinzukommen, sondern auch drinzubleiben«, sagt Siegfried. Das gilt nicht nur für ihre eigene Karriere, das gilt auch für die Zauberkunst an sich. Nur wenn genügend talentierter Nachwuchs da ist, bleibt die Zauberkunst im Showgeschäft.

So haben sie bei allem, was sie tun, immer auch den Nachwuchs mit im Sinn. In den letzten elf Jahren veranstalteten sie jedes Jahr die »Siegfried and Roy Desert Magic Seminars«, die neuen Talenten die Möglichkeit bieten, entdeckt zu werden, beachtliche Preise wie 20 000 Dollar in bar zu gewinnen und in den besten Zaubertheatern — wie dem Magic Castle in Los Angeles — engagiert zu werden.

S & R freuen sich, wenn man von ihnen lernt. Aber mögen sie es auch, wenn man sie nachahmt? Obwohl es heißt, Nachahmung sei die höchste Form der Schmeichelei, ist ihr bester Rat für Zauberkünstler: »Sei anders. Suche in dir selbst nach deiner Individualität, nach deinem Selbst — und die Welt wird dich dafür lieben. Solange du jemand anderen nachahmst, wirst du immer nur der Zweitbeste sein — niemals der Beste!«

* Erhard Liebenow: Meinungsumfrage »Zauberkunst heute«, MW 22/2, 1973, S. 45.

TRICKTECHNIK

37. Jahrgang Heft 4 – Okt./Dez.1988

Kleiner Tip am Rande des Jonglierens

— von Mensch Maya

»Schwerkraft? Na wenn schon!« stand gleich auf der ersten Seite von Ronald Rippchens Buch »Jonglieren leicht gemacht«. Erinnert Sie das nicht an etwas Schwebendes? Und gleich darauf stand in der Einleitung: »Bei voller Konzentration und gesteigerter Aufmerksamkeit kann man durchaus zum ‚Alles ist Eins' und einer damit verbundenen Bewußtseinserweiterung gelangen.« Das war mein Stichwort. Wie wäre es, wenn wir mit einem der Objekte, die wir beim Üben in die Lüfte werfen, eins werden und es dadurch schweben lassen könnten? Stellen wir uns folgenden Effekt vor:

Wir üben den »Jong« mit drei Zitronen, Apfelsinen oder anderen »handlichen« Früchten. Zwei davon plumpsen auf die Erde, und die dritte kreist, während wir mit der Linken einen Ring aufnehmen, auf dem Zeigefinger unserer Rechten. Sobald sie ausgekreiselt hat, nehmen wir den Zeigefinger weg: Sie schwebt, egal wo unsere Hände sich befinden. Nun führen wir den (Trick-)Ring um die schwebende Frucht. »Schwerkraft? Na wenn schon!« Schließlich setzen wir sie wieder auf den Zeigefinger, schnipsen sie in die Luft und — lassen sie plumpsen.

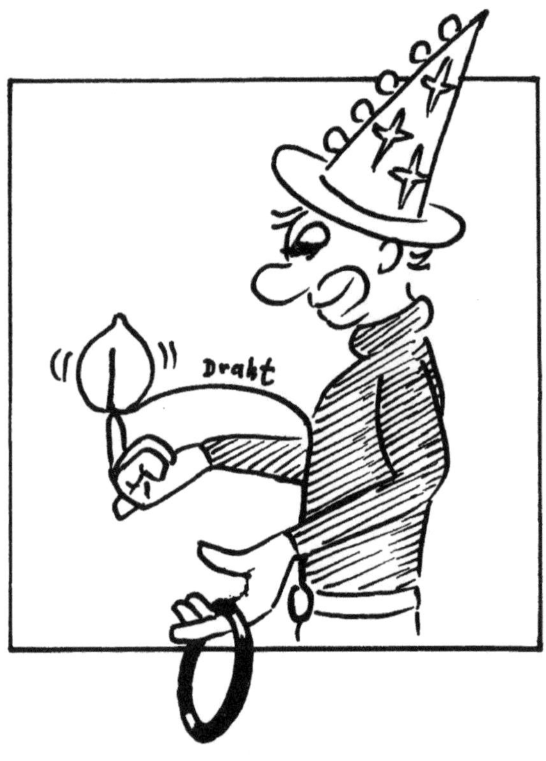

Während eine Hand den Ring aufnimmt, wird ein Draht in Brusthöhe aus der Kleidung geklappt und die Zitrone auf das Drahtende gesteckt. Vorsicht: Beim Probieren noch polieren und das Ergebnis dann hier — ». . . am Rande des Jonglierens« — publizieren.

Mensch Maya

Schattentäuschung

(1) Das optische Fliegen

»Schattenspieler . . . sind sicher hochangesehene Künstler, die uns verzaubern können, aber Täuschungskünstler sind sie wohl nicht«, schrieb Ulrich Rausch in der »M«W 2/1987 in seiner Besprechung der »Zauber Zauber«-Pressemitteilung. Er wirft dabei die Frage auf, ob das Schattenspiel als »Spezialgebiet der Täuschungskunst« betrachtet werden kann.

Nun, schon Kinder durchdringen gern mit Schattenschwertern Menschenschatten und haben Spaß an dieser Schattenillusion. Auf der Schattenwand können Sie mit bloßen Händen einen Vogel zaubern — ohne Vogel. Auf der Schattenwand können Menschen und Gegenstände größer und kleiner werden — ohne Double. Auf der Schattenwand können Sie durch geeignete Hintergrundprojektion scheinbar in den Himmel fliegen — ohne den Boden zu verlassen. Und Sie können sogar einen Zuschauer zwei Meter hoch in die Luft gehen lassen — ohne daß er vorher etwas davon weiß.

Die Schattenwand ist ein wahrer Tummelplatz optischer Täuschungen, die durch Projektionstechniken noch gesteigert und erweitert werden können. Wenn Täuschungskünstler die Möglichkeiten des Schattenspiels erst einmal entdecken und zur Entfaltung bringen, dann kann es sich durchaus — so glaube ich — zu einem be-

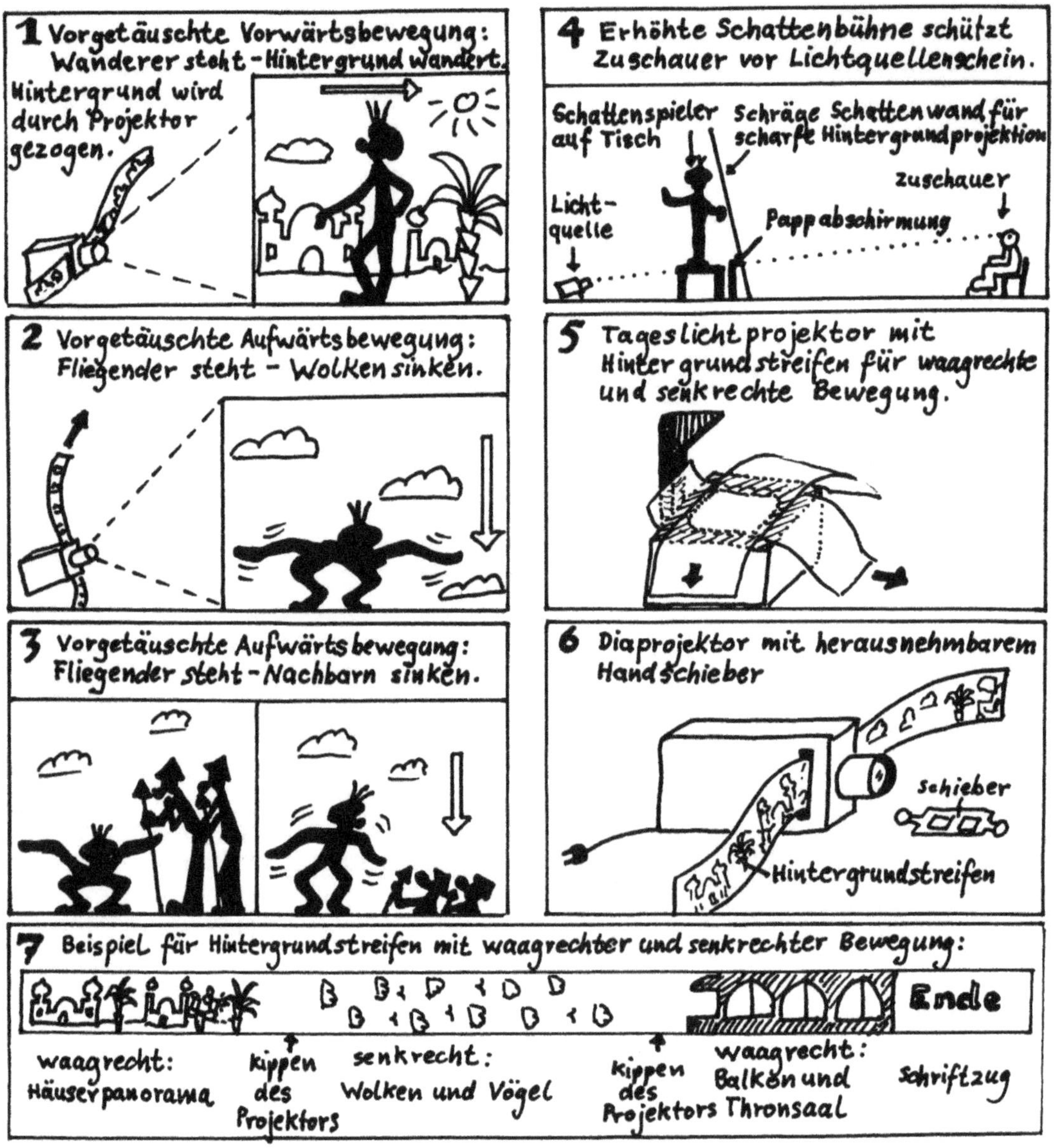

liebten Spezialgebiet der Täuschungskunst entwickeln.

DAS OPTISCHE SCHATTENFLIEGEN

Bei einem Schattenspiel mit Hintergrundprojektion wollte ich einmal folgende Szene zeigen: Einem Yogi wird von den Wachen der Zugang zum Königspalast verwehrt. Er setzt sich vor ihnen auf den Boden, verharrt einen Augenblick reglos und steigt dann federleicht in die Lüfte, bis er auf dem Balkon des Königspalastes landet. Denkaufgabe: Wie kann die Flugszene auf der Schattenwand dargestellt werden?

Seit Einstein wissen wir, daß Bewegung relativ ist. Wenn auf einem Bildschirm oder auf einer Filmleinwand ein Gehender gezeigt wird, dann können wir bei genauem Hinsehen feststellen, daß er selbst in der Mitte der Leinwand bleibt, während der Hintergrund an ihm vorbeirauscht. Wenn ein Schattenspieler also auf der Schattenwand im Stehen

Gehbewegungen ausführt und wir einen projizierten Hintergrund in Gegenrichtung über die Leinwand wandern lassen, scheint sich der Stehende vorwärtszubewegen (Abb. 1). Derselbe Effekt tritt aber auch bei senkrechter Bewegung ein: Ein Schatten, der im Stand vor einem sinkenden Wolkenhintergrund Flugbewegungen ausführt, scheint optisch hoch in den Himmel zu fliegen (Abb. 2). Wenn dabei gleichzeitig die Wachen neben dem »Fliegenden« nach unten sinken, ist die optische Täuschung perfekt (Abb. 3).

DIE SCHATTENBÜHNE

Damit die Wachen vollständig wegsinken können, muß die Bühne etwas erhöht sein. Dies verhindert außerdem, daß der Zuschauer die Lichtquelle durch die Schattenwand scheinen sieht. Notfalls genügt es, den unteren Teil der Leinwand mit einem Pappstreifen abzudecken. Als Schattenwand eignen sich je nach Bühnengröße ein bis vier zusammengenähte Laken, für professionelle Ausführungen eine Mattwand aus Plastikfolie. Damit der projizierte Hintergrund gleichmäßig scharf bleibt, wird die Schattenwand leicht geneigt aufgehängt (Abb. 4).

PROJEKTIONSTECHNIK

Zur Projektion des Hintergrundes, der sich über die Schattenwand bewegt, eignen sich sowohl Tageslicht- als auch einfache Diaprojektoren mit Handschieber. Tageslichtprojektoren haben meist eine eingebaute Rolle Klarsichtfolie zur Beschriftung. Auf dieser Folie können Sie mit Transparentmalfarben den Projektionshintergrund herstellen, der dann über den Projektor gerollt oder gezogen wird. Noch besser eignet sich eine stabilere Folie, da die üblichen Folienrollen bei mehrmaligem Spiel leicht reißen und die Farbe darauf beim Aufrollen rissig wird. Für waagerechte und senkrechte Bewegungen können verschiedene Hintergrundfolien verwendet werden (Abb. 5).

Bei einem Diaprojektor mit Handschieber wird zunächst der Schieber entfernt, so daß ein etwa 6 cm breiter Schlitz frei wird. Dann schneiden Sie ein ca. 5,5 cm breites Band aus Klarsichtfolie zurecht, das sich durch den Schlitz ziehen läßt. Es kann bemalt oder mit 6 x 6 cm großen Dias beklebt werden (Abb. 6). Sie können den geplanten Hintergrund auch gleich in der richtigen Reihenfolge fotografieren und den Diafilm dann unzerschnitten durch den Projektor führen. Für die senkrechte Bewegung wird der Diaprojektor einfach auf die Seite gekippt. Der Hintergrundstreifen für die obengenannte Szene sah etwa so aus (Abb. 7).

Ich bin etwas ausführlich auf die Pojektionstechnik eingegangen, da sich dadurch viele optische Täuschungsmöglichkeiten ergeben. Doch auch ohne Projektor können wir uns auf der Schattenwand hoch in die Lüfte schwingen. Im nächsten Heft werden wir sehen, wie wir ohne großen Aufwand in wenigen Minuten eine Schattenillusion herstellen können, bei der ein unvorbereiteter Zuschauer aus dem Stand zwei Meter hoch fliegt. Sicher fallen Ihnen nach kurzem Nachdenken bereits einige Lösungen ein, und vielleicht kommen Ihnen auch schon weitere Ideen zur Schattentäuschung, diesem stilvollen »Spezialgebiet der Täuschungskunst«.

Dr. Bernd Zeiger

Quantenmechanik und Unterhaltungstäuschung

All die Eigenschaften, die den Reiz der Unterhaltungstäuschung ausmachen wie verblüffende Wendung des Geschehens, reibungslose Abläufe, spontane Manifestation von Objekten, Grenzenlosigkeit der Möglichkeiten, sind auch für die Welt der Quantenmechanik charakteristisch. Beide, der Quantenmechaniker und der Täuschungskünstler, beschäftigen sich mit dem **Wunder**, d. h. mit Effekten, die die gewöhnliche Sinneswahrnehmung überschreiten (transzendieren). Während aber der Quantenmechaniker durch bestimmte Experimente und deren theoretische Analyse dazu geführt wurde, an echte Wunder zu glauben, ist bei den modernen »Zauberern« dieser Glaube weitgehend verschwunden. Von Täuschungskünstlern wird zunächst einmal angenommen, daß sich ein angebliches Wunder auf Tricktechnik oder Wahrnehmungstäuschung zurückführen und dadurch entlarven läßt. Positiv an diesem aufgeklärten Rationalismus ist die Absage an einen blinden Wunderglauben ohne wissenschaftliche Grundlage. Die negative Auswirkung dieser Haltung besteht in der Zementierung der Überzeugung, daß die Fähigkeiten des Menschen auf das beschränkt bleiben, was heute von der Mehrheit gelebt wird. Levitation, Sehen von verborgenen Dingen, Materialisation von Objekten, all das wird auch von Täuschungskünstlern dem Bereich der Phantasie zugeordnet. Der Rationalismus, der so urteilt, kennt nicht die ganze Wirklichkeit. Es fehlt ihm die Erfahrung der Einheit von Subjekt und Objekt. Erst wenn diese gegeben ist, beginnt die wahre Funktion des analytischen Denkens, und dann erst sind Höhen möglich, die sich der menschliche Geist gegenwärtig kaum vorzustellen wagt. Auch Astrologie, Numerologie und andere Methoden der Voraussage können erst von einem Geist voll gewürdigt werden, der analytische und synthetische Gehirnfunktionen integriert. Glücklicherweise liefert uns die Quantenmechanik Modelle wie Superflüssigkeit oder Supraleitfähigkeit, die ein kohärentes, ganzheitliches Verhalten des menschlichen Geistes verständlich machen. Darum ist ein minimales Verständnis der Quantenmechanik unerläßlich, um mit den neuesten Entwicklungen mitzuhalten. Die Denkweise der klassischen Physik, die das Subjekt klar vom Objekt trennt, genügt nicht, um die Vielfalt der Weltanschauungen und Phänomene zu einer Einheit zu integrieren. Die Quantenmechanik erlaubt dies; denn sie kann als »Wissenschaft von der Einheit an der Basis der großen Vielfalt der Schöpfung« bezeichnet werden.

Was sind echte Wunder? Was ist wirkliche Magie? Was ist die maximal mögliche Ebene der Perfektion der menschlichen Fähigkeiten? Die Quantenmechanik kann uns helfen, auf diese Fragen intellektuell befriedigende Antworten zu finden.

Die folgenden Thesen sollen die Beziehung zwischen Quantenmechanik und Unterhaltungstäuschung kurz umreißen, und der Leser sei aufgefordert, die darin enthaltenen Denkanstöße zu prüfen und zu nutzen:

THESE 1: ES GIBT ECHTE WUNDER, UND DAS GRÖSSTE WUNDER IST DIE REIN QUANTENMECHANISCHE REALITÄT. IN

DER UNTERHALTUNGSTÄUSCHUNG ENTSPRICHT IHR DIE GEHEIME, VOM TÄUSCHUNGSKÜNSTLER PRÄPARIERTE WELT.

Die rein quantenmechanische Realität ist im wahrsten Sinne des Wortes unbeschreiblich. Bezogen auf den Erfahrungsvorgang ist sie transzendental, da sie die Subjekt-Objekt-Trennung transzendiert; bezogen auf die Logik ist sie paradox, weil sie alle Gegensätze vereinigt; objektiv gesehen ist sie das vereinheitlichte Feld bzw. der Ursprung aller Naturgesetze und subjektiv gesehen ist sie reines Bewußtsein [(2)]. Reines Bewußtsein ist der einfachste Zustand des Bewußtseins, die Einheit von Beobachter, Beobachtungsprozeß und Beobachtungsobjekt. Während der Beobachter der klassischen Physik nur Zuschauer ist, wie das Publikum einer Zaubervorstellung, ist der »Beobachter« der Quantenmechanik ein Teilnehmer, der seine Welt auch hervorbringt. Ganz analog ist die Situation in der Täuschungskunst, wo Täuschungskünstler, Trick und Trickgeschehen bzw. Trickobjekt eine Einheit bilden. So wie der Täuschungskünstler sich seine Objekte präpariert, so geht auch in einen quantenmechanischen Zustand die Methode der Präparation mit ein.

Die Objekte in der Täuschungskunst sind nicht mehr die gewöhnlichen Objekte, sondern sie bilden eine innere Einheit, wobei die einzelnen Objekte erst durch die Wechselwirkung mit dem Künstler Leben erhalten. Ebenso sind alle Objekte in der Quantenmechanik unendlich korreliert, d. h. alles ist mit allem verbunden. In dieser »verschränkten« Welt gibt es keine beobachtbaren Phänomene, alles »Klassische« ist verschwunden, d. h. es gibt nichts Sinnesbezogenes noch »übersinnlich« Verfeinertes [(7)]. Wie wir aber unter These 2 zeigen werden, hat die Existenz der quantenmechanischen Korrelation erstaunliche Konsequenzen für den kreativen Prozeß.

Für die reine Quantenmechanik gibt es letztlich nur einen homogenen Ozean des Bewußtseins, der allein mit sich selber spricht, der sich seine eigene Geschichte erzählt. Diese innere Aktivität auf der Ebene des vollen Potentials des Naturgesetzes, der Tricktechnik der Natur, erfolgt vollkommen reibungslos ohne Verlust des selbstbezogenen Wertes des Bewußtseins. Die Quantenmechanik bezeichnet dies als »unitäre Transformation«. Dies ist auch das Ideal der Vorstellung eines Täuschungskünstlers. Werry charakterisiert es als »elegante, souveräne, distinguierte, aber auch distanzierte Präsentation«. Eine solche perfekte Täuschungskunst ist von großer Faszination für den Zuschauer; sie erscheint ihm »unbeschreiblich«, »göttlich«, denn sie belebt die Erinnerung an die superflüssige Realität seines eigenen Bewußtseins. So gesehen ist die Täuschungskunst letztlich eine Methode, grundlegende Strukturen des Bewußtseins zu beleben sowohl beim Täuschungskünstler als auch beim Zuschauer.

Die einfachste Form der quantenmechanischen Realität ist der Vakuumzustand eines Systems. In der klassischen Physik ist das Vakuum ein leerer Raum. In der Quantenmechanik ist es der Grundzustand eines Systems, der dessen ganze Natur in potentieller Form umfaßt. Dem quantenmechanischen Vakuum entsprechen in der Täuschungskunst die verdeckten Bereiche wie Geheimfächer, kurz all die Randgebiete, die der Aufmerksamkeit des Zuschauers nicht zugänglich sind und aus denen der Täuschungskünstler die verschiedensten Objekte hervorzaubert bzw. in die er etwas verschwinden läßt.

Dieses »Nichts«, das alles enthält und alles aufnimmt, ist das größte Wunder sowohl in der Quantenmechanik als auch in der Unterhaltungstäuschung. Hier beginnt das Staunen selbst der Wissenden. John Wheeler, einer der größten Physiker unserer Zeit, sagt dazu: »Vielleicht läßt sich der Schatz, der uns dort erwartet, doch eher als Magie und nicht als Mechanismus beschreiben.«

THESE 2: DER VERBINDUNGSBEREICH ODER DIE »LÜCKE« ZWISCHEN DER UNMANIFESTEN, QUANTENMECHANI-

Feld aller Möglichkeiten

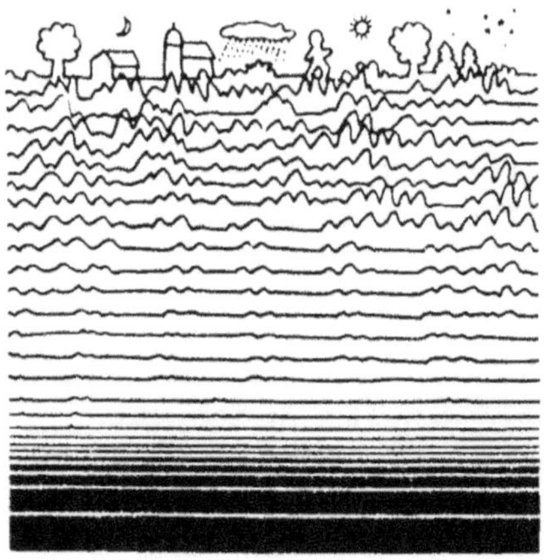

So wie der Vakuumzustand ein Zustand aller Möglichkeiten ist, so eröffnet der Zustand der geringsten Anregung des Bewußtseins ein unübersehbares Feld subjektiver Technologien. **Durch die Belebung dieses Feldes aller Möglichkeiten kultiviert das Programm der TM ideale Mitbürger, fähig, in Einklang mit den** Naturgesetzen zu leben.

SCHEN REALITÄT UND DER BEOBACHTBAREN, KLASSISCHEN REALITÄT HAT EINE EIGENE »WUNDERBARE« LOGIK. DIE TÄUSCHUNGSKUNST AHMT DIESE LOGIK DER SCHÖPFERISCHEN INTELLIGENZ AUF DER KLASSISCHEN EBENE DURCH TRICKTECHNIK NACH.

Die echten Phänomene der Levitation, der Manifestation, der Verwandlung, der Voraussage usw. sind die ursprünglichen Vorbilder für die Effekte der Täuschungskunst. Diese Sidhis oder Perfektionierungen der Geist-Körper-Koordination sind ein Nebenprodukt der Entwicklung zum Einheitsbewußtsein. Sie zeigen die Fähigkeit des Menschen an, die Natur vom reinen Bewußtsein her zu beeinflussen. Im TM-Sidhi-Programm wird die Ausübung der Sidhis benutzt, um das Wachstum des Bewußtseins in Richtung der Erleuchtung zu beschleunigen. Wie die wissenschaftliche Erforschung des TM-Sidhi zeigt, sind die Sidhi-Phänomene wie Levitation usw. nur das Ergebnis einer Ausweitung der gewöhnlichen kreativen Fähigkeiten [(10)]. Deshalb erfolgt auch die Nachahmung der Sidhis durch die Täuschungskunst nach ähnlichen Prinzipien wie das Hervorbringen echter Wunder.

Durch die Quantenmechanik ist der schöpferische Prozeß, d. h. das Entstehen von etwas Neuem, einer exakten Behandlung zugänglich geworden. Auch der Wahrnehmungs- bzw. Meßprozeß unterliegt — quantenmechanisch gesehen — dem gleichen Prinzip wie die Kreativität:

Die Welt entsteht durch Einschränkung der quantenmechanischen Verschränktheit bzw. unendlichen Korrelation. Dadurch wird die ganzheitliche Symmetrie der quantenmechanischen Realität mehr oder weniger aufgehoben. Dieser Vorgang wird als **Symmetriebrechung** bezeichnet. Spontane Symmetriebrechung und damit das Entstehen von qualitativ Neuem ist mit der Existenz mehrerer Vakuumzustände verknüpft, wie das auch in der Täuschungskunst der Fall ist, z. B. beim Hervorzaubern eines Kaninchens aus dem leeren Hut.

Ohne die Aufteilung der Einheit in ein Subjekt und davon unabhängige Objekte gibt es keine beobachtbaren Phänomene. Bei jedem Meßprozeß ist der entscheidende Schritt, daß vom Beobachter ein ganz bestimmter Standpunkt eingenommen wird. Letztlich entscheidet das Subjekt darüber, was als Objekt erkannt wird. Diese logisch unausweichliche Konsequenz aus der Verschränktheit der quantenmechanischen

TM-Sidhi-Techniken

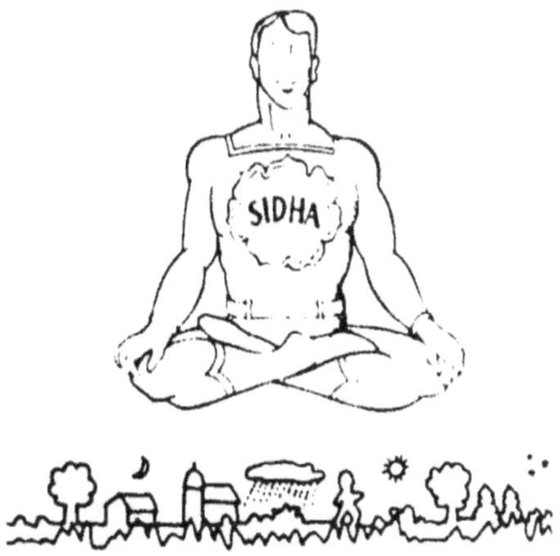

Die TM-Sidhi-Techniken entwickeln systematisch dieses Feld aller Möglichkeiten durch Ausbildung der Geist-Körper-Koordination bis zur höchsten Vollkommenheit. So werden z.B. die sensomotorischen Kanäle so vertieft und erweitert, daß jeder geistige Impuls zur physischen Realität wird, selbst wenn Aktivitäten wie Fliegen als Anfangsstadium der Levitation oder visuelle Wahrnehmung bei geschlossenen Augen verlangt werden. Der Zweck dieser TM-Sidhi-Techniken besteht nicht in der Entwicklung dieser rein äußerlichen Fähigkeiten zu ungewöhnlichen Leistungen, wie bemerkenswert diese auch sein mögen, sondern darin, innere Ganzheit zu entwickeln.

Realität geht auf J. von Neumann zurück, der sie 1932 in seinen »Grundlagen der Quantenmechanik« genauer ausgeführt hat.

Nur wenn der einzelne von der Ebene der Einheit des Bewußtseins aus handelt, hat er die Unterstützung aller Naturgesetze. Im Verbindungsbereich zwischen unmanifester und manifester Realität treffen sich die Intelligenz des Menschen und die Intelligenz der Natur. Wie im Märchen geht jeder Wunsch sofort in Erfüllung und es ist dann gut, vorsichtig mit dem Wünschen zu sein.

Da die rein quantenmechanische Realität unabhängig von Raum und Zeit ist, wird das Handeln von dieser Ebene aus nicht notwendig durch Raum und Zeit eingeschränkt. Deshalb gehören das »Wissen um Vergangenheit und Zukunft« und »die Fähigkeit an verschiedenen Orten der Schöpfung gleichzeitig zu sein« zu den in der Literatur beschriebenen Sidhis.

Der Verbindungsbereich zwischen Einheit und Vielfalt ist das Spielfeld der Vorstellungen. Um die Wechselbeziehung zwischen Wirklichkeit und Vorstellung intellektuell zu klären, hat die indische Philosophie das Prinzip der Maya entwickelt. »Maya« bedeutet wörtlich »etwas, was nicht existiert«. Im Individuum ist Maya die Unwissenheit über die quantenmechanische Wirklichkeit an der Basis aller Phänomene. Durch Maya erscheint die Einheit als Vielfalt, das Unveränderliche als veränderlich. Der Irrtum des Intellekts besteht darin, die Einheit in der Vielfalt zu vergessen. Zur Wiedergewinnung der Einheit muß der Mensch lernen, die Maya, das Dickicht der Vorstellungen, Begriffe und Weltanschauungen zu durchschauen. Der Täuschungskunst kommt der Verdienst zu, die nicht-alltägliche Logik der Lücke zwischen der quantenmechanischen Einheit und der klassischen Vielfalt den Menschen immer wieder vor Augen geführt zu haben. »Lebewesen, die nach den Gesetzen unserer Denkdynamik leben, müssen in ihrer Entwicklung Zauberei in irgendeiner Form als Teil ihres kulturellen Vermächtnisses besitzen, ansonsten wären sie nicht überlebensfähig.« Dazu Roberto Giobbi[(5)].

THESE 3: DIE QUANTENMECHANIK IN IHRER BEWUSSTSEINSINTERPRETATION KANN AUCH ALS THEORIE DER TÄUSCHUNGSKUNST ANGESEHEN

WERDEN. DARAUS ERGIBT SICH EIN BEWUSSTSEINSORIENTIERTES VERSTÄNDNIS DER TÄUSCHUNGSKUNST UND IHRER WIRKUNG AUF DEN ZUSCHAUER.

Weil die Natur voller Wunder ist, ist es auch die Quantenmechanik; denn sie beschreibt die Natur korrekt. Wenn also die Quantenmechanik echte Wunder zuläßt (eine Tatsache, die schon die Begründer der Quantenmechanik mit Erstaunen feststellten), muß die Quantenmechanik auch ein theoretisches Verständnis der Täuschungskunst möglich machen, die diese Wunder auf der klassischen Ebene nachzuahmen versucht. Obwohl die Quantenmechanik durch das Studium der inneren Struktur der Materie entstand, hat sich daraus eine Sprache entwickelt, die die Welt als Einheit von Beobachter, Beobachtungsprozeß und Beobachtungsobjekt beschreibt. Die Quantenmechanik erfaßt also die Natur als ein Ganzes, wobei die äußere Natur und die Natur des Menschen nicht zwei verschiedene Dinge sind, sondern die gleiche Realität von verschiedenen Seiten aus gesehen. Die Quantenmechanik umfaßt also nicht nur den objektiven Zugang zur Natur, sondern schließt auch Gesetze des Bewußtseins und der Aufmerksamkeit mit ein.

Es ist deshalb sinnvoll zu untersuchen, inwieweit die Begriffe der Quantenmechanik es möglich machen, das äußere Trickgeschehen auf Bewußtseinsvorgänge im Täuschungskünstler bzw. Zuschauer zurückzuführen. Natürlich muß das auch unmittelbar und ohne Bezug auf den physikalisch-mathematischen Begriffsformalismus der Quantenmechanik möglich sein. Wie fruchtbar aber eine solche Übertragung physikalischer Vorstellungen sein kann, hat Friedrich Merkel mit der Einführung des Begriffs »Aufmerksamkeitsvakuum« gezeigt.

Die Anwendung der Quantenmechanik zum Verständnis der Täuschungskunst hat drei Ansatzpunkte:

1. die Einheit von Täuschungskünstler, Trick und Trickobjekten;
2. die Aufmerksamkeitsdynamik der Zuschauer;
3. die Zaubervorstellung als integrierende Kommunikation zwischen der Präsentation des Täuschungskünstlers und dem Publikum.

Diese Ansätze entsprechen den drei grundlegenden Aspekten der quantenmechanischen Realität: Existenz, Bewußtsein und Lebensfreude.

Zu 1. In der Quantenmechanik beschreibt die zeitunabhängige Schrödinger-Gleichung den »geheimen« Mechanismus, wie klassische Eigenschaften aus dem quantenmechanischen Kontinuum (dem uneingeschränkten Zusammenspiel von Beobachter, Beobachtungsprozeß und Beobachtungsobjekt) hervorgehen. Klassische Strukturen entstehen, wenn das unbegrenzte Kontinuum in bestimmter Weise eingeschränkt wird. Diese Einschränkungen entsprechen einem bestimmten Standpunkt des Beobachters (Symmetrie). Formal wird die entsprechende organisierende Kraft durch den Hamiltonoperator (Operator der Gesamtenergie) beschrieben. In Worten besagt die Schrödinger-Gleichung, daß der Hamiltonoperator die unveränderlichen Zustände des Systems und dessen energetische Struktur enthüllt.

Übertragen auf die Täuschungskunst, beschreibt die Schrödinger-Gleichung die verborgenen Zusammenhänge, die den sichtbaren Täuschungseffekt bewirken. Ähnlich dem Hamiltonoperator bestimmt die Trickidee des Täuschungskünstlers die tricktechnische Vorbereitung (Präparieren) und die geheimen Handlungen. Ebenso wie der Hamiltonoperator die zeitliche Entwicklung eines Systems erzeugt, umfaßt die Trickidee auch die gesamte Information über den Ablauf eines Täuschungsvorgangs.

Analogiebetrachtungen dieser Art können zu einem neuartigen Verständnis der Täuschungskunst führen, insbesondere was die Prinzipien der Trickentwicklung und der Vorführung betrifft.

Zu 2. Friedrich Merkel hat in seiner Analyse

der Irreführung (Misdirection) die Prinzipien der Aufmerksamkeitslenkung herausgearbeitet [3]. Die Überlegungen von Friedrich Merkel können als Beginn einer Quantenmechanik der Täuschungskunst angesehen werden. Eine Gesetzmäßigkeit der Aufmerksamkeit soll hier kurz behandelt werden: das Prinzip des Entstehens des Aufmerksamkeitsvakuums: »Bei Entspannung liegt generell ein Aufmerksamkeitsvakuum vor«. Dies entspricht in der Quantenphysik einem spontanen bzw. stimulierten Übergang in den Grundzustand. Das entsprechende klassische Prinzip ist der dritte Hauptsatz der Thermodynamik, der besagt, daß durch Verringerung der Aktivität (Temperatur) ein System zunehmend geordnetes und schließlich quantenmechanisches Verhalten zeigt. Dieses Prinzip liegt auch der Transzendentalen Meditation zugrunde, wo durch spontane Verringerung der geistigen Aktivität der Grundzustand des Bewußtseins erfahren wird. Solche Überlegungen zeigen, daß die Täuschungskunst ein Spiel mit der Aufmerksamkeit ist, und daß es dabei um mehr gehen kann als nur Unterhaltung. Täuschungskunst besitzt das Potential, grundlegende Strukturen des Bewußtseins im Zuschauer zu beleben.

Zu 3. Indem der Täuschungskünstler in seiner Präsentation die Wunder der quantenmechanischen Wirklichkeit nachahmt, vermittelt er dem Zuschauer die Erfahrung, daß in den »Lücken seiner Logik« und im »Vakuum seiner Aufmerksamkeit« ein Feld aller Möglichkeiten verborgen ist. Der natürliche und vollständige Kommentar des Zuschauers und damit sein Dank an den Täuschungskünstler ist das »AHHH«, spontaner Ausdruck der inneren Fülle und Freude.

Die Unterhaltungstäuschung belebt also die Zwischenräume des Geschehens, die Leerstellen und gibt ihnen einen eigenen Status, so wie in der Quantenmechanik das Vakuum eine eigene dynamische Struktur erhält. So wird durch die Unterhaltungstäuschung die Alltagswirklichkeit ergänzt durch eine verborgene reale Welt in ähnlicher Weise, wie durch die Quantenmechanik die sinnlich wahrnehmbare Welt in eine unmanifeste Wirklichkeit eingebettet wird, alles mit allem verbindend[8].

Die klassische und die quantenmechanische Welt zusammen machen die ganze Wirklichkeit aus, und ein erfülltes Leben ist beides, 100% materiell und 100% geistig. Erst wenn die Alltagswirklichkeit die quantenmechanische Realität des Bewußtseins nicht mehr vollständig überschattet, kann das Leben die ihm angemessene Würde und Glorie erreichen als Himmel auf Erden. Eine Zaubervorstellung kann den Menschen davon einen Vorgeschmack vermitteln.

Schluß folgt

(1) D. W. Orme-Johnson & J. T. Farrow (Eds.): Scientific research on the Transcendental Meditation Program, Collected Papers, vol. 1, Rheinweiler, MERU Press 1977 (ein Sammelband der wichtigsten wissenschaftlichen Untersuchungen des Programms der Transzendentalen Meditation bis zum Jahre 1977)

(2) J. S. Hagelin: Is consciousness the Unified Field? A field theorist's perspective, **Modern Science and Vedic Science** Vol. 1, 29—87 (1987)

(3) F. Merkel: Misdirection in Theorie und Praxis, **»Magische« Welt** ab Jahrgang 30, 1981 (Artikelfolge, die von grundlegender Bedeutung für die Theorie der Täuschungskunst ist)

(4) D. Gräf: Naturgesetz und Sein, Hannemann Verlag, Husum, 1983. (Diese Sammlung von Vorträgen enthält im Anhang eine kurze Einführung in die vedische Wissenschaft aus quantenmechanischer Sicht)

(5) R. Vollmer: Gespräch mit Roberto Giobbi, **»Magische« Welt 36**, 14—19, 1987. (In diesem Interview kommen viele für die Täuschungskunst grundsätzliche Themen zur Sprache)

(6) Verwirklichung einer idealen Gesellschaft, Rheinweiler, MERU Press 1977. (Dieser Dokumentation über die Prinzipien und Programme zur Verwirklichung einer idealen Gesellschaft wurden die Abbildungen des vorliegenden Aufsatzes entnommen)

(7) E. P. Fischer: Eine verschränkte Welt, Mannheimer Forum 87/88, Boehringer Mannheim, Mannheim, 1988. (Auf diesen sehr lesenswerten Aufsatz hat Herr Lehrbach in einem Leserbrief aufmerksam gemacht)

(8) L. H. Domash: Die Physik der Einheit, **Weltregierung Aktuell**, Dez./Jan. 1978/79

(9) H. Bobbenkamp: Humor in der Sprechdarbietung — Das Wortspiel, **»Magische« Welt 37**, Heft 1, 74—77 (1988)

(10) B. Zeiger: Erfahrungen mit dem TM-Sidhi Programm, in Chr. Kniffki: Transzendentale Meditation und Autogenes Training, Reihe Geist und Psyche, Fischer 1979

BRAVO BM!

Am meisten Spaß fand ich diesmal an den zahlreichen charmant geschriebenen Beiträgen von BM, der uns nach den Abkürzungen »M«W und MM jetzt auch noch mit der Abkürzung M»M« beschenkte. Mensch Meier, so ein Bösewicht! Hat er doch das lange angebetete Götzenbild der vom Betrachter unabhängigen »objektiven Welt« erneut ins Wanken gebracht — ähnlich wie Dr. Zeiger mit seinen mehr ernsthaften Artikeln über Quantenphysik.

Mich beschäftigt dieselbe Frage seit Jahren. Da finden Wissenschaftler heraus, daß Bienen andere Farbfrequenzen sehen als der Mensch. Sie sehen keine rosa Rose, sondern fliegen direkt auf den Nektar zu. Was ist nun mit der Rose? Gibt es eine objektive Rose oder nicht? Und wenn es sie geben sollte, für wen gibt es sie? — Nur für den, der sie als solche sieht!

Und noch etwas Schönes brachte Bösewicht Meier (BM) fertig: mit der Wahnidee Schluß zu machen, daß nur das existiert, was sich meinem groben Maßstab unterordnen läßt. — Wenn die geistige Welt mit dem Lineal nicht meßbar ist, beweist das nicht ihre Nichtexistenz!

Seit meinem Erlebnis mit philippinischen Geistchirurgen beschäftigt mich die Frage, wie undurchdringlich der Körper ist. Laut Physik besteht der Körper aus Atomen. Wie kompakt aber ist ein Atom? Ein winziger Kern, dann lange Pause, und irgendwo ganz außen flitzen klitzekleine Elektronen um den Kern. Der Körper ist verhältnismäßig genauso leer wie der Weltraum. Und wenn Raketen genügend Platz finden, zwischen zwei Planeten durchzufahren, warum sollen dann die Atome einer geistchirurgischen Hand zwischen den Atomen eines Patientenkörpers keinen Platz finden?

Nach den Maßstäben eines auf der selektierenden Sinneswahrnehmung aufgebauten Weltbilds ist das Durchdringen von Feststoffen recht absurd. Aber ist es deswegen auch nichtexistent? Oder ist der Maßstab nur zu grob?

K. Allendorf, Hamburg

NUR MUT

Die Gilde ist aus gutem Holz,
das zeigt die letzte Nummer.
Daß sie herauskam war ihr Stolz,
durch Beistand schwand der Kummer.
Gemeinsam, Werry, ward vollbracht,
was Liebe nur entfacht.

Auch in der großen Politik
zeigt sich verstärkt das Liebesglück:
Der Friede hat die Welt berührt,
den jeder tief im Herzen spürt,
wenn er in Transzendenz entschwebt
und Kohärenz belebt.

»Wenn Friede kommt, zieh ich den Hut
und schwebe mit!« — Nur Mut!

Mensch Maya, Vlodrop, Holland

Dr. Bernd Zeiger

Quantenmechanik und Unterhaltungstäuschung (Schluß)

Die Quantenmechanik bietet somit dem Täuschungskünstler die Möglichkeit, die bewußtseinsmäßigen Grundlagen der Wirkung und Bedeutung seiner Kunst sowohl für sein eigenes Leben als auch für den Zuschauer in neuem Licht zu sehen. Die Sprache der Quantenmechanik ist wertneutral und exakt. Wenn der Täuschungskünstler sie zu einem gewissen Grade beherrscht, verbindet er sich mit dem Hauptstrom modernen Philosophierens. Fortschritt in jedem Bereich menschlichen Strebens wird immer durch ein Zusammenspiel von Theorie **und** Praxis erreicht. Durch ein bewußtseinsorientiertes Verständnis der Täuschungskunst kann die Rolle der Unterhaltungstäuschung in der schrittweisen Entfaltung des vollen Potentials des menschlichen Bewußtseins noch deutlicher gesehen und dadurch effektiver werden. Die Quantenmechanik kann den hohen Standarten der Reinheit, Wissenschaftlichkeit, Perfektion und Menschlichkeit, die Werry in der »Magischen« Welt immer wieder für die Unterhaltungstäuschung gefordert hat, ein sicheres Fundament geben.

THESE 4: DIE TÄUSCHUNGSKUNST ERLAUBT EINEN SPIELERISCHEN ZUGANG ZUR QUANTENMECHANIK. DADURCH KANN DAS FÜR DIE HEUTIGE ZEIT SO BEDEUTSAME WISSEN VON DER EINHEIT DES BEWUSSTSEINS JEDEM MENSCHEN AUF UNTERHALTSAME WEISE ZUGÄNGLICH GEMACHT WERDEN.

Die Unterhaltungstäuschung läßt sich auf vielfältige Weise pädagogisch nutzen. Ein Anwendungsgebiet ist bisher nur kaum erschlossen worden, obwohl sich die Täuschungskunst dafür besonders eignet, nämlich als ein jedermann verständlicher Zugang zur Quantenmechanik.

Alle grundlegenden Effekte der Quantenmechanik lassen sich tricktechnisch sehr überzeugend illustrieren:

der Einstein-Podolsky-Rosen-Effekt durch die Schnurstäbe (unendliche Korrelation);

der Tunneleffekt mittels Durchdringungen;

Erzeugung aus dem Vakuum durch Hervorzaubern aus dem Nichts etc.

Diese Art der Anwendung der Täuschungskunst ist deshalb besonders wichtig, weil selbst für viele akademisch Gebildete die Quantenmechanik leider immer noch etwas Fremdes und Kompliziertes darstellt. Gern wird in diesem Zusammenhang Einstein zitiert, der zeit seines Lebens die Quantenmechanik nicht akzeptiert hat. Seine Haltung ist uns heute verständlich, da er das Musterbeispiel eines »klassischen« Denkers ist, der dem Ideal der strikten Trennung von Subjekt und Objekt huldigt. Die Quantenmechanik ist demgegenüber eine Weltsicht, die das Subjekt, den Beobachter und das Objekt der Beobachtung als Einheit ansieht. Deshalb ist die Quantenmechanik sehr viel einfacher als die klassische Mechanik. Ferner hebt die Quantenmechanik die klassische Mechanik nicht auf, sondern ordnet sie in ein umfassenderes Begriffssystem ein, das Raum läßt für alle möglichen Standpunkte. Dies ist

Ursprung aller Naturgesetze

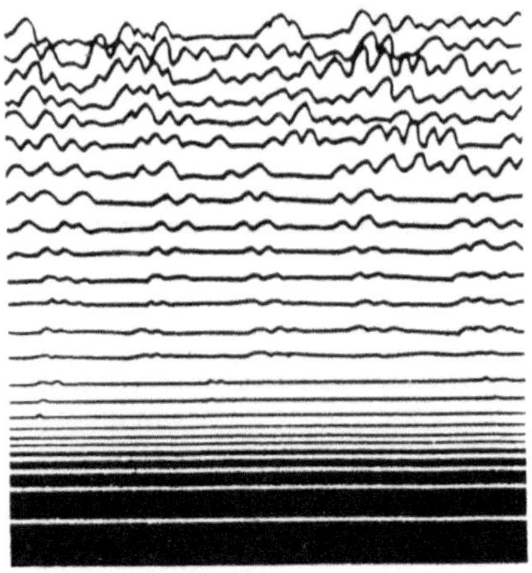

Hunderte wissenschaftlicher Untersuchungen haben bestätigt, daß die Technik der TM einen Entspannungsprozeß im Bewußtsein auslöst, der „Reines Bewußtsein" entfaltet (1)* und den Zustand der geringsten Anregung des Bewußtseins zugänglich macht. Wissenschaftler an der MERU fanden nun tiefgreifende Parallelen zwischen den Charakteristiken dieses Zustandes „Reiner Bewußtheit" und dem Vakuumzustand der Quantenphysik, dem Zustand der geringsten Anregung von Energie und Materie, dem Ursprung aller Naturgesetze. Als allen Veränderungen im subjektiven und objektiven Bereich zugrundeliegend ist er der Schlüssel zu den Gesetzen der Natur.

heute besonders bedeutsam, um Wissenschaft, Kunst und Leben wieder zusammenzubringen.
Es findet gegenwärtig ein allgemeines Erwachen bezüglich der bisher kaum entwickelten psychischen und geistigen Fähigkeiten des Menschen statt. Hier kann die Quantenmechanik eine Brücke bilden zu den glücklicherweise heute wieder jedem Menschen zugänglichen uralten Wissens-Traditionen wie der vedischen Wissenschaft, die Maharishi Mahesh Yogi aus ihrem jahrhundertelangen Schlummer erweckt und von Grund auf erneuert hat. Veda ist das Sanskritwort für Wissen, und die vedische Wissenschaft ist das systematische, theoretische und praktische Studium, wie Wissen durch das Wechselspiel von Beobachter, Beobachtungsprozeß und Beobachtungsobjekt im Bewußtsein entsteht [4]. Gedankenloses Experimentieren im geistig-seelischen Bereich ist ebenso gefährlich wie das Experimentieren mit den Kräften der Materie. Möglichst schnell sollte das vollständige Wissen über das menschliche Bewußtsein und seine Entwicklungsstufen allen Menschen zugänglich sein. Die Täuschungskunst als Zugang zur Quantenmechanik kann hierbei eine zentrale Rolle spielen. Durch ihre ungewöhnlichen Effekte führt sie dem Menschen die Notwendigkeit eines Wechsels des Standpunktes bzw. des Bezugssystems vor Augen. Wie die Natur durch ihre Effekte immer wieder den forschenden Geist verblüfft, so bringt der Täuschungskünstler durch seine Tricks den Zuschauer zum Staunen. Die »weltanschauliche« Fixierung wird gelockert und durch den Wechsel des Standpunktes lernt der Mensch, die Dinge zu durchschauen und die allem zugrundeliegende, vereinheitlichende Realität des Bewußtseins zu verstehen.
Die Unterhaltungstäuschung ist geeignet, selbst Kindern die Grundgedanken der Quantenmechanik ohne viel Worte anschaulich zu machen. Die Möglichkeiten dazu sind vielfältig, aber mit Sicherheit ist es selbst vor einem akademischen Publikum besser, nicht zu weit in den quantenmechanischen Jargon einzudringen. Für einen Einstieg in die Quantenmechanik im begleitenden Vortrag eignet sich folgendes Wortspiel von Bobbenkamp [9]: Die umgangssprachliche Bedeutung von »Quanten« ist »Füße«, d. h. der Spuren hinterlassende, beobachtbare Aspekt des Gehvorgangs. Vom Körper als klassisches Objekt her gesehen ist das Gehen ein kontinuierlicher Vorgang; bezogen auf die Bewegung der Füße (»Quanten«) ist es ein Schritt-für-Schritt-

Prozeß. Der eigentliche Beweger der Füße und damit des ganzen Körpers ist der Geist, der das dem Bewegungsvorgang zugrundeliegende Kontinuum ist. Ganz entsprechend ist die Situation in der Quantenmechanik. Es gibt ein allem zugrundeliegendes Kontinuum: das uneingeschränkte Zusammenspiel von Beobachter, Beobachtungsprozeß und Beobachtungsobjekt. Durch Einschränkung dieses Kontinuums entsteht der schichtweise Schöpfungsaufbau bzw. der schrittweise Ablauf der Vorgänge. Das ist die sogenannte »Quantisierung«, die die Brükke zwischen der Welt der klassischen Physik und der rein quantenmechanischen Wirklichkeit bildet. So wird also der beobachtete klassische Bewegungsablauf durch die Quantenmechanik in diskrete Einheiten zerlegt, die wiederum der Ausdruck eines zugrundeliegenden Kontinuums, des vereinheitlichten Feldes aller Naturgesetze, sind. Ein Kunststück dazu wäre beispielsweise der Schrumpf-Zauberstab, den schrittweisen Übergang zum Grundzustand (Vakuum) illustrierend.

Zur historischen Entwicklung der Quantenmechanik sei angemerkt, daß sie mit der Entdeckung der Quantelung der klassischen Aktion oder Wirkung begann, d. h. mit der Erkenntnis, daß die natürliche Entwicklung in Schritten von Ruhe und Aktivität erfolgt. Die Existenz einer universellen, kleinsten Einheit der Aktion, das Plancksche Wirkungsquantum, war ursprünglich der Anlaß für die Bezeichnung »Quanten«-Mechanik. Das Prinzip, das zu dieser Entdeckung führte, war der Zweite Hauptsatz der Thermodynamik, der besagt, daß es unmöglich ist, eine Maschine zu bauen, die immer funktioniert (Unmöglichkeit eines perpetuum mobile). Wegen des klassisch unvermeidlichen Verschleißes sind nach diesem Prinzip immer Phasen der Regeneration erforderlich.

Die Quantenmechanik beschreibt demgegenüber eine stille, selbstbezogene Welt, die sich reibungslos in sich selbst bewegt. Dem Wesen dieser Realität angemessener ist deshalb die schweigende Präsentation des Täuschungskünstlers, die dadurch überzeugt, daß sie die Qualitäten der quantenmechanischen Welt **verwirklicht**, statt nur darüber zu reden. Eine solche wortlose Demonstration der Quantenmechanik stellt die höchsten Forderungen an den Täuschungskünstler: vollkommene Natürlichkeit, Eleganz und Virtuosität, perfekte Technik sowie ein ganz selbstbezogener und autonomer Handlungsablauf.

Ein weiterer Gewinn für die Täuschungskunst aus dieser Beschäftigung mit der Quantenmechanik wären zunehmende Verfeinerung und Reinheit der Präsentation. Viele irreführende Assoziationen, die heute noch mit der Unterhaltungstäuschung verbunden sind, ließen sich bauen, wenn durch die Täuschungskunst mehr reines Wissen illustriert wird. Es ist eine »Volksverdummung«, wenn Zauberkünstler Levitation scheinbar durch Hypnose hervorbringen. Levitation und die anderen Sidhis sind immer das natürliche Ergebnis eines erweiterten, erleuchteten Bewußtseins, nie eines dumpfen oder eingeschränkten Zustandes des Bewußtseins.

Die Popularisierung der Quantenmechanik durch die Unterhaltungstäuschung ist deshalb möglich, weil die Quantenmechanik heute in einer Interpretation vorliegt, die sich unmittelbar auf das Bewußtsein jedes einzelnen bezieht und darum leicht nachzuvollziehen ist. Diese Bewußtseinsinterpretation der Quantenmechanik hat sich auf Grund der Erfahrungen von Millionen von Menschen in allen Teilen der Welt entwickelt, die mit Hilfe der Technik der Tranzendentalen Meditation begannen, systematisch das volle Potential ihres Bewußtseins zu erschließen.

ABSCHLIESSENDE BEMERKUNGEN: UNTERHALTUNGSTÄUSCHUNG UND BEWUSSTSEINSENTWICKLUNG

Aus der Verbindung von Quantenmechanik und Unterhaltungstäuschung kann großer Nutzen für beide entstehen:

Das Wissen der **Quantenmechanik** läßt sich allen Menschen auf anschauliche Weise

Unendliche Korrelation

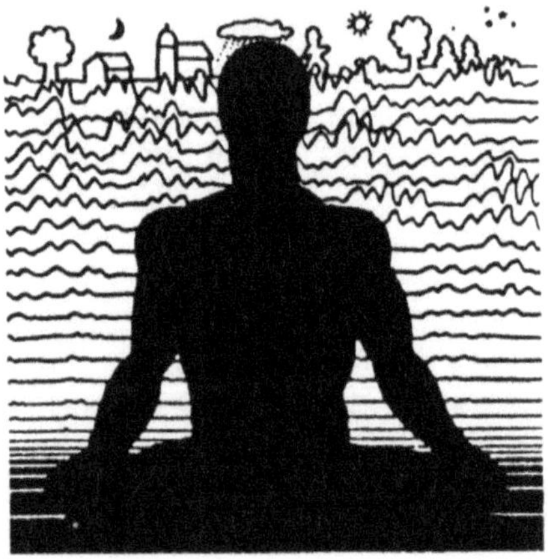

Sie ist Grundlage der gesamten Schöpfung, unmanifest-Grundlage alles Manifesten, unveränderlich-Quelle aller Veränderungen, zeitlos (10), ein Bereich perfekter Ordnung (2), totaler Wechselbeziehung von allem mit allem, ein Zustand der Unbegrenztheit, der Ganzheit (7). Im subjektiven Bereich wird er während der Ausübung der TM-Technik als Transzendentales Bewußtsein, unbegrenzte Bewußtheit, erfahren.

zugänglich machen. Dies ist ein wesentlicher Beitrag zur Förderung einer ganzheitlichen Weltsicht, die die verschiedenen Standpunkte und Weltanschauungen zu einer, der weiteren Entwicklung förderlichen Einheit zu integrieren erlaubt und die vor allem aber die Notwendigkeit einer systematischen Entwicklung des Bewußtseins verständlich macht. Schlafen, Träumen und Wachen sind nicht die einzigen Bewußtseinszustände, die der Mensch verwirklichen kann, es gibt noch **vier** weitere »höhere« Bewußtseinszustände, die ebenso natürlich und normal sind.

Für Wissenschaftler sei angemerkt, daß die Möglichkeit besteht, bestimmte Effekte der Täuschungskunst in der Quantenmechanik zu neuen Einsichten, z. B. über die Struktur des Vakuums, zu führen. Dies ist deshalb zu erwarten, weil neben der Physik auch Chemie, Biologie und sogar verschiedene Ingenieur-Diszipline für die Entwicklung der modernen Quantenmechanik bedeutungsvoll waren — warum also nicht auch die Täuschungskunst, die die Tricktechnik der Natur nachzuahmen versucht?

Der **Unterhaltungstäuschung** gibt die Verbindung mit der Quantenmechanik die Chance eines vertieften Verständnisses der Grundlagen der Täuschungskunst im Bewußtsein. Die Quantenmechanik als Wissenschaft der Einheit von Beobachter, Beobachtungsprozeß und Beobachtungsobjekt erlaubt eine Erneuerung des bewußtseinsbezogenen Kunstverständnisses. Indem der Täuschungskünstler vor dem Publikum die selbst-bezogene Dynamik der Einheit des Bewußtseins demonstriert, belebt er dadurch im Zuschauer ein momentanes Bewußtsein dieser Einheit. Diese Belebung der Bewußtseinsdynamik in bestimmtem Übergangszuständen oder »Lücken« des Wachbewußtseins, kann optimal mit der Rolle eines Katalysators in einem chemischen Reaktionssystem verglichen werden. Je perfekter die Präsentation der Einheit des Künstlers mit seiner präparierten Welt der Objekte ist, desto schneller werden beim Zuschauer festgefahrene Denkstrukturen transformiert ähnlich, wie durch einen geeigneten Katalysator chemische Umwandlungen beschleunigt werden. Die Täuschungskunst bewirkt Augenblicke der Klarheit und Freude zwischen zwei sich widersprechenden Erfahrungen. Dort, wo der Intellekt für kurze Zeit zur Ruhe kommt, ist die reine Freude. Diese Erfahrungen der Freude geben umgekehrt dem Intellekt Nahrung und stärken ihn. Der Intellekt braucht und sucht das.

Der erste Impuls der Freude existiert bereits

vor jedem schöpferischen Prozeß im quantenmechanischen Kontinuum des Lebens, im ewigen Vorgang der Selbst-Wechselwirkung. Das Verlangen nach immer mehr — das Sprießen der Wünsche — ist nur eine Manifestation der inneren Dynamik des Bewußtseins, seiner Selbst-Erkenntnis. Jeder Impuls der Freude bezeichnet einen Schritt vorwärts, der dem Evolutionsprozeß zusätzlichen Antrieb verleiht. Jede Stufe der Evolution entspricht dabei einem bestimmten Grad der Selbst-Erkenntnis, und die volle Entwicklung des menschlichen Bewußtseins ist die höchste Ausdrucksform dieses Erkenntnisprozesses. In unserer Zeit besteht deshalb ein so großes Bedürfnis nach Unterhaltung, d. h. nach Regeneration von Geist und Körper, weil das Verlangen nach einer neuen Ebene der Erkenntnis und des Wissens in der Menschheit erwacht ist. Im Unterhaltungssektor bildet sich gegenwärtig eine neue Kunstform heraus, deren Ideal als »Erleuchtung durch Unterhaltung« bezeichnet werden kann. Diese erleuchtende Unterhaltungskunst integriert die verschiedenen klassischen Kunstformen wie Musik, Tanz, Theater und damit auch die Täuschungskunst zu einem neuartigen **Spiel des Wissens**, das sich unmittelbar auf die Dynamik des Bewußtseins bezieht. Wenn Michael Jackson, einer der erfolgreichsten Künstler des modernen Musik-Theaters, mit Doug Henning oder Siegfried und Roy zusammenarbeitet, um Illusionseffekte in seine »Soul Shows« einzubauen, dann tut er das wegen der bewußtseinserweiternden Wirkung dieser Effekte.

Ein bewußtseinsorientiertes Verständnis der Täuschungskunst erreicht, daß die Rolle der Unterhaltungstäuschung für die volle Entfaltung des gesamten Potentials menschlichen Bewußtseins wieder klarer gesehen wird.

Diese neue Sichtweise der Täuschungskunst spricht den Menschen von heute verstärkt an, und sie zeigt ihm, daß es dabei um mehr als nur um »Tricks« und »Unterhaltung« geht — um die Belebung fundamentaler Strukturen des Bewußtseins. Durch die theoretischen Erkenntnisse der Quantenmechanik einerseits und die weite Verbreitung der bewußtseinserweiternden Technologien des Programms der Transzendentalen Meditation andererseits ist jetzt die Zeit für das vertiefte theoretische Verständnis und die Erweiterung der bewußtseinsmäßigen Grundlagen der Unterhaltungstäuschung gereift.

Mensch Maya

Schattentäuschung(2)

»Federleicht« oder »Der Schmetterling«. Ein Zuschauer schwebt, schrumpft und verwandelt sich.

Diese einfache Schattenschwebe, die mit mehreren aufeinanderfolgenden Effekten verkettet ist, entstand vor etwa zehn Jahren als Vorspiel zu einem Licht- und Schattenmärchen. Das Publikum sieht dabei folgendes:

EFFEKT

Auf der Schattenwand erscheint eine projizierte Waldlandschaft. Der Märchenzauberer kommt vor die Bühne und bittet um die Mitwirkung eines Zuschauers, der bereit ist, sich hinter der Schattenwand schrittweise in einen federleichten, winzigkleinen Schmetterling verwandeln zu lassen. Der Zuschauer brauche dabei fast nichts zu tun und brauche auch keine Scheu zu haben, denn er sei ja hinter der Schattenwand vor den Blicken des Publikums sicher, das lediglich seinen Schatten sehen könne. Sogar schon vor der Schattenwand werde er den Blicken des Publikums entschwinden.

Ein Zuschauer meldet sich. Der Zauberer bittet ihn, sich mitten vor die Schattenwand zu stellen, verbindet ihm die Augen und legt ihm ein weißes, bis zum Boden reichendes Tuch um, das Tuch des »reinen Seins«, das die Verzauberung bewirken soll. Dieses Tuch bindet er mit einer großen Halsschlaufe fest (Abb. 1). Nun erklärt er, daß er den Zuschauer durch eine einzige Handbewegung unsichtbar machen werde, ohne ihn dabei vom Platz zu bewegen. Er faßt den Zuschauer mit einer Hand am Arm und spricht die Worte:

»Reines Sein, mach Haut und Haar
dieses Menschen unsichtbar!«

Währenddessen dreht er ihn mit dem Rükken zum Publikum und fragt nun, ob noch irgendjemand Haut und Haar des Zuschauers sehen könne. Es stellt sich heraus, daß

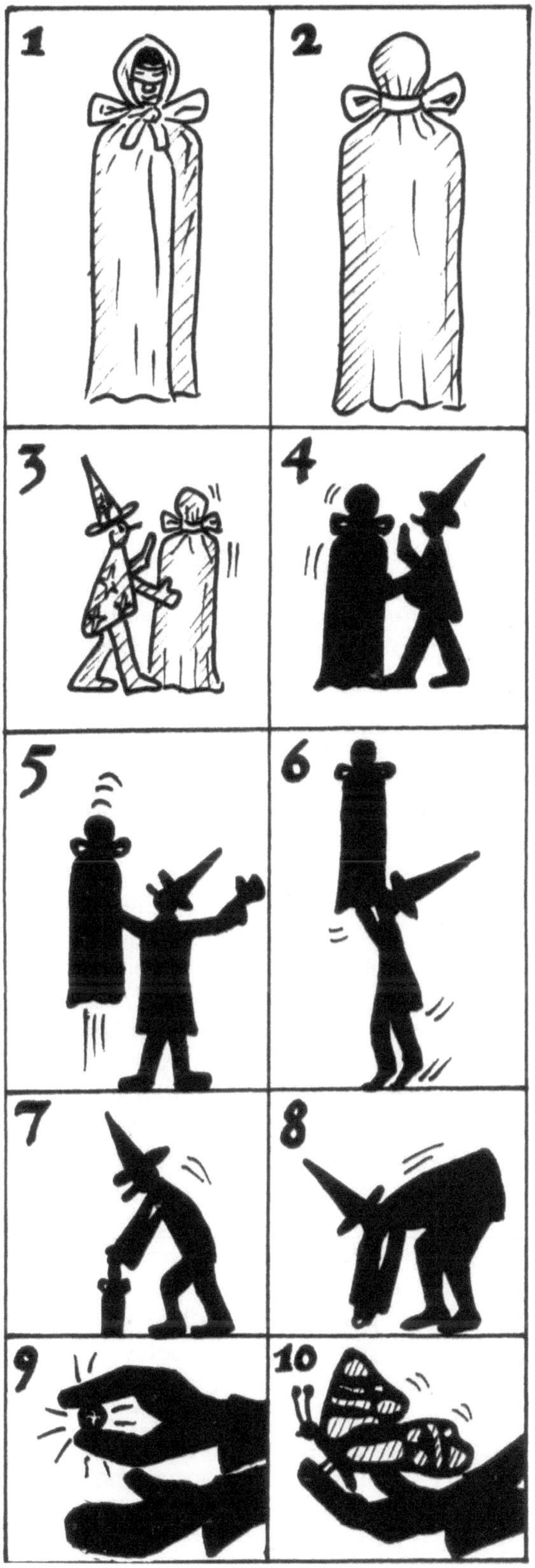

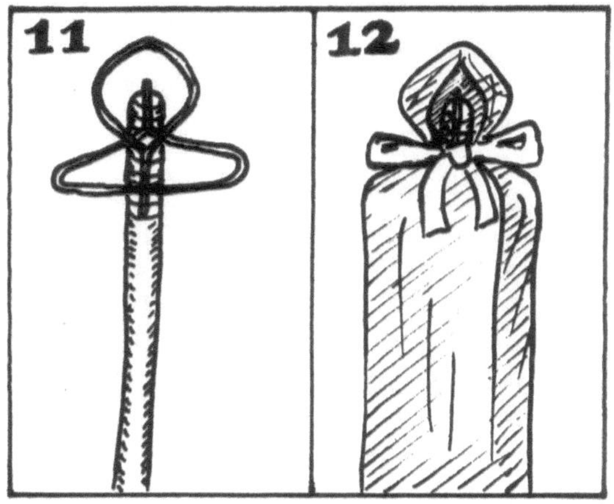

ihn tatsächlich niemand mehr sieht, denn er ist vollständig vom »reinen Sein« umhüllt (Abb. 2). Dann fragt er auch den Zuschauer, ob er Haut und Haar von sich noch sehen könne, und bittet ihn, mit klarer Stimme zu antworten. Da er eine Augenbinde trägt, muß er wahrheitsgemäß verneinen. Nun faßt ihn der Zauberer am Arm, bittet ihn, mit kleinen seitlichen Schritten, ohne sich umzudrehen, seiner Führung zu folgen (Abb. 3), und führt ihn hinter die Schattenwand, auf der sogleich die Schatten des Zuschauers und des Zauberers sichtbar werden (Abb. 4). Der Zauberer führt den Zuschauer, der immer noch mit verbundenen Augen kleine seitliche Schritte macht, bis in die Mitte der Schattenbühne, spricht mit ihm, steckt ihm ein Clipmikrofon an und achtet darauf, daß man die Stimme des Zuschauers hören kann. Dann spricht er die Worte:

»Reines Sein, dem jeder gleicht,
mach den Körper federleicht!«

Kaum sind diese Worte ausgesprochen, wird der Zuschauer tatsächlich federleicht und schwebt aus dem Stand weit über den Kopf des erstaunten Zauberers bis über die Baumspitzen der projizierten Landschaft hinaus (Abb. 5). Die Überraschungsrufe des Zuschauers zeigen, daß er ein ungewohntes Gefühl der Leichtigkeit und Heiterkeit empfindet. Wahrscheinlich würde er bis an die Decke auffahren, wenn der Zauberer ihn nicht mit den Händen am Tuchzipfel packen und wieder auf den Boden ziehen würde (Abb. 6). Nun spricht der Zauberer:

»*Reines Sein,*
sei winzigklein!«

Augenblicklich beginnt der Zuschauer zu schrumpfen und dünner und kürzer zu werden (Abb. 7). Der Zauberer bückt sich immer tiefer (Abb. 8) und hält schließlich nur noch eine winzigkleine, leuchtende Glaskugel in den Händen (Abb. 9). Dann spricht er die Worte:

»*Reines Sein, du Wunderding,*
sei ein Schmetterling!«

Darauf verwandelt sich die Glaskugel in den Händen des Zauberers zu einem farbigen, flatternden Schmetterling (Abb. 10). Während des gesamten Vorgangs hört man die erstaunten Ausrufe des Zuschauers über seine Verwandlung.

BEMERKUNG

Das Zwischenspiel mit dem Mikrofon ist nur für größere Bühnen gedacht und bei Wohnzimmer- und Partyzauber nicht nötig. Das Ganze kann natürlich auch stumm mit musikalischer Untermalung vorgeführt werden. Auch die Hintergrundprojektion zur Verstärkung des Schwebeeffekts ist bei einfacher Ausführung entbehrlich. Wenn der Zauberer einen Assistenten hat, braucht der Zuschauer vorher nicht eingeweiht zu werden.

VORBEREITUNG

Stellen Sie aus einem Besenstiel und zwei Drahtbügeln eine Körperattrappe her, indem Sie die Bügelhaken geradebiegen und mit festem Klebeband am Besenstiel festkleben. Der eine Bügel dient als Schulter, der andere, etwas rundgebogen, als Kopf (Abb. 11). Hängen Sie ein Laken darüber und binden Sie es mit einer breiten Halsschlaufe fest (Abb. 12). Stellen Sie diese Attrappe direkt hinter den Eingang zur Schattenwand. In die Mitte der Schattenbühne legen Sie eine Glaskugel und einen gefalteten Schmetterling, den Sie aus Pappe und farbigen Klarsichtfolien ausgeschnitten haben.

VORFÜHRUNG

Während der Vorführung hängen Sie dem Zuschauer ein ebensolches Tuch wie der Attrappe um und binden es mit einer ebensolchen Halsschlaufe fest. Das Tuch muß bis zum Boden hängen. Achten Sie darauf, daß der Zuschauer schon vor der Schattenwand etwas sagt, damit das Publikum später seine Stimme wiedererkennt. Sobald Sie hinter die Schattenwand treten, ergreifen Sie die Attrappe am Stiel, halten sie so, daß ihr Kopf in Kopfhöhe des Zuschauers ist, treten damit ins Lichtfeld und sprechen mit ihr. Dabei betrügen Sie das Publikum nicht einmal, denn Sie haben ja schon vorher darauf hingewiesen, daß hinter der Schattenwand nicht der Zuschauer, sondern lediglich sein »Schatten« — sprich Attrappe — zu sehen sei. Führen Sie die Attrappe an die gleiche Stelle, wo vor der Schattenwand der Zuschauer stand, und bewegen Sie sich in der gleichen Geschwindigkeit und auf die gleiche Weise wie vor der Bühne. Bewegen Sie die Attrappe leicht beim Gehen und Antworten. Ahmen Sie dabei die Bewegungen nach, die Ihr eigener Schatten beim Sprechen und seitlichen Gehen ausführt. Halten Sie die Attrappe stets parallel zur Schattenwand.

Vor dem Schweben gehen Sie ein wenig in die Knie. Sobald der »Zuschauer« hochfliegen soll, heben Sie verwundert beide Arme in die Höhe und schauen der auffahrenden Attrappe nach. Das Publikum glaubt dann, daß Ihr Arm vor oder hinter dem Zuschauer ist und sich lediglich die Schatten überlappen. Lassen Sie den Besenstiel in Ihrer Hand mit Schwung so hoch wie möglich gleiten. Schwingen Sie sich auf die Zehenspitzen und ziehen Sie die Attrappe mit beiden Händen am Tuch langsam wieder auf den Boden. Nun drehen Sie die flache Attrappe um 90 Grad, so daß sie rechtwinklig zur Schattenwand steht und ihr Schatten immer dünner wird, und senken sie dabei bis zum Boden. Dort lassen Sie sie liegen und greifen mit der Rechten die Glaskugel und mit der Linken unbemerkt den Schmetterling, den Sie flach zwischen die Finger klemmen und im Schatten Ihrer Hand verdecken. Halten Sie die Glaskugel so nahe an die Schattenwand, daß sie wie eine Linse wirkt. Nach dem Zauberspruch führen Sie die Hände zusammen, lassen die Kugel im Schatten Ihrer rechten Hand verschwinden und den flatternden Schmetterling aus dem Schatten Ihrer Linken aufsteigen. (Hier folgte ursprünglich ein Märchenspiel vom Schmetterling.)

Wenn Sie mit Hintergrundprojektion arbeiten, muß ein technischer Assistent den Hintergrund in dem Augenblick sinken lassen, wo das Schweben beginnt, und im Augenblick des höchsten Schwebens wieder steigen lassen bis zum Ausgangspunkt.

DER ZUSCHAUER

Sobald der Zuschauer hinter der Schattenwand verschwunden ist, wird er von einem Assistenten empfangen und am Rande außerhalb des Lichtfeldes im gleichen Rhythmus wie die Attrappe bis neben die Lichtquelle geführt. Das Geräusch seiner Schritte wird vom Publikum automatisch auf die Attrappe übertragen. Dann nimmt ihm der Assistent die Augenbinde ab, damit er Ihr Schattenspiel sehen und die Bewegungen der Attrappe mit seiner Stimme — gegebenenfalls durchs Mikrofon — begleiten kann. Für schüchterne Zuschauer können sie einen Text vorbereiten, den ihm der Assistent zum Vorlesen vorlegt und in dem seine Zwischenrufe und die jeweiligen Stichworte Ihres eigenen Bühnentextes unterstrichen sind. Nahe der Lichtquelle hat er genügend Licht zum Lesen.

Wenn Sie den Trick vor dem Zuschauer verbergen wollen, lassen Sie ihm die Augen verbunden. Er kann dann nach Anweisung des Assistenten und nach dem Gehör auf Ihre Stimme antworten. Wenn Sie keinen Assistenten haben, müssen Sie den Zuschauer vor der Vorführung einweihen und können ihn auch bitten, als technischer Assistent für die Hintergrundprojektion behilflich zu sein.

DIE WEISSE WAND

Ich hoffe, Sie haben durch diese Zeilen ein wenig Geschmack an den Möglichkeiten der Schattentäuschung gefunden. Das Schattenspiel regt in besonderem Maße die Phantasie an, denn es gehört zum »armen Theater«: Es ist so sparsam, daß nicht einmal die Darsteller zu sehen sind. Das Publikum sieht Farbe, Form, Bewegung — und blickt in Wahrheit nur auf eine weiße Wand. Daher stelle ich dem Publikum zu Beginn eines Schattenspiels häufig erst einmal das vor, was es während der Vorführung tatsächlich sieht: die weiße Wand.

»*Diese Wand aus reinem Sein*
ist im Grunde weiß und rein.
Erst wenn wir die klaren, hellen
Lichter in den Schatten stellen
und das reine Sein verdunkeln,
sehen wir die Formen funkeln,
und das Sein erscheint in vielen
Klang- und Farb- und Formenspielen.
Alles kann man darauf sehen,
Bilder kommen und vergehen,
doch im Grunde bleibt das Sein
selbst im Schatten — weiß und rein.«

KALEIDOSKOP 38. Jahrgang Heft 1 – Jan./März 1989

V. J. Astor

Offener Brief an alle, die die Existenz der Quantenmechanik verneinen

Es wundert mich, daß es im Zeitalter der Esoterik-Okkult-Aufklärung noch Menschen gibt, die die Artikel über die Quantenmechanik in der »M«W nur mit einem müden Lächeln oder mit einer abwertenden Handbewegung kommentieren. Sind diese Leute von allen guten Geistern verlassen? Merken sie nicht, was um sie herum in der Welt geschieht? Sehen sie nicht, daß die Quantenmechanik in alle Bereiche unseres Lebens — ja auch unseres öffentlichen Lebens — Einzug gehalten hat? Oder hören sie die Reden unserer Politiker, unserer Psychologen und Soziologen nicht? Sehen sie nicht fern, hören sie kein Radio? Merken sie nicht, was in den Parlamenten, in der UNO und anderen internationalen Organisationen geredet wird? Merken sie die Auswirkungen der Quantenmechanik auf das Klima, auf die Umwelt und auf die Mentalität der Menschen nicht? Und last but not least, ist ihnen entgangen, daß die Quantenmechanik auch in der Kunst festen Fuß gefaßt hat? Haben sie die modernen Inszenierungen, wie die von Zadek und Co, nicht gesehen? (Übrigens, daß »Zadek« aus dem Böhmischen kommt und auf gut deutsch »Hintern« bedeutet, hat mit der Sache nichts zu tun.)

Um all diesen blindlings herumirrenden Menschen die Augen zu öffnen, übergebe ich hiermit der Öffentlichkeit mein allerneuestes Gedicht, das zwar in reinstem Deutsch, doch in echt quantenmechanischem Stil geschrieben ist:

Der Ment

Deß Menten Balten ödigend gedehmigt
un quantenquasten Bentilenz gedarrt,
bis hulderund in Schan de rondelehrigt
hungend des dortig Runze kandelarrt,

wieg schesterfeltig wundeland Bäh hähert
dorrt ingenwiegelt hindelang nefehl;
ob Kuntewist bo Buntelist besäkelt
nich tronzelig in Hechte integel.

Wag hindemint! Wag listemint gedill!
Noch stundelich in Wantenfell pedirr!

(Werry hat zwar empfohlen, das letzte Wort auf »pedill« zu ändern, doch ich bin nicht bereit, des Reimes wegen den Sinn zu opfern.)

Leserforum

38. Jahrgang Heft 2 – April/Juni 1989

SINNVOLL

. . . Astors Gedicht im »quantenmechanischen Stil« ist wirklich eine gute Idee. Es illustriert sehr schön, wie die Sprache der Natur auf der quantenmechanischen Ebene nicht mehr die vom Klassischen her gewohnte feste Bedeutung besitzt, sondern viele Möglichkeiten einschließt, weil der Klangcharakter dominiert. Wenn die Quantenmechanik weiterhin so kreativ umgesetzt wird, dann war es sinnvoll, so viel darüber zu schreiben. — Die bekannten schädlichen Nebenwirkungen der modernen Wissenschaft rechtfertigen Astors kritische Haltung. Fairerweise muß jedoch gesagt werden, daß nie ein System allein für das Heil oder Unheil in der Welt verantwortlich gemacht werden kann. Jedes System — sei es konkret oder abstrakt (wie die Quantenmechanik) — ist nur ein Hilfsmittel, das erst zusammen mit dem Bewußtsein des Menschen Leben erhält. Es ist das Bewußtsein des Einzelnen bzw. der Gesellschaft, das über den Erfolg oder Mißerfolg eines Systems entscheidet, nie umgekehrt. Das System selbst ist höchstens von sekundärer Bedeutung, denn ein kreativer Geist kann jedes System optimal nutzen und vervollkommnen. Dauerhaften Erfolg und Bestand wird nur ein System haben, das Methoden einschließt, das Bewußtsein des Menschen zu entwickeln, weil alle anderen Faktoren wie Ökonomie, Finanzen, Technik, Kommunikation etc. von diesem einen Faktor abhängig sind. . .

Dr. B. Zeiger, NL - Vlodrop

Quantendeutsch

Offener Brief an Astor

Lieber Astor, Ihr quantenlyrisches Meisterwerk »Der Ment« hat mich als alten Linguisten so begeistert, daß es mir gleich in den Fingern juckte, eine Artikelserie über "Brechzauberei" zu schreiben. Das ist die Kunst, aus einem einzigen Wort eine endlose Schlange sinnvoller Sätze hervorzuzaubern - durch simples Wiederholen und Aufbrechen seiner Silben in verschiedene Wörter.
Da ich dabei einige von Ihnen geprägte quantendeutsche Vokabeln übernehmen möchte, wie. z. B. den "Wantenfell"-Zylinder, in den man das Wort werfen muß, habe ich - so leid es Ihnen tun wird - zur Vorbereitung etwas völlig "Antiquantisches" getan: Ich habe Ihr Gedicht Wort für Wort aus dem Quantendeutschen in klassisches Deutsch übertragen.
Natürlich mußte ich dabei das reiche Bedeutungsspektrum einengen und mich auf den Sinn beschränken, den ich beim ersten Lesen herauslas. Die Eigenschaft Ihres Quantentextes, dem Betrachter je nach Blickpunkt immer wieder etwas Neues zu offenbaren (was diesen Text so wunderbar lebendig macht), ging bei der Übertragung ins Klassische leider verloren. Auf die Gefahr hin, daß Sie ob meiner Antiquiertheit arg enttäuscht sind, schicke ich Ihnen hiermit meine Deutung:

Der Geistesmensch

Als Baltenmensch des Saftigen entödet,
demütig quantensaugend, pestilenzgedörrt,
der runden Kunde hold, des Runden lehrig,
hungernd des dortgen Raunens, lichtgelöhrt,

wieg ich mich klangtrunken ins Wunderland.
Dort eingewiegelt, reichlich, ohne Fehl,
wird Fachsimpel wie Spaßvogel besäuselt,
nicht transusig, nein, recht in echtem Stel.

Wohlmeinend wag ich's, scharfsinnig und still!
Noch Stunden steh ich stumm im Quantenfill.

(Um nicht des Reimes willen den Sinn zu opfern, mußte ich auf Bobbenkamps humorvolle Reimmethode zurückgreifen.)

Herzlich Ihr quantenfüßiger
Mensch Maya

Kurz-Rezensionen

Braco: Die Ikarus-Kugel.

Ein Konzept der »schwebenden Kugel«, Berlin, Juni 1989, 25 Seiten DIN A4, 15 Abb., DM 30,-.

Braco stellt in seinem »Ikarus-Script 3« auf klare und anschauliche Weise das Ergebnis seiner 1981 begonnenen Versuche dar, eine echt schwebende Kugel herzustellen. Das Schöne daran ist, daß diese goldglitzernde, etwa 20 cm große Kugel tatsächlich frei im Raum schweben, steigen oder sinken kann, unabhängig von Bühne und Beleuchtung, und wenn Sie wollen sogar umringt oder über dem Publikum. Der Vorführende kann einen Reifen in allen Richtungen um die Kugel führen und sich beliebig von seiner Kugel entfernen. Sie ist relativ einfach und schnell herzustellen und, da sie wirklich schwebt, auch sehr einfach vorzuführen.
Neben der Herstellung der Kugel und Vorschlägen zur Routine gibt Braco auch einen geschichtlichen Abriß über die Verwendung des Trickprinzips, die bis ins 13. Jahrhundert zurückreicht. Das Manuskript ist sauber und im Schreibmaschinen-Blocksatz hergestellt und enthält neben den 15 technischen Abbildungen und Fotos auch einige ansprechende Illustrationen, die das Ganze künstlerisch auflockern.
Braco schreibt selbst, daß seine Ergebnisse sicher Anregung zu weiteren Ideen geben werden. Das kann ich bestätigen. Gleich nach der Lektüre kamen mir die ersten Ideen, wie man nach diesem Prinzip eine unverdeckte freischwebende Person vorführen könnte.
Ich habe den relativ hohen Preis für das relativ schmale Manuskript nicht bereut. Es enthält absolut einfache, zukunftsweisende Gedanken.

Mensch Maya

Personalien

Als Werbung für Langlebigkeit und ewige Jugend stellte Mensch Maya kürzlich den »1000 jährigen Zwerg« auf der Bühne dar. Eine Firma für ayurvedische Nahrungsergänzungen zur Verjüngung und zur Erhöhung der Lebensdauer hatte ihn für die Ziehung der Gewinner ihres Preisausschreibens engagiert. Die Idee zur Darstellung dieses Zwerges kam ihm, nachdem er das Prinzip von »Richard Merrys Liliputanerschau« ausprobiert hatte. Das 12seitige Büchlein von Richard Merry, in dem das Trickprinzip ausführlich erklärt und illustriert wird, erschien vor Jahren im »M«W-Verlag Düren. (Es ist z.Zt. noch für DM 3,00 bei Werry erhältlich). Merrys Grundgedanken dienten Mensch Maya als Anregung für ein System, das es ermöglicht, in den verschiedensten Körpergrößen vom Däumling bis zur bühnenfüllenden Figur auf der Bühne zu erscheinen.

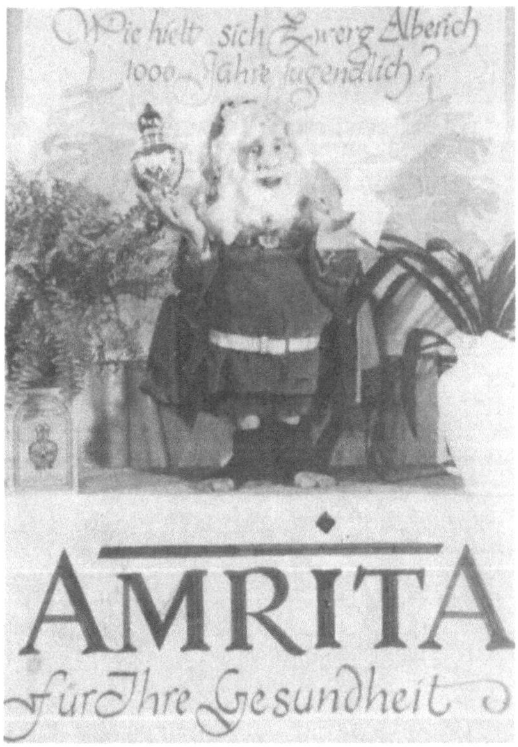

Mensch Maya als »1000jähriger Zwerg«, nach einer Idee von Richard Merry.

Mensch Maya

Fehlende Verärgerung

Werrys amüsanter Pannenbericht weckte in mir die Erinnerung an meine erste Panne. Das war, als ich einmal kurzfristig gebeten wurde, meinen »Schwebenden Bettuchinen«* vor einem internationalen Publikum auf englisch vorzuführen. »Heute abend. Wäre das möglich?«

»Why not? Nothing is impossible!« sagte ich. Ich brauchte ja nur die deutschen Verse schnell zu übersetzen. Und ein einleitendes Gedicht zur Feier des Tages . . .

Das Dichterfieber vor dem Auftritt war ich schon gewohnt. Es war meine Art, die gesteigerte Wachheit und Energie, die andere Lampenfieber nennen, schöpferisch zu nutzen. Die letzten Verse zur Ein- und Überleitung kamen immer erst in der Atmosphäre des Publikums. Dann erinnerte ich mich an meinen jugendlichen Vorsatz, einmal »Spontandichter« zu werden, vergaß alles andere und ließ es fließen. . .

Während der Feier wurde mein Auftritt mehrmals angekündigt — und verschoben. Das wirkte unfreiwillig wie ein »running gag«. Als mich der Zeremonienmeister kurz vor Schluß zum dritten Mal ankündigte, kam ich endlich auf die Bühne. Derselbe »running gag« wiederholte sich während der Aufführung mit dem »schwebenden Bettuchinen«. Allerdings wohlweislich eingeplant. . . Bis ich die Panne bemerkte. Im Fieber des Verseschmiedens hatte ich vergessen, einem Zuschauer den eingeplanten »verärgerten Zwischenruf« beizubringen. Der dramaturgische Ablauf erforderte ein ständiges Wechselspiel zwischen Erfolg und Mißerfolg beim Zaubern**. Da ich den ausbleibenden Bettuchinen gerade durch ein »unsichtbares Schweben« pantomimisch vorgeführt hatte, war nun der Zuruf eines verärgerten Zuschauers nötig, der den schwebenden Bettuchinen »richtig« sehen wollte.

Da stand ich nun mitten im Geschehen, und die Schwelle der Verärgerung kam immer näher. Jetzt! Jetzt hätte der Zwischenruf kommen müssen. Stattdessen lauschte alles innig meinen Versen.

Um einen Grund zu haben, den Bettuchinen zum drittenmal auf die Bühne zu rufen, blieb mir nur noch übrig, den Zwischenruf dem am Podium sitzenden Zeremonienmeister gedankenlesend in den Mund zu schieben. Aber das haute nicht hin. Mein Tonfall war schräg. Jetzt endlich kam die ersehnte Verärgerung! Leider echt. Und nicht nur eine . . . Den Rest des Abends konnte man vergessen. Die Atmosphäre hatte einen Stich, und dieser übertrug sich auf den Bettuchinen und auf mich.

Am nächsten Tag fragte ich einen Zuschauer: »Du zauberst doch auch. Willst du nicht mal was zeigen?« Seine Miene versteinerte: »Danke! Seit ich dich sah, ist mir die Lust vergangen. . .«

Dieser Satz blieb lange bei mir hängen — viele Feste über, die eine zauberhafte Einlage vertragen hätten. Das kommt davon, wenn man zu übermütig und ohne ausreichende Vorbereitung zusagt und dann vergißt, den Blitzableiter rechtzeitig zu legen.

Einen ähnlichen Blitzableiter hatte ich übrigens auch zu Beginn meines Auftritts in der »M«W eingeplant. Nach den ersten Artikeln schlug ich Werry vor, zur dramaturgischen Steigerung im Laufe der Zeit einen Leser auftreten zu lassen, der Mensch Maya kräftig Kontra gibt. Die Arbeit ist mir allerdings erspart geblieben: Ein Leser übernahm spontan die Rolle. . .

* Mensch Maya, Der schwebende Bettuchine, »M«W 4/85, S. 292-296

** Mensch Maya, Dramaturgie - Spannung, Entspannung, Steigerung, »M«W 1/86, S. 38-40

Mensch Maya

Schattentäuschung(3)

Lichtwechsel

In »M«W 2/89 beschrieb Mundaka Lee in seinem Interview den Effekt des Schattenkabinetts: »In einem kleinen Kabinett, das leer gezeigt wird und bei dem alle Wände durchleuchtet werden, materialisiert sich durch ein Schattenspiel langsam ein Mensch. Zuerst sind nur die Schattenumrisse der Hand zu sehen, dann vervollständigt sich der Körper langsam, immer synchron mit meinen Bewegungen vor dem Kabinett, bis schließlich meine Frau dem papierbespannten Kasten entsteigt.«

Wir sehen hier, wie ein Aspekt der Schattentäuschung in die Produktion eines professionellen Zauberkünstlers eingebaut wurde: der Lichtwechsel. Was ist damit gemeint, und welche Effekte können wir damit erzielen? Rufen wir uns kurz in Erinnerung, wie ein Schatten überhaupt entsteht.

Die Schattendreiheit

Ein Schatten kann nur entstehen, wenn sich zwischen einer Lichtquelle und einer Projektionsfläche ein schattenwerfendes Objekt befindet. Der Schatten selbst hat keine eigene, unabhängige Existenz. Er tritt nur durch das Fehlen des Lichtes in Erscheinung.

Seine Form ist abhängig von vielerlei Faktoren: von der Beschaffenheit der Lichtquelle, des Objektes, der Projektionsfläche, vom Abstand zwischen diesen dreien und vom Einfallswinkel des Lichtes. Ändert sich auch nur einer dieser Faktoren, so verändert sich der Schatten.

Um diese Vielfalt systematisch in den Griff zu bekommen, wollen wir uns heute auf die Veränderung der Lichtquelle beschränken. Wir nehmen einmal an, wir hätten eine unbewegte Leinwand und ein unbewegtes, undurchsichtiges Objekt. Stellen wir uns der Einfachheit halber einen Zylinderhut auf einem Ständer vor, der 1 m hinter einer Leinwand steht (Abb. 1).

1. Der Abstand

Nun fügen wir die Lichtquelle hinzu. Wir stellen eine einfache Bürolampe 50 cm hinter der Leinwand auf und beleuchten damit die Wand. Was sehen wir, wenn wir die Schattenwand von vorn betrachten (Abb. 2)?

Eine beleuchtete Leinwand. Weiter nichts. Der Zylinderhut ist zwar vorhanden, aber er wirft keinen Schatten, da er nicht zwischen Lichtquelle und Leinwand steht. Könnte es also sein, daß sich Mundakas Frau schon in dem Schattenkabinett befand, bevor ihr Schatten auf der Leinwand sichtbar wurde?

Nun stellen wir die Bürolampe unmittelbar hinter dem Zylinder auf (Abb. 3). Was sehen wir?

Eine unbeleuchtete Leinwand. Weiter nichts. Die Lichtquelle ist zwar vorhanden, aber der Schatten des Zylinders ist so groß, daß er die ganze Schattenwand bedeckt. Die Umrisse des Zylinders sind darauf noch nicht sichtbar.

Nun schieben wir die Bürolampe immer mehr nach hinten, bis die Umrisse zu sehen sind (Abb. 4). Wir sehen nun einen riesigen Zylinderschatten. Der Betrachter vor der Leinwand kann nicht eindeutig erkennen, ob es sich dabei um den Riesenschatten eines normalen Zylinders oder um den normalen Schatten eines Riesenzylinders handelt.

Je weiter wir nun die Lichtquelle nach hinten rücken, desto kleiner wird der Schatten, bis er schließlich fast die gleiche Größe wie der Zylinder hat (Abb. 5). Wir können also durch Veränderung des Abstands einen Schatten wachsen oder schrumpfen und sowohl Schatten als auch Licht erscheinen oder nicht erscheinen lassen.

2. Der Winkel

Nun stellen wir die Bürolampe 1 m hinter den Zylinder, aber 50 cm nach links versetzt (Abb. 6). Was sehen wir? Der Schatten des Zylinders ist nach rechts gerutscht. Wenn wir die Lampe weiter nach links schieben, wandert der Schatten des Zylinders weiter nach rechts, bis er schließlich völlig von der Schat-

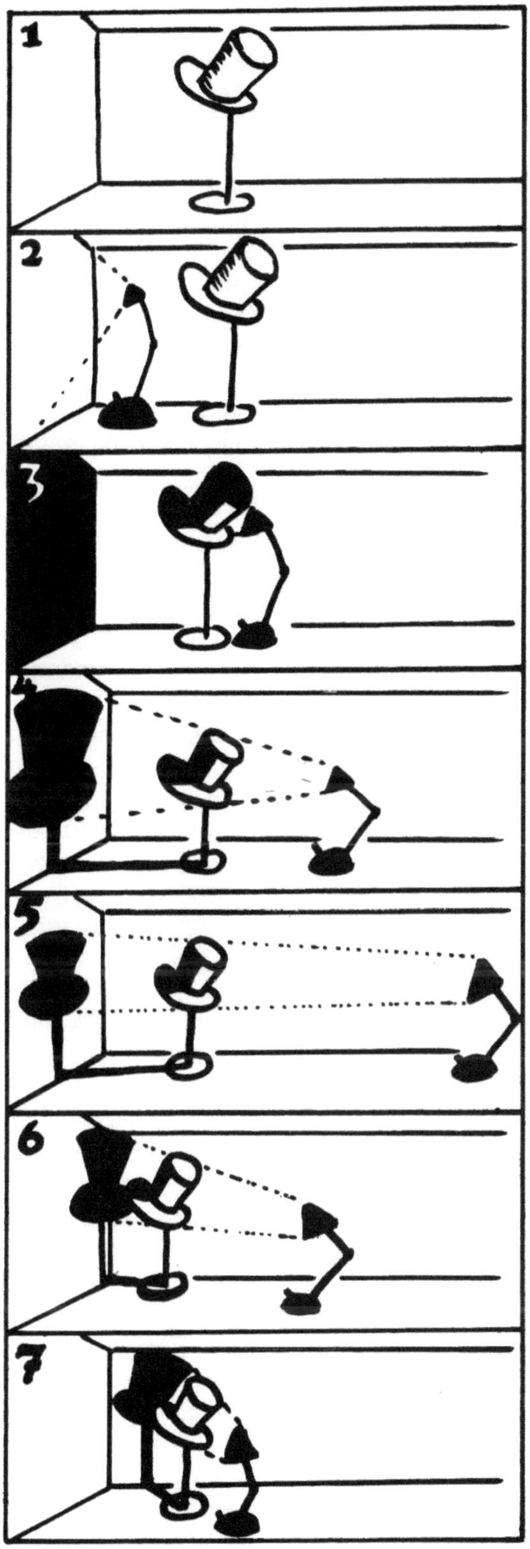

tenwand verschwindet (Abb. 7). Genauso können wir den Schatten durch senkrechte Veränderung des Winkels steigen oder sinken lassen (Abb. 8) und sogar, wenn wir die Lichtquelle im Kreis oder rhythmisch bewegen, rotieren und tanzen lassen.
Durch seitliche Verschiebung der Lichtquelle kann der Schatten unseres unbewegten Zylinders also steigen, sinken, tanzen, sich drehen, wandern und die Bühne verlassen.

3. Mehrere Lichtquellen

Nun holen wir eine zweite Lampe, stellen die eine Lampe 50 cm vor, die andere 1 m hinter den Zylinder und knipsen abwechselnd die beiden Lampen an und aus (Abb. 9a+b). Wir sehen, wie der Zylinder abwechselnd erscheint und verschwindet, je nachdem, ob die vordere oder hintere Lampe brennt. Wenn wir beide Lampen über einen Widerstand langsam ein- und ausblenden, sehen wir, wie der Zylinderschatten ganz allmählich auf der Schattenwand verschwindet oder erscheint. Könnte es also sein, das der Schatten von Mundakas Frau nur mit Widerständen in dem engen Schattenkabinett erschien?
Nun stellen wir eine Lampe 50 cm hinter, die andere 3 m hinter den Zylinder und knipsen wieder ein und aus (Abb. 10a+b). Wir sehen, wie der Schatten abwechsselnd groß und klein erscheint.
Wenn wir die Lampen links und rechts hinter den Zylinder stellen und sie abwechselnd ein- und ausschalten, springt der Schatten ruckartig nach links oder rechts (Abb. 11a+b).
Und wenn wir beide Lichtquellen anschalten, haben wir den Zylinderschatten aufgehellt und gleichzeitig verdoppelt (Abb. 12). Wir können also mit zwei Lichtquellen einen Schatten langsam oder ruckartig erscheinen und verschwinden lassen, vergrößern und verkleinern, von einem Ort zum andern springen lassen und aufhellen und verdoppeln.

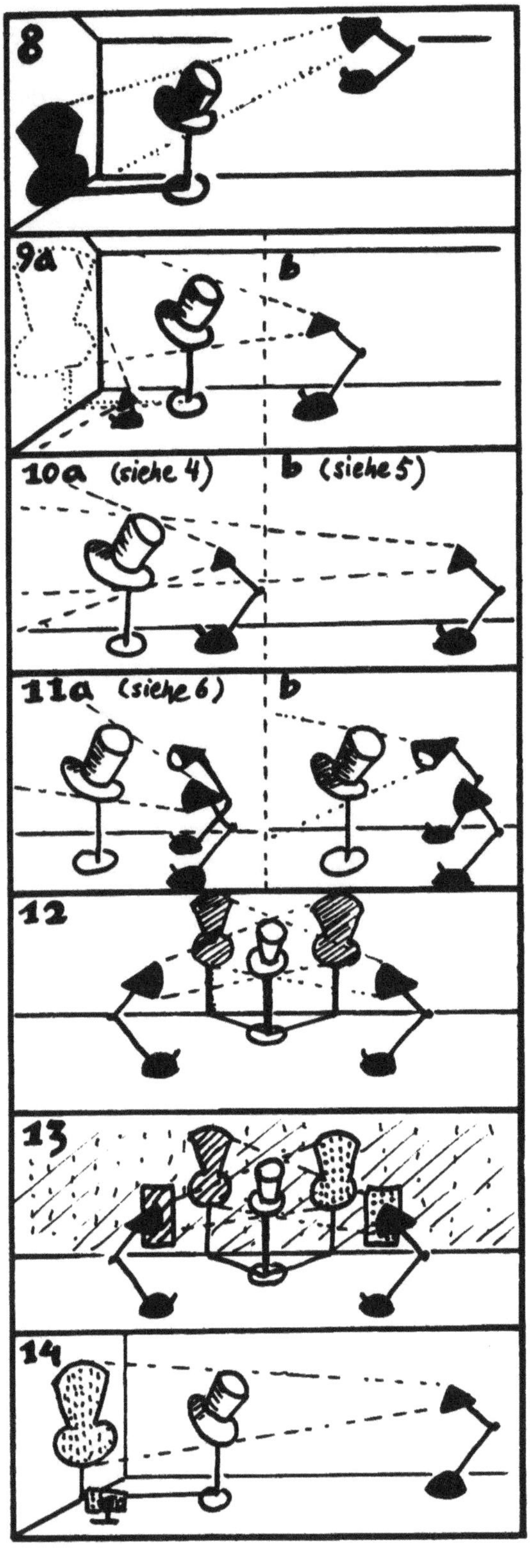

4. Farbwechsel

Jetzt halten wir vor die eine Lampe eine grüne und vor die andere Lampe eine rote Klarsichtfolie (Abb. 13). Wir sehen einen roten und einen grünen Schatten. Wenn wir nur eine Lampe anknipsen, ist der Schatten schwarz und das Lichtfeld farbig. Der Schatten ist sowohl bei grünem wie bei rotem Lichtfeld schwarz, wird jedoch aufgrund der Komplementärwirkung vom Auge als verschiedenfarbig wahrgenommen. Im roten Lichtfeld scheint der schwarze Schatten grün, im grünen rot zu sein.

Bleibt der Schatten also in Wahrheit immer schwarz, oder können wir ihn auch in einem weißen Lichtfeld färben? Auch das ist möglich: Wir stellen eine weiße Lampe hinter den Zylinder und eine schwache farbige vor den Zylinder. Das farbige Licht wirft keinen Schatten und färbt auch nicht das weiße Lichtfeld. Es färbt lediglich den schwarzen Schatten (Abb. 14).

Soviel zur Lichtquelle. War's langweilig? Ich weiß, wir haben uns nur anhand eines völlig unpoetischen Objekts in Erinnerung gerufen, wann ein Schatten erscheint und verschwindet, schrumpft und wächst, wandert, tanzt, rotiert, steigt und sinkt, nach der Seite oder aus dem Bildschirm springt, blitzartig größer oder kleiner wird, sich verdoppelt und die Farbe wechselt. Das alles ist nichts Neues und nichts Zauberhaftes. Es sind lediglich die Grundbausteine, mit denen Sie das Zauberhafte schaffen können. Das Schloß aus diesen Steinen bauen Sie.

Statt des Zylinders kann ein Mensch erscheinen, eine Tänzerin die Farbe wechseln, wachsen, schrumpfen, sich verdoppeln und verdreifachen ... Oder eine Stecknadel, ein Streichholz. Schattenspiel ist nicht beschränkt auf Bühnenzauber. Schon ein auf den Tisch gestelltes Blatt Papier ist eine Schattenwand. Schon ein Feuerzeug ist eine Lichtquelle. Finden Sie den Schattenstil, der Ihnen liegt. So wie Mundaka Lee im »Traum der Schmetterlinge«.

Richtig: Wie ging das gleich? »In einem Kabinett, bei dem alle Wände durchleuchtet werden, ... sind zuerst nur die Schattenumrisse einer Hand zu sehen, dann der Körper ...« Können wir das teilweise Erscheinen mit dem bisher Gesagten schon erklären? Versuchen wir's doch einmal an der Zimmerwand mit unserem eigenen Schatten. Wieviele Lampen brauchen wir, von wo scheint Licht? — Ich sehe schon, wir sind noch nicht am Ende unserer Betrachtungen. Langsam meldet sich der Forschergeist.

---

38. Jahrgang Heft 4 – Okt./Dez.1989

Mensch Maya

Schattentäuschung (4)

Dicht- und Richtwechsel

»Ein Zuschauer schwebt auf der Schattenwand, schrumpft dann bis auf Punktgröße zusammen und verwandelt sich schließlich in einen Schmetterling ...« Diesen Schatteneffekt haben wir bereits in der Szene »Federleicht oder der Schmetterling«* kennengelernt, und mit ihm die beiden folgenden Kunstgriffe der Schattentäuschung: Der kompakte Zuschauer wurde gegen eine flache, federleichte Attrappe ausgetauscht — einen solchen Austausch wollen wir »Dichtwechsel« nennen (Bild 1) —, und die flache Attrappe wurde senkrecht zur Leinwand gedreht, bis ihr Schatten schmal wie ein Strich war — eine solche Winkeländerung nennen wir »Richtwechsel« (Bild 2).

Heute wollen wir untersuchen, welche Möglichkeiten sich uns durch diese beiden Kunstgriffe bieten. Wir beleuchten also mit einer unbewegten Lichtquelle eine unbewegte Wand und betrachten, was geschieht, wenn wir Schattenobjekte gegen Objekte anderer Ausdehnung vertauschen und verdrehen.

Dichtwechsel

Schatten haben zwar eine Ausdehnung, aber keine Körperlichkeit. Sie dehnen sich nur auf der Fläche aus, nicht im Raum. Diese Zweidimensionalität macht sie abstrakter und flexibler als dreidimensionale Figuren und Gegenstände. Schatten sind eher mit Märchenhelden und mathematischen Größen vergleichbar als mit Menschen und festen Gebäuden.

Da Schatten nur die Umrisse, nicht aber die Tiefe eines Objektes erkennen lassen, bilden zwei Objekte mit gleichem Umriß und unterschiedlicher Tiefe auch den gleichen Schatten. Solange Umriß und Verhalten des Schattens gleichbleiben, wird der Austausch beider Objekte — sofern er unter Deckung geschieht — nicht bemerkt.

Austauschdeckung

Bei »Federleicht« steht der Zuschauer zuerst vor der Leinwand und wird dann hinter die Schattenwand geführt. Der Austausch gegen die Attrappe findet statt, während er sich außerhalb des Lichtfeldes befindet. Diesen Austausch wollen wir »Außentausch« nennen. Er bietet sich immer dann an, wenn sich das Schattenobjekt aus einem plausiblen Grund einen Augenblick außerhalb des Lichtfeldes befindet (Bild 3).

Während die flache, »zweidimensionale« Attrappe gedreht und gesenkt wird und ihr Schatten dabei immer schmaler und kleiner wird, wandert sie ebenfalls aus dem Lichtfeld, und zwar zu Boden, zum unteren Rand. An dieser Stelle wird sie gegen eine kleine Kugel ausgetauscht, die bühnenoptisch einen Punkt, ein »nulldimensionales« Schattenobjekt, verkörpert.

Ebensogut ist es denkbar, beispielsweise

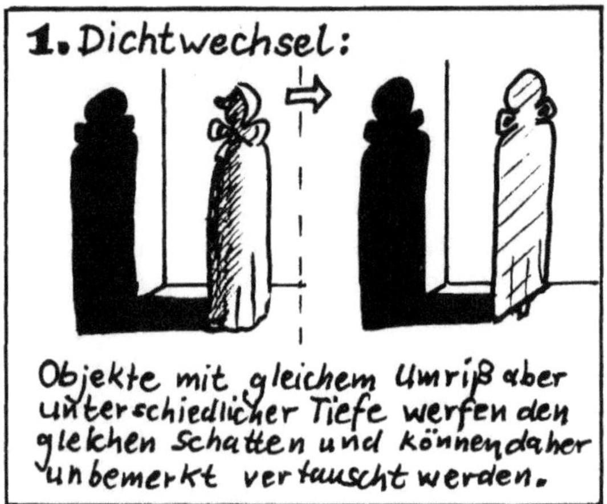

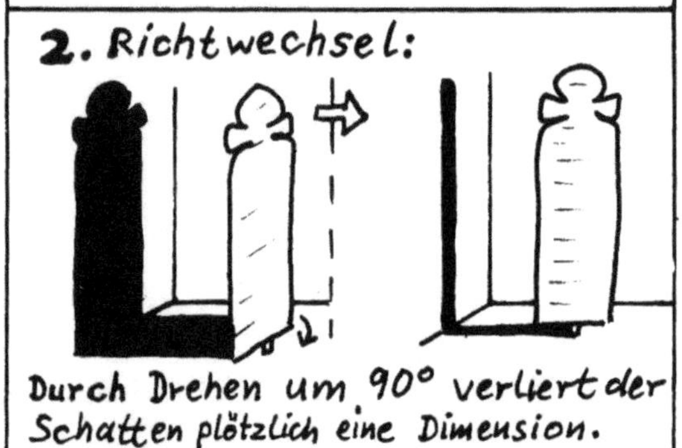

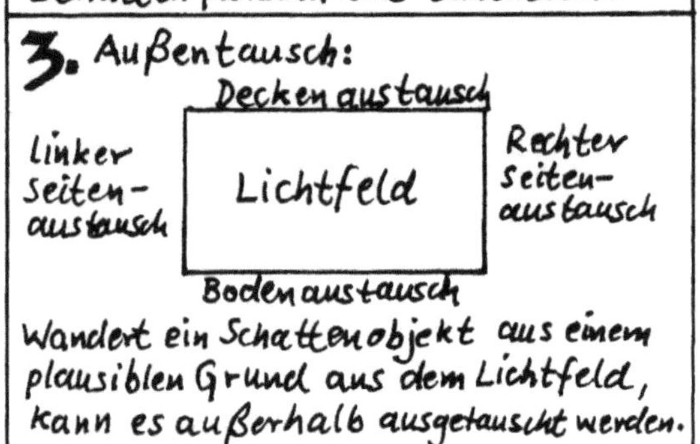

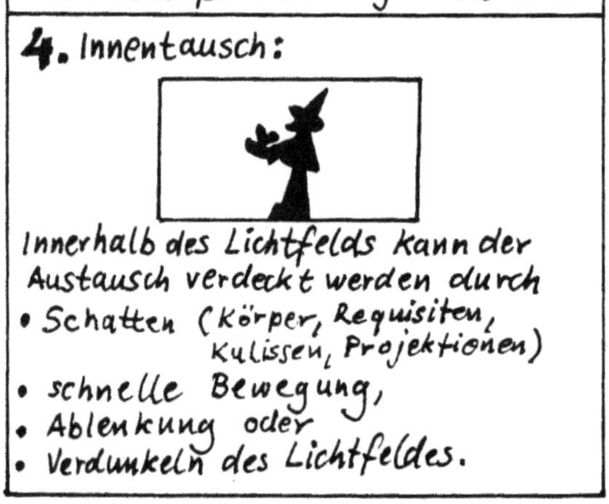

eine schwebende Kugel an die Decke schweben zu lassen und dort außerhalb des Lichtfelds gegen eine Scheibe gleicher Größe auszutauschen. Der Außentausch kann also nicht nur zu beiden Seiten, sondern auch unter oder über dem Lichtfeld vorgenommen werden.

In »Federleicht« verschwand die Kugel schließlich im Schatten der einen Hand, während aus dem Schatten der anderen buchstäblich »im Handumdrehen« ein Schmetterlingsschatten hervorwuchs. Einen solchen Austausch, der innerhalb des Lichtfeldes geschieht, wollen wir »Innentausch« nennen.

In unserem Beispiel wurde der flache Schmetterling bereits am Boden zwischen die Finger gesteckt, blieb aber vom Schatten der Hand verdeckt. Erst durch den Richtwechsel der Hand wuchs er aus dem Handschatten heraus und wurde im Lichtfeld sichtbar. Der Körperschatten diente also als Deckung (Bild 4).

Aber nicht nur Ihr Körper, jeder Schatten auf der Leinwand kann als Deckung dienen: vorbeiziehende Assistenten, Schattenkulissen, selbst vorbeiziehende Schatten eines projizierten Kulissenfilms**. Außer der Schattendeckung können Sie auch schnelle Bewegung oder Ablenkung zur Deckung eines Austauschs innerhalb des Lichtfeldes verwenden.

Schatten»palmieren« und »Ärmelzug«

Den flachen Schmetterling hatten wir im Fingerschlitz verborgen. Genauso können Sie den Arm- oder Beinschlitz zum Festhalten eines Schattenobjekts verwenden. Außerdem können sie alle Schattenobjekte offen am Körper tragen, ja sie können sogar meterweit von Ihrem Körper abstehen, solange sie parallel zur Lichtrichtung zeigen und dadurch von Ihrem Körperschatten verdeckt werden.

Da Sie hinter der Schattenwand normalerweise mit den Füßen auf dem Boden stehen, haben Sie immer einen Schattenkanal zum unteren Rand des Lichtfeldes. Um Schattenobjekte unbemerkt vom Boden aufzunehmen, können Sie sich ein einfaches Gerät bauen, bei dem durch Fußtritt ein Halter nach oben klappt und Ihnen das Schattenobjekt in Handhöhe reicht (Bild 5). — »Des Taschenspielers Ärmel ist des Schattenspielers Schattenbein.«

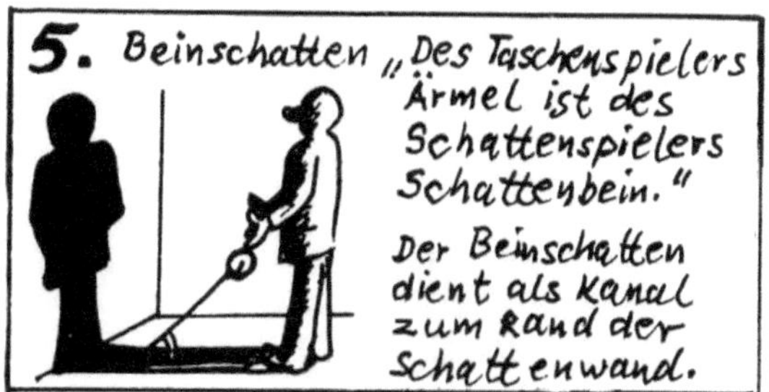

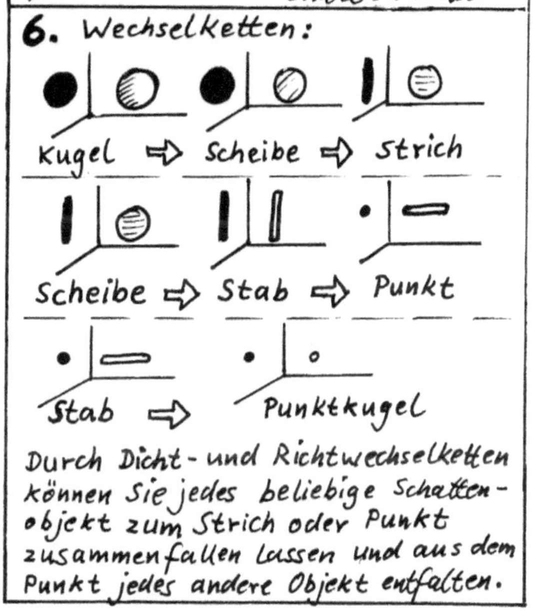

Dicht- und Richtwechselketten

Nehmen wir an, Sie halten eine große Kugel in der Rechten und schwenken die Hand auf die linke Seite Ihres Körpers. Unter Deckung des Körperschattens tauschen sie die Kugel blitzschnell gegen eine Scheibe aus.

Wenn Sie die Bewegung dabei flüssig weiterführen, bleibt der Eindruck der Kugel solange erhalten, bis Sie die Richtung der Scheibe verdrehen und die »Kugel« durch den Richtwechsel in einen Schattenstrich verwandeln, einen »Schattenstab«.

Beim nächsten Schwenk durch Ihren Körperschatten tauschen Sie die Scheibe gegen einen echten Stab aus, den Sie dann durch weiteren Richtwechsel in einen Punkt verwandeln können (Bild 6).
Auf diese Weise können Sie durch »Wechselketten« schrittweise jedes dreidimensionale Schattenobjekt um eine Dimension nach der anderen verringern und bis zum Punkt reduzieren. Genauso können Sie in umgekehrter Reihenfolge aus einem Punkt jedes beliebige Schattenobjekt entstehen lassen.
Durch den Wechsel zwischen Strich und Fläche können Sie Ihren »Schattenstab« in eine Kugel, einen Schirm, eine Schere usw. verwandeln. Der Phantasie sind keine Grenzen gesetzt. Wenn Sie lebende Schattenobjekte wie Zuschauer, Assistenten oder Tiere verwandeln wollen, vereinfachen Sie einfach deren Umriß durch ein Tuch und stellen Sie aus einem zweiten Tuch und Pappe oder gebogenem Draht eine entsprechende Umrißattrappe her.

Umriß- und Verhaltenswandel

Bei »Federleicht« behielt der Schatten des Zuschauers nach dem Austausch gegen die Attrappe sowohl seinen Umriß als auch sein optisches und akustisches Verhalten. Während Gangart und Ganggeschwindigkeit vom Zauberer nachgeahmt wurden, projizierte der Zuschauer auch die Schritte und die Stimme des echten Zuschauers auf die Attrappe. Dann änderte sich zunächst nur das Verhalten des Schattens: Der »Zuschauer« verlor seine Schwere und schwebte in die Luft, während er seinen Umriß noch behielt. Erst später schrumpfte der Umriß bis zur Kugel und wurde dann zum Schmetterling.
Wir können also durch Dichtwechsel das Verhalten und durch Richtwechsel den Umriß eines Schattenobjektes verwandeln. Schweres wird leicht, Leichtes wird schwer, Weiches wird hart, Hartes weich, Lebendiges starr, Totes lebendig. Alle Vielfalt wird zum Punkt, und aus dem Punkt entsteht die Vielfalt der Objekte.
Das sind — kurz umrissen — die Möglichkeiten der Schattentäuschung, die sich aus den Kunstgriffen des Dicht- und Richtwechsels ergeben. Das nächste Mal betrachten wir einen Wechsel, der Ihnen sicher bereits ein Begriff ist: den »Schichtwechsel«. Bis dahin — beschatten Sie aufmerksam den, der Sie ständig unauffällig begleitet und versuchen Sie ruhig einmal, ihn zu überspringen: Ihren eigenen Schatten.

* Mensch Maya, Schattentäuschung 2, »M«W 2/38, 1989, S. 110-113.

** Mensch Maya, Schattentäuschung 1, »M«W 4/37, 1988, S. 314-316.

Mensch Maya

Schattentäuschung (5)

Schichtwechsel

Ein Mensch sitzt in der Hand eines Riesen; eine Schildwache entmaterialisiert sich in einem Schilderhäuschen und materialisiert sich gleichzeitig am anderen Bühnenende; ein Schattenheld wird aus dem Schattenreich verbannt und durchdringt sichtbar die Schattenwand, bis er greifbar vor der Leinwand steht ...
Diese und andere Schatteneffekte ermöglicht uns ein Kunstgriff der Schattentäuschung, den wir heute beleuchten wollen: der »Schichtwechsel«. Unter Schichten verstehen wir die verschiedenen Spielflächen, auf denen sich ein Schattenobjekt befinden kann — vom Bereich der Schattenwand über den Zwischenraum bis zur unmittelbaren Berührung der Lichtquelle.

Die Spielfelder

Zum Verdeutlichen der Spielschichten stellen wir uns eine Theaterbühne vor, auf der nach dem ersten Drittel die Schattenwand gespannt ist (Bild 1).
Diese Bühne unterteilen wir in drei Felder. Den Bühnenraum vor der Leinwand, der auf der Zuschauerseite liegt und unabhängig vom Schattenspiel als Bühne verwendet werden kann, nennen wir »Vorfeld«. Den Bereich zwischen Leinwand und Lichtquelle, in dem Schattenobjekte Schatten auf die Leinwand werfen, nennen wir »Lichtfeld«. Und den Bereich außerhalb des Lichtfeldes, in dem ein Schattenobjekt dem Zuschauer verborgen bleibt, nennen wir »Deckfeld« (Bild 2).

Die Spielschichten

Im Vor- und Lichtfeld können wir nun drei Hauptschichten mit je zwei Spielschichten unterscheiden. Der Raum unmittelbar vor und hinter der Schattenwand bildet die Wandschicht, die aus Vor- und Kleinschicht besteht. Der Raum zwischen Leinwand und

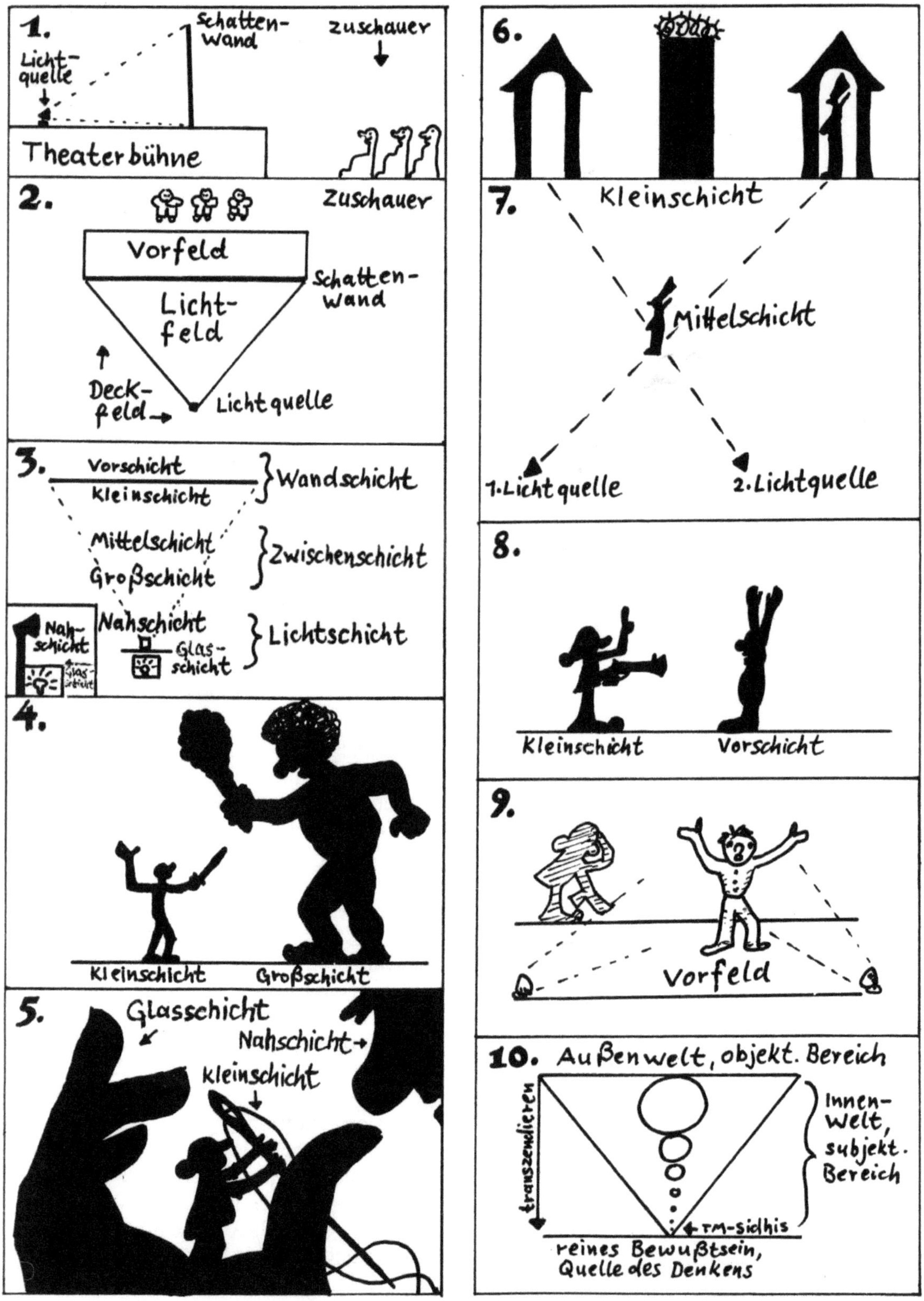
1.
Licht-
quelle
Schatten-
wand
zuschauer
Theaterbühne
2.
Zuschauer
Vorfeld
Schatten-
wand
Licht-
feld
Deck-
feld
Lichtquelle
3.
Vorschicht
Kleinschicht
Wandschicht
Mittelschicht
Großschicht
Zwischenschicht
Nahschicht
Glas-
schicht
Lichtschicht
4.
Kleinschicht
Großschicht
5.
Glasschicht
Nahschicht
Kleinschicht
6.
7.
Kleinschicht
Mittelschicht
1. Lichtquelle
2. Lichtquelle
8.
Kleinschicht
Vorschicht
9.
Vorfeld
10.
Außenwelt, objekt. Bereich
transzendieren
Innen-
welt,
subjekt.
Bereich
TM-sidhis
reines Bewußtsein,
Quelle des Denkens

Lichtquelle bildet die Zwischenschicht, die wir nach Schattengröße in Mittel- und Großschicht unterteilen können. Und der Bereich unmittelbar an der Lichtquelle bildet die Lichtschicht, die bei einem Projektor aus Nahschicht und Glasschicht besteht. Die Nahschicht ist der Bereich direkt vor der Linse, die Glasschicht die Projektionsebene (Bild 3).
Die Szene »Federleicht« (1) begann beispielsweise damit, daß Zauberkünstler und Zuschauer unmittelbar vor der Leinwand standen, also in der Vorschicht. Von dort traten sie hinter die Wand und spielten in der Kleinschicht weiter, auf der ein Schattenspiel üblicherweise abläuft. Als Täuschungskünstler sind wir jedoch gewohnt, die übliche Realitätsebene zu transzendieren und auch auf verborgenen, tieferliegenden Schichten zu arbeiten. Erst wenn wir die gesamte Tiefe des Lichtfeldes bis hin zur Lichtquelle in unser Spiel einbeziehen, können wir die Möglichkeiten des Schattenspiels voll ausschöpfen.

Schichtwechsel

Beim üblichen Schattenspiel befinden sich alle Schattenspieler oder -figuren auf der gleichen Schicht, nämlich unmittelbar hinter der Schattenwand auf der Kleinschicht. Das muß aber nicht so sein. Um den Schatten zu vergrößern, kann sich ein Schattenspieler der Lichtquelle nähern und in eine andere Schicht überwechseln. Dort kann er gleichzeitig mit einem Spieler der Kleinschicht so in Wechselwirkung treten, als befände er sich mit ihm auf gleicher Höhe. Unter Schichtwechsel verstehen wir also, daß in einem Schattenspiel verschiedene Schichten benutzt werden.

Der Schattentock

In einem solchen doppelschichtigen Spiel wird die Berührung der Schatten pantomimisch so dargestellt, als würden sich die Schattenobjekte selbst berühren. Die Spieler achten auf die Schattenwand, und sobald ihr Schatten einen anderen Schatten berührt, unterbrechen sie ihre Bewegung, als würden sie auf etwas Festes stoßen. Dieses pantomische Berühren nennen wir »Schattentock« (2).
Um den Eindruck der festen Berührung beizubehalten, müssen sich die Schatten an der Berührungsstelle immer synchron bewegen. Dies gelingt umso besser, je mehr die Spieler die abstrakte Schattenberührung als konkreten Kontakt empfinden, ähnlich dem geistigen Kontakt zu geliebten Menschen, den wir unabhängig von ihrer Entfernung in Raum und Zeit spüren können.

Klein- und Großschicht

An der Kleinschicht sind die Schatten am kleinsten. Nähert sich ein Schattenspieler der Lichtquelle, so wandert er durch die Mittelschicht zur Großschicht, wo sein Schatten auf der Leinwand schon wie ein Riese wirkt (Bild 4). Der Kampf zwischen David und Goliath kann also durch ein doppelschichtiges Spiel auf der Klein- und Großschicht dargestellt werden.

Nahschicht

Kommt der Spieler direkt vor die Lichtquelle, wird sein Schatten so groß, daß er wie eine Nahaufnahme wirkt oder die Leinwand sogar ganz verdunkelt. Durch das Streulicht können die Schatten jedoch bereits ziemlich hell und unscharf werden. Daher eignet sich dieser Bereich, die Nahschicht, vor allem für ungegenständliche Lichteffekte wie Dämmerung, Wolken, Schneefall, Wasser und ähnliches. Für scharfe Nahaufnahmen ist die Glasschicht, die Projektionsebene eines Projektors, besser geeignet. Bei einem Tageslichtprojektor können wir stufenlos von der Nahschicht in die Glasschicht und damit von einem unscharfen zu einem scharfen Bild übergehen (Bild 3 Kasten).

Klein- und Glasschicht

Der Schatten einer Hand, die sich auf der Glasschicht eines Tageslichtprojektors bewegt, ist bereits größer als ein Spieler der Kleinschicht (Bild 5). Die Glasschicht eignet sich daher auch hervorragend zur Projektion von Kulissen, in denen sich die Spieler der Kleinschicht bewegen können. Das erspart uns das Herstellen lebensgroßer Kulissen (3).

Klein- und Mittelschicht
Manchmal aber müssen wir dennoch lebensgroße Schattenkulissen herstellen. Zum Beispiel zwei Schilderhäuschen, die rechts und links auf der Kleinschicht aufgestellt werden können, und dazwischen eine hohe Mauer. Diese drei Schattenkulissen schneiden wir aus Wellpappe als überlebensgroße Umrisse aus und lehnen sie direkt an die Schattenwand. In einem der Schilderhäuschen sehen wir nun eine Schildwache, die auf die andere Seite möchte, aber die Mauer nicht überwinden kann (Bild 6).
Wie kann die Schildwache in das gegenüberliegende Schilderhäuschen gelangen, ohne die Mauer zu berühren? Ganz einfach: Wir brauchen zwei Lichtquellen und eine Schildwache in der Mittelschicht. Während die eine Lichtquelle dunkler und die andere heller wird, wechselt der Schatten der Schildwache von einem Häuschen zum anderen (4). Da die Kulissen dagegen direkt an der Wand lehnen, bleibt ihr Schatten auf der Stelle (Bild 7).

Klein- und Vorschicht
Ein Schattenheld, der verurteilt wurde, das Schattenreich zu verlassen, wird an die Wand gestellt und erschossen (Bild 8). Wider Erwarten fällt er jedoch nicht tot zu Boden, sondern hebt seine Arme zum Himmel, atmet erleichtert auf und — erwacht verwundert im Vorfeld jenseits der Schattenwand (Bild 9).
Wie konnte er die Schattenwand durchdringen? Wir ahnen es bereits: durch ein doppelschichtiges Spiel. Der Verbannte befand sich von vornherein vor der Schattenwand in der Vorschicht. Wie aber konnte das den Zuschauern verborgen bleiben? Wie konnten sie einen Spieler der Vorschicht mit einem Schatten der Kleinschicht verwechseln?
Hier kommt ein weiterer Kunstgriff ins Schattenspiel, den wir das nächste Mal beleuchten wollen: den »Sichtwechsel«. Bis dahin schauen Sie schon mal im Reimwörterbuch nach, welche Kunstgriffe der Schattentäuschung noch zu erwarten sind, und — genießen Sie die Freude, die Kleinschicht zu transzendieren.

P.S.: Schöpfungsschichten
Wir haben gesehen, daß ein Schatten immer größer und gleichzeitig heller und verschwommener wird, je mehr wir uns der Lichtquelle nähern. Diese Erscheinung ist eine sehr schöne klassische Analogie für das Grundprinzip der Quantenphysik, die Unschärferelation: Je mehr wir uns der Ebene des Vereinheitlichten Feldes nähern, desto unschärfer ist die Abgrenzung unseres Beobachtungsobjekts. Der Teilchencharakter verliert sich zugunsten des Feldcharakters. In der Nahschicht verändert schon ein winziges Schattenobjekt das gesamte Lichtfeld und entscheidet mit einer winzigen Bewegung, ob dieses Feld dunkel oder hell erscheint.
Ebenso können wir den Aufbau der Schattenbühne mit der Struktur unseres Bewußtseins vergleichen: Das Lichtfeld gleicht der Innenwelt, dem subjektiven Bereich, und das Vorfeld der Außenwelt, dem objektiven Bereich. Die Leinwand gleicht der Oberfläche unseres Bewußtseins, wo unsere Gedanken als Worte und Taten in der Außenwelt sichtbar werden. Die Lichtquelle dagegen ist der Bereich reinen Bewußtseins, bar jeglicher Überschattung und dennoch die Quelle und Basis aller Erscheinungen der Schattenwand (5).
Um die gleiche Schattengröße zu erzeugen, brauchen wir in Lichtnähe ein viel kleineres Objekt als in Wandnähe. Ebenso wird ein Gedanke, wenn wir unseren Geist durch den Vorgang des Transzendierens zur Quelle des Denkens zurückziehen, immer feiner und unbegrenzter, bis er sich schließlich in der Unbegrenztheit, der Lichtquelle selbst, verliert (Bild 10).

Mit Hilfe der Projektionstechnik können wir von der Lichtquelle aus einen ebenso scharfen Schatten auf die Leinwand werfen wie von der Kleinschicht aus. Im Gegensatz zur Kleinschicht brauchen wir auf der Glasschicht jedoch nur ein winziges Schattenobjekt. Diese Technik, das Licht zu bündeln und das Schattenobjekt unmittelbar vor der Lichtquelle im Brennpunkt zu halten, ist vergleichbar mit der Technik des TM-Sidhi-Programms, bei dem der Geist geschult wird, auf der Ebene der geringsten Anregung des Bewußtseins zu arbeiten und durch weniger tun mehr zu erreichen (6).

1) Mensch Maya: Schattentäuschung 2, »M«W 2/38, 1989, S. 110-13.
2) vgl. MM: Pantomime, Tock, »M«W 4/34, 1985, S. 322-23.
3) vgl. MM: Schattentäuschung 1, »M«W 4,37, 1988, S. 314-16.
4) vgl. MM: Schattentäuschung 3, Mehrere Lichtquellen, »M«W 3/38, 1989, S. 200.
5) vgl. MM: Wer glaubt schon an Wunder? »M«W 1/35, 1986, S. 77-79.
6) vgl. MM: Der Schwebende Bettuchine, Sidhis, »M«W 4/34, 1985, S. 292.

KALEIDOSKOP

»May the awareness of spiritual enlightenment span the globe.«
Siegfried & Roy

Mensch Maya

Weißes Theater

Wie S & R Japan begeisterten

»White Theater« — so nannten die Japaner das High-Technology-Zelt, in dem Siegfried und Roy von November 88 bis September 89 meist zweimal täglich mehr als 3000 Zuschauer mit ihrer Show »Illusion« verzauberten. Auf einer Fläche von 6 500 Quadratmetern enthielt das Zelt neben Bühne, Zuschauerraum und Foyer eine ausgedehnte Hinterbühne mit Aufenthaltsräumen, Garderoben, Theaterrestaurant und Raum für die Tiere.

Dieses »White Theater« war der Schauplatz für die bisher stärksten Begeisterungswellen, die Mitglieder unserer Branche je auslösen konnten. Von den stehenden Ovationen, die S & R Tag für Tag in Tokio und Osaka bekamen, hat Wittus bereits berichtet. Stellt sich da nicht die Frage: Was ist es? Was hat das japanische Publikum so begeistert?

Mancher ist vielleicht geneigt, S & Rs unglaublichen Erfolg schlicht auf die äußeren Umstände abzuwälzen: auf das Organisationstalent der Japaner; auf die zielgruppengerechte Werbung; auf den zentralen Standort ihres Zeltes; auf das bunte Spektrum ihres Programms mit acht völlig unterschiedlichen Zauberszenen, mit 27köpfigem Ballett, mit 17 Raubkatzen und mit Einlagen des stilvollen Duos »Mummenschanz« und der auf Einrädern basketballspielenden »King Charles Troupe«. — »Wer vieles bringt, wird manchem etwas bringen«, das wußte schon der Theaterdirektor in Goethes Faust.

Aber ist es nicht in Wahrheit etwas anderes, etwas, das tief in S & Rs Persönlichkeit verankert ist und all diese günstigen Umstände erst ermöglicht? Etwas, das alle organisierende Kraft wie einen Wüstenwanderer in der Oase erst voll erblühen läßt?

Ist es nicht einfach jene Kraft, die Medien, Manager, Ensemble und Publikum gleichermaßen anzieht? S & Rs Liebe. Ihre Liebe zu Qualität und Brillanz, zu Exotik und Wandlung, zum Träumen und Spielen — und vor allem zum Publikum, zum Ensemble, zum

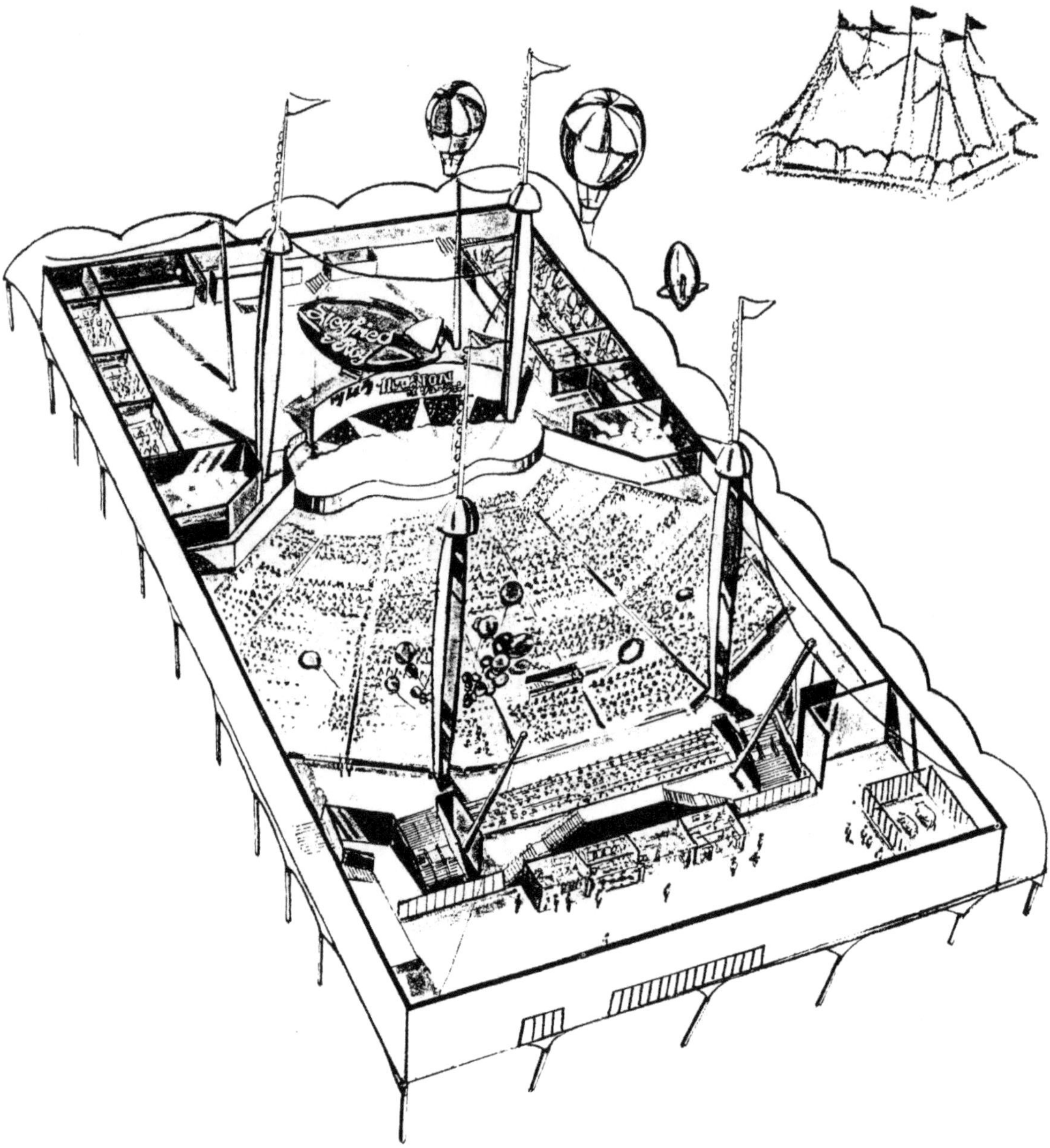

Das komfortable High-Tech-Zelt für über 3000 Zuschauer

Mitarbeiterstab und zu ihren Tieren, die sich in jedem Zug ihres Verhaltens bemerkbar macht.
Wer ihren Katalog durchblättert, merkt bald, daß hier nicht einfach zwei Weltstars gefeiert werden, sondern das liebevolle Zusammenspiel eines eng verbundenen Kollektivs. Jeder einzelne Mitarbeiter wird gebührend vorgestellt und geehrt.
Wir sehen den amerikanischen Produktionsstab, jeden einzeln mit Bild und Kurzbiografie, wir sehen die einzelnen Mitglieder des »Mummenschanz« und der »King Charles Troupe«, wir sehen jede Tänzerin, jeden

Tänzer in Privatkleidung und Bühnentracht, jede einzelne Raubkatze und schließlich auch die Japaner, die das Ganze ins Rollen brachten. Selbst die Leistung, an einem Tag das riesige Zeltdach zu spannen, wird in Fotos dokumentiert und gewürdigt.

Erst, wenn wir zu einem geistigen Wesen heranreifen, das weit mehr sieht als die bloße Materie unseres Körpers, können wir auch das starke Kollektivbewußtsein der Japaner nachempfinden. Japanische Firmen und Familien sind ein Vorbild für Gruppenkohärenz: Jeder einzelne stärkt die Gemeinschaft, und die Gemeinschaft stärkt den einzelnen.

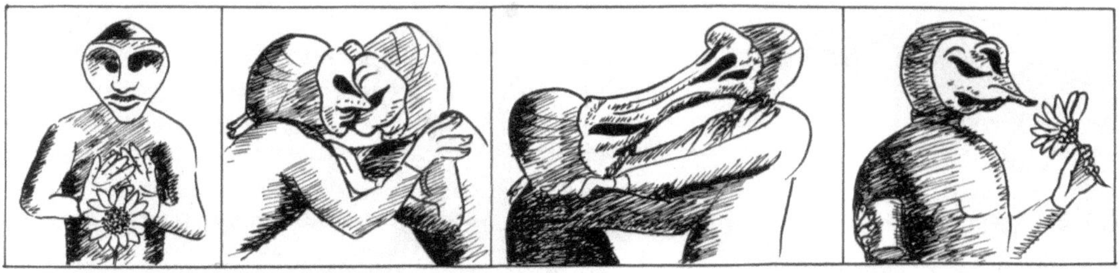

Stilvoller Mummenschanz: André Notter und Andy Wirz

Und nicht zuletzt spürt man Siegfrieds und Roys unendliche Liebe zu ihren Tieren. Freudestrahlend sieht man sie mit ihren neuesten »Juwelen der Natur«, den drei in Tokio geborenen weißen Tigerbabies Tokyo, Osaka und Fuji. »Ein Geschenk der Götter« nennen sie im Katalog ihre weißen Tiger, für deren Erhaltung und Fortbestand sie sich persönlich mit geradezu religiöser Hingabe einsetzen. Einen Großteil ihrer Zeit, ihrer Kraft und ihrer Mittel verwenden sie für ihre weißfelligen »Familienmitglieder«.

Jeder Tierzauberer hätte Grund, eine solche Haltung der Dankbarkeit, Fürsorge und Verantwortung für seine befiederten oder befellten Mitarbeiter zu zeigen. Hängt sein Erfolg denn nicht von ihnen ab? Aber innere Ethik läßt sich nicht allein durch Worte hervorrufen. Sie muß wachsen. Sie entsteht von selbst beim Reifen der Persönlichkeit.

Sie entsteht, wenn sich unsere Sicht weitet und immer weitere Bereiche unserer Umwelt in unser Ichbewußtsein einbezieht; wenn wir die Begrenzungen unseres kleinen »Ich« transzendieren und spüren, daß wir kein isoliertes Einzelwesen sind, sondern eine Welle auf dem Meer, die ihr Wasser ständig mit den umliegenden Wellen teilt und austauscht; wenn die Kraft der Liebe uns verschmelzen läßt und mit der Umwelt eint.

Kein Wunder: In Japan gehören Meditationsräume, in denen Management und Mitarbeiter während der Arbeitszeit kurz in die Stille tauchen und neue Kraft auftanken können, in vielen Betrieben bereits zur sozialen Einrichtung. Das japanische Buch »Super-Meditation: Das Wunder der TM«, das unter anderem über Verbesserung des Betriebsklimas, der Firmeneinheit, der Gesundheit und Zufriedenheit der Belegschaft und der Firmenproduktivität durch Transzendentale Meditation berichtet, kletterte in Tokio und Osaka bereits wenige Wochen nach Erscheinen ganz oben auf die Bestsellerliste. Förderung des Gruppenbewußtseins wird in Japan ganz groß geschrieben.

Wenn wir fähig werden, selber diesen spirituellen Schritt zu tun, verstehen wir auch die Wellen der Beliebtheit und des Erfolges, auf denen S & R reiten. Es sind die kohärenten Wellen des inneren Friedens und der Erfüllung, die jeden, der sie in sich selbst erfährt, mit der ganzen Welt verbinden und vereinen.

Mensch Maya

Licht- und Schattentäuschung (6)

Sichtwechsel

Gleich zweimal konnten wir in der letzten »M«W lesen, wie der bekannte Engländer Paul Daniels seine Show eröffnet: In einem mit Seidenpapier bespannten Würfel, der von allen Seiten — selbst von innen — als »leer« durchleuchtet wird, erscheint der Schatten einer menschlichen Hand und dann Pauls Silhouette. Die Papierwand zerreißt, und Paul Daniels steht leibhaftig vor uns (1).

Das Erscheinen des Schattens haben wir bereits bei Mundaka Lee kennengelernt und im »Lichtwechsel« näher beleuchtet (2). Zur Veranschaulichung des »Sichtwechsels« wollen wir heute auf den zweiten Teil des Effekts eingehen: das Durchdringen der Schattenwand, wobei sich der zweidimensionale Schatten in einen dreidimensionalen Menschen verwandelt.

Gestatten Sie mir bitte, einen Augenblick zu träumen und Pauls Eröffnungseffekt zu einem kleinen Licht- und Schattenpräludium weiterzuspinnen, selbst wenn die dabei verwendeten Tricktechniken manchem ehrbaren Täuschungskünstler sicher zu weit gehen werden. Wie gefällt Ihnen folgender Schattentraum?

Die Flucht aus dem Schattenreich

Begleitet von der Kapelle, die in einer Vertiefung zwischen Bühne und Zuschauerraum plaziert ist, hat Paul gerade die Vorderwand des Papierwürfels durchbrochen und ist im Kegel eines Punktstrahlers von der Bühne entfleucht (Bild 1).

Zwei Assistenten — des Stabreims willen nennen wir sie Piet und Patrik — breiten nun die vier Flächen des Würfels zu einer langgestreckten Papierwand aus. Gleichzeitig senkt sich von oben eine Leinwand bis auf den oberen Rand der Papierwand. Beide zusammen bilden eine riesige Schattenwand, die sich über die gesamte Bühne spannt und von hinten beleuchtet wird (Bild 2).

Während die Frontbeleuchtung erlischt, sehen wir die Schatten von Piet und Patrik, die die Wand nach Paul absuchen und dabei das Loch entdecken, durch das er entfleucht ist. Piet will neugierig durch das Loch nach vorne schauen, doch Patrik zieht ihn ängstlich zurück (Bild 3).

Piet will unbedingt durch das Loch steigen, doch sobald er es mit dem Fuß berührt, beginnt sein Schatten zu wachsen, bis er die volle Höhe der Leinwand ausfüllt. Jetzt ist er mit dem Fuß in dem inzwischen viel zu engen Loch eingeklemmt und kann weder vor noch zurück (Bild 4).

Nach vergeblichen Versuchen, den Riesenpiet aus dem Loch zu befreien, entschließt sich Patrik, die Schattenwand zu durchdringen und ihm von vorne zu helfen. Er stellt sich mit erhobenen Händen flach an die Wand, und wir erleben, wie zuerst die Hände und schließlich der ganze Körper allmählich farbig und plastisch werden, bis Patrik leibhaftig im Lichtkegel eines Punktstrahlers vor der Leinwand steht und die Geste nachahmt, mit der sich Paul am Anfang verbeugt hat. Gleichzeitig sehen wir auf der Schattenwand als projizierten Hintergrund eine Filmaufnahme von London im Nebel (Bild 5).

Piet, dessen Riesenschatten noch immer hinter der Leinwand zu sehen ist, fragt Patrik, wie es vor der Leinwand aussieht. Patrik setzt an, London zu beschreiben, da beginnt es in Strömen zu regnen, und Patrik eilt von der Bühne, um einen Schirm zu holen. Wie er zurückkehrt, hat der Regen schon wieder aufgehört, und er wirft den Schirm verwirrt zurück in den Seitengang (Bild 6).

Während Patrik den riesigen Piet am Fuß durch das Loch nach vorne zieht, staut sich der Riesenschatten zu einem dicken Gummikloß hinter dem Loch zusammen und flutscht plötzlich mit einem lauten »Plopp« durchs Loch. Dabei schrumpft der Schatten

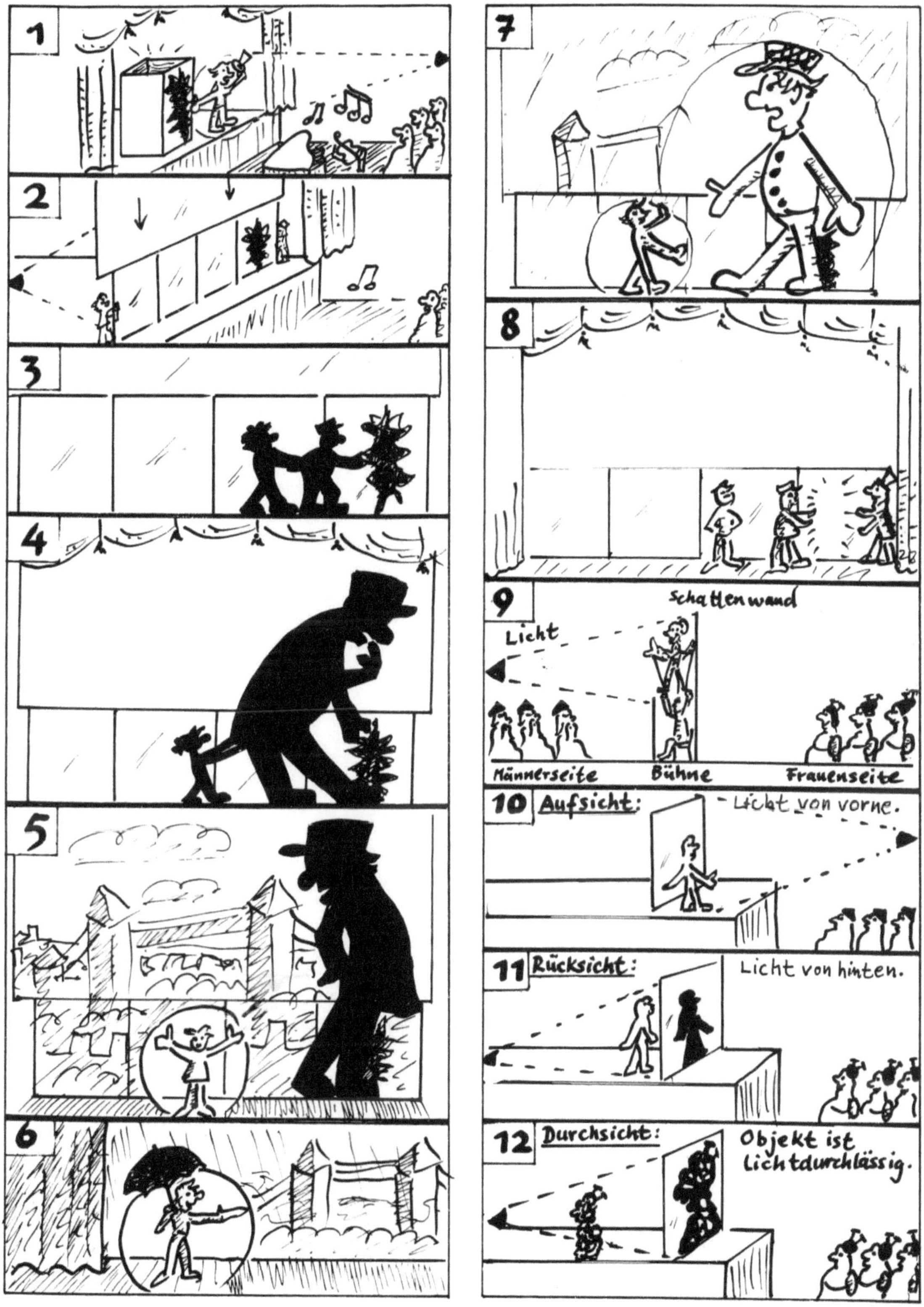
1
2
3
4
5
6
7
8
9
Schattenwand
Licht
Männerseite
Bühne
Frauenseite
10 Aufsicht:
Licht von vorne.
11 Rücksicht:
Licht von hinten.
12 Durchsicht:
Objekt ist lichtdurchlässig.

in Sekundenschnelle zusammen, und stattdessen erscheint der leibhaftige Piet für einen Augenblick in Riesengröße vor dem Loch, bis er sich auf seine übliche Lebensgröße einpendelt (Bild 7).
Als sich Piet mit derselben Geste wie Paul verbeugen will, beginnt prasselnder Platzregen, und Piet und Patrik eilen von der Bühne, um Schirme zu holen. Inzwischen kommt Paul von der anderen Seite und fragt die Zuschauer nach Piet und Patrik. Da kommen beide mit Schirmen zurück, stürmen auf Paul zu und wollen ihn durch das Loch wieder ins trockene Schattenreich lotsen. Paul weigert sich, denn der Platzregen hört schon wieder auf, und wir sehen London im strahlenden Sonnenschein. Während alle drei vor dem Loch stehen und streiten, wird die Frontbeleuchtung heller, der projizierte Hintergrund verblaßt: Das Loch ist spurlos verschwunden (Bild 8).

Sichtwechsel

Dieser Traum eines Schattenspielers zeigt Ihnen schon, welche zauberhaften Täuschungsmanöver uns der »Sichtwechsel« erlaubt. Zum Verständnis des Sichtwechsels betrachten wir kurz die Entstehungsgeschichte des Schattenspiels: Im alten China und in Java war die Schattenwand in der Mitte des Raumes gespannt. Die Männer saßen auf der Seite, wo die farbig bemalten Puppen, die Frauen auf der Seite, wo nur die Leinwand mit den Schatten zu sehen war, was aber nicht weniger unterhaltsam war (Bild 9).
Die Sicht der Männer, bei der das Licht von vorn auf die Schattenobjekte und die Leinwand fiel, wollen wir »Aufsicht« nennen (Bild 10). Die Sicht der Frauen, die Leinwand und Silhouetten im Gegenlicht sahen, da das Licht von der Rückseite auf die Leinwand fiel — also die übliche Sicht eines Schattenspiels —, wollen wir »Rücksicht« nennen (Bild 11). Damit die Schatten nicht zu plump wirkten, waren die flach ausgeschnittenen Puppen, die an Stäben hochgehalten und bewegt wurden, kunstvoll durchbrochen. Diese Sicht, weder die Schattenobjekte selbst noch deren volle Silhouette sondern eine lichterfüllte Form auf der Leinwand zu sehen, wollen wir als die älteste Form der »Durchsicht« bezeichnen (Bild 12).
Leider ist nicht überliefert, ob die alten Chinesen schon damals mit lichtdurchlässigen Folien oder Projektoren gearbeitet haben. Heute zumindest werden auch in China auf großen Theaterbühnen gemalte Hintergrundprojektionen verwendet (3), und auch die fotografischen Formen der »Durchsicht« sind weit verbreitet: das »Lichtbild« und das »Lichtspiel« — auf gut deutsch die »Dia- und Filmprojektion«.
Womit wir auch schon bei der möglichen Lösung unseres Licht- und Schattentraums angelangt wären: Wechsel und Zusammenspiel von Rücksicht, Aufsicht und Durchsicht. Wie die Szenen tricktechnisch ablaufen könnten und welche Sonderformen der drei Hauptsichten wir nutzen können, werden wir das nächste Mal beleuchten. Bis dahin wünsche ich Ihnen für die bisher beschriebenen Effekte des Sichtwechsels: klaren Durchblick.

Literatur:

1) Oliver Erens: »It's Magic« und Wittus Witt: »Streiflichter«, »M«W 1/39, 1990, S. 55 und 79.
2) Mensch Maya: »Lichtwechsel«, »M«W 3/38, 1989, S. 199.
3) vgl. Mensch Maya: »Projektionstechnik«, »M«W 4/37, 1988, S. 315 f.

Den magischen Brennpunkt erwog ich und wag es.
Hier mein Vers zum Thema des Tages.
Den Dünkel, der Welten verdunkelt, entlarv ich.
Leicht schleicht er sich ein, doch den Schmeichler verwarf ich.

Mensch Maya

Vom Größten und Kleinsten

»Mensch, ich bin weiß Gott der Größte!«
kam es mir. »Wenn jeder wüßte,
wie der schöpferische Fluß
in mir waltet, sich gestaltet
und das größte Werk entfaltet!
Gegen MICH, den Genius,
sind doch alle noch so stürme-
rischen Schöpfer reinste Würmer!«

Also denkend saß ich stolz
hoch im Giebel meines Turmes
und ermaß mein Werk aus Holz.
Plötzlich: Was war das? Ein Loch!
Rillen! Löcher noch und noch!
Und das Knacken, das ich hörte,
sagte mir, daß eines Wurmes
Wirken meine Welt zerstörte.

»Warte, Wurm, dich krieg ich klein,
sollt es mit dem Beile sein!«
rief ich aus, und mit dem Beile
hieb ich meine hohle, heile
selbsterbaute Welt entzwei.
War das Holz nicht einerlei,
wenn ich nur den Wurm erfaßte?
Dieses Würmchen, das verhaßte!

Doch der Wurm ließ sich nicht stören.
Wieder war das »Knack« zu hören.
Weiter teilte ich die Brocken,
um den Bock ans Licht zu locken.
Scheite, Späne, Sägemehl . . .
»Knack!« so knackte es fidel.
»Wurm! Ergib dich! Kriech ans Licht!«
Nichts! — Der Wurm ergab sich nicht.

Wie ich mit dem Stein das feine
Puder fein und feiner rieb,
war es mir, als ob das kleine
Würmchen spreche: »Schau, wie lieb
sich die größte aller Größen
doch herabgelassen hat,
mich, die kleinste, zu entblößen.
Dennoch: ich bin noch nicht satt.

Großer, großer Zauberer!
Zaubere noch sauberer.
Mach dich selbst doch einmal kleiner
als du bist und werde feiner.
Feiner als das Allerfeinste,
Allerkleinste, Allerreinste . . .
Dann erst sind wir zwei vereint.« —
»Ich? Vereint mit dir, dem Feind?!«

»Feind? Ich bin dein bester Freund!
Zwar durchdringe ich das feinste
Mehl, das sich vom Brocken löste,
und bin kleiner als das Kleinste. —
Doch auch größer als das Größte
bin ich, der in dir beschwingt
wie in allen andren singt:
ICH, der schöpferische Fluß,
der dich schuf — Dein Genius.«

Dr. Bernd Zeiger

Die Vakuumstruktur von Illusionen

»Bewußtsein für die Zauberei als Kunst kann erst mit dem profunden und intelligenten Studium der Technik entstehen . . . Viele Ausübende von Zaubertricks wissen nicht, wie man richtig übt oder sie haben Angst davor. Als Alibi wird dann meistens Zeitmangel vorgetäuscht oder mit der Tatsache argumentiert, daß man sich doch nicht die ‚Finger brechen' wolle. Solche Leute verbringen dann ganze Abende und Wochenenden damit, selbstgebastelte Kistchen mit Glimmerplatten zu bekleben.«

Diese provozierenden Äußerungen von Roberto Giobbi (1) erhalten ihren Zündstoff durch die Gegenüberstellung zweier extremer Geisteshaltungen der Täuschungskunst: Manipulationen einerseits und Illusionen andererseits liefern uns Beispiele für zwei grundlegende und diametral entgegengesetzte Bewußtseinsstrukturen, die in der Täuschungskunst zur Wirkung kommen. Manipulation und Illusion sind ähnlich unterschiedlich wie Analyse und Synthese. Die Integration dieser beiden methodischen Ansätze in der Praxis der Täuschungskunst setzt eine entsprechende Integration im Bereich des Bewußtseins voraus. Bewußtseinserweiterung ist deshalb auch der Schlüssel für eine Perfektionierung der Täuschungskunst.

In einer Folge von Aufsätzen soll die stufenweise Entfaltung der Grundstrukturen des Bewußtseins mit Blick auf die Täuschungskunst betrachtet werden. Diese Aufsätze können als ein Beitrag zur Pädagogik der Täuschungskunst angesehen werden, denn das Wissen über die bewußtseinsmäßigen Grundlagen des Trickgeschehens ist von großer Bedeutung, wenn Perfektion angestrebt wird.

Wer die wissenschaftlich-interdisziplinäre Darstellungsweise nicht mag, aber mit der Symbol-Sprache der Märchen vertraut ist, findet die grundlegenden Bewußtseinsstrukturen der Täuschungskunst auch in dem Märchen »Probestücke des Meisterdiebs« in der Sammlung von Ludwig Bechstein (2).

Die drei »Probestücke« beschreiben die grundlegenden Strukturen des Bewußtseins, die die Basis jeder Perfektionierung bilden und im erleuchteten Bewußtsein voll verwirklicht sind.

Was sind Strukturen des Bewußtseins?

Die Effektivität jeder Handlung, nicht nur in der Täuschungskunst, hängt von der Fähigkeit des Geistes ab, Information aufzunehmen, zu verarbeiten und weiterzugeben. Diese Fähigkeit wird von verschiedenen Faktoren bestimmt: emotionale Stabilität, Geist-Körper-Koordination, Wahrnehmungsfähigkeit, Reaktionsgeschwindigkeit, Verhältnis zur Umwelt, Belastbarkeit, Selbst-Sicherheit usw. Aus der alltäglichen Erfahrung ist bekannt, daß Übermüdung, Angst, Alkohol und Drogen diese Faktoren negativ beeinflussen, während innere Ruhe, Wachheit und Ausgeglichenheit, Fröhlichkeit und gute Laune förderlich für die reibungslose Tätigkeit des Geistes sind. Die moderne Bewußtseinsforschung hat gezeigt, daß das Bewußtsein die eigentliche Kontrollstelle, für die Funktionen des Geistes und auch des Körpers ist. Der Zustand des Bewußtseins beeinflußt simultan alle Funktionen der Informationsverarbeitung: Ist die Wachheit eingeschränkt, sind alle psychologischen und physiologischen Funktionen mehr oder weniger blockiert; ist das Bewußtsein erweitert, wird das volle geistige Potential belebt und die Effektivität des Handelns optimiert (3). Bewußtsein heißt, daß drei Komponenten zusammenwirken:

Subjekt, Erkenntnisprozeß und Objekt.

Die Art des Zusammenspiels dieser drei Komponenten bestimmt die Struktur des Bewußtseins.

Die **Struktur des Bewußtseins** ist also nichts anderes als das tatsächlich **gelebte Wissen**. Durch die Struktur des Bewußtseins wird der Zustand des Bewußtseins spezifiziert.

Unsere westliche Zivilisation basierte bisher fast ausschließlich auf einer objektbezogenen Bewußtseinsstruktur. Östliche Kulturen dagegen hatten ein mehr subjektbezogenes Bewußtsein. Heute beginnt weltweit eine Integration objektiver und subjektiver Lebensausrichtung. Die Entdekkung des Vereinheitlichten Feldes aller Naturgesetze durch die Physik und die zunehmende politische Einheit in der Welt sind Symptome dieses Integrationsprozesses.

Es ist also der Zustand des Bewußtseins, der letztlich alles Denken und Handeln bestimmt, und die Art und Weise, wie der Mensch tätig ist, erlaubt Rückschlüsse auf die Struktur seines Bewußtseins. So sind auch die Methoden der Täuschungskunst die konkreten Ausdrucksformen bestimmter Bewußtseinsstrukturen.

Bewußtsein, Quantenmechanik und das Vakuum

Bewußtseinsstrukturen sind **nicht** die Forschungsobjekte der Psychologie. Eine Wissenschaft aber, die sich gegenwärtig intensiv mit Bewußtsein und dem Erkenntnisprozeß beschäftigt, ist die Quantenmechanik. Ausgangspunkt bildete die quantenmechanische Theorie des Beobachtungs- bzw. Meßprozesses. In der Quantenmechanik verändert der Beobachter durch den Beobachtungsprozeß das Objekt der Beobachtung. Die sich daraus ergebende völlig neue Weltsicht hat John Wheeler, theoretischer Physiker der Princeton Universität, so charakterisiert: Die Quanten-Physik beseitigt die alte Vorstellung vom »Beobachter« und ersetzt sie durch den neuen Begriff vom »Teilnehmer«. Dies bedeutet die Überwindung der Vorstellung, daß das Universum sich »dort draußen« befindet.

Während sich die klassische Physik auf eine Bewußtseinsstruktur bezieht, die das Subjekt weitgehend vom Objekt trennt, gründet sich die Quantenmechanik auf der Einheit von Subjekt und Objekt. Diese quantenmechanische Einheit ist jedoch nicht auf der Ebene der gewöhnlichen Wahrnehmung zu finden, sondern auf der des Bewußtseins. Dies bedeutete in der historischen Entwicklung der Physik, daß immer weniger manifeste Ebenen der Schöpfung studiert wurden und schließlich **das Unmanifeste in der Natur, das Vakuum**, ein zentraler Forschungsgegenstand wurde.

In der klassischen Physik ist das Vakuum der geometrische Raum. Er wird gebraucht, um die relativen Lagen der Gegenstände zu erfassen. Die geometrische Struktur eines Systems ist letztlich aber die Folge eines zugrundeliegenden »Schaltplans«, der alle Informationen darüber enthält, wie die einzelnen Teile zusammenwirken. Der Vakuumzustand eines Systems bzw. Feldes ist in der Quantenmechanik gerade der Zustand der Einheit, der alle Informationen über Struktur und Dynamik des Systems umfaßt. Das **quantenmechanische Vakuum** ist ein **Zustand reiner Potentialität**, der **unmanifest** aber **real** und deshalb auch physikalisch wirksam ist. Genau das ist aber auch die Rolle der geheimen vom Täuschungskünstler präparierten Bereiche. Diese »unmanifesten«, der Aufmerksamkeit der Zuschauer verborgenen Bereiche, werden vom Täuschungskünstler benutzt, um dem Geschehen eine überraschende und wunderbare Wendung zu geben.

Diese Analogie soll nun genutzt werden, um die Vakuumstruktur verschiedener Zweige der Unterhaltungstäuschung zu analysieren. Diese Analyse bildet dann die Brücke zu den entsprechenden Bewußtseinsstrukturen der Täuschungskunst.

Die Vakuumstruktur von Illusionen: der Zustand der geringsten Anregung

»Illusionen sind Zauberkunststücke der ‚großen Form' mit Menschen, Tieren und großen Objekten. Bühne und Manege sind die Darstellungsforen.«

So begann Heinz Niedermeyer 1976 in der »Magischen« Welt seine Serie zum Thema »Illusionen«, die sich inzwischen zu einer Enzyklopädie über dieses wichtige Teilgebiet der Unterhaltungstäuschung entwickelt hat. Er zählte damals 12 Effektmöglichkeiten auf: Erscheinen, Verschwinden (Vernichten), Verwandeln, Ortswechsel, Durchdringen, Wiederherstellen, Beleben, Unverletzbarkeit, Gewichtsveränderung (Levitation), Zerstören (psychokinetisch), Deformieren und Mentalismus (4). In einer Illusion werden meist mehrere dieser Effekte kombiniert.

Bedingt durch die Geometrie des Vorführungsraumes und die massive Natur der verwendeten Objekte besteht eine Illusion aus einer Folge von Szenen, die Übergänge zwischen »Gleichgewichtszuständen« darstellen: Eine statische Ausgangssituation geht durch einige wenige genau definierte Zwischen-Szenen in ein Schlußbild über (5).

Um die genannten Illusions-Effekte vorzutäuschen, werden verborgene Hilfsmittel und verdeckte Raumbereiche genutzt. Das für den Zuschauer sichtbare Geschehen wird durch die geheimen tricktechnischen Anordnungen bestimmt, die nur dem Täuschungskünstler zugänglich bzw. verständlich sind. Die geheimen Bereiche einer Illusion müssen zeitlich und räumlich stabil sein. Genau das ist auch die Natur des Vakuumzustandes eines physikalischen Feldes: Er ist ein Gleichgewichtszustand, der alle Symmetrien des Raumes aufweist, aber unmanifest ist. Bezüglich des Handlungsablaufes ist das »Vakuum einer Illusion« für den Zuschauer ein Zustand ohne sichtbare Aktivität. Wie das Vakuum eines Quantenfeldes ist es ein stabiler **Zustand der geringsten Aktivität**. Das ist das wesentlichste Kennzeichen des Vakuums von Illusionen.

Wie das quantenmechanische Vakuum besitzt auch das Vakuum einer Illusion eine innere Dynamik. Diese innere Dynamik würde dem Zuschauer sichtbar werden, wenn er die ganze Anlage untersuchen könnte, d. h. wenn er dem Vakuum seine Aufmerksamkeit zuwenden würde. Genau so macht eine Messung des physikalischen Vakuums die darin erhaltenen äußerst energiereichen Teilchenzustände sichtbar. Diese sogenannten Vakuumfluktuationen sind eine rein quantenmechanische Aktivität, die immer vorhanden ist auch während der angeregten Zustände, die der beobachtbaren Aktivität einer Illusion entsprechen.

Fortsetzung folgt

Literaturverzeichnis

(1) H. Vollmer: Gespräch mit Roberto Giobbi, »Magische« Welt **36**, 14-19 (1987)
(2) L. Bechstein: Märchen und Sagen, Droemersche Verlagsanstalt München, 1954
(3) D. Chopra: Gesundsein aus eigener Kraft, BLV Verlag, 1989
(4) H. Niedermeyer: Levitations-Illusionen, »Magische« Welt **25**, 230-231 (1976)
(5) G. Portzky: Zum Thema ILLUSIONEN, »Magische« Welt **23**, 225-226 (1974)

Mensch Maya

Licht- und Schattentäuschung (7)

Sichten und Sondersichten

Wir erinnern uns an den Licht- und Schattentraum mit Paul, Piet und Patrik: Erst erschien der Schatten von Paul, der die Schattenwand zerriß und durch das Loch nach vorne kam. Darauf durchdrang Patrik die Schattenwand, ohne sie zu zerreißen. Piet schließlich wurde erst hinter, dann vor der Schattenwand riesengroß, und das Loch, durch das er schlüpfte, war anschließend verschwunden.

Ein Pipedream? Oder kann der Sichtwechsel tatsächlich solche Traumeffekte erzeugen? Betrachten wir zunächst die verschiedenen Sichten und ihre Besonderheiten.

Rücksicht

Paul, Piet und Patrik erschienen alle drei zuerst als Schatten, denn sie standen ja hinter der Schattenwand, die von hinten, also von der Rückseite, beleuchtet wurde. Oder? — Wer beim Schichtwechsel (1) aufgepaßt hat, weiß es besser: Patrik konnte die Schattenwand nur deshalb ohne Loch durchdringen, weil er von vornherein nicht hinter, sondern vor der Leinwand stand. Im Gegenlicht sah man nicht seinen Schatten, sondern seine Silhouette, den Umriß seiner wirklichen Gestalt. Wir unterscheiden also zwei Arten der Rücksicht.

Schatten- und Silhouettensicht

Bei der Schattensicht sehen wir echte Schatten auf der Leinwand. Bei der Silhouettensicht dagegen steht das Schattenobjekt unmittelbar vor der Leinwand und täuscht den Schatten nur vor (Bild 1).

Da das Schattenobjekt dabei durch das indirekte Licht der Leinwand leicht beleuchtet wird, ist der Unterschied zwischen Schatten und Silhouette aus nächster Nähe klar zu erkennen. Darum müssen wir bei diesem

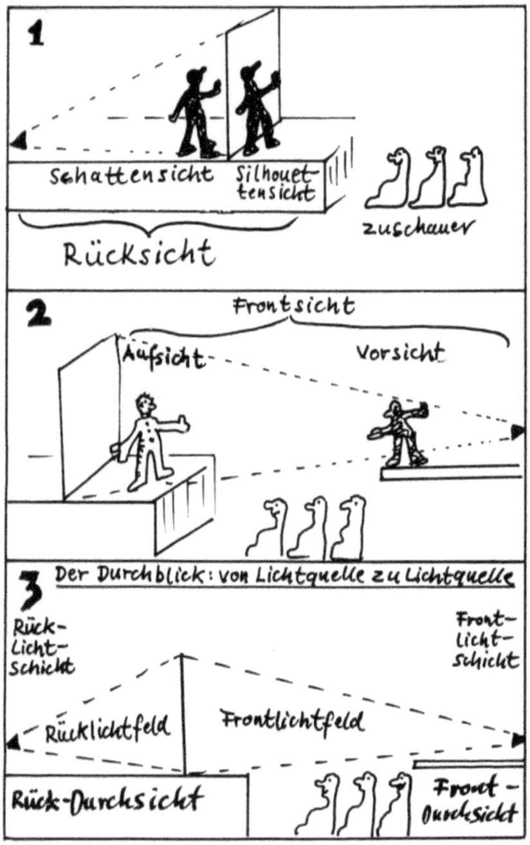

Kunstgriff auf zwei Bedingungen achten: Mindestabstand und Höchstbeleuchtung. Je weniger Licht auf die Leinwand fällt, desto geringer darf der Abstand zwischen Leinwand und Zuschauer sein.
Aus diesem Grund hatten wir in unserem Traum die Musiker zwischen Bühne und Zuschauerraum plaziert. Aus einigen Metern Entfernung war der Unterschied nicht mehr zu erkennen. Er wurde erst deutlich, als das Licht von vorn auf Patrik fiel, also beim Wechsel von der Rücksicht in die Aufsicht.

Von Rücksicht zu Aufsicht

Paul wechselte von der Rücksicht in die Aufsicht, indem er einfach die Wand zerriß und durch das Loch stieg. So haben es jedenfalls die Zuschauer in Erinnerung. Genau betrachtet spielte dabei aber noch eine zweite Person eine tricktechnische Rolle: der Beleuchter.

Frontlicht

Während Pauls Schatten auf der Wand erschien, war das Frontlicht gedämmt. Im Augenblick des Durchsteigens wurde es aufgeblendet, und Paul wurde vom Kegel eines Punktstrahlers empfangen und von der Bühne geleitet. Derselbe Vorgang wiederholte sich bei Patrik, nur mit dem Unterschied, daß Patrik sich beim Durchdringen der Wand nicht von der Stelle rührte, sondern sie nur pantomimisch durchdrang.
Wie aber war es mit Piet? Sein Schatten war doch im Augenblick des Durchdringens viel zu groß für die Silhouettensicht. Konnte er seine Körperumrisse vergrößern?
Aus dem Schichtwechsel wissen wir, daß ein Riesenschatten durch Spiel in der Großschicht entsteht (2). Und zwar bei Rücklicht. Oder gibt es eine Möglichkeit, auch im Frontlicht einen Riesenschatten auf die Leinwand zu werfen?

Vorsicht

Haben Sie schon einmal Kinder beobachtet, die im Sonnenlicht an Häuserwänden schattenspielen? Oder erinnern Sie sich, wie gern Kinder zu Beginn von Dia- oder Filmvorführungen ihre Hände in den Lichtkegel des Projektors halten, um Schatten auf die Leinwand zu werfen? In beiden Fällen wird der Schatten von vorn erzeugt, von derselben Seite, wo auch die Zuschauer sitzen. Die Schattenspieler sind jedoch so weit von der Schattenwand entfernt, daß die Zuschauer nicht die Spieler, sondern die Schatten an der Wand betrachten. Diese Sicht, bei der die Schatten von vorn gebildet werden, wollen wir Vorsicht nennen. Wenn beide Schattenspielarten verwendet werden, müssen wir also zwischen Rück- und Frontsicht unterscheiden (Bild 2).

Piets Riesenschatten könnte demnach auch bei Frontlicht von einer für Zuschauer gesperrten Empore aus in der vorderen Großschicht erzeugt werden. Denn alle Schichten, die wir bei Rücklicht betrachtet haben, sind auch bei Frontlicht vorhanden. Der Unterschied ist nur, daß im Frontlichtfeld der Zuschauerraum liegt. Deswegen eignet sich hier besonders die Schicht, die der Lichtquelle am nächsten liegt: die Glasschicht. In den meisten Fällen werden Sie auf dieser Schicht jedoch nicht mit undurchsichtigen Schattenobjekten, sondern mit transparenten Folien, Lichtbildern oder Filmen arbeiten, womit wir auch schon bei den beiden Hauptarten der Durchsicht angelangt sind (Bild 3).

Rück- und Front-Durchsicht

Piets Riesenschatten ist natürlich am einfachsten durch Spiel in der hinteren Großschicht zu erzeugen. Warum also dazu die vordere Großschicht bemühen? Wir erinnern uns an die Projektion von London im Regen. Offensichtlich wurde dabei ein Film von hinten auf die Leinwand projiziert, denn wir sahen noch immer den Schatten von Piet, der hinter der Leinwand stand. Nur Patrik wurde von vorn vom Lichtkegel des Frontlichts beleuchtet. Geschah die Projektion also tatsächlich von hinten?

Filmschatten

Oder wurde der Film mit London im Regen von vorn projiziert, und Patriks Schattenspiel samt Loch in der Schattenwand war nur gefilmt? Dann wäre alles nur Filmtrick, also Licht- statt Schattenspiel! Geht das nicht zu weit — zumindest für den ehrbaren Täuschungskünstler? Da uns Filmtricks — wie bekannt — das Tor zu unbegrenzten Möglichkeiten öffnen, wollen wir uns hier nur auf die Täuschungsmanöver beschränken, die den nahtlosen Übergang zwischen Film und Schauspiel ermöglichen und dadurch gefilmte Szenen als Realität erscheinen lassen.

Vom Schatten zum Filmschatten

Piets reales Schattenspiel geht nur dann nahtlos in das gefilmte Schattenspiel über, wenn sein wirklicher und sein gefilmter Schatten gleiche Haltung, Größe und Position haben. Jedes Springen des Schattens würde bei dieser Größe auffallen. Der nahtlose Übergang ist am leichtesten, wenn sich Piet dabei kaum bewegt. Außerdem sollte der Filmschatten so langsam eingeblendet werden, daß der lebende Piet genug Zeit hat, seinen eigenen Schatten dem langsam deutlicher werdenen Filmschatten anzupassen, bevor dieser seine volle Schwärze erreicht.

Vom Film zur Aufsicht

Im Film ist die Lebensgröße der Darsteller durch Ein- und Auszoomen variabel. Daher konnte Piet auch vor der Leinwand größer werden. Dies geschah aber nur für wenige Sekunden, dann schrumpfte er auf Lebensgröße und rannte mit Patrik von der Bühne. Erst hier, im Deckfeld außerhalb des Lichtfeldes, konnte der wirkliche Piet den gefilmten ablösen und mit Patrik das Vorfeld betreten.

Mattwand

Bleibt nur noch das verschwindende Loch. Da eine Leinwand nicht von alleine zuwächst, sei es uns gestattet, die durchlöcherte Seidenpapierwand gleich zu Anfang, wenn die vier Würfelwände zur Schattenwand ausgebreitet werden, gegen eine heile Wand auszutauschen. Dazu gibt es mehrere Möglichkeiten wie Doppelrahmen mit Rollwand etc. Wir wollen nur eine erwähnen: die Mattwand.

Dazu brauchen wir fünf Wände: vier mit Seidenpapier bespannte sowie eine, die mit Mattfolie bespannt ist und neben der vierten, der Lochwand, befestigt ist (Bild 4). Solche Mattfolien für Projektionen mit Rücklicht sind im Fachhandel erhältlich. Sie schlucken wenig Licht, geben aber ein gutes Projektionsbild.

Beim zugeklappten Würfel ist diese Mattwand über Wand 1 geklappt (Bild 5). Da die Mattfolie das Licht stärker durchläßt als das Seidenpapier, bleibt sie dem Zuschauer verborgen, wenn der Würfel von allen Seiten durchleuchtet wird.

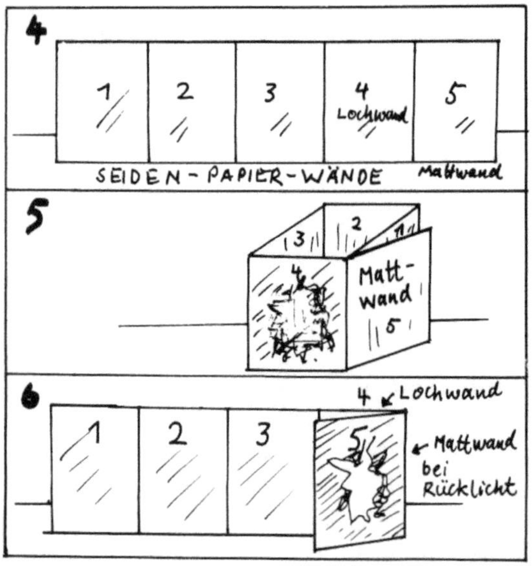

Sobald das Loch in die Papierwand gerissen wurde, wird der Würfel einmal um sich selbst gedreht. Dabei wird die Mattwand vor die Lochwand geklappt (Bild 6). Beim Aufklappen aller vier Wände erlischt das Frontlicht, und im Rücklicht erscheint das Loch als helles Loch auf der Mattwand.
Sobald der von vorn projizierte Film beginnt und das Rücklicht erlischt, wird das Loch fotografisch erzeugt. Das wirkliche und das gefilmte Loch brauchen nicht genau die gleiche Form zu haben, da das Loch während des Übergangs von Piets Schatten verdeckt wird. Um eine Ähnlichkeit zu erreichen, kann das Loch vor dem Durchdringen leicht vorgeritzt werden. Während der Film auf die Mattwand projiziert wird, wird hinter das Loch eine weiße Wand gestellt, so daß die Mattwand zum Schluß, wenn das Frontlicht aufblendet, so weiß wie die anderen Wände ist.

Soviel zur möglichen Lösung des Traumgeschehens. Das nächstemal werden wir spezielle Effekte der Durchsicht kennenlernen, die mir aus der Praxis wieder besser vertraut sind. Denn ich gebe gerne zu, daß ich — als ehrbarer Täuschungskünstler — noch nie mit Filmtricks gearbeitet habe.

PS: Durchblick

Beim Betrachten der Schichten (3) hatten wir das Rücklichtfeld mit dem subjektiven Bereich des Bewußtseins verglichen. Wir hatten festgestellt, daß wir die vollen Möglichkeiten unseres Bewußtseins nur nutzen können, wenn wir fähig sind, den Geist bis zur Lichtquelle selbst — dem nicht-überschatteten reinen Bewußtsein — zurückzuziehen und in unmittelbarer Nähe der Lichtquelle zu handeln. Erst dann haben wir uns selbst gefunden und nutzen 100% unseres angeborenen geistigen Potentials.
Sobald wir diese innere Lichtquelle in uns selbst entdeckt haben, dringt unsere Wahrnehmung ganz von selbst auch im äußeren Bereich in immer tiefere Schichten, bis wir auch dort, im Frontlichtfeld, zur Lichtquelle vordringen und dasselbe reine Bewußtsein auch als Basis der objektiven Außenwelt erkennen. Wenn wir diesen Durchblick von der inneren Lichtquelle bis zur äußeren Lichtquelle erreicht haben, genießen wir — in Maharishis Worten — 200% Leben: 100% geistiges und 100% materielles.

---

1) Mensch Maya: »Schichtwechsel«, Klein- und Vorschicht, »M«W 1/1990, S. 41
2) dto, »Klein- und Großschicht«, S. 40
3) dto, »Schöpfungschichten«, S. 41f.

Dr. Bernd Zeiger

Die Vakuumstruktur von Illusionen (2)

Der Vergleich mit einer ähnlichen Situation in der Chemie soll das noch etwas verdeutlichen. Dieser Vergleich wird hier deshalb benutzt, weil bei Illusionen auch gelegentlich chemische Vorgänge eingesetzt werden, um bestimmte Effekte hervorzubringen (z. B. das Erscheinen einer Schallplatte). In der Chemie spielt das Lösungsmittel die Rolle eines Vakuums. Das Lösungsmittel kann deshalb als Vakuum angesehen werden, weil durch Neu-festsetzung des Energie-Nullpunktes die Energie des Lösungsmittels aus den chemischen Gleichungen beseitigt werden kann. Dieselbe »Renormierung« findet statt, wenn die Handlung einer Illusion einmal aus der Sicht des Täuschungskünstlers und dann aus der Sicht des Zuschauers betrachtet wird.

Für den Illusionisten haben die geheimen Räume eine ebenso große Bedeutung wie Lösungsmittel für den Chemiker: »Die Chemiker setzen das Lösungsmittel an die erste Stelle aller Hilfsmittel und rühmen sich mit seiner Hilfe all die wunderbaren Wirkungen ihrer Kunst ausführen zu können« (H. Boerhaven, 1732).

Der Zustand der geringsten Anregung eines Quantenfeldes ist der Ursprung aller beobachteten Veränderungen, ist das Heim allen Wissens, ist unbegrenzt und unzerstörbar, ist ein Bereich vollkommener Ordnung und aller Möglichkeiten (s. Abb. 1). Im übertragenen Sinne sind dies auch die Eigenschaften des Vakuums einer Illusion. Die verschiedenen Hilfsmittel, die benutzt werden, um bestimmte Illusions-Effekte hervorzubringen, realisieren jeweils eine dieser Eigenschaften:

der geheime Helfer (Mitwisser)
= alles Wissen;
der schwarze Hintergrund,
vor dem schwarze Objekte
unsichtbar sind (Schwarz-Kabinett-Effekt)
= unmanifest
usw.

Weitere Parallelen zwischen Illusions-techniken und Eigenschaften des quantenmechanischen Vakuums seien dem Leser als Übung überlassen. Alle aufgeführten Analogien haben wohl plausibel gemacht, daß **das Vakuum von Illusionen eine objektive Realisierung des quantenmechanischen Zustandes der geringsten Anregung mit Methoden der klassischen Physik ist. Illusionen** sind demnach eine **Illustration der Struktur des quantenmechanischen Vakuumzustandes**, der ein **Feld der absoluten Einheit** ist.

Der Zustand der geringsten Anregung des Bewußtseins

Was ist die praktische Bedeutung der bis zu diesem Punkt rein theoretischen Überlegungen? Was bedeutet es für den Täuschungskünstler und für den Zuschauer, daß durch Illusionen der quantenmechanische Zustand der geringsten Anregung tricktechnisch nachgeahmt wird? Als Antwort dazu einige Stichpunkte:

1. Wer sich Illusionen im Sinne der Unterhaltungstäuschung ausdenkt, der benutzt die Idee des Vakuums als dem unmanifesten Ursprung aller Veränderungen, auch wenn er das Wort »Vakuum« nicht kennt oder in diesem Zusammenhang nicht verwendet. Das ist mit anderen Worten das Ergebnis der obigen Überlegungen.

2. Dem quantenmechanischen Begriff vom »Zustand der geringsten Anregung« ist nicht nur eine physikalische Realität zugeordnet, sondern es kann auch im Bereich des Bewußtseins ein Zustand der geringsten Anregung unmittelbar erfahren werden. Der Zustand der geringsten Anregung des Bewußtseins hat dieselben Eigenschaften wie der quantenmechanische Vakuumzustand. Wissenschaftler haben deshalb vorgeschlagen, beide Realitäten — das Vakuum des Quantenfeldes und den Grundzustand des Bewußtseins — als miteinander identisch anzusehen (s. Abb. 2). Ein Illusionist demonstriert also letztlich mittels Tricktechnik die Natur des Zustandes der geringsten Anregung des Bewußtseins, unabhängig davon, ob er das weiß oder nicht.

3. Der Zustand der geringsten Anregung wird dann vom Bewußtsein eingenommen, wenn die Tätigkeit des Geistes völlig zur Ruhe kommt und das Bewußtsein sich nur seiner selbst bewußt ist, d. h. **ohne** einzuschlafen, **ohne** zu dösen oder zu träumen. Dieser Zustand ruhevoller Wachheit ist der **einfachste Zustand des Bewußtseins** und wird auch als **reines Bewußtsein** bezeichnet. Durch die Technik der Transzendentalen Meditation ist der Zustand der geringsten Anregung des Bewußtseins wieder jedem Menschen leicht und auf natürliche Weise zugänglich gemacht worden und konnte so auch in aller Einzelheit wissenschaftlich erforscht werden. Unter anderem wurde dabei durch die Methoden der objektiven Wissenschaft bestätigt, daß bei TM-Ausübungen Intelligenz und Kreativität zunehmen, sich die Gesundheit verbessert und der Alterungsprozeß umgekehrt wird, das Handeln mehr und mehr spontan in Übereinstimmung mit allen Naturgesetzen erfolgt und dadurch effektiver wird, und in der Umwelt Spannungen und Kriminalität abnehmen, wenn ein geringer Prozentsatz der Bevölkerung meditiert.

Es ist interessant festzustellen, daß in der uralten vedischen Wissenschaft, aus der die TM stammt, immer beide Blickwinkel eingeschlossen sind, der subjektive und der objektive. So finden sich in den Lehrsätzen (Sutren) über die Einheit (Yoga) des Maharishi Patanjali eine Reihe subjektiver und objektiver Kriterien, die den Grad der Verwirklichung reinen Bewußtseins zu überprüfen erlauben. Die darin angesprochenen Perfektionen (Sidhis) testen die Fähigkeit des Menschen, die Naturgesetze unmittelbar vom reinen Bewußtsein her zu beeinflussen. Die Liste der Sidhis schließt die Verwirklichung aller Effekte ein, die durch Illusionen nachgeahmt werden, aber auch noch viele andere, die bisher in der Unterhaltungstäuschung nicht gezeigt werden.

All dies dürfte für Täuschungskünstler Grund genug sein, sich mit dem Zustand der geringsten Anregung des Bewußtseins, der die einfachste Form des Bewußtseins darstellt, genauer zu beschäftigen.

4. Indem der Täuschungskünstler durch Illusionen die Natur des Vakuums anschaulich demonstriert, vermittelt er dem Zuschauer eine geistige Vorstellung und unter Umständen für einen Moment auch die Erfahrung des Zustandes der geringsten Anregung des Bewußtseins. Der Mechanismus wie letzteres geschieht in folgender Weise: Der Zuschauer, der mit Aufmerksamkeit dem Illusionsablauf folgt, kommt irgendwann in die Situation, daß sein intellektuelles Verständnis des Handlungsablaufes aussetzt und das Staunen beginnt. In diesem Moment, wo der eine Gedankengang aufgehört und der andere noch nicht begonnen hat, ruht der Intellekt ganz in sich selbst, und die Freude reinen Bewußtseins wird erfahren. Eine typische, physiologisch richtige Beschreibung dieser Situation gibt Punx: »Es war atemberaubend. Das Publikum wirkte geradezu beklommen, um verspätet in Begeisterungsstürme auszubrechen« (6).

Der bewußtseinserweiternde Effekt von Illusionen auf den Zuschauer ist um so stärker, je perfekter die Präsentation ist. Es lohnt sich deshalb, »ganze Abende und Wochenenden damit zu verbringen, selbstgebastelte Kistchen mit Glimmerplatten zu bekleben« (1). Das Wesentliche ist aber dabei nicht der Zeit- und Arbeitsaufwand der Vorbereitung, sondern das was der Täuschungskünstler an Bewußtsein bei sich und im Zuschauer zu beleben vermag.

Der Zustand der geringsten Anregung des Bewußtseins spielt dabei eine Schlüsselrolle; denn er ist der absolute innere Bezugspunkt, der das Denken und Handeln in spontaner Übereinstimmung mit allen Prinzipien der Natur und des Lebens bringt. Wenn sich das Leben in Einklang mit dem Naturgesetz befindet, ist jede Tätigkeit anstrengungslos und erfolgt natürlicherweise auf dem Weg des geringsten Aufwandes.

Durch das reine Bewußtsein erreichen Denken, Handeln und Erfolg den höchsten Grad an Erfüllung.

Literaturverzeichnis

(6) Punx: Liebesgrüße aus Moskau, »Magische« Welt 37, 337-338 (1988)

Mensch Maya

Licht- und Schattentäuschung (8)

Ebenen der Durchsicht

Eine Schnatterhand mit Hohlauge, ein zwinkernder Flachkopf, ein conferierender Hohlkopf, ein Schnurwurm mit Tirolerhut — das sind Schattenfiguren, die mit Durchsicht arbeiten.

Erinnern wir uns: Von Durchsicht sprechen wir immer dann, wenn das Schattenobjekt lichtdurchlässig ist. Nach der Art der Lichtdurchlässigkeit können wir drei Hauptebenen der Durchsicht unterscheiden: die Hohlsicht, die Tonsicht und die Klarsicht.

Die Hohlsicht

Wenn wir mit der Hand einen Schattenkopf bilden, bei dem Auge und Mund als Loch oder Schlitz zwischen den Fingern zu sehen sind, haben wir bereits die einfachste Art der Hohlsicht: die »Lochsicht« (Bild 1). Mit Lochauge und Schlitzmund können wir auch Flachköpfe aus Papier, Pappe oder Sperrholz zum Zwinkern und Sprechen bringen. Wir brauchen dazu nur unsere Hand über dem Schlitz oder Loch zu bewegen (Bild 2). Bei einer Handpuppe reicht bereits eine winzige Bewegung des Mittelfingers (Bild 3). Nun formen wir uns aus zwei aufgebogenen Drahtbügeln einen Drahtkopf. Der eine Draht bildet die Kontur für Hinterkopf, Auge, Nase und Oberlippe, der andere für Unterlippe, Kinn und Hals. An den Lippen werden beide Drähte mit einem Stück Schlauch verbunden, das über die Drahtenden gestülpt wird und den beweglichen Mund bildet (Bild 4).

Wenn wir diesen Drahtkopf mit beiden Händen in Kopfhöhe halten, haben wir einen riesigen Hohlkopf, mit dem wir einen wunderbar komischen Schattenconférencier darstellen können (Bild 5). Diese Art der Hohlsicht, bei der wir keine Schattenflächen, sondern nur Schattenlinien sehen, nennen wir »Kontursicht«.

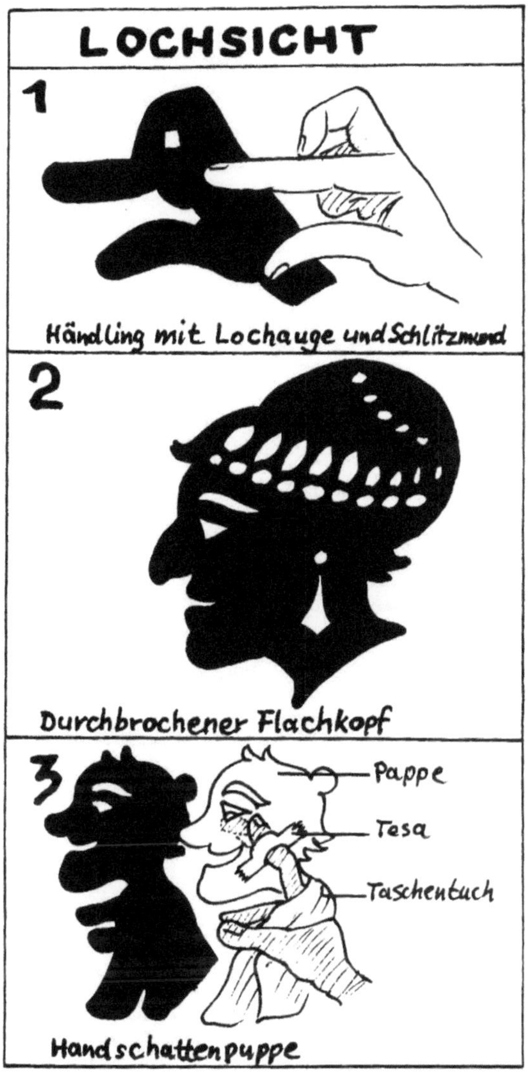

Nun legen wir auf einen Overheadprojektor ein Stück Schnur und machen daraus durch einige Schlaufen einen Ringelwurm, der dem Hohlkopf in Bezug auf Komik in nichts nachsteht (Bild 6). Zur Steigerung der Komik fehlt dem Schnurwurm nur noch ein Hut.

Die Tonsicht

Also malen wir auf eine feste Klarsichtfolie mit Transparentfarben einen grünen Tiroler Zylinder mit rotem Band. Unter den Hut kommt ein blaues Auge. Nun schneiden wir Hut mit Auge aus der Folie und kleben den Schnurkopf am Auge fest (Bild 7). Wir haben jetzt eine Kontur — den Schnurwurm — mit einer farbigen Fläche (Hut und Auge). Die auf die Leinwand projizierte Farbfläche nennen wir »Farbsicht«.

Zur Farbsicht gehören auch gemalte Projektionshintergründe, Farbfilter, Farbdias, Farbfilme sowie Projektionen mit 3-D-Effekten wie etwa der holografische Film, der in Zukunft noch eine große Rolle in der Zauberkunst spielen wird.

Wenn wir den Ringelwurm von der Glasschicht entfernen und außerhalb des Brennpunkts in die Nahschicht halten, sehen wir auf der Leinwand nur einen diffusen, verschwommenen Schatten. Auch dieser Schatten gehört zur Tonsicht, er ist allerdings nicht farbig, sondern besteht nur aus Grauwerten. Diese Art Tonsicht nennen wir »Grausicht« (Bild 8). Außer Halbschatten gehören hierzu alle fotografischen oder gemalten Schwarz-weiß-Effekte mit Grautönen. Über die Grausicht können wir feste Schatten allmählich vager und diffuser machen und schließlich ins Unmanifeste übergehen lassen. Was bleibt, wenn wir die Grausicht transzendieren?

Die Klarsicht

Von Klarsicht wollen wir immer dann sprechen, wenn sich vor der Lichtquelle ein Schattenobjekt befindet, das so durchsichtig ist, daß es vom Zuschauer nicht oder fast nicht bemerkt werden kann. Dabei kann es sich um eine Klarsichtfolie handeln, die auf einem Overheadprojektor liegt, oder auch um weiß belichtete Dias oder Filme in einem Projektor.

Die Klarsicht mag uns vielleicht im ersten Augenblick als unsinnig, reizlos oder langweilig erscheinen. Ihre grundlegende Bedeutung wird uns aber spätestens klar, wenn eine weitere Ebene der Durchsicht ins Spiel kommt. Mit Streifen aus fester Klarsichtfolie können wir beispielsweise unseren Ringelwurm bewegen, ohne mit den Fingern Schatten auf der Projektorfläche zu bilden (Bild 9).

Die Klarsichtstreifen werfen — vor allem an

den Schnittkanten — nur einen feinen, kaum sichtbaren Schatten. Wenn uns auch dieser Schatten noch stört, können wir die Projektionsfläche mit geriffeltem Glas bedecken. Riffelglas ergibt eine Art Übergang zwischen Klarsicht und Tonsicht und übertönt feine Schatten. Es eignet sich auch, um Wettereffekte wie Schneefall oder Nebel auf dem Overheadprojektor zu erzeugen.
Wenn uns die Schnittkanten immer noch

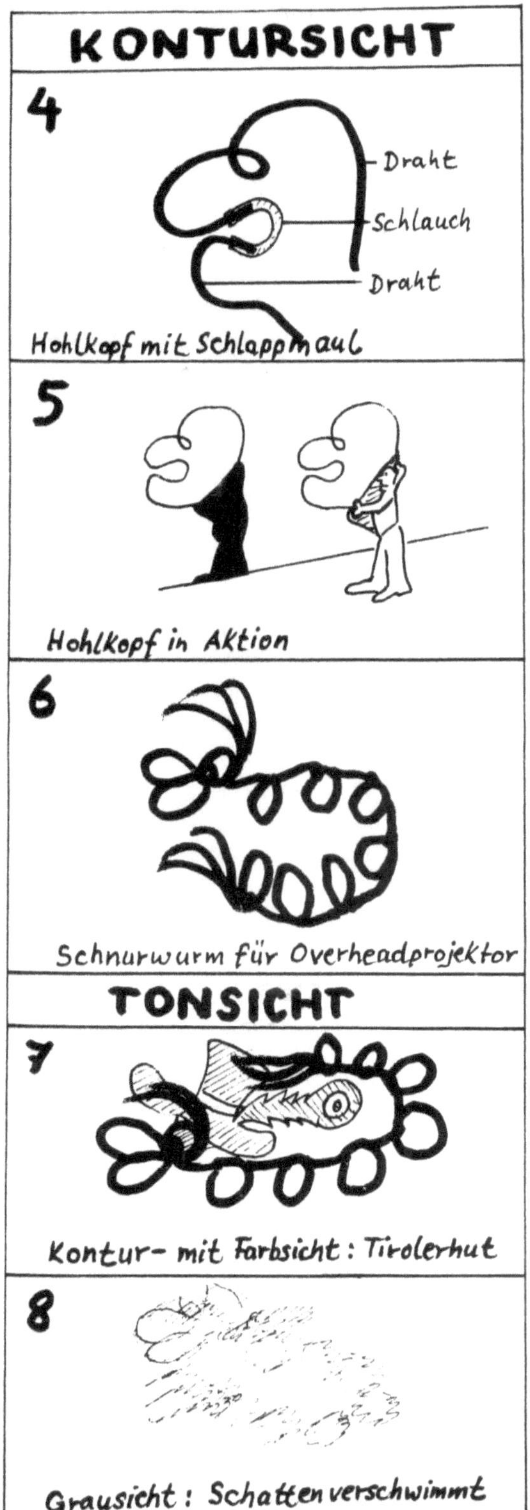

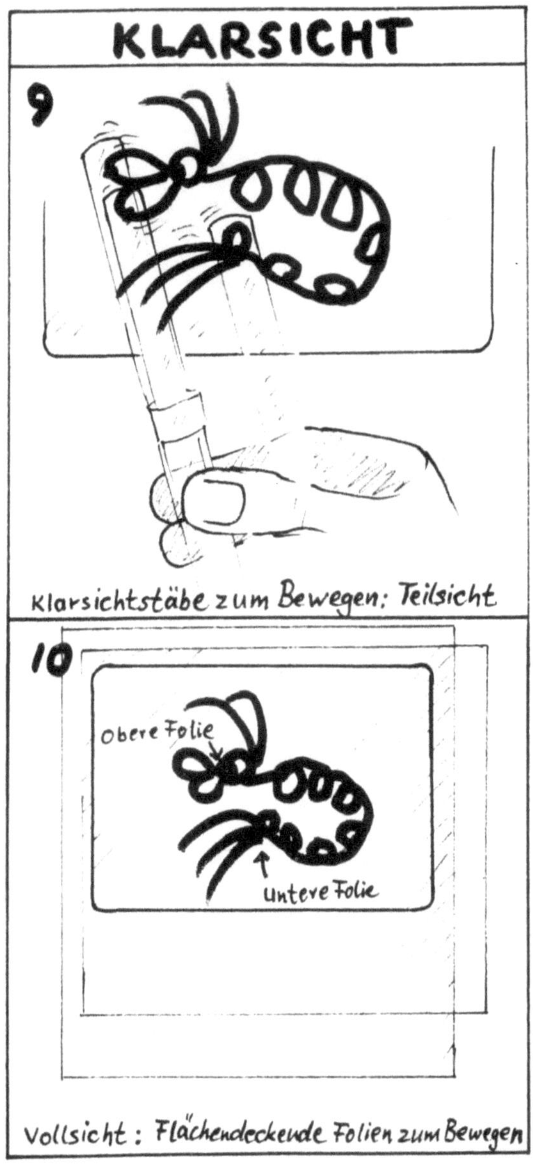

stören, bleibt uns nur noch eines: Statt der Streifen, die nur einen Teil der Projektionsfläche bedecken, verwenden wir zum Bewegen des Wurmes Klarsichtfolien, die die gesamte Projektionsfläche bedecken (Bild 10). Um diese beiden Arten der Klarsicht zu unterscheiden, nennen wir sie »Teilsicht« und »Vollsicht«.
Die Vollsicht spielt also die Rolle einer Trägersubstanz, mit der andere Schattenobjekte bewegt werden können. Die Vollsicht eines Zelluloidfilms ist beispielsweise die Grundlage für jeden Spielfilm. Ohne den durchsichtigen Filmstreifen könnten weder Grau- noch Farbtöne, die das Lichtspiel hervorzaubern, auf die Leinwand geworfen werden.

PS: Denkebenen
Die hier geschilderten Ebenen der Durchsicht illustrieren sehr anschaulich die Manifestationsebenen unseres Denkens. Die meisten Menschen nehmen ihre Gedanken erst wahr, wenn diese völlig ausgeformt an der Oberfläche ihres Bewußtseins erscheinen, vergleichbar mit den vollen Schatten eines Schattenspiels. Je mehr wir fähig werden, unseren Geist bis zur Lichtquelle, der Quelle des Denkens, zurückzuziehen, desto feinere, transparentere Ebenen des Denkens werden uns bewußt. Statt der plumpen Vollschatten sehen wir kunstvoll durchbrochene Lochschatten, scharfe Konturschatten, leuchtende Farbschatten und transzendenter werdende Grauschatten, bis schließlich nur die reine Klarsicht bleibt, das unmanifeste, reine Bewußtsein ohne jegliche Überschattung. Dieses reine Bewußtsein aber ist der Träger und Beweger aller manifesteren Denkebenen. Wenn wir diese Ebene in unser Spiel einbeziehen, können wir wirklich zaubern — aus dem »Nichts«.

Mensch Maya

»Schapo«-Klack

Eine Spontanroutine zu Werner Millers »Pet Ghost«

Werner Millers Erscheinen eines Geisterkopfes hinter einem ausgeschnittenen Papierzylinder* schien mir auch gut geeignet für ein spontanes Vorzaubern im kleinen Kreis, wenn man keine präparierten Utensilien dabei hat. Hier die Routine mit Reim.

Vorführung

Habt ihr mal ein Blatt Papier,
unliniert in Din A 4?
(Papier geben lassen.)
— Prima, und als Zauberhut
wär ein Klappzylinder gut.
(Hand erwartungsvoll ausstrecken.)
— Was? Kein Klappzylinder da?
Aber eine Schere, ja?
(Schere geben lassen.)
— Dankeschön. Jetzt zaubern wir
einen Klapphut aus Papier.

1.
(Aus der rechten Tasche einen imaginären Stift hervorholen.)
Seht ihr diesen Zauberstift?
(Den imaginären Stift zeigen und in die linke Tasche stecken.)
Wenn wir nun den Bogen falten
(Papier zweimal bis zum Format Din A 6 zusammenfalten.)
und zu diesem guten alten
Blaustift in die Tasche geben,
(Gefalteten Bogen ebenfalls in die linke Tasche stecken.)
können wir gespannt erleben,
was geschieht, wenn dieser Stift
mit dem Blatt zusammentrifft.
Stift, verzaubere das blanke
Blatt in einen Klapphut! — Danke!
(Den leeren Bogen wieder herausziehen.)
Seht nur, wie der Stift das Blatt
— Schapo-Klack! — verzaubert hat.
(Bei dem Wort »Schapo-Klack« Bogen aufklappen und präsentieren. Dann den Bogen stutzend entfalten und bemerken, daß sich an dem leeren Blatt absolut nichts geändert hat.)

2.
Hoppla, hat da wer gelogen?
Hat mich dieser Stift betrogen?
Augenblick mal: »Falten, falten,
und den Stift zum Zeichnen halten ...«
Richtig: Ich vergaß zu halten!
(Bogen wieder falten, in die Tasche stecken, den imaginären Stift herausholen und damit von außen durch den Stoff die Umrisse eines Zylinders auf den Bogen zeichnen. Stift auf den Tisch legen und den Bogen wieder herausholen.)
Ja, ein Stift mit Geist tut gut:
Schapo-Klack — der Zauberhut!
(Bei dem Wort »Schapo-Klack« den Bogen aufklappen und präsentieren. Dann merken, daß er immer noch leer ist und verstört wieder zuklappen.)

3.
Diese Händler — nicht zu glauben!
Nur um uns das Geld zu rauben,
drehen sie uns Stifte an,
die man nicht mal sehen kann,
und erklären dumm und dreist,
sie besäßen Zaubergeist!
(Den imaginären Stift ärgerlich wegwerfen, zur

Schere greifen und damit aus dem gefalteten Blatt einen Zylinder ausschneiden, bei dem beide Papierlagen am Boden verbunden bleiben. Bild 1)
Immerhin, das gibt mir Mut:
Schapo-Klack — der Zauberhut.
(Bei dem Wort »Schapo-Klack« den ausgeschnittenen Hut aufklappen, hinter dem nun der mit Blaustift — bzw. Rotstift, Bleistift etc. — gezeichnete Geisterkopf erscheint. Bild 2)

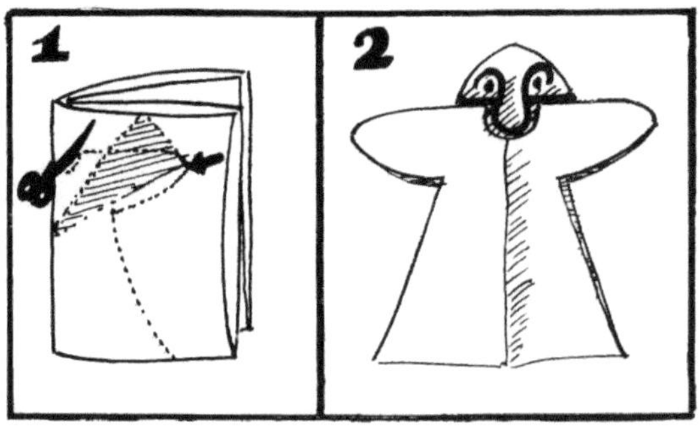

Vorbereitung

Vor der Vorführung wird der Geisterkopf auf ein zweites Din-A-4-Blatt gezeichnet, das mit der präparierten Faltung in die linke Tasche kommt. Damit sich der Kopf gegen den weißen Hut absetzt, wird die Nase getönt und der Hutrand, über den die Nase ragt, als dicker Balken mit eingezeichnet.

Beim zweiten Zauberversuch wird statt des leeren Bogens der präparierte aus der Tasche gezogen. Damit die beiden Bogen nicht verwechselt werden, muß man sich merken, welcher an der Körperseite und welcher außen liegt.

Um beim Schneiden einen guten Umriß des Kopfes zu erhalten, muß die Krümmung der Hutkrempe kurz vor der Stelle beginnen, wo die Einfalzung für den Kopf aufhört *(Pfeil in Bild 1).*

Den Vortrag kann man natürlich auch reimlos halten.

—

* Werner Miller: Pet Ghost, »M«W 2/1990, S. 132f.

KALEIDOSKOP

Maharishi Veda Vision: Zauber der Erleuchtung

Dieser Artikel erschien in der Juli/August-Ausgabe der TM-Zeitung und wird hier mit freundlicher Genehmigung der Redaktion in leicht gekürzter Fassung abgedruckt.

M. Maya

Doug Henning, berühmter Zauberkünstler aus den USA mit drei Broadway-Shows, arbeitet seit einem Jahr an einem Projekt mit dem Namen »Maharishi Veda Vision«. Auf der ersten europäischen Konferenz über Maharishi Sthapatya-Veda, der alten vedischen Wissenschaft des Bauens im Einklang mit dem Naturgesetz, stellte Doug Henning das Projekt zum erstenmal öffentlich vor. Und so begann es mit Maharishi Veda Vision:

Zwei Jahre verbrachte Doug Henning mit seiner Frau Debbie in Maharishi Nagar, Indien, um gemeinsam mit Maharishi Mahesh Yogi Möglichkeiten herauszufinden, wie Unterhaltung genutzt werden kann, um das Bewußtsein der Menschen anzuheben. Sie arbeiteten intensiv daran, wie man die Bereiche Unterhaltung, Wissen und Erleuchtung verbinden kann. Das Ergebnis ist Maharishi Veda Vision: Gebäudekomplexe, in denen auf unterhaltsame Weise Maharishis Vedische Wissenschaft, das Wissen über Sinn und Ziel des menschlichen Lebens, über höhere Bewußtseinszustände und Erleuchtung, durch die Technologie der Zauberkünstler kombiniert mit High-Tech Unterhaltung für jedermann angeboten werden soll.

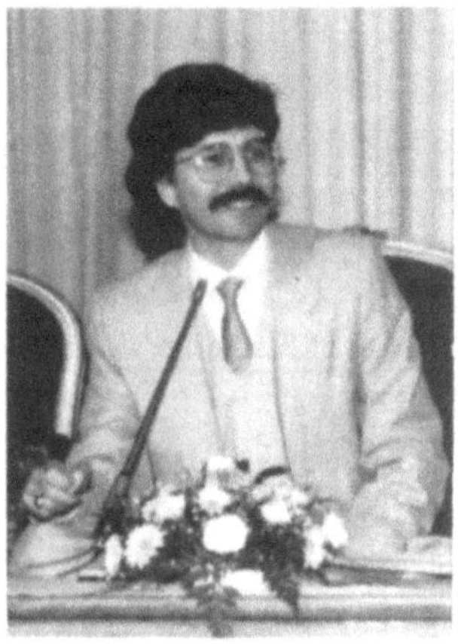

Doug Henning

»Die Darbietungen haben eine Struktur, die die Grenzen des Denkens durchbrechen und das Bewußtsein ausdehnen werden«, sagt Doug Henning. »Man wird ein Gefühl von Erstaunen und ein simuliertes Gefühl von höheren Bewußtseinszuständen haben. Wer einmal durch Veda Vision geht, sieht die Welt mit anderen Augen.«

Doug Henning zeigt ein Modell eines Veda-Vision-Gebäudes, das nach den Prinzipien des Sthapatya-Veda entworfen wurde. Er beschreibt, was den Besucher dort erwartet: »In dem Gebäudekomplex gibt es mehrere Shows: Maharishi Veda Vision Eins und Maharishi Veda Vision Zwei in zwei Variationen. Außerdem ein Illusions-Raum, ein imaginäres Restaurant und ein ayurvedisches Diagnosezentrum mit Pulslesen.«

Veda Vision Eins ist eine halbstündige bis einstündige Show auf einer Riesenleinwand mit etwa 30 Meter Durchmesser. Durch die Erfahrung dieser Größe sind die Besucher ganz in die Darbietung vertieft. Und während man zusieht, wird die Darbietung größer und größer und simuliert eine Ausdehnung des Bewußtseins wie während der Meditation. Henning: »Man kann tatsächlich simulierte Meditationen erreichen, indem man viele unglaubliche Illusionen miteinander verbindet. Wir haben all diese High-Tech-Sachen zwei Jahre lang untersucht und erforscht. Das ist das Unglaublichste, das jemals gemacht wurde und am weitesten entwickelt. Führende Experten aus aller Welt arbeiten an der Fertigstellung.«

Veda Vision Zwei stellt eine ganz neuartige Technologie dar, die Doug Henning mit Spezialisten entwickelt hat: Auf einer Leinwand läuft ein Film ab, und plötzlich verlagert sich die Handlung von der Leinwand auf die Bühne. »Auf der Bühne ist ein Zuschauer, und aus der Leinwand kommt der Hauptdarsteller, der ihm das Wissen über Erleuchtung gibt. Das ist nur ein Beispiel von dem, was wir entwickelt haben. Niemand ist es bisher gelungen, daß die Schauspieler aus der Leinwand heraus in den Zuschauerraum kommen. Wir haben das entwickelt und patentieren lassen. Maharishi und ein Teil unserer Purusha-Gruppe haben zwei Jahre daran gearbeitet.«

Es gibt noch eine andere Show in Veda Vision Zwei: die Darbietung über die Mechanismen der Schöpfung. Doug Henning: »Da steht ein Rishi, ein erleuchteter Seher, auf der Bühne und sagt: ‚Bewußtsein ist überall'. Er greift in die Luft und hat plötzlich einen goldenen Ball von Bewußtsein in der Hand. Der Rishi zeigt dann ganz realistisch, wie das Bewußtsein sich selbst erkennt und wie die Schöpfung beginnt. Dann sagt der Rishi: ‚Das möchte ich mir mal genau ansehen', er geht in den Ball und alles wird zu Bewußtseinsbällen.«

Doug Henning weiter: »Im Illusionsraum schließlich erfährt man, daß man seinen Sinnen nicht trauen kann. Es gibt schwebende Objekte, Juwelen und Münzen, und wenn man seine Hand danach ausstreckt, geht sie einfach hindurch. Es ist gar nichts da. Alles ist Illusion. Die Objekte tauchen auf und verschwinden.«

Wenn man erfahre, daß man seinen Sinnen nicht trauen kann, hätte man den ersten Schritt zur Erleuchtung getan, meint Doug Henning. Die Realität umfasse mehr als die Sinne wahrnehmen können. Das ist Maharishi Veda Vision. »Bisher gibt es nirgendwo etwas Derartiges«, sagt Doug Henning. »Es benötigte Maharishis Genius, sich solch unglaubliche Sachen auszudenken.«
Erstaunliche Dinge wird man in der Vision sehen können. Henning rechnet mit einer großen Nachfrage. Die ersten Unterhaltungszentren sollen bereits im Laufe des kommenden Jahres eröffnet werden. Jetzt werden Interessenten gesucht, die Maharishi Veda Vision in ihrer Region aufbauen möchten. Eine Broschüre dazu soll im Juli erscheinen. Weitere Informationen über die örtlichen TM-Lehrzentren.

»Wenn wir auf der Bühne sind, werden wir eins mit dem Publikum. Und das ist der wahre Zauber.«
Siegfried und Roy

Mensch Maya
Mirage
S & R in neuer Show

»Der einzige aktive Vulkan im Glücksspielerland Nevada arbeitet mit der Präzision einer Schweizer Uhr. Täglich um 22 Uhr schießt er Feuer und Rauch in den wolkenlosen Himmel von Las Vegas, katapultiert turmhohe Wasserfontänen hinterher und taucht die Palmenlandschaft seiner Umgebung in bengalisches Blutrot. . . . Zehn Minuten später ist der Chip-gesteuerte Appetitmacher für die ‚aufregendste Show der Welt', die 20-Millionen-Dollar-Produktion im Theater des Mirage-Hotels, vorbei. Für den dunkelhaarigen Illusionisten Roy... allabendlich das Zeitzeichen, vor der zweiten Abendveranstaltung um 23 Uhr zu meditieren.«
Dieses erste Lebenszeichen von Siegfried und Roy nach längerer Verzögerung ihrer neuen Show fand ich im August in der WELT. Als Ersatz für einen Besuch in Las Vegas bat ich sie um ihr neues Programmheft. Hier einige gekürzte Passagen daraus, in denen sie schildern, wie ihre Show entstanden ist und was sie damit erreichen wollen.
»Zuerst hast du eine Phantasie. Du siehst eine Art Wunder in deinem Geist. Und dann arbeitest du daran, das Wunder Wirklichkeit werden zu lassen.«
»Es scheint ein seltsamer Plan zu sein, einen Traum zu träumen, den Traum Wirklichkeit werden zu lassen, und dann der Traum zu werden. Das aber war unsere Absicht beim Erfinden und Erschaffen dieser Show. Nun wollen wir unseren Traum mit Ihnen teilen.«
»Eine Welt aus dem Nichts zu erschaffen erfordert große Vorstellungskraft. Heute abend, nur vom Licht unserer Intuition geleitet, reisen wir ins Unbekannte. Wir laden Sie ein, mitzukommen, die begrenzenden Banden der Logik aufzubrechen und die Mysterien zu ergründen, die im Schattenreich der Seele verborgen sind.«
»Vorstellungskraft ist wie eine Blume. Wenn

sie genährt wird, wächst sie und blüht zu einem Ding der Schönheit.«
»Was wir mit dieser Show erreichen wollen, ist, die Phantasie unseres Publikums anzuregen. Wir alle haben Phantasie. Und in jedem von uns — egal wie alt — steckt noch ein Kind. Wir versuchen, das Kind hervorzulocken und träumen zu lassen.«
»Jedes Kind träumt davon, fliegen zu können. Und in unserer Show beweisen wir immer wieder, daß es möglich ist. Indem wir eine Reihe verzauberter Augenblicke schaffen, hoffen wir, unsere Zuschauer erinnern sich an die Zeiten in ihrem Leben, als sie spürten, daß alles möglich ist. Denn jeder von uns hat die Macht, Erstaunliches zu vollbringen. Die Zauberkraft liegt in unserem Geist.«
»In unserem eigenen Leben ist Phantasie immer wieder zur Realität geworden. Manchmal fühlt es sich an wie ein Märchen. Aber dieses Märchen ist wahr.«
»Ich spüre Zauber jeden Tag, wenn ich aus dem Fenster schaue«, sagt Siegfried. »Er liegt in der Natur. Er ist überall um uns herum.«
Ende September feierten Siegfried und Roy ihre 10 000. Las-Vegas-Show, eine Wohltätigkeitsveranstaltung mit 300 Dollar Eintritt zugunsten einer Blindenorganisation. Laut WELT gratulierte ihnen dazu sogar US-Präsident Bush.

TRICKTECHNIK

40. Jahrgang Heft 1 – Jan./März 1991

Mensch Maya

Der Sprung aus dem Märchenbuch

»Ich habe immer mehr das Gefühl«, sagte kürzlich ein Freund zu mir, »daß du gar kein richtiger Mensch bist, sondern eine Figur aus deinen eigenen Märchen.« Ich war erstaunt: »Ja, wußtest du das noch nicht?«
Der Vorfall gab mir zu denken. Zwar wurde ich schon mehrfach als ein »aus dem Bilderbuch entsprungener Mensch« bezeichnet, aber noch keiner hatte mich wirklich herausspringen sehen. Wie könnte ich den Sprung aus dem Bilderbuch auf der Bühne zeigen? Vielleicht mit folgender Erscheinungsillusion.
Ein etwa 1,30 x 2,10 m großer Buchdeckel mit Schmalseite wird auf die Bühne geschoben und einmal um sich selbst gedreht. Dann wird die Schmalseite umgeklappt, so daß der Deckel von selbst stehen bleibt (Bild 1). Nun wird ein Deckblatt dazugeschoben, ebenfalls gedreht und mit der Schmalseite verbunden (Bild 2). Es trägt das lebensgroße Bild einer Märchenfigur. Als letztes kommt der vordere Buchdeckel mit Buchrücken dazu. Er wird ebenfalls um sich selbst gedreht und dann mit dem Rest des Buches verbunden. Nun wird das Buch zugeklappt, und wir sehen ein dickes, geschlossenes Märchenbuch (Bild 3).
Auf den sechs Flächen stehen jeweils einzelne Wörter, die während des Hereinschiebens folgenden Satz ergeben: »Der/Sprung/aus/(Figurenbild)/dem/Märchenbuch.«
Das so zusammengesetzte Buch kann jetzt nach Belieben um sich selbst gedreht werden oder nicht. Dann öffnet sich der Deckel, und die gemalte Märchenfigur steigt heraus. Auf dem Deckblatt ist anstelle des Bildes nur noch das Umrißloch der Figur zu sehen (Bild 4).
Wie's gehen könnte? — Sie erinnern sich sicher an die Erscheinungsillusion »Aus Nichts«*, bei der aus drei zusammengestell-

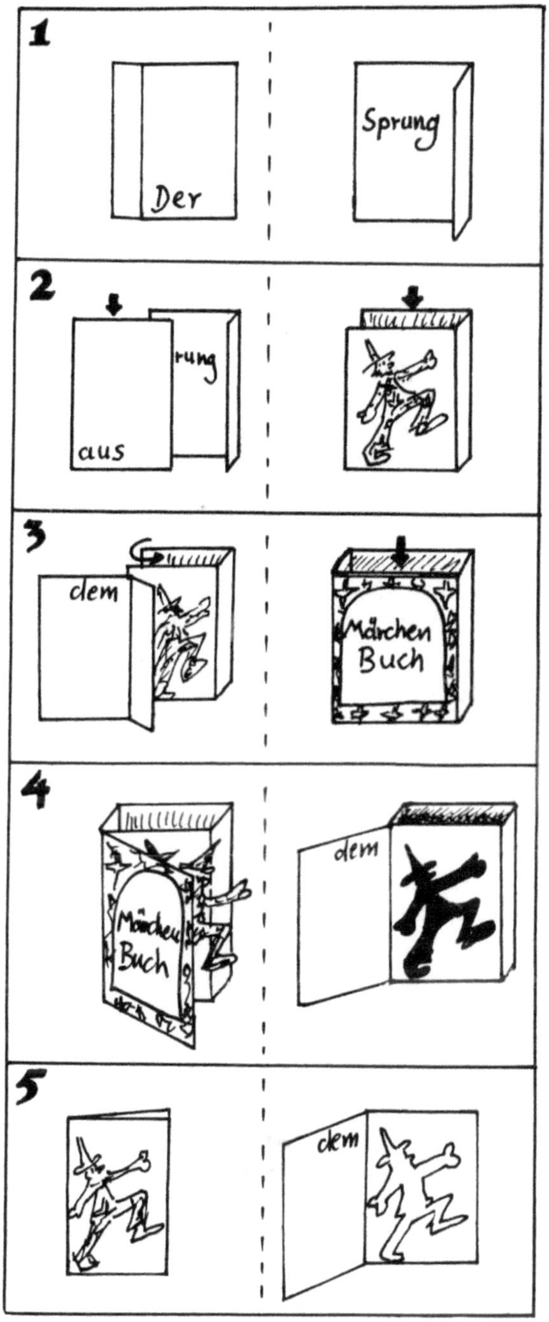

ten Wänden eine Person erscheint. Unter Deckung der Wände wird die Person in das Buch geschmuggelt. Die Pfeile zeigen, hinter welcher Wand sich die Person jeweils befindet.

Geändert wird nur die Aufmachung der Wände. Die erste und dritte Wand haben je eine umklappbare Schmalseite und sind als Buchdeckel dekoriert. Das Deckblatt dagegen ist eine Doppelwand. Es besteht aus dem Blatt mit Umrißloch und dem Blatt mit Bild, dessen Rückseite genau dem Buchinnendeckel gleicht. Beim Schließen wird die Bildseite am Buchdeckel befestigt und dann mit ihm zusammen umgeklappt (Bild 5).

---

* »Aus Nichts«, »M«W 2/35, 1986, S. 98. Leserbrief von Mensch Maya zu:
Dr. Heinz Niedermeyer, »Drei rote Rosen und die Göttin der Liebe«, »M«W 1/35,, 1986, S. 27 ff.

Mensch Maya

Licht- und Schattentäuschung (9)

Gewichtwechsel

Vielleicht haben Sie sich bisher nicht für Schattentäuschung begeistern können, weil Sie lieber am Tisch als auf der Bühne zaubern wollen. Nun: Schon ein Streichholz wirft einen Schatten. Die Größen der Schattenbühne reichen von der Theaterleinwand bis hinunter zu einem einfachen Blatt Papier. Die Figuren der verschiedenen Bühnengrößen wollen wir heute unter dem Stichwort »Gewichtwechsel« behandeln, denn sie lassen sich durchaus miteinander mischen. Als Gewichtsklassen unterscheiden wir: Standgewicht, Handgewicht, Leichtgewicht und Lichtgewicht.

Standgewicht

Beginnen wir mit der Spielgröße, bei der die Darsteller in voller Lebensgröße auf der Bühne stehen. Für diese »Standfiguren« brauchen wir eine Schattenwand, die mindestens Menschenhöhe hat. Für erwachsene Spieler eignen sich etwa 2-4 aneinandergenähte Bettlaken. Die Naht sollte möglichst dünn sein, da sie sonst breite, unschöne Schatten wirft. Bei Kindern als Darsteller reicht im allgemeinen ein einfaches Laken, das z. B. in den Türrahmen zwischen zwei Wohnräumen gehängt wird: der kleinere Raum dient als Bühne, der größere als Zuschauerraum. Mit ausgeschnittenen Flachköpfen können Sie unterschiedliche Größen der Standfiguren vortäuschen (Bild 1).

Handgewicht

Für Handfiguren reicht eine kleinere Schattenwand, zum Beispiel ein Tischtuch, das mit Reißzwecken an zwei Besenstielen über einem Tisch aufgehängt wird (Bild 2). Neben den traditionellen Stabfiguren eignen sich für diese Größe vor allem Handschattenpuppen mit ausgeschnittem Pappkopf (Bild 3) oder »Händlinge«, bei denen der Kopf mit den Fingern der Hand dargestellt wird. Diese Händlinge haben den Vorteil, daß sie nicht nur sehr originell und lebendig wirken, sondern auch jederzeit ohne Requisiten und Vorbereitungen improvisiert werden können (Bild 4).

Leichtgewicht

Für noch kleinere Bühnen reicht ein Stück Papier im Format Din-A3 oder A4, das einfach mit Klebeband an einer Tischkante oder Stuhllehne angebracht wird. Als Figuren für diese Größe eignen sich am besten Ihre Finger, denen Sie mit wenigen Mitteln - wie Fingerhut, Pappnase, Wattehaar - Gesicht und Charakter geben können (Bild 5).

Lichtgewicht

Wenn Sie Ihre Finger jetzt nicht hinter ein Din A-4-Blatt, sondern auf die Projektionsfläche eines Overheadprojektors halten, haben Sie bereits die ersten Schattenfiguren des Lichtgewichts. Je nach Projektionsabstand werden dadurch aus den kaum 10 cm langen Fingern bereits bedrohlich riesige Fingerlinge. Wie Sie Lichtpuppen für den Overheadprojektor herstellen können, haben Sie bereits beim Betrachten der Durchsicht am Beispiel des Schnurwurms gesehen (1).

Märchenhafte Möglichkeiten ergeben sich nun, wenn wir die Figuren der verschiedenen Gewichtsklassen gemeinsam auftreten lassen.

Stand- und Handgewicht

Eines meiner Schattenmärchen handelt von einem Zwerg und seinem Hamster. Da der Hamster bedeutend kleiner ist als der Zwerg, wird der Zwerg durch eine Standfigur und der Hamster durch einen Händling dargestellt. Ebenso können Sie durch Händlinge Hasen, Vögel, Heinzelmännchen und andere kleinere Tiere oder Fabelwesen darstellen (Bild 6).

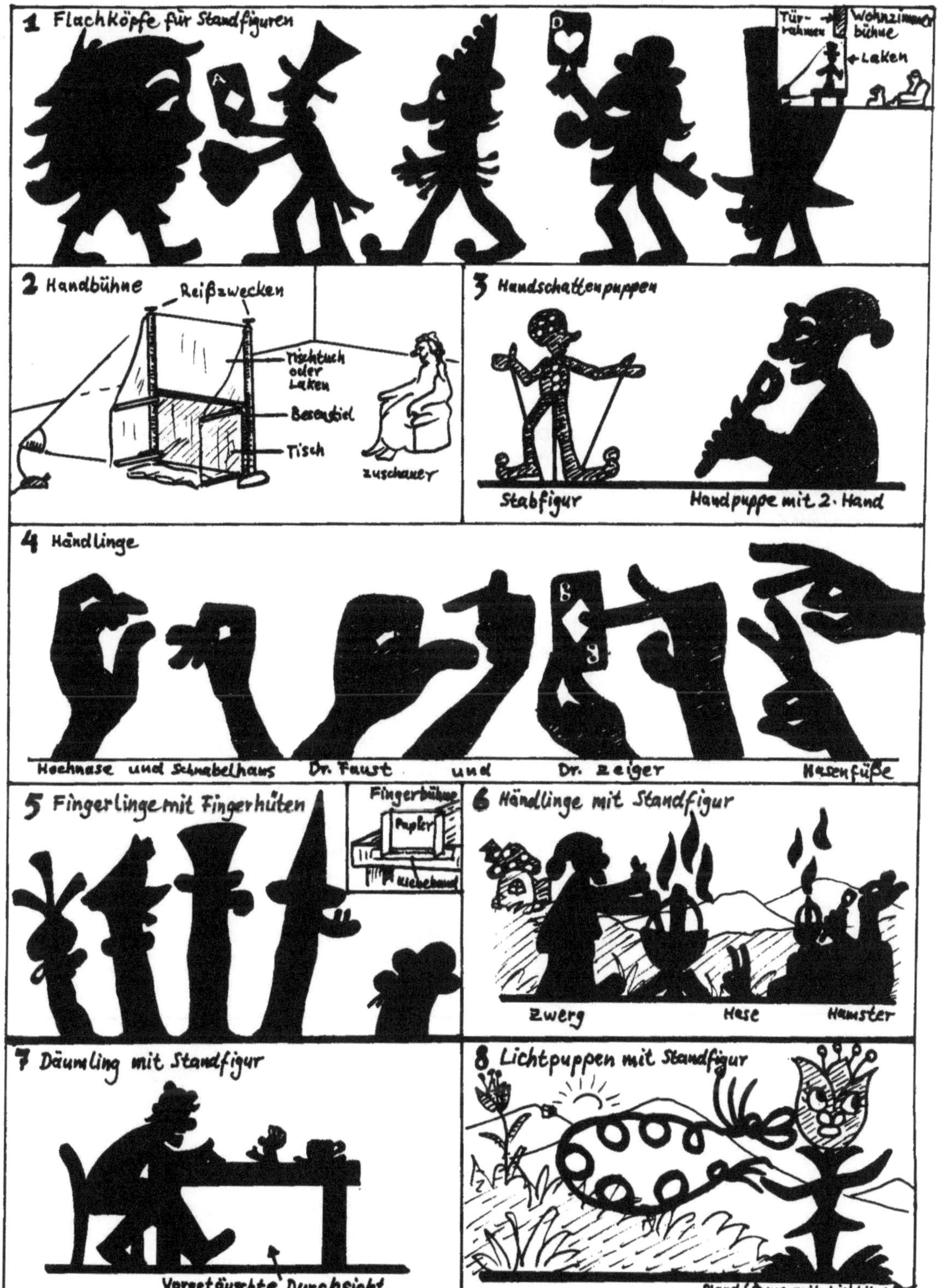
1 Flachköpfe für Standfiguren
Tür-rahmen
Wohnzimmerbühne
Laken
2 Handbühne
Reißzwecken
Tischtuch oder Laken
Besenstiel
Tisch
Zuschauer
3 Handschattenpuppen
Stabfigur
Handpuppe mit 2. Hand
4 Händlinge
Hochnase und Schnabelhaus
Dr. Faust und Dr. Zeiger
Hasenfüße
5 Fingerlinge mit Fingerhüten
Fingerbühne
Papier
Klebeband
6 Händlinge mit Standfigur
Zwerg
Hase
Hamster
7 Däumling mit Standfigur
Vorgetäuschte Durchsicht
8 Lichtpuppen mit Standfigur
Standfigur mit Lichtkopf

Stand- und Leichtgewicht
Das Märchen vom Däumling läßt sich auf der Schattenwand am leichtesten durch Figuren im Stand- und Leichtgewicht zeigen. Während der Vater am Tisch sitzt, springt der Däumling munter über die Tischplatte. Besonders märchenhaft wirkt der Däumling natürlich, wenn man unter der Tischplatte scheinbar durchschauen kann. Mit Hilfe einer zweiten Lichtquelle (2) oder einer geeigneten Spiegelkonstruktion müßte auch diese Illusion gelingen (Bild 7).

Stand- und Lichtgewicht
Durch Zusammenspiel dieser beiden Gewichtsklassen können Sie zum Beispiel den Schnurwurm im Gespräch mit dem Zauberer zeigen, der ihn aus Versehen vergrößert statt verkleinert hat. Oder Sie zeigen eine Blume, deren Körper von einer Standfigur und deren Kopf von einer Lichtpuppe gespielt werden (Bild 8).

Wenn Sie erst einmal mit den Figuren der verschiedenen Gewichtsklassen zu spielen beginnen und genauso gern Neuland betreten wie ich, werden Sie sicher noch viele märchenhafte Möglichkeiten entdecken, die der Gewichtwechsel bietet.

1) Mensch Maya, Licht- und Schattentäuschung (8), Ebenen der Durchsicht, MW 4/39, 1990, S. 302 ff
2) M. M., Schattentäuschung (3), Lichtwechsel, MW 3/38, 1989, S. 199 ff

Mensch Maya

40. Jahrgang Heft 3 Juli/Sept. 1991

Licht- und Schattentäuschung (10)

Spiegeleffekte

Haben Sie Siegfried und Roy im Juni im Fernsehen gesehen? Bei ihrem Auftritt im Phantasialand erschienen sie mit einer einfallsreichen Schattentäuschung auf der Bühne: Caterina Valente verkündete, S & Rs meistgebrauchtes Fahrzeug sei ein Fahrstuhl. Auf der Bühne stand ein Schattenkabinett, als Fahrstuhl dekoriert. Nachdem ein Ballett durch die leere Kabine getanzt war, wurden Rückwand und Vordertür geschlossen, die Beleuchtung ging aus, und über dem »Fahrstuhlschacht« blinkte ein Licht auf. Jetzt sah man als Schattenspiel hinter der Tür einen beleuchteten Fahrstuhl herunterkommen, in dem Siegfried und Roy standen. Der Fahrstuhl landete auf der Bühne, sein Licht ging aus, und Siegfried und Roy traten aus der Tür (Bild 1a - c).
Die einfachste Erklärung, die sich der Laie hier gibt, wäre eine ausgeschnittene Schattenfolie, die hinter der Tür nach unten gezogen wird. Das ist zwar technisch möglich, wäre aber — wenn Sie länger darüber nachdenken — recht umständlich. Wie geht es einfacher und eleganter?

Der Schattenschwenk
Bereits beim Betrachten des »optischen Fliegens« haben wir gesehen, wie wir durch Kippen eines Diaprojektors eine Senkrechtbewegung auf der Schattenwand vortäuschen können (1). Das Einfachste wäre also, ein Dia mit den Schatten der »Fahrstuhlfahrer« senkrecht durch einen Projektor zu schieben und auf die Mattwand des Kabinetts zu projizieren (Bild 2).
Sowohl bei der lebensgroßen Folie wie beim Schattendia sehen wir unbewegte Schatten landen, und das Licht muß verlöschen, um den Austausch der zweidimensionalen

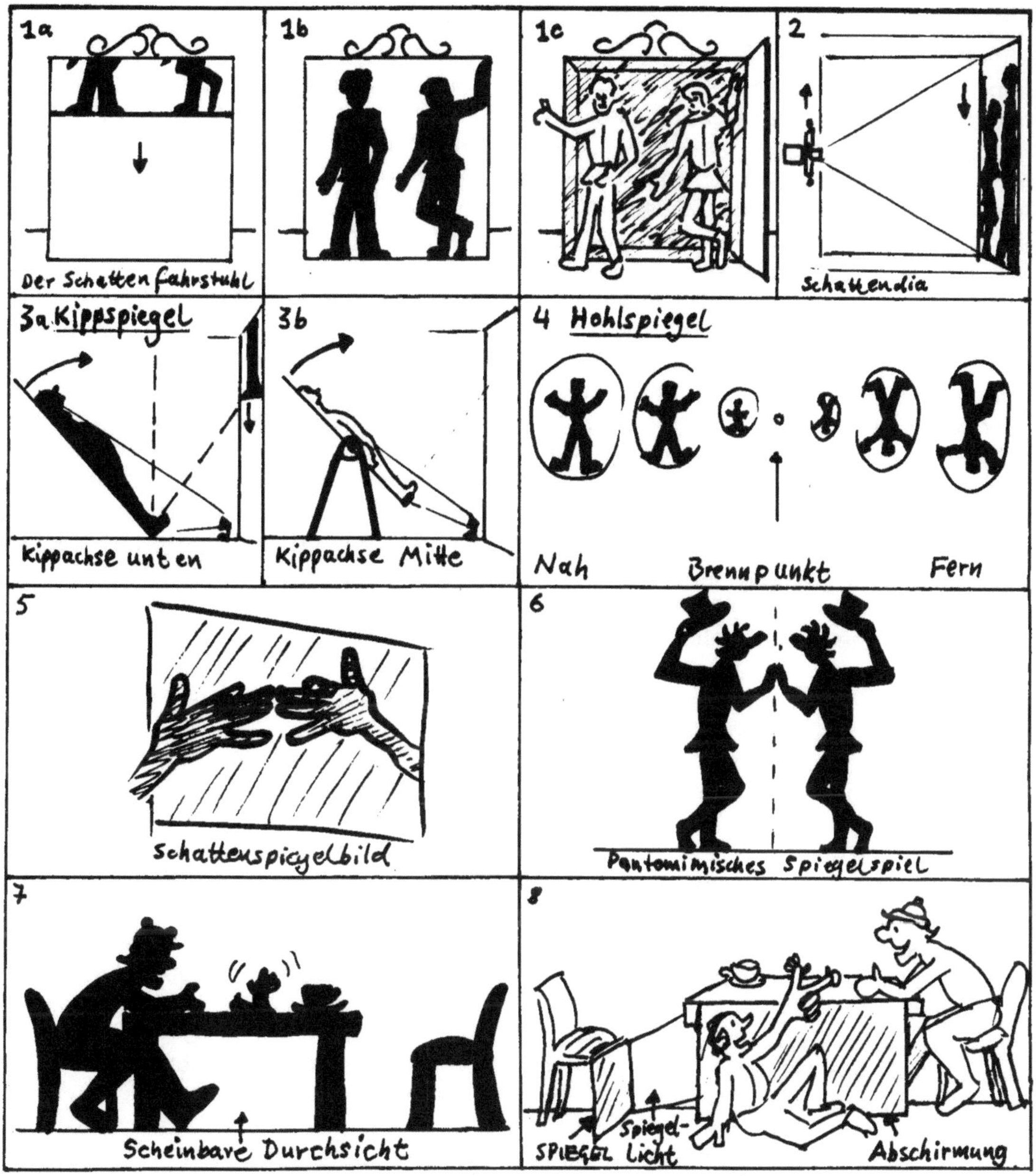

Schattenattrappen gegen die lebenden Personen zu verdecken (2). Beim wiederholten Rückspulen und Anschauen der Videoaufzeichnung fiel mir auf, daß die Schatten im Fahrstuhl tatsächlich stillstanden und daß nach dem Landen das Licht ausging, bevor S & R die Bühne betraten. Nach dem ersten Betrachten dagegen hatte ich in Erinnerung, daß sich die Schatten bereits während der Fahrt bewegten und sofort anschließend ausstiegen. Wäre es nicht möglich, bewegte Schatten landen zu lassen, die ohne Lichtausblenden sofort aus der Tür treten? Die Antwort lautet: Ja — durch Spiegelei.

Kipp- und Drehspiegel

Stellen Sie bitte einen größeren Spiegel so vor eine dunkle Wand, daß das reflektierte

Licht die Wand beleuchtet. Nun pressen Sie Ihre Hand flach auf den Spiegel und kippen ihn langsam nach vorn oder hinten. Was sehen Sie an der Wand? Der Schatten Ihrer Hand schwenkt langsam nach unten oder oben. Drehen Sie den Spiegel seitlich, schwenkt der Schatten nach der Seite. Wenn wir uns also in voller Lebensgröße flach auf einen Spiegel legen und diesen in die Senkrechte kippen, können wir mit unserem wirklichen Schatten ebenfalls den Fahrstuhleffekt erzeugen (Bild 3 a + b).

Einen Nachteil hat diese Methode jedoch: Der Schatten, den der Spiegel wirft, ist im allgemeinen überlebensgroß und nicht ganz schwarz. Wenn die Lichtquelle z. B. direkt an der Schattenwand steht und von dort den Spiegel anstrahlt, verhält sich der Spiegelschatten wie ein Schatten der Mittelschicht (3). Das kommt durch den Abstand zwischen Lichtquelle, Spiegel und Wand.

Zwar würde der Schatten auch in einem wirklichen, beleuchteten Fahrstuhl ähnlich aussehen, aber bühnenwirksamer wäre es doch, wenn er lebensgroß und vollschwarz wäre. Wie können wir das erreichen?

Hohl- und Zerrspiegel

Vielleicht haben Sie irgendwo einen Hohlspiegel im Haus. Legen Sie Ihren Finger darauf und beleuchten Sie damit ganz aus der Nähe die Wand. Was sehen Sie? Den Schatten Ihres Fingers — lebensgroß! Nun entfernen Sie sich mit dem Spiegel von der Wand. Was geschieht mit Ihrem Fingerschatten? Er wird kleiner! Mitsamt dem Spiegellicht, das gleichzeitig heller wird, bis es sich zu einem leuchtenden Brennpunkt bündelt. Und was geschieht hinter dem Brennpunkt? Das Spiegellicht mit Ihrem Fingerschatten wird wieder größer, aber der Schatten steht nun auf dem Kopf (Bild 4). Welcher Effekt!

Mit einem Hohlspiegel in Lebensgröße könnten wir also nicht nur als lebender Schatten im Fahrstuhl landen, sondern auch lebendig kleiner werden, in einem Lichtpunkt verschmelzen und schließlich in einem Antiuniversum, wo die Welt auf dem Kopf steht, wieder erwachen.

Ähnlich märchenhafte Effekte ergeben sich durch Zerrspiegel. Wenn Sie beobachten, wie sich Ihr Spiegelschatten vor einem gebogenen Silberblech oder einer silberglänzenden Plastikfolie verändert, kommen Ihnen sicher traumhafte Visionen und Ideen.

Das Schattenspiegelbild

Kommen wir zurück zu unserem normalen Spiegel. Was geschieht, wenn wir unsere Hand nicht flach darauf drücken, sondern mit Abstand vor den Spiegel halten? Wir sehen nun zwei Schatten an der Wand: den Schatten unserer Hand und den Schatten des Spiegelbildes unserer Hand. Betrachten wir also unser Spiegelbild im Spiegel, sieht auch unser Schatten sein Spiegelbild (Bild 5).

Verblüffend wirkt dieser Effekt vor allem dann, wenn der Spiegel zunächst als normale Lichtquelle verwendet wird und die gesamte Schattenwand beleuchtet. Das plötzliche Erscheinen eines Spiegelbildes ist dann ein besonderer Überraschungseffekt.

Nebenbei: Auch ohne Spiegel — dafür mit viel Stil — können Sie Ihr Schattenspiegelbild erzeugen: durch Pantomime. Sie brauchen dazu einen Partner, der Ihr Spiegelbild spielt und jede Ihrer Bewegungen symmetrisch nachahmt. Der Spiegel ist entweder eine gedachte Linie oder ein senkrechter Schattenstrich (Bild 6). Aufregend wird dieses »Spiegelspiel«, wenn das »Spiegelbild« plötzlich selbst den Ton angibt und die Rollen vertauscht.

Die scheinbare Durchsicht

Bisher haben wir den Spiegel verwendet, um damit Schatten an die Schattenwand zu werfen. Jetzt wollen wir sehen, wie wir ihn dazu einsetzen können, Schattenobjekte, die im Lichtfeld stehen, unsichtbar zu machen.

Erinnern wir uns an das Märchen vom Däumling. Beim Gewichtwechsel (4) haben wir bereits überlegt, wie wir einen lebenden Daumen zeigen können, ohne daß der

Mensch, dem der Daumen gehört, zu sehen ist (Bild 7): Der Vater des Däumlings sitzt am Tisch, auf dem Tisch tanzt der Däumling herum, unterm Tisch ist nichts zu sehen außer den Beinen des Vaters. Da der Spieler des Däumlings notgedrungen hinter dem Tisch sitzt, muß sein Schatten verborgen werden. Wie machen wir das?
Zunächst wird die gesamte Fläche zwischen den hinteren Tischbeinen durch eine Pappe oder ein Tuch abgedeckt. Um die verdeckte Fläche an der Schattenwand wieder zu beleuchten, stellen wir einfach an den danebenstehenden Stuhl einen Spiegel, der das Licht der Lichtquelle reflektiert und genau unter den vorderen Tischbeinen an die Schattenwand wirft (Bild 8). Durch geeignete Spiegelgröße und den richtigen Reflexionswinkel können wir erreichen, daß das Spiegellicht die gesamte Fläche beleuchtet, nicht übersteht und die gleiche Helligkeit wie die Lichtquelle hat. Notfalls werden die vorderen Tischbeine mit Pappe breiter gemacht, um die Ränder des Spiegellichts zu verdecken. Durch Spiegeleffekte können wir also Schatten senkrecht oder seitlich schwenken, verkleinern, auf den Kopf stellen, verzerren, spiegelbildlich verdoppeln oder sogar ganz verschwinden lassen. Wer da nicht Lust bekommt! Kein Wunder, daß die Abkürzung für Licht- und Schattentäuschung LUST heißt.

---

1) Mensch Maya, LUST 1, Das optische Fliegen, MW 4/37, 1988, S. 315 f.
2) M. M., LUST 4, Dichtwechsel, MW 4/38, 1989, S. 318.
3) M. M., LUST 5, Schichtwechsel, MW 1/39, 1990, S. 38 ff.
4) M. M., LUST 9, Stand- und Leichtgewicht, MW 2/40, 1991, S. 123

Zur Diskussion gestellt:

Ulrich Weigel

Zeichen der Zeit

»Welche technische Erfindung der Zivilisation halten Sie für so wichtig / unentbehrlich, daß sie aus dem Leben einfach nicht mehr wegzudenken ist?« So ähnlich lautete vor einigen Jahren eine Umfrage. Das Ergebnis hatte mich seinerzeit einigermaßen verblüfft: nicht das Auto, nicht der Kühlschrank oder (Gott sei Dank) auch nicht das Schießpulver, nein, die *Uhr* machte das Rennen!
Zeit ist mehr als bloß Geld. Zeit ist vor allem deshalb ein so wertvolles Gut, weil sie dem Individuum nicht unbegrenzt zur Verfügung steht und niemand die Größe des ihm noch verbleibenden Zeitvorrats kennt: Jeder Tag kann der letzte sein! Doch stärker noch schmerzt die Erkenntnis, daß jede verstrichene Stunde, jede Minute und jede einzelne Sekunde unweigerlich verloren ist; nichts kann vergangene Zeit je wieder zurückholen. Kein Wunder, daß das Phänomen selbst sowie der Wunsch, darauf Einfluß zu nehmen, oft thematisiert wurden und werden: im Mythos, in Kunst, Literatur, Wissenschaft und natürlich auch im kommerziellen Bereich; denken Sie nur an die zahlreichen Antifalten-Cremes, Verjüngungskuren etc., deren Markterfolg aus der Sehnsucht resultiert, den Prozeß der Zeitlichkeit (und damit der Vergänglichkeit) zu verlangsamen.
Wenn wir uns all dies vor Augen halten, dann sollten Tricktäuschungen, welche die Zeit als solche zum Gegenstand haben, sehr stark wirken können (adäquate Präsentation vorausgesetzt). Wenn Sie etwa — und sei es auch nur für Sekunden — die Illusion erwekken, die Zeit anzuhalten, sie gar rückwärts laufen zu lassen oder nach Belieben in ihr hin und her zu springen, dürfte Ihnen starker Applaus sicher sein, sprechen Sie doch tiefsitzende Emotionen und Sehnsüchte Ihrer Zuschauer an.
Kann ich die Zeit schon nicht beherrschen,

dachte der Mensch, *kann ich sie doch immerhin messen!* So entstanden die Zeichen der Zeit, Fluch und Segen zugleich, Diener und Herrscher, Werkzeug und Symbol: der Mensch erfand die Uhr!
Im folgenden möchte ich in knapper Form eine ganze Reihe von Effekten mit dem Demonstrationsobjekt Uhr auflisten, wobei nicht in allen Fällen die Zeit das eigentliche Thema ist.
Der Charakter dieser Mirakel erfordert allerdings geradezu Untersuchbarkeit, blitzsauberes Handling und möglichst starke Visualität, was die Aufgabe nicht gerade einfacher macht. Na, dann wollen wir mal. . .
1. Armbanduhr mit Zifferblatt: Uhr steht, Vorführender bringt sie zum Laufen (à la Geller), läßt sie erneut stillstehen, und dann sieht man, wie der Sekundenzeiger im korrekten Takt rückwärtsläuft; kurz darauf steht die Uhr wieder. Wird eine Wiederholung gewünscht, wäre dieser Höhepunkt von erschlagender Wirkung: Der Vorführende erklärt, daß Eingriffe dieser Art ins Raum-Zeit-Kontinuum eigentlich nicht zu oft vorgenommen werden sollten, weil es mitunter zu unerwünschten Nebenwirkungen käme; zudem sei das Ganze sehr anstrengend. Wieder bewegt sich der Sekundenzeiger rückwärts. Plötzlich beginnt er zu springen, sogar zu rotieren. Eine Sekunde später zerspringt das Uhrglas!
2. Armbanduhr mit Flüssigkristallanzeige: Wie vorher. Eine stehende Uhr bedeutet in diesem Fall natürlich, daß die Batterie leer oder gar nicht vorhanden ist. Die Uhr kann aber auch ganz normal funktionieren, so daß man sich evtl. auf Zeit-Anhalten und Rückwärtslaufen-Lassen beschränkt. Eine solche Uhr sollte ein möglichst simples Modell sein; vor allem darf sie keine *count down*-Funktion besitzen.
3. Armbanduhr ohne technisches Innenleben: Zeigen Sie Effekte wie die geschilderten (oder auch ganz andere; Hauptsache, die Zuschauer sehen, daß die Uhr auf irgendeine Weise funktioniert). Dann — mit einer Geste, einem Blick — erlischt (z. B.) das Anzeigefeld einer Digitaluhr, die Ziffern verschwinden schlagartig. Sie öffnen das Gehäuse, und Ihre verblüfften Zuschauer werden mit der Tatsache konfrontiert, daß da *nichts* ist: keine Batterie, keine Elektronik, kein Chip, *nichts!* — Alles darf genauestens untersucht werden.
4. Sanduhr: Sand rieselt aus der unteren Abteilung in die obere!
5. Wand-, Stand-, Stopp-, Taschenuhren: Neben Effekten ähnlich den beschriebenen ergeben sich hier zum Teil auch neue Trickmöglichkeiten. So könnte man die Gewichte einer großen Wanduhr durch die »Kraft des Geistes« auf und ab fahren lassen.
6. Sonnenuhr: Der Schatten, den der Gnomon wirft, wandert sichtbar rückwärts. Ein Fall für Mensch Maya!

Dies soll's fürs erste gewesen sein. Ein Buch möchte ich Ihnen noch empfehlen: *Eine kurze Geschichte der Zeit*, geschrieben vom genialen englischen Physiker Stephen Hawking (Reinbek 1988, Taschenbuchausgabe). Es geht darin um die Frage nach dem Ursprung des Universums, seine Beschaffenheit und seine Zukunft. In unserem Zusammenhang ist besonders das Kapitel *Der Zeitpfeil* interessant: Faszinierende Fakten, Hypothesen und Theorien liefern den Stoff für ebenso faszinierende Vortragsgestaltungsmöglichkeiten *(uff!)*. Außerdem erfahren Sie einiges Handfestes in Sachen Quantentheorie, Superstring u. a., Begriffe, welche in der »M«W schon des öfteren herumgegeistert sind.
Ganz zum Schluß mein Motto für diese Kolumne: *Man muß das Unmögliche wollen, um das Mögliche zu erreichen.*

Man soll von jedermann
Genie fordern, ohne es
zu erwarten.

Friedrich Schlegel

Mensch Maya

Den Schatten der Sonnenuhr wenden (LUST 11)

»Einen Fall für Mensch Maya« nannte Ulrich Weigel seinen Vorschlag, als Beweis für die Umkehrung der Zeit den Schatten des Gnomons einer Sonnenuhr rückwärts wandern zu lassen*. So sei es denn.
Da wir bei einer derartigen Schattentäuschung auf das Sonnenlicht angewiesen sind, findet die Vorführung am besten an einem sonnigen Tag im Freien statt. Um die Änderung der Schattenrichtung anschaulich zu demonstrieren, sollte ein möglichst hohes, spitz auslaufendes Objekt, das fest und unbeweglich aus der Erde ragt, seinen Schatten auf eine große geebnete Fläche werfen: eine Tanne, Zypresse oder Pappel auf der Wiese, ein Fahnenmast oder Laternenpfahl am Sportplatz, ein Kirchturm am Marktplatz, ein Fabrikschornstein vor einem Parkplatz oder ähnliches.
Als Zeitpunkt eignen sich am besten der Morgen, der späte Nachmittag und die kühlere Jahreszeit, da die Sonne zu dieser Zeit tief steht und lange Schatten zeichnet. Die Präsentation könnte wie folgt verlaufen.

1. Schatten markieren
Sonntag 9 Uhr Sonnenzeit, Matinee. Die Zuschauer versammeln sich auf einer weiten, ebenen Wiese, auf die eine hohe Tanne ihren langen, einsamen Schatten wirft. Mensch Maya hält einen Backstein in die Höhe, der durch ein breites rotweiß-gestreiftes Plastikband mit dem Stamm der Tanne verbunden ist, und legt ihn demonstrativ in die äußerste Spitze des Schattens. Das straffe rotweiße Band markiert deutlich die genaue Richtung des Schattens vom Stamm bis zur Spitze (Bild 1).
»Liebe Zeitgenossen. Soeben haben wir den Markstein gesetzt, um der Zeit eine neue Richtung zu geben. Mit dem Stein haben wir die augenblickliche Lage des Schattens dieser Tanne markiert, und damit haben wir den Zeitpunkt festgehalten, an dem ein Ereignis von kosmischem Ausmaß begann. Wie Sie gleich sehen werden, ist dieser Zeitpunkt sehr wichtig, und darum habe ich auf eine Methode der Zeitbestimmung zurückgegriffen, die lange vor jedem menschengeschaffenen Uhrwerk existierte: das kosmische Uhrwerk der kreisenden Planetenbahnen, das der Erde die Zeit diktiert. Der Schatten dieser Tanne ist ein natürlicher Uhrzeiger dieses kosmischen Uhrwerks.«

2. Das kosmische Uhrwerk
Mensch Maya tritt an einen Tisch, auf dem ein großer Globus steht. An der Stelle, wo der Schauplatz eingezeichnet ist, ragt ein dünner Schattenstab rechtwinklig hervor. Mensch Maya läßt den Globus im Sonnenlicht westwärts kreisen und demonstriert dabei, wie sich die Schattenrichtung durch den veränderten Einfallswinkel des Sonnenlichts verändert (Bild 2).
»Hier sehen Sie, wie wir durch den Schatten des Baumes die Zeit messen können. Der Stab, der senkrecht aus dem Erdball ragt, stellt unsere Tanne dar. Wenn die Sonne im Osten aufgeht, weist der Schatten nach Westen, wenn sie im Westen untergeht, weist er nach Osten. Da wir uns nördlich des Wendekreises befinden, wandert die Sonne südlich an uns vorbei. Den Zeitpunkt, wo die Sonne am höchsten steht, nennen wir 12 Uhr mittags. Zu dieser Zeit steht die Sonne genau im Süden und richtet den Schatten des Baumes genau nach Norden.«
Mensch Maya deutet auf den Schatten der Drehachse, die durch den Nordpol geht.
»Stünde unsere Tanne genau in der Drehachse des Erdballs am Nordpol, könnten wir zur Zeit der Sommersonnenwende beobachten, wie der Schatten innerhalb von 24 Stunden eine volle Kreisumdrehung macht. Der Schatten ist also ein natürlicher Stundenzeiger. Nun wollen wir einmal ausrech-

nen, um wieviel Fuß die Schattenspitze in einer Stunde vorrückt.«
Mensch Maya stellt sich mit der Ferse an den Markstein, nimmt das Ende einer dünnen Schnur in die Hand, die am Tannenstamm festgebunden und so lang wie der Schatten ist, und schreitet nun, einen Fuß vor den anderen setzend, im Uhrzeigersinn den Umfang des Kreises ab, der im Radius der Schattenlänge um die Tanne führt. Dabei zählt er laut die Schritte, bis er wieder am Markstein landet (Bild 3).
». . . 286, 87, 88. Der volle Kreisumfang unseres 24-Stunden-Ziffernblattes mißt genau 288 Fuß der Schuhgröße 43. Geteilt durch 24 sind das 12 Fuß pro Stunde, das ergibt einen Fuß pro fünf Minuten. Die Schattenspitze wandert also innerhalb von fünf Minuten jeweils um einen Fuß weiter, und zwar im Uhrzeigersinn. Schauen wir doch mal, wieviel Zeit seit dem Niederlegen des Marksteins verstrichen ist.«

3. Schattendrehung messen

Mensch Maya mißt mit seinen Füßen den Abstand zwischen Markstein und jetziger Schattenspitze. »Knapp zwei Fuß, also knapp 10 Minuten. In weiteren 10 Minuten müßte die Schattenspitze ungefähr . . .«, Mensch Maya schaut sich suchend um, ». . . sagen wir etwa bei diesem Grashalm angelangt sein.«
Er deutet auf einen Grashalm oder eine andere natürliche Markierung — Baumsproß, Sauerampferstengel, Wiesenblume —, die von der augenblicklichen Schattenspitze im Uhrzeigersinn genauso weit entfernt liegt wie der Markstein in Gegenrichtung (Bild 4).

4. Sonnenzeit ermitteln

»Jetzt wollen wir einmal gemeinsam die genaue Sonnenzeit ermitteln. Von Menschenhand gemachte Uhren zeigen ja nicht die wirkliche Sonnenzeit, sondern nur die von Menschen künstlich festgelegte Uhrzeit der jeweiligen Zeitzone, in unserer Gegend die Mitteleuropäische Zeit. Das ist natürlich viel zu ungenau. Außerdem können menschengemachte Uhrwerke kaputtgehen, stehenbleiben, vor- oder nachgehen, sind also im Vergleich zu unserem kosmischen Uhrwerk äußerst unzuverlässig. Wie stellen wir nun die natürliche Sonnenzeit fest? Ganz einfach: mit Sonnenlicht.«
Mensch Maya nimmt von dem inzwischen im Tannenschatten stehenden Demonstrationstisch einen großen Stab mit Ständer sowie eine kreisrunde Sperrholzplatte und stellt sich damit in einiger Entfernung des Baumschattens ins Sonnenlicht (Bild 5).
»Um die genaue Sonnenzeit zu ermitteln, brauchen wir eine Sonnenuhr mit Zifferblatt. Zuerst stellen wir diesen Stab genau senkrecht ins Sonnenlicht, und zwar so, daß er nicht wackeln kann.«
Der Stab wird mit Hilfe eines Lots genau senkrecht aufgestellt (Bild 6).
»Jetzt installieren wir das Zifferblatt. 24 Punkte markieren die Stunden, dazwischen je ein Strich pro fünf Minuten.«
Mensch Maya schiebt die Scheibe, die in der Mitte ein Loch hat, über den Stab. »Nun drehen wir die Scheibe so, daß zwölf Uhr mittags genau nach Norden zeigt. Hat jemand zufällig einen Kompaß dabei?«
Mit Hilfe eines geliehenen oder selbst mitgebrachten Kompasses wird das Zifferblatt justiert, bis der 12-Uhr-Punkt genau nach Norden zeigt. Nach dem Justieren wird die Sperrholzplatte mit einem oder mehreren Holzkeilen, die durch kleine Löcher der Platte gesteckt werden, fest auf der Unterlage verankert. Der Kompaß wird zur Kontrolle auf das Zifferblatt gelegt (Bild 7). Ein Zuschauer wird gebeten, die Justierung nachzuprüfen und die genaue Sonnenzeit abzulesen.
»Nach dem Sonnenstand ist es jetzt etwa 9 Uhr und 14 Minuten. Schauen Sie ruhig auf ihre Armbanduhr, und lassen Sie sich überraschen, wie falsch sie geht! Unsere Uhren gehen ja nicht nach der Sonne, auch nicht nach dem Mond, sondern nach dem Radio!«

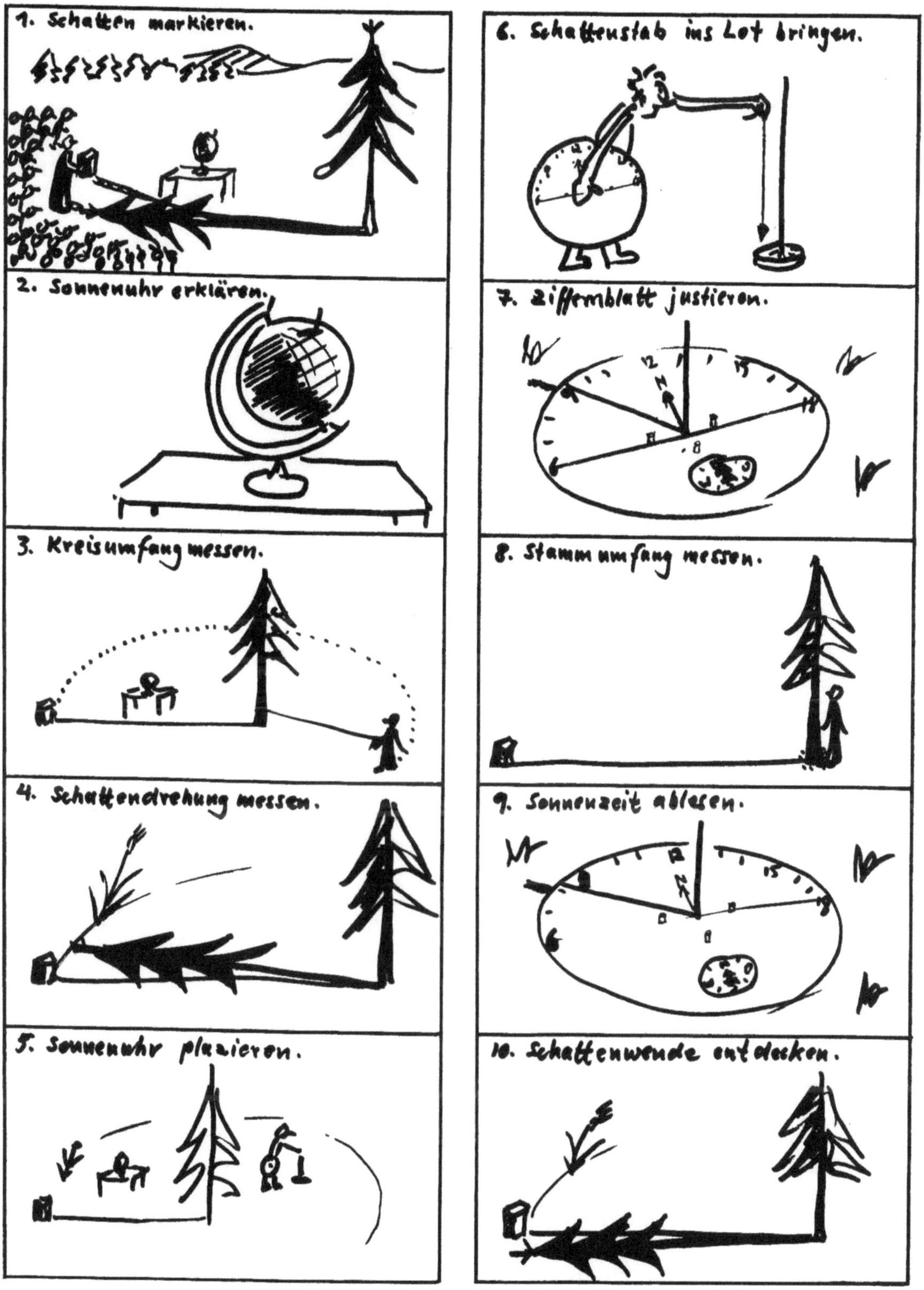
1. Schatten markieren.
2. Sonnenuhr erklären.
3. Kreisumfang messen.
4. Schattendrehung messen.
5. Sonnenuhr plazieren.
6. Schattenstab ins Lot bringen.
7. Zifferblatt justieren.
8. Stammumfang messen.
9. Sonnenzeit ablesen.
10. Schattenwende entdecken.

5. Die Welt anhalten
»Und nun möchte ich mit Ihnen ein Experiment wagen, daß in der langen Geschichte der Menschheit einmalig ist. Ob es uns wohl gelingt, mit vereinter Kraft die Zeit anzuhalten? Stillstand der Zeit, oder vielleicht noch mehr: Wir könnten versuchen, die Zeit zurückzuschrauben. Möchte jemand aus irgend einem triftigen Grunde nicht an diesem Experiment teilnehmen?
Gut. Machen wir uns zunächst einmal klar, was Zeit überhaupt ist und wie wir sie erleben und verändern können. Was geschähe, wenn die Sonne nicht mehr ihre gewohnte Bahn von Ost nach Westen wanderte, sondern stillstände? — Der Schatten unserer Tanne stände still! Aber würden wir auch aufhören zu atmen, aufhören zu denken, aufhören, uns zu bewegen und Veränderung wahrzunehmen?
Ich glaube nicht. Im Gegenteil: Es würde sich überhaupt nichts ändern. Die Sonne steht ja schon immer still! Was sich dreht, ist nur die liebe Erde. Was geschähe aber, wenn sich die Erde nicht mehr weiter nach Osten drehen, sondern plötzlich stillstehen oder sich gar nach Westen drehen würde? Stellen Sie sich vor: Der Schatten unserer Sonnenuhr liefe gegen den Uhrzeigersinn!
Und was würde sich sonst noch ändern? Würden wir vielleicht alle Bücher von hinten lesen, alle Illustrierten dagegen von vorn? Würden wir jünger statt älter werden? Würden die Zwanzigjährigen in zwanzig Jahren wieder im Mutterleib verschwinden?
Ehrlich gesagt, ich glaube, außer der Richtung des Schattens würde sich kaum etwas ändern. Um die Zeit anzuhalten oder zurückzuschrauben, muß etwas viel Größeres geschehen als das Stillstehen der Sonne oder die Umkehrung der Erdumdrehung. Nur ein Ereignis, dessen Wirkung bis in den letzten Zipfel des Universums reicht, könnte uns helfen, die Zeit anzuhalten und umzukehren. Bitte, kommen Sie mit.«
Mensch Maya begibt sich zum Stamm der Tanne und umschreitet ihn Fuß um Fuß (Bild 8). ». . . zehn, elf, zwölf. In der Nähe des Stammes beträgt der Umfang des Kreises um diese Tanne genau 12 Fuß der Schuhgröße 43! Wieviel Füße müßte ich wohl voreinandersetzen, wenn ich genau im Zentrum des Stammes stünde, in der Mitte der Jahresringe, wo der farblose Saft fließt? — Keinen? Ganz recht. Ich bräuchte nur stillzustehen und mich einfach um mich selbst zu drehen, um den Kreislauf der Zeit zu verfolgen. Und wenn ich mich nicht mehr drehen würde, was wäre dann?«

6. Im Herzen der Welt
Mensch Maya schaut erwartungsvoll in die Runde und flüstert dann: »Dann stünde die Zeit still.«
Nach kurzer Pause erklärt er: »Wir nehmen Zeit durch Veränderung wahr. Wenn sich die Umwelt verändert, unser Körper, unser Denken, unser Fühlen, dann empfinden wir den Fluß der Zeit. Wenn sich aber absolut nichts regt, wenn völlige Funkstille herrscht, kein Atemzug, kein Gedanke, nur atemberaubende Stille, dann sind wir im Zentrum der Zeit, im ewigen Jetzt, wo es weder Vergangenheit noch Zukunft gibt. In dieses Zentrum wollen wir uns jetzt begeben: ins Herz der Welt, um das sich die Sonne und das ganze Universum dreht.
Wir kennen doch die Milchstraße am Nachthimmel. Mit einer Geschwindigkeit von 260 Kilometer pro Sekunde dreht sich unsere Sonne mit ihrem gesamten Planetensystem ums Zentrum der Milchstraße und vollendet alle 200 Millionen Jahre eine Umdrehung. Unsere Milchstraße ist aber nur eine von vielen, die sich wieder um ein Zentrum drehen. Und in dieses Zentrum, ins Herz der Welt, wo die Zeit absolut stillsteht, wollen wir uns jetzt begeben.
Sie schütteln den Kopf? Unmöglich, diese unendlich lange Reise ins Zentrum der Welt? Keine Bange: Hier hilft uns eine alte indische Formel. Sie lautet: ‚Wie innen, so außen, wie unten, so oben, wie der Mikrokosmos, so der Makrokosmos.' Danach ist die Außenwelt nur ein Spiegel dessen, was in uns selbst geschieht. Um im Äußeren das Zentrum des

Universums, das Herz der Welt, zu erreichen, brauchen wir nur im Inneren in unser eigenes Herz zu wandern. Und das dürfte doch nicht weiter schwer sein. Bitte, liebe Zeitgenossen, ziehen wir uns nun alle in unser eigenes Herz zurück.
Merken Sie, wie Ihr Atem flacher wird, fast stillesteht? Lassen Sie es geschehen. Wir verlassen die hastige Peripherie des Zeitrades und ziehen uns zur Nabe der Welt zurück. Zurück zu uns selbst, zu unserem Ursprung, in unser eigenes Herz. Hier steht die Zeit, hier herrscht die Stille der Ewigkeit. Jetzt dämmert die Erinnerung an unsere Kindheit auf, an die Tage des kindlichen Staunens und Wunderns. Wir werden jünger. Die Zeit geht zurück. Wir haben den Zeitpfeil verändert — aus der Stille des Herzens.«

7. Schattenwende feststellen
Mensch Maya verharrt in Stille. Dann beginnt er mit sanfter Stimme: »Gestatten Sie mir bitte, Sie jetzt langsam wieder in die irdische Gegenwart zurückzurufen. Erinnern Sie sich? Als wir zuletzt auf unsere Sonnenuhr schauten, war es 9 Uhr und 14 Minuten. Wie spät ist es jetzt? Würden Sie bitte mal die Sonnenzeit ablesen? — Zwei Minuten vor 9? Sind Sie sicher? Steht der Kompaß noch richtig? Steht der Stab noch im Lot? Dann haben wir es geschafft (Bild 9)! Halt! Überprüfen wir noch die Schattenrichtung am Schatten der Tanne. Wo zeigt er jetzt hin?« Mensch Maya schreitet zurück zum Markstein und betrachtet verdutzt den Schatten der Tanne. Der Grashalm, zu dem der Schatten inzwischen gewandert sein müßte, liegt im strahlenden Sonnenlicht. Die Schattenspitze liegt jenseits des Marksteins, kurz vor der Stelle, die zu Beginn der Vorführung markiert wurde (Bild 10).

So etwa, lieber Zauberfreund, stelle ich mir die Präsentation der scheinbaren Schattenwende vor. Bevor wir uns nun die tricktechnische Erklärung und weitere Präsentationsvarianten zu Gemüte führen, brauchen wir — glaube ich — etwas Zeit: gerade so viel, um drei Monate jünger zu werden und die vergangene Nummer der MW in den Briefkasten zurückzulegen. — Sie sind doch noch in Ihrem Herzen? Oder laufen Ihre Sonnenlichtschatten schon wieder im Uhrzeigersinn?

Mensch Maya

41. Jahrgang Heft 1 Jan./März 1992

Den Schatten der Sonnenuhr wenden (LUST 12)

Überlegen wir einmal: Welche Komponenten spielen bei einer Sonnenuhr zusammen, und welche Änderungen müßten eintreten, damit ihr Schatten gegen den Uhrzeigersinn liefe? Wir haben die Sonne als Lichtquelle, den Schattenstab, den »Gnomon«, als Schattenobjekt und das Ziffernblatt als Schattenwand. Aus der Sicht des Normalbürgers beruht der Effekt der Sonnenuhr darauf, daß die Lichtquelle wandert, während die Lage von Schattenobjekt und Schattenwand konstant bleibt.

Die Rahmenbedingungen

Auch wenn diese Vorüberlegungen rein tricktechnisch irrelevant bleiben, so können sie doch zum Teil in den Vortrag mit eingebaut werden. Bei konstanter Lage der Sonnenuhr träte eine Wende des Schattens z. B. durch folgende Veränderung der Rahmenbedingungen ein:
1. wenn die Sonne nicht nach Westen, sondern nach Osten wanderte, die Erde sich also nicht ostwärts, sondern westwärts um sich selber drehen würde;
2. wenn wir die Sonnenuhr in einem Flugzeug aufstellten, das schnurgerade schneller als die Erdumdrehung nach Westen flöge;
3. wenn wir eines der modernen Solarhäuser, die sich zur Anpassung an das Sonnenlicht um sich selbst drehen lassen, in der

Geschwindigkeit eines Stundenzeigers im Uhrzeigersinn drehen ließen, und die Sonnenuhr darin aufstellten.
Da diese Rahmenbedingungen jedoch sehr selten gegeben sind, überlegen wir uns nun, wie wir das Rückwärtslaufen des Schattens durch Veränderung des Schattenobjekts — sprich Stab — oder der Schattenwand — sprich Ziffernblatt — vortäuschen können.

Die Sonnenuhr

Das einfachste wäre natürlich, den Stab unmerklich zu bewegen. Bis zum Mittelalter wurde der Stab der Sonnenuhren senkrecht oder waagrecht installiert, danach stellte man den Stab parallel zur Erdachse auf und ließ seinen Schatten auf ein waagrechtes, senkrechtes oder äquatorial geneigtes Ziffernblatt fallen. Sicher würde es kaum einem Zuschauer auffallen, wenn wir den Neigungswinkel des Stabes unmerklich verändern würden.
Da wir aber davon ausgehen müssen, daß das Publikum mitdenkt, müßten wir (zumindest scheinbar) beweisen, daß die Lage des Stabes sich nicht verändert hat. Und das können wir am einfachsten und anschaulichsten bei senkrecht stehendem Stab — mit Hilfe eines Lotes. Vielleicht gelingt es Ihnen, ein Lot durch magnetische Ablenkung oder ähnliches aus der Senkrechten zu bringen, um bei einer Veränderung des Stabwinkels den Gegenbeweis zu erbringen. Da der Zuschauer sofort den Stab verdächtigen wird, schlage ich jedoch vor, ihn tatsächlich unverändert zu lassen und die Täuschung durch Drehung des Ziffernblatts zu bewirken.

Präparation der Sonnenuhr

Wir stellen also einen Stab mit Ständer senkrecht auf und lassen ihn mit Hilfe eines Lots justieren*. Während der Stab tatsächlich unbeweglich stehen bleibt, hat es der Ständer in sich: Er besteht aus zwei Schichten, von denen die obere beweglich ist und Rillen aufweist, an denen das Ziffernblatt nach dem Justieren arretiert werden kann (Bild 1).

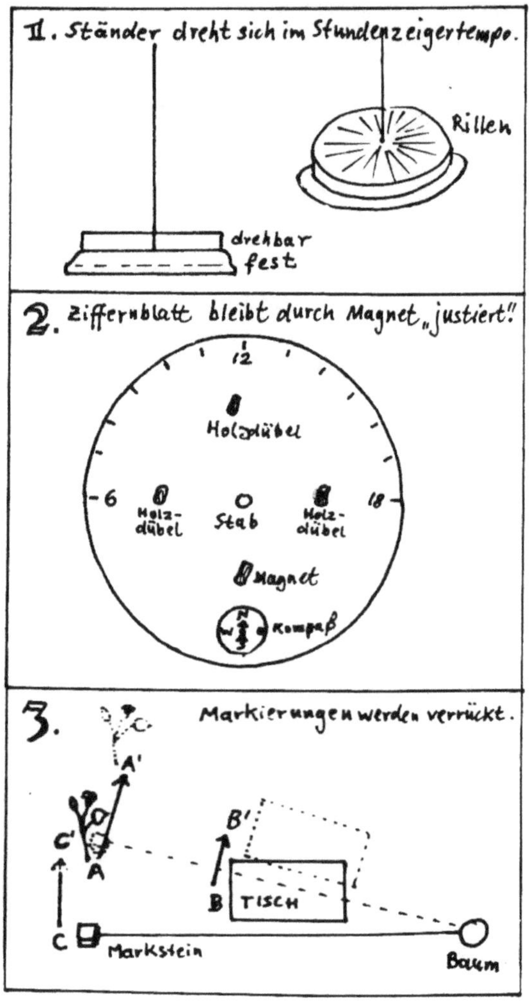

Während die untere Schicht fest auf dem Boden steht, dreht sich die obere durch ein eingebautes Uhrwerk im Schneckentempo eines Stundenzeigers im Uhrzeigersinn. Wenn wir das Ziffernblatt auf den Ständer legen, dreht es sich unmerklich weiter, und zwar doppelt so schnell wie der Schatten des Stabes. Denn der Stabschatten braucht für eine volle Umdrehung 24 Stunden, das Ziffernblatt aber nur 12 wie die üblichen Stundenzeiger. Nach 10 Minuten ist der Schatten zwar 10 Minuten vorwärts gewandert, das Ziffernblatt aber um 20 Minuten verschoben, so daß es aussieht, als sei der Schatten um 10 Minuten rückwärts gewandert.
Natürlich müssen wir auch das Stillstehen

des Ziffernblattes scheinbar beweisen. Das geht aber — im Vergleich zum Stab — viel einfacher: Wir brauchen nur die feine Kompaßnadel abzulenken. Dazu verwenden wir einen als Holzdübel verkleideten Magnetstab, den wir nach dem Justieren des Ziffernblattes »zum Befestigen auf der Unterlage« durch ein Loch im Ziffernblatt stecken. Durch diesen Magnetstab zeigt der Kompaß nicht mehr nach Norden, sondern auf die 12 des Ziffernblatts. Damit die Zuschauer den Dübel nicht verdächtigen, stecken wir noch zwei bis drei weitere echte Holzdübel zur Arretierung durchs Ziffernblatt (Bild 2).

Nun kann es natürlich sein, daß mehrere Zuschauer einen Kompaß mit sich führen. Aus diesem Grunde sollten wir unbedingt schon vor dem Justieren des Ziffernblatts fragen, wer einen Kompaß dabei hat, und alle Kompasse einsammeln. Den größten und deutlichsten legen wir aufs Ziffernblatt, die anderen stecken wir, um eine gegenseitige Ablenkung der Nadeln zu vermeiden, bis zum Ende der Vorführung in die Tasche. Soweit die Präparation der Sonnenuhr. Nun zur Hauptsache, zum großen Schatten.

Der beste Ort

Es könnte ja sein, daß ein Zuschauer auf den Gedanken kommt, wir hätten bei der Sonnenuhr irgendwie gemogelt, entweder beim Stab oder beim Ziffernblatt. Der Schatten eines wirklich großen feststehenden Gegenstands wie Kirchturm, Baum, Laternenpfahl o. ä. soll diesen letzten Zweifel restlos zerstreuen und den Gegenbeweis erbringen. Hierzu brauchen wir allerdings einen Schauplatz, der folgende Bedingungen erfüllt:

Ein hochaufragendes, möglichst alleinstehendes Schattenobjekt sollte seinen Schatten auf eine möglichst große gleichförmige Ebene werfen. Die Zuschauer sollten möglichst wenige eigene Anhaltspunkte entdekken, an denen sie sich die Anfangsrichtung des Schattens merken können.

Wenn die Ebene z. B. ein Parkplatz ist, so sollten darauf keine weißen Markierungslinien sein und in der Nähe des Schattens keine Fahrzeuge parken (rechtzeitig absperren!). Die Markierungen, wo sich der Schatten befindet, werden allein von uns geliefert. Die erste offensichtlich, indem wir anfangs den Markstein niederlegen, die zweite insgeheim, indem wir später nach einer unscheinbaren »naturgegebenen Markierung« Ausschau halten, zu der der Schatten in nächster Zeit wandern wird. Diese zweite, gegebene Markierung ist ebenfalls von uns angebracht worden, allerdings schon vor Beginn der Vorstellung.

Bei einem Parkplatz könnte diese gegebene Markierung etwa ein vereinzelt parkendes Auto oder Motorrad sein, auf einer Wiese ist es ein besonders hochragender Grashalm, ein Baumsproß oder ähnliches. Es muß auf jeden Fall ein Gegenstand sein, den wir im unbemerkten Augenblick versetzen können. Der dritte Anhaltspunkt ist der Tisch, auf dem wir den Globus präsentierten. Bleiben wir beim Beispiel der Wiese.

Vor der Veranstaltung rupfen wir in der Nähe der späteren Schattenstelle alle deutlichen Markierungen aus. Die größte und deutlichste stecken wir an die Stelle A, auf die wir später deuten wollen (Bild 3). Dann setzen wir den Tisch mit dem Globus vor die Markierung auf Stelle B, und zu Beginn der Vorführung wird der Markstein im Beisein der Zuschauer auf C gelegt.

Nachdem wir die Zuschauer auf die »natürliche« Markierung aufmerksam gemacht haben, verlegen wir den Schauplatz der Vorführung in eine andere Ecke der Wiese. Dabei achten wir darauf, daß das gesamte Publikum mit dem Rücken zum Baumschatten steht, wenn es das Aufstellen und Justieren der Sonnenuhr verfolgt. Währenddessen versetzt ein Assistent den Tisch (von B nach B'), den Markstein (von C nach C') und schließlich die »naturgegebene« Markierung (von A nach A'). Wenn die Aufmerksamkeit der Zuschauer zum Schluß wieder auf die Schattenspitze gelenkt wird, ist sie vor den Markstein »zurückgewandert«.

Der beste Zeitpunkt

Bei der gesamten Vorführung ist das Timing äußerst wichtig. Wenn Sie einen geeigneten Ort gefunden haben, beobachten Sie, zu welchem Zeitpunkt der Schatten für den Täuschungseffekt am günstigsten steht. Beim Einstudieren stoppen Sie genau, wieviele Minuten bei Vortrag und Vorführung verstreichen. Eine unvorhergesehene Verzögerung um mehrere Minuten kann den Endeffekt schon deutlich schmälern. Die ganze Vorführung darf nicht zu lange dauern, damit der Drehwinkel des Schattens nicht zu groß wird.

Und schließlich: Ich habe den Effekt nur vorgestellt, aber noch nicht selber vorgeführt. Testen Sie ihn zuerst allein oder im allerengsten Kreis, und verbessern Sie alle Schwachpunkte, bevor Sie ihn öffentlich zeigen. Über Erfahrungsaustausch würde ich mich freuen. Wer schraubt die Sonnenzeit zuerst zurück? Wer lädt zuerst zum Fest der Schattensonnenwende ein? Ein Fall für Ulrich!

---

* Mensch Maya: LUST 11, MW 4/40, 1991, S. 309 ff.

Dr. Bernd Zeiger

Levitation durch Quanteneffekte (1.Teil)

Die englischsprachige, wissenschaftliche Zeitschrift NATURE zeigt in ihrer Ausgabe vom 28. März 1991 die Photographie eines japanischen Forschers, der, auf einer magnetischen Scheibe stehend, 1 Zentimeter über einem Supraleiter schwebt. Die Gesamtmasse des schwebenden Objektes (Forscher plus Scheibe) war 120 kg.

Die Redaktion von NATURE brauchte diesmal keinen Täuschungsexperten in das Laboratorium zu schicken, um die Trickfreiheit der Anordnung zu überprüfen, denn der Effekt, auf dem die Levitation beruht, ist genaustens bekannt (Meißner-Effekt).

Anders war die Situation 1988 nach einem spektakulären Artikel, der die Erinnerungsfähigkeit von Wasser behandelte und der in der naturwissenschaftlichen Welt großes Aufsehen erregte, weil er u. a. die Wirkungsweise der Homöopatie zu verstehen erlaubt. Unter dem Druck der Kritiker sah sich die Redaktion damals gezwungen, eine Gruppe von Gutachtern in das Labor zu schicken, darunter auch den Täuschungskünstler James Randi. Diese Expertengruppe sollte überprüfen, ob die Forschung nach den Spielregeln ernsthafter Wissenschaft durchgeführt worden war. (Einzelheiten in der Zeitschrift NEW SCIENTIST vom 4. August 1988 und über die neuesten Entwicklungen in diesem »Fall« im NEW SCIENTIST vom 16. März 1991).

Levitation durch Diamagnetismus

Wer mit den klassischen Eigenschaften des magnetischen Feldes vertraut ist, wird zunächst ebenfalls skeptisch reagieren, wenn er von stabiler Levitation in einem magnetischen Feld hört. Durch die zwischen gleichen magnetischen Polen herrschende Abstoßungskraft allein ist keine stabile Levitation möglich. Das hängt mit der speziellen Natur der Abstoßung zusammen. (Entsprechendes gilt auch für die elektro-statische Abstoßung zwischen gleichen elektrischen Ladungen, die ebenfalls keine stabile Levitation zuläßt.)

Die für Levitation ungünstige Form der magnetischen Abstoßungskraft ändert sich, wenn die inneren Eigenschaften der Materie mit ins Spiel kommen. Durch ein äußeres statisches Magnetfeld wird die Bewegung (quantenmechanische Wellenfunktion) geladener Teilchen, z. B. der Elektronen, verändert und ein magnetisches Moment erzeugt. Bereits klassische Überlegungen (Lenzsche Regel) zeigen, daß die so entstehenden magnetischen Momente immer dem äußeren Magnetfeld entgegenwirken. Das Resultat ist eine abstoßende Kraft, die eine stabile Levitation möglich macht. Dieses Phänomen wird als »Diamagnetismus« bezeichnet. Diamagnetismus ist also die kollektive Reaktion der im Inneren der Materie sich bewegenden geladenen Teilchen auf ein äußeres Magnetfeld. Diamagnetismus ist letztlich ein quantenmechanischer Effekt, der klassisch nicht angemessen verstanden werden kann. Jede Materie — ob fest, flüssig oder gasförmig — zeigt diamagnetisches Verhalten.

Bereits Ende der 30er Jahre hat der Physiker W. Braunbeck Kügelchen aus Wismut bzw. Graphit durch ihren Diamagnetismus in einem starken magnetischen Feld zum Schweben gebracht und darüber 1939 in der ZEITSCHRIFT FÜR PHYSIK berichtet. In jüngster Zeit ist es gelungen, so starke Magnetfelder zu erzeugen, daß auch Wasser zur Levitation gebracht werden konnte.

Damit ist es praktisch möglich geworden, beispielsweise auch kleine Tiere auf Grund des Diamagnetismus zur Levitation zu bringen. Die Zeitschrift NEW SCIENTIST berichtete darüber in ihrer Ausgabe vom 2. März 1991 und faßt das Ergebnis etwas übertrieben so zusammen: »Es gibt bald die wunderbare levitierende Maus«. Die Stärke der gegenwärtig existierenden Magnete reicht jedoch bei weitem nicht aus, um einen Menschen auf Grund des Diamagnetismus zur Levitation zu bringen.

Der Meißner-Effekt: idealer Diamagnetismus

Die für den Diamagnetismus verantwortliche kollektive Reaktion der Teilchen in der Materie (vor allem der Elektronen) auf ein äußeres Magnetfeld ergibt nur eine schwache Abstoßungskraft, weil die kollektive Reaktion der Teilchen nicht kohärent erfolgt.

Das Prinzip, das hier weiterhilft, ist der Dritte Hauptsatz der Thermodynamik. Dieses von dem Physiko-Chemiker W. Nernst 1906 zuerst formulierte Prinzip besagt, daß mit abnehmender Temperatur die Ordnung zunimmt und daß am absoluten Nullpunkt der Temperaturskala (minus 273,15 Grad Celsius = 0 Grad Kelvin) die vollkommene Geordnetheit der quantenmechanischen Wirklichkeit dominiert. (Temperatur ist ein Maß für ungeordnete Aktivität.)

Beim Abkühlen bestimmter Stoffe in die Nähe des absoluten Nullpunktes werden wegen dem Dritten Hauptsatz der Thermodynamik ganz ungewöhnliche Ordnungserscheinungen beobachtet:

Kühlt man Helium auf minus 269 Grad Celsius (= 4,2 Grad Kelvin) ab, so wird es plötzlich superflüssig, d. h. es beginnt reibungslos zu strömen und übersteigt, entgegen der Schwerkraft, alle Barrieren.

Bei vielen Metallen beobachtet man in der Nähe des absoluten Nullpunktes das Phänomen der Supraleitfähigkeit, d. h. der elektrische Widerstand wird bei einer bestimmten, für jedes Metall unterschiedlichen Sprungtemperatur schlagartig so gering, daß der elektrische Strom verlustlos als Dauerstrom fließen kann. Beispielsweise wird Blei bei 7,19 Grad Kelvin, Quecksilber bei 4,15 Grad Kelvin zum Supraleiter.

Supraleiter besitzen noch eine andere Eigenschaft, die die Physiker seit der Entdekkung der Supraleitfähigkeit im Jahre 1911 durch den Holländer H. Kamerlingh-Onnes immer wieder aufs neue fasziniert hat: Der Supraleiter übt auf ein äußeres Magnetfeld eine abstoßende Kraft aus. Diese abstoßende Kraft ist von solcher Art, daß ein Supraleiter über einem Magneten oder umgekehrt ein Magnet über einem Supraleiter auf stabile Weise schweben kann. Die deutschen Physiker W. Meißner und R. Ochsenfeld haben in den 30er Jahren das Verhalten von Supraleitern in einem Magnetfeld genauestens erforscht. Seitdem wird die Abstoßung, die ein Supraleiter auf ein Magnetfeld ausübt, als Meißner-Ochsenfeld-Effekt (oder auch nur als Meißner-Effekt) bezeichnet.

Der Meißner-Effekt bedeutet mit anderen Worten, daß Supraleiter ideale Diamagnete sind. D. h., im supraleitenden Zustand wird ein äußeres statisches Magnetfeld so vollständig abgedrängt, daß das Innere des Supraleiters ganz ohne Magnetfeldeinfluß ist.

Der Meißner-Effekt ist kein Ergebnis des widerstandslosen elektrischen Stromflusses in einem Supraleiter, vielmehr ist der ideale Diamagnetismus eine charakteristische Eigenschaft des supraleitenden Zustandes. Der Grund für den idealen Diamagnetismus ist die Kohärenz in der kollektiven Reaktion der Elektronen im supraleitenden Zustand.

Die räumliche Wirkungsweise und Stärke des Meißner-Effektes führt zu einer stabilen Schwebe-Lage, um die der schwebende Körper sogar reibungslos rotieren, schwingen oder kreisen kann.

Von der zur Erzeugung des supraleitenden Zustandes notwendigen Kühlung abgesehen, sind zur Aufrechterhaltung der Levitation durch den Meißner-Effekt keine Energiezufuhr und auch keine äußeren stabilisie-

renden Maßnahmen erforderlich. Alle anderen physikalischen Methoden der Levitation erfordern einen mehr oder weniger großen Energieaufwand bzw. zusätzliche Stabilisierungen. Beispielsweise wird die bekannte Magnetschwebebahn durch seitlich angebrachte Magnete stabilisiert.
Einen Überblick über die physikalischen Levitationsmethoden gab die Zeitschrift SCIENCE im Januar 1989.

Hochtemperatur-Supraleiter
Bis zum Jahre 1986 waren nur Stoffe bekannt, bei denen die Herstellung des supraleitenden Zustandes mindestens eine Kühlung durch flüssiges Helium erforderte. Flüssiges Helium ist relativ teuer. Dann kam ein Durchbruch, als A. Müller und G. Bednorz, zwei Forscher des IBM-Labors in Zürich, eine keramische Substanz entdeckten, die »schon« bei 35 Grad Kelvin (= minus 238 Grad Celsius) supraleitend wurde. Für diese Entdeckung erhielten die beiden Forscher 1987 den Nobel-Preis für Physik. Ihre Entdeckung gab ähnlichen Forschungsprojekten in anderen Labors entscheidende Impulse, so daß schon im Februar 1987 ein Forscher der Universität Houston, Texas, ein Material vorstellte, das bei 98 Grad Kelvin (= minus 175 Grad Celsius) supraleitend wird. Das ist deshalb so bedeutsam, weil jetzt zur Erzeugung der Sprungtemperatur die Kühlung durch flüssigen Stickstoff ausreicht. Flüssiger Stickstoff kann leicht hergestellt werden. Ein Liter flüssiger Stickstoff kostet 50 Pfennig, während 1 Liter flüssiges Helium 15 DM kostet. (Diese Preisangaben stammen aus einem Artikel über die neuen Hochtemperatur-Supraleiter im Juli-Heft 1988 derZeitschrift DER MATHEMATISCHE UND NATURWISSENSCHAFTLICHE UNTERRICHT.)
Durch diese Entwicklung werden voraussichtlich die spektakulären, energie- und zeitsparenden Einsatzmöglichkeiten von Supraleitern in größerem Umfange als bisher praktisch ausgenutzt werden können: Verlustlose Elektrizitätsleitung, super-starke Elektromagnete, reibungslose Bewegung von Maschinenteilen, schwebende Hochgeschwindigkeitszüge, hochempfindliche Sensoren zum Nachweis von ganz schwachen Magnetfeldern und vor allem super-schnelle Computer (genaueres über die Anwendungen der Hochtemperatur-Supraleiter findet man in dem eingangs erwähnten Artikel von NATURE sowie in der Zeitschrift HIGH-TECH 1987, Heft 2).

Wegen dieser und anderer technischer Anwendungen bieten sich die Supraleiter geradezu an, auch in der Unterhaltungskunst eingesetzt zu werden. Die Technologie der Supraleiter wird sicher bald in der Täuschungskunst zu ganz neuartigen Tricktechniken führen. Alles was mit Quantenmechanik zu tun hat, ist immer höchst perfekt und belebt deshalb auch diese Qualität im Benutzer bzw. Betrachter.

(Teil 2 folgt)

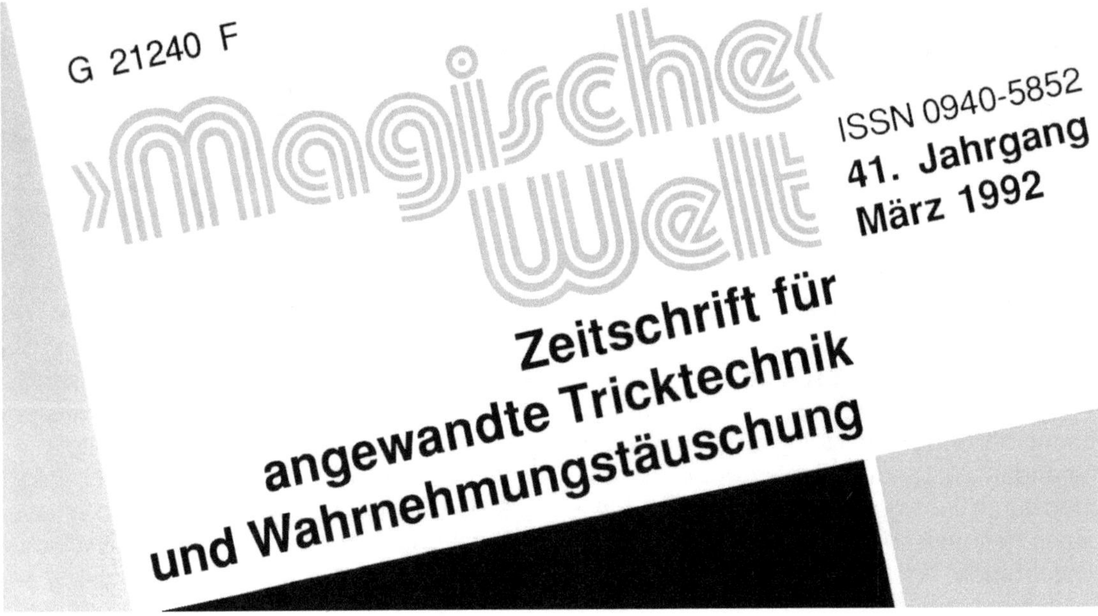

Dr. Bernd Zeiger

Levitation durch Quanteneffekte

(2.Teil)

Überraschte die Zeitschrift NATURE im März 1991 ihre Leser durch das Bild eines schwebenden Wissenschaftlers, so amüsierte im Juni 1991 die Zeitschrift PHYSICS TODAY durch eine Photographie, die die Levitation eines improvisierten Mini-Aquariums mit einem kleinen Zierfisch zeigte. Die Levitations-Methode war in beiden Fällen dieselbe: Die Objekte ruhten auf einer magnetischen Scheibe, die aufgrund des Meißner-Effektes über einem Hochtemperatur-Supraleiter schwebte.

Vor allem die Mikro-Anwendungen der Hochtemperatur-Supraleiter haben große praktische Bedeutung. Im SPEKTRUM DER WISSENSCHAFT (April 1989) heißt es dazu: »Obwohl das Augenmerk der Öffentlichkeit sich hauptsächlich auf den Einsatz von Supraleitern in den Großprojekten Energieversorgung und Magnetschwebebahn richtet, bieten sich gerade für die nahe Zukunft im kleineren Rahmen profitablere Anwendungsmöglichkeiten, besonders für verschiedene Industriemaschinen und elektronische Bauelemente. Der Markt für diese Kleinanwendungen ist größer und innovationsfreudiger . . .«

Die Chemie der Hochtemperatur-Supraleiter

Der erste von Bednorz und Müller 1986 vorgestellte Hochtemperatur-Supraleiter war chemisch gesehen ein Lanthan-Barium-Kupferoxid. Inzwischen sind zahlreiche weitere keramische Kupferoxide entdeckt worden, die zum Teil bis zu einer Temperatur von ca. 100 Grad Kelvin supraleitend bleiben. Die Charakterisierung als keramische Materialien bezieht sich auf die Art der

Herstellung, die dem vertrauten Backvorgang ähnelt: Zunächst wird die Mischung der Metalloxidpulver fein vermahlen und dann durch eine Hochtemperaturbehandlung (bis 900 Grad Celsius) verfestigt.

Im Oktober-Heft 1987 der Zeitschrift JOURNAL OF CHEMICAL EDUCATION befindet sich eine ausführliche Vorschrift zur Herstellung eines supraleitfähigen keramischen Materials sowie auch einige praktische Hinweise, wie die Levitation durch den Meißner-Effekt als Schulversuch wirksam eingesetzt werden kann. Die einfachste Art, die Levitation durch den Meißner-Effekt zu demonstrieren, beschrieb G. Wolschin im August-Heft 1987 von SPEKTRUM DER WISSENSCHAFT:

Man taucht den Hochtemperatur-Supraleiter in flüssigen Stickstoff und senkt ihn dann auf den Pol eines Permanentmagneten. Die Probe aus brüchigem schwarzen Material schwebt solange über dem Magneten, bis ihre Temperatur den kritischen Wert überschreitet.

Im oben erwähnten Heft des JOURNAL OF CHEMICAL EDUCATION befindet sich auch ein Artikel, in dem die chemischen Eigenschaften der Hochtemperatur-Supraleiter erläutert werden. Dieser Artikel lobt in seiner Überschrift den Beitrag der Chemie bei der Entwicklung der Hochtemperatur-Supraleiter mit den Worten: Bessere Levitation durch die Chemie.

Wer sich das supraleitende Material nicht selbst herstellen will, kann ein entsprechendes Demonstrations-Kit auch kaufen. In einer Anzeige, die im Juli 1988 im SPEKTRUM DER WISSENSCHAFT erschienen war, konnte man lesen: »Der größte Supraleiter-Produzent Amerikas liefert jetzt auch in Deutschland das neueste Supraleiter-Demonstrations-Kit für Ingenieure, Lehrer, Wissenschaftler und alle, die an Wissenschaft interessiert sind.«

Seit es die keramischen Hochtemperatur-Supraleiter gibt, kann jeder den Meißner-Effekt benutzen, um beispielsweise seinen Freunden »close up«-Levitation zu demonstrieren (natürlich mit den notwendigen Sicherheitsvorkehrungen).

Besonderheiten der Levitation durch Hochtemperatur-Supraleiter

Im Vergleich mit den durch die Täuschungskunst erreichten Levitationshöhen ist die Höhe der schwebenden Objekte beim Meißner-Effekt wenig spektakulär. Die Levitation mit Hochtemperatur-Supraleitern hat jedoch einige bemerkenswerte Besonderheiten.

Die keramischen Supraleiter sind Supraleiter zweiter Art. Nur bei Supraleitern erster Art sind der Meißner-Effekt und idealer Diamagnetismus identisch, so daß ein äußeres Magnetfeld vollständig abgedrängt wird. Bei Supraleitern zweiter Art kann das äußere Magnetfeld ab einer gewissen Feldstärke auch teilweise in den Supraleiter eindringen. Dadurch zeigen Supraleiter zweiter Art ein etwas anderes Verhalten, das sie aber noch interessanter macht.

Während Supraleiter erster Art nur eine einzige stabile Levitationsposition besitzen, kann es bei Supraleitern zweiter Art eine kontinuierliche Menge stabiler Gleichgewichtslagen und Orientierungsmöglichkeiten für das levitierende Objekt geben. Ein levitierender Supraleiter zweiter Art verhält sich so, als ruhe er auf Watte. Er kann hin und her geschoben werden und bleibt doch in einem ruhigen und stabilen Levitationszustand. Dasselbe gilt auch für Dauermagneten, die über einem Supraleiter zweiter Art schweben.

Was ebenfalls bei Supraleitern zweiter Art beobachtet wird, ist nicht nur Levitation über einem Magneten (durch Abdrängung des Magnetfeldes), sondern auch das »Aufhängen am Magnetfeld« in einem gewissen Abstand u n t e r dem Magneten. Diese »Suspension« entsteht durch das Einfangen eines Teiles der magnetischen Feldlinien im Inneren von Supraleitern zweiter Art.

Die von W. A. Little schon 1965 im SCIENTIFIC AMERICAN theoretisch behandelte Frage, ob Supraleitfähigkeit auch bei Zimmer-Temperatur möglich ist, kann vielleicht schon bald durch die Erfahrung positiv beantwortet werden.

Der Meißner-Effekt: ein makroskopisch-kohärentes Quantenphänomen

Da Erfahrung und Verständnis sich gegenseitig bereichern hier noch etwas aus der Theorie der Supraleiter.

Die Theorie der Supraleiter hat große Bedeutung erlangt, nicht nur für viele Bereiche der Physik, sondern auch in der Biologie und Soziologie.

Hinter dem Meißner-Effekt verbirgt sich ein Prinzip, das auf allen Ebenen der Schöpfung wirksam ist. Bei Supraleitern läßt sich dieses Prinzip relativ leicht beschreiben. In vereinfachter Sichtweise verhält sich ein makroskopischer Supraleiter wie ein einziges, riesiges Atom. Die Quantentheorie der Supraleiter beruht deshalb auf dem Begriff der m a k r o s k o p i s c h e n Wellenfunktion.

Die Wellenfunktion der Quantenmechanik ist zunächst eingeführt worden, um den dynamischen Zustand »mikroskopischer« Objekte wie Atome, auf ganzheitliche Weise zu beschreiben. Auf der atomaren Ebene ist alles mit allem eng verquickt; man spricht von quantenmechanischer Kohärenz bzw. Korrelation.

Die Vorstellung einer m a k r o s k o p i s c h e n Wellenfunktion stammt von Fritz London, der 1935 als erster die Idee veröffentlichte, daß der supraleitende Zustand das Ergebnis eines Kondensationsvorganges ist, analog zur Kondensation eines Gases in den flüssigen Zustand. Bei einer bestimmten Temperatur geht das »Elektronen-Gas« vieler elektrischer Leiter spontan in den supraleitenden Zustand über.

Typisch für solche Übergänge von einem ungeordneten in einen geordneten Zustand ist der Verlust (Brechung) der ursprünglichen Symmetrie und das Auftreten eines Ordnungsparameters (wie die makroskopische Wellenfunktion).

In der Täuschungskunst werden diese Zusammenhänge vor allem bei Kartentricks ausgenutzt. Erste mathematische Untersuchungen über die Symmetrien beim Kartenmischen stammen von P. Diaconis, R. L. Graham und W. M. Kantor (ein Artikel in der Zeitschrift SCIENCE vom 30. April 1982 berichtete darüber).

Die Brechung einer Symmetrie läßt sich auf Veränderungen im Inneren des betrachteten Systems zurückführen:

Der Übergang in den supraleitenden Zustand beruht auf dem inneren, mikroskopischen Vorgang der Elektronen-Paarbildung. Einzelheiten des Mechanismus der Elektronenpaarbildung stammen von den Forschern J. Bardeen, L. N. Cooper und J. K. Schrieffer (BCS Theorie), die dafür den Nobelpreis erhielten. Durch die Paarbildung wird die auseinanderstrebende (fermionische) Natur der Elektronen in die zusammenstrebende (bosonische) Natur der Elektronen-Paare umgewandelt. Die Elektronen-Paare (auch Cooper-Paare genannt) neigen dazu, einen einzigen Zustand einzunehmen, wobei alle Elektronenpaare räumlich verquickt (korreliert) sind. Der kondensierte Zustand der Elektronenpaare wird durch eine einzige m a k r o s k o p i s c h e Wellenfunktion beschrieben.

Die makroskopische Wellenfunktion der Supraleitung beschreibt einen kohärenten Zustand, in dem alle Elektronen-Paare exakt dasselbe tun. Zur Veranschaulichung dieser Zusammenhänge kann der Übergang vom inkohärenten Licht einer Glühbirne zum kohärenten Licht eines Lasers benutzt werden.

Ein äußeres magnetisches Kraftfeld erzeugt in dem Materiefeld der Elektronen-Paare ein magnetisches Moment, das dem äußeren Feld entgegenwirkt. Ganz ähnlich ist die Situation beim diamagnetischen Abschirmeffekt, nur daß dabei allein die mikroskopische Wellenfunktion von Atomen oder Elektronen eine Rolle spielt.

Beim Meißner-Effekt haben wir es also n i c h t mit einer magnetostatischen Abstoßung zu tun, wie sie zwischen gleichen Magnet-Polen besteht, sondern mit einer Abstoßung, in die die Gesamtheit der korrelierten Elektronenpaare mit eingeht. Das Zusammenwirken von Materiefeld und magnetischem Feld kann so interpretiert werden, daß das elektromagnetische Feld dadurch eine Masse bekommt und darum n i c h t in den Supraleiter eindringen kann. Die ursprüngliche Symmetrie des elektromagnetischen Feldes (d. h. Ruhemasse = Null und damit ein Abstoßungsgesetz umgekehrt proportional zum Quadrat des Abstandes) wird durch die Kopplung an das Materiefeld gebrochen.

Diese Überlegungen gelten nicht nur für die elektromagnetische Kraft, sondern können auf andere Kräfte und Funktionsebenen der Natur übertragen werden. Es zeigt sich dabei, daß der Meißner-Effekt der Spezialfall eines allgemeinen Prinzips darstellt, das als »spontane Symmetriebrechung« bezeichnet wird.

S p o n t a n e Symmetriebrechung ist die geheime (d. h. im Vakuum stattfindende) Trick-Technik der Natur, die immer neue, überraschende Effekte hervorbringt.

So hat dieser kleine Ausflug in die Theorie der Supraleiter gleichzeitig eines der »Erfolgsgeheimnisse der Natur« (H. Haken) sichtbar werden lassen: die Beziehung zwischen Kohärenz und

Kreativität. Das spontane Entstehen von neuen ungewöhnlichen Eigenschaften wie Supraleitfähigkeit und Meißner-Effekt geschieht auf der Grundlage hoher Kohärenz des Systems. Das ist die moderne Fassung der uralten Erkenntnis, daß die Einheit aus dem Zusammenspiel von Teilen qualitativ m e h r ist als die Ansammlung aller Einzelteile. Für jede Art von Kohärenz gilt: Das Ganze ist m e h r als die Summe der Teile. »Kohärenz« im allgemeinsten Sinne bedeutet, daß eine feste Beziehung zwischen sich verändernden Phänomenen existiert, daß Einheit in der Vielfalt besteht.

Teil 3 folgt

TRICKTECHNIK

41. Jahrgang Heft 2 – April/Juni 1992

Mensch Maya

Gesichtswechsel (LUST 13)

Stellen Sie sich vor, Sie stehen vor der Schattenwand und erklären Ihrem Publikum gerade, wie leicht man hinter der Schattenwand zaubern kann. Da tritt eine vermummte Gestalt auf die Bühne, winkt Sie hinter die Leinwand und fordert Sie höflich auf, Ihren Kopf auf einen Holzklotz zu legen: Tod durch Hammerbeil wegen »Preisgabe von Berufsgeheimnissen« (Bild 1).

Sogleich wird Ihr Kopf vom Körper getrennt, doch während der Henker Ihren leblosen Körper von der Bühne schleppt, wird Ihr Kopf schon wieder lebendig und macht sich über den Henker lustig (Bild 2). Der Henker spaltet Ihren Kopf mit dem Beil, da verwandelt sich dieser in zwei kleinere Köpfe (Bild 3). Wie der Henker diese spaltet, lachen ihn vier Köpfe an (Bild 4). Beim nächsten Spalten sind es schon acht Köpfe, die alle Ihr eigenes Profil tragen (Bild 5).

Des Spaltens müde, dreht der Henker das Beil um und rammt mit dem stumpfen Ende alle acht Köpfe in den Boden. Da wächst Ihr Kopf in Riesengröße hinter seinem Rücken aus dem Boden (Bild 6). Während der Henker den Riesenkopf mit dem Hammer zu zertrümmern versucht, wird Ihr Kopf geisterhaft durchsichtig und erklärt, gegen die Unsterblichkeit des Geistes sei kein Hammerbeil gewachsen (Bild 7). Endlich schleudert der Henker sein Beil von sich, geht in die Knie und verkündet mit gefalteten Händen: »Selig sind die Geköpften, denn sie trotzen jedem Hammerbeil.« (Bild 8).

Gesichtswechsel

Für diese Szene brauchen Sie zwei Mitspieler: einen Henker und ein Schattendouble. Dazu das Wissen über Gesichtswechsel. Gesichtswechsel nennen wir den Austausch und das Zusammenspiel von Schattenköpfen jeder Art: Ihr lebendes Profil wird ersetzt durch einen lebensgroßen, aus Pappe geschnittenen Flachkopf. Von dieser Attrappe läßt sich Ihr Schattendouble dramatisch »enthaupten«, während Sie sich hinter der erhöhten Schattenbühne verstecken und Ihr lebendes Profil aus dem Schattenboden wachsen lassen. Bei der Spaltung und Vermehrung Ihres Kopfes lassen Sie Ihren Kopf wieder in der Versenkung verschwinden und strecken stattdessen nach und nach acht Finger hoch, an denen je ein ausgeschnittener Lochkopf befestigt ist. Dann läßt Ihr Assistent einen riesigen Klappkopf aus der Versenkung wachsen, hinter dem sich ein Drahtkopf verbirgt.

Außer dem Klappkopf haben wir bereits alle Schattenköpfe bei der Durchsicht* und beim Gewichtwechsel** kennengelernt, wo Sie auch ein Beispiel für den Lichtkopf finden. Heute wollen wir sehen, wie Sie diese Köpfe aus Ihrem eigenen Profil entwickeln können,

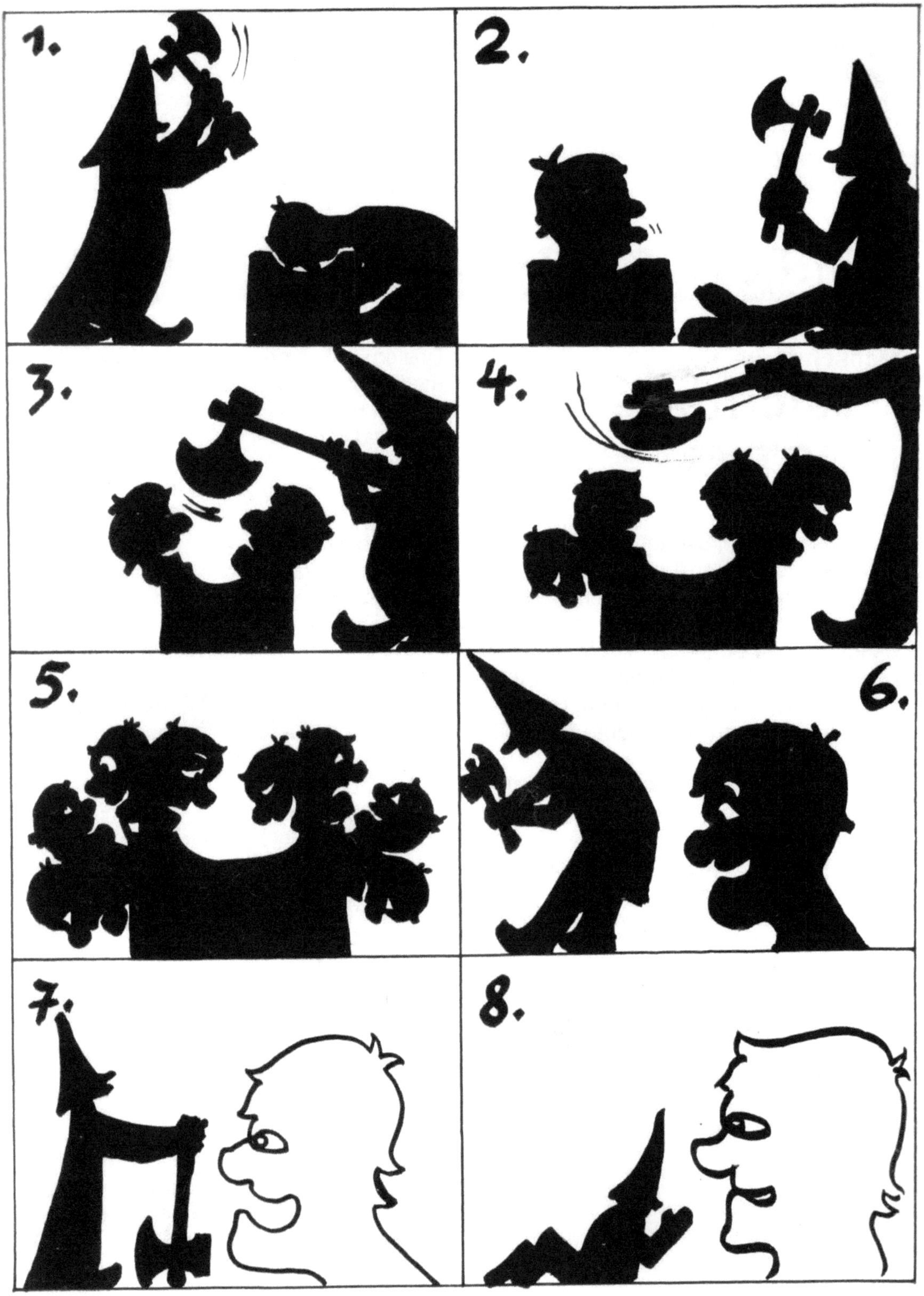
1.
2.
3.
4.
5.
6.
7.
8.

und dann besonders auf den Klappkopf eingehen.

Das Schattenprofil

Wenn Sie sich seitlich vor die Schattenwand stellen, erscheint auf der Wand der Schatten Ihres lebenden Profils. Ihr Schattenprofil können Sie selbst nicht unmittelbar sehen, denn sobald Sie Ihren Blick auf Ihren Schatten richten, sehen Sie Ihren Kopfschatten nicht mehr im Profil, sondern von vorn. Dieses Profil, das Sie selber selten zu Gesicht bekommen, wollen wir nun kopieren.
Stellen oder setzen Sie sich im Sonnen- oder Lampenlicht an eine Glasscheibe und legen Sie Ihr Ohr an die Scheibe, als wollten Sie lauschen. Ein Freund hängt nun mit Klebeband ein großes Blatt Papier auf die Rückseite der Scheibe und zeichnet Ihr Schattenprofil mit einem Bleistift nach (Bild 9). Wenn er zeichnerisch begabt ist, wird er die charakteristischen Züge Ihres Profils leicht überhöhen, d. h. übertreiben, so daß Ihr Profil zwar lebensecht, aber etwas markanter und deutlicher ist als Ihr wirklicher Schatten (Bild 10). Ein guter Portraitist kann auf die Schattenvorlage ganz verzichten. Als Kind erlebte ich einmal einen Silhouettenschneider, der das Profil seiner Kunden freihändig mit der Schere in weniger als einer Minute treffend ähnlich ausschneiden konnte.
Ihr lebensgroßes Profil können Sie auch allein herstellen, wenn Sie Ihren Profilschatten mit Hilfe eines Spiegels an der Wand nachzeichnen oder wenn Sie ein Profilfoto auf Lebensgröße vergrößern.

Der Flachkopf

Wenn Sie Ihr Profil auf eine starke Pappe übertragen und ausschneiden, erhalten Sie eine Schattenattrappe Ihres Profils. Da diese Attrappe nur zwei Dimensionen hat, nennen wir sie Flachkopf. Mit diesem Flachkopf kann ein Double Sie für kurze Zeit ersetzen und sich statt Ihrer »enthaupten« lassen. Da der Flachkopf starr und unbeweglich ist, können »Sie« jedoch in dieser Zeit weder sprechen noch Mimik zeigen. Ein solcher starrer Flachkopf ist also nur für kurze Täuschungsmanöver geeignet. Durch Verkleinern und Vergrößern Ihres Profils können Sie Flachköpfe jeder Größe herstellen**.

Der Lochkopf

Wenn ein Flachkopf nicht gerade als lebensgroße Attrappe dienen soll, können Sie seine mimischen Ausdrucksmöglichkeiten steigern, indem Sie die plumpe vollschwarze Silhouette durch Ausschneiden von Auge, Mund, Augenbraue, Ohr usw. durchbrechen. Durch Finger oder Armbewegungen können Sie dann Mund und Auge öffnen und schließen usw.*

Der Klappkopf

Eine enorme Steigerung der Komik und Mimik erreichen Sie durch Flachköpfe mit beweglichen Kinn- oder Stirnklappen. Analog zum menschlichen Schädel können wir zweiteilige Klappköpfe herstellen (Bild 11), ja sogar drei- oder mehrteilige Köpfe mit ausgeprägtem Mienenspiel von Augen und Brauen (Bild 12).
Diese mehrteiligen Klappköpfe wirken so komisch und ausdrucksstark, daß Sie Ihr Publikum allein damit unterhalten können. Sie eignen sich für Charakterköpfe, für Karikaturen***, für politisches Schattenkabarett usw. Je nach Größe können Sie die Klappköpfe mit den Fingern, mit dem Kopf, mit den Armen oder mit dem ganzen Körper bewegen (Bild 13). Die zahlreichen Variationsmöglichkeiten werden Ihnen von selbst deutlich, sobald Sie Ihren ersten selbstgebastelten Klappkopf an die Schattenwand halten. Zur Herstellung brauchen Sie ein Stück Pappe, eine Schere, einen Locher, etwas Klebe- oder Gummiband und eine Verpakkungsklammer (Bild 14).

Der Drahtkopf

Ähnlich ausdrucksstark ist der Drahtkopf, der aus zwei steifen, am Mund verbundenen Drähten besteht. Das Mundinnere besteht aus einem Stück Schlauch, der über die Drahtenden gestülpt ist und sie flexibel ver-

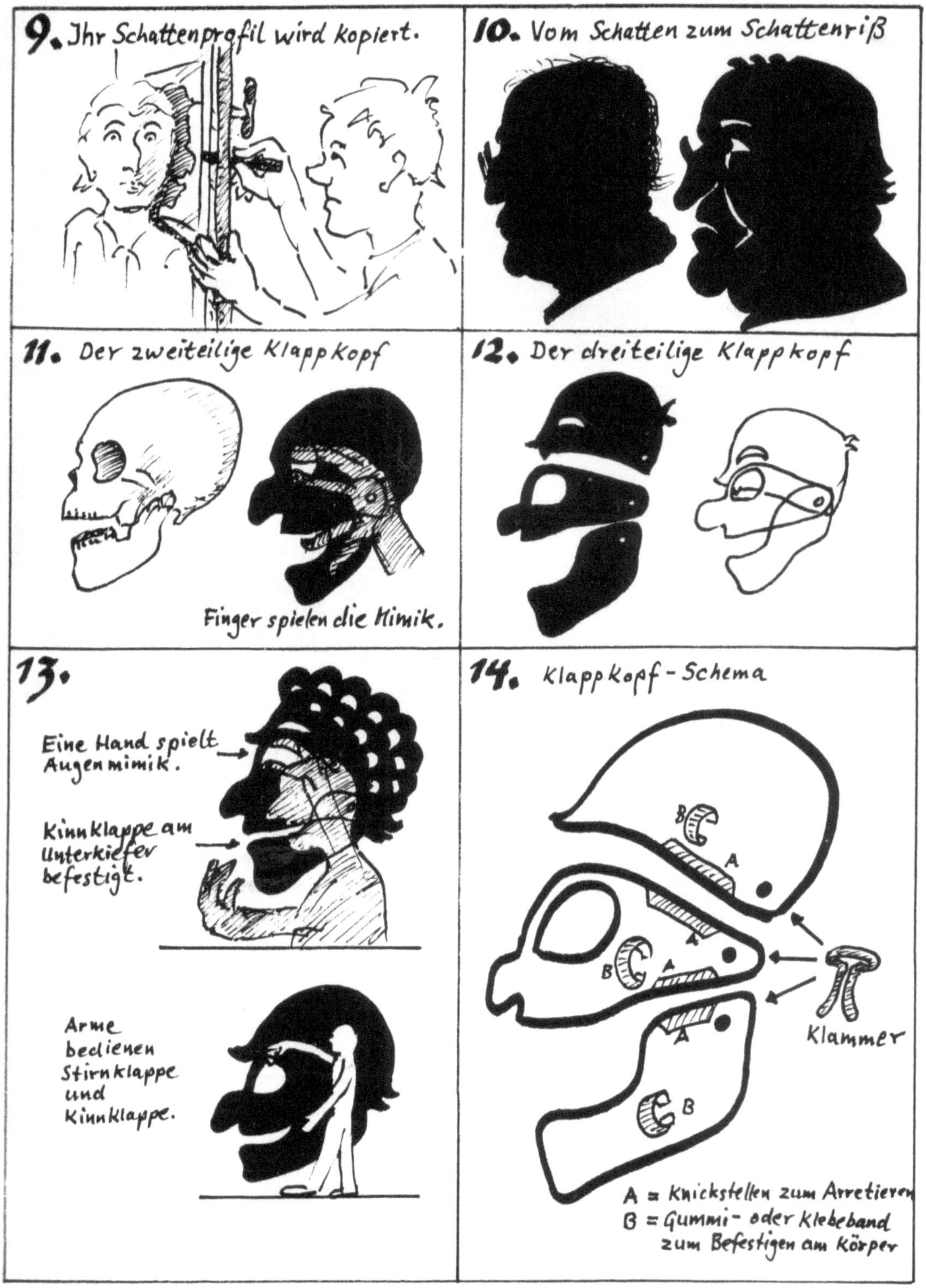
9. Ihr Schattenprofil wird kopiert.
10. Vom Schatten zum Schattenriß
11. Der zweiteilige Klappkopf
Finger spielen die Mimik.
12. Der dreiteilige Klappkopf
13.
Eine Hand spielt Augenmimik.
Kinnklappe am Unterkiefer befestigt.
Arme bedienen Stirnklappe und Kinnklappe.
14. Klappkopf-Schema
Klammer
A = Knickstellen zum Arretieren
B = Gummi- oder Klebeband zum Befestigen am Körper

bindet, so daß sich der Unterkiefer frei bewegen läßt*.

Besonders wenn Sie eine komödiantische Ader haben, werden Sie mit diesen Schattenköpfen viel Freude haben. Sie werden sehen: Die Ideen kommen beim Spiel.

---

* Vgl. Mensch Maya, LUST 8, Hohlsicht, MW 4/39, 1990, S. 302 ff.

** Vgl. Mensch Maya, LUST 9, Gewichtwechsel, MW 2/40, 1991, S. 121ff.

*** Bei der Gestaltung von Charakterköpfen hilft Ihnen Carl Huters Psycho-Physiognomik, Prospekt bei Carl-Huter-Verlag, 8501 Schwaig bei Nürnberg. Bei Karrikaturen hilft Ihnen der SGD-Fernkurs »Karrikatur- und Pressezeichnen«, Probelektion bei Studiengemeinschaft Darmstadt, 6102 Pfungstadt.

Dr. Bernd Zeiger

Levitation durch Quanteneffekte

(3. Teil)

Die Levitations-Illusionen der Unterhaltungstäuschung beruhen auf einem Ausgleich der Anziehungskraft der Erde durch mechanische Methoden. Der Levitationseffekt entsteht, weil die Verfahren, die den Ausgleich der Schwerkraft bewirken, im »Aufmerksamkeitsvakuum« der Zuschauer sind, so daß sie weder gesehen noch erschlossen werden können. Neben den mechanischen Kräften gibt es jedoch noch andere Kräfte, die genutzt werden können, um auf verborgene Weise die Wirkung der Schwerkraft aufzuheben. Das Magnetfeld und das elektrostatische Feld sind zwei dem Menschen unsichtbare und über große Entfernungen wirkende Kraftfelder, die aber leider eine stabile Levitation nur zusammen mit anderen Hilfsmitteln zulassen. Diese Situation ändert sich durch die Quantenphysik. Im Meißner-Effekt haben wir ein makroskopisch-kohärentes Quantenphänomen kennengelernt, das einen stabilen Ausgleich der Schwerkraft ermöglicht, der nicht nur unsichtbar ist, sondern auch keinen zusätzlichen Energieaufwand erfordert. Der Meißner-Effekt der Hochtemperatur-Supraleiter kann in der Unterhaltungstäuschung als Tricktechnik für Levitationseffekte eingesetzt werden.

Nun ist die Schwerkraft selbst eine unsichtbare und über große Entfernungen wirkende Kraft. Es stellt sich die Frage, ob vielleicht unter Berücksichtigung der Quantenmechanik die Schwerkraft direkt, ohne den Umweg über äußere Hilfsmittel, so beeinflußt werden kann, daß Levitation möglich wird. Die Beantwortung dieser Frage würde uns einem Verständnis echter Levitation näherbringen, wenn unter echter Levitation die unmittelbare Beeinflussung der Schwerkraft durch das Subjekt verstanden wird. Ist aber echte Levitation möglich, so ist es ein beobachtbares Phänomen, das in den Gesetzen der klassischen Physik in irgendeiner Form mit eingeschlossen sein muß. Bevor wir also Levitation quantenmechanisch betrachten, wollen wir untersuchen, ob in der klassischen Gravitationstheorie von Newton bzw. Einstein Platz für das Phänomen der Levitation ist.

Newton sah: Der Apfel fällt und entwickelte seine Theorie der Gravitation

Als Gravitation (Schwerkraft) bezeichnet die Physik seit Newton die Anziehungskraft zwischen jeder Art von Materie. Ein Spezialfall ist die Anziehung, welche die Erde auf alle Körper ausübt und durch die Gravitation zu einer alltäglichen Erfahrung wird.

Das Newtonsche Gravitationsgesetz ist ein Fernwirkungsgesetz und beschreibt die wechselseitige Anziehung zweier Massen m und M, die sich im Abstand r voneinander befinden. Die Gravitationskraft ist proportional zu den beiden Massen und umgekehrt proportional zum Quadrat des Abstandes. Der konstante Proportionalitätsfaktor g wird als Gravitationskonstante bezeichnet. Daß die Gravitationskraft anziehend ist, heißt mathematisch, daß sie ein positives Vorzeichen besitzt:

$$\text{Gravitationskraft} = +\, g\frac{mM}{r^2}$$

Die Anziehungskraft, die die Erde auf alle Körper an ihrer Oberfläche ausübt, bezeichnet man als Gewicht oder Schwere.

Das Gewicht ist das Produkt aus der Masse des Körpers und der Fallbeschleunigung. Die Fallbeschleunigung ergibt sich aus dem

Newtonschen Gravitationsgesetz, wenn für M die Erdmasse und für r der Erdradius eingesetzt wird.
Aufgrund des Newtonschen Gravitationsgesetzes wird also die Masse eines Körpers durch die Schwere bzw. das Gewicht charakterisiert.
Wie im Falle der magnetostatischen und elektrostatischen Kraft ist auch durch die Newtonsche Gravitationskraft allein k e i n e stabile Levitation möglich. In einem auch für Täuschungskünstler sehr wichtigen Aufsatz über physikalische Levitationsmethoden in der Zeitschrift SCIENCE vom 20. Januar 1989 wird auf den entsprechenden Beweis von Earnshaw aus dem Jahre 1842 hingewiesen. Das Newtonsche Gravitationsgesetz hat mathematisch dieselbe Form wie das magnetostatische und elektrostatische Kraftgesetz.

Das Geheimnis der Trägheit

Newton erkannte auch, daß jede Masse nicht nur Schwere besitzt, sondern auch eine Trägheit bei Beschleunigungen aufweist. Die Trägheit ist, wie die diamagnetische Abstoßung, eine Eigenschaft der Materie, auf äußere Einflüsse mit Verzögerung zu reagieren. Wir spüren die Trägheit beim Anfahren oder beim Abbremsen eines Fahrzeugs. Bei den Drehbewegungen, z.B. eines Karussells, wirkt die Trägheit der dauernd stattfindenden Richtungsänderung entgegen. Die Trägheitskraft der Drehbewegungen heißt Zentrifugalkraft oder Fliehkraft:
Der Erdanziehung wirkt die Zentrifugalkraft aus der Erdrotation entgegen. (Sie ist am stärksten am Äquator und verschwindet an den Polen.) Beim rotierenden Spielzeugkreisel ist die Zentrifugalkraft dafür verantwortlich, daß sich der Kreisel entgegen der Schwerkraft aufrichtet.
Um das Wesen der Trägheitskräfte zu verstehen, betrachtete Newton ein einfaches Experiment mit einem rotierenden Wassereimer. Dieser Newtonsche Eimerversuch ist so verblüffend wie ein Zaubertrick. Newton selbst beschreibt das Experiment so:

»Man hänge z. B. ein Gefäß an einem sehr langen Faden auf, drehe dasselbe beständig im Kreis herum, bis der Faden durch die Drehung sehr steif wird; hierauf fülle man es mit Wasser und halte es in Ruhe. Wird es nun durch eine plötzlich wirkende Kraft in entgegengesetzte Kreisbewegung versetzt und hält diese, während der Faden sich ablöst, längere Zeit an, so wird die Oberfläche des Wassers anfangs eben sein, wie vor der Bewegung des Gefäßes, hierauf, wenn die Kraft allmählich auf das Wasser einwirkt... das Wasser sich merklich zu umdrehen anfängt. Es entfernt sich nach und nach von der Mitte und steigt an den Wänden des Gefäßes in die Höhe, indem es eine hohle Form annimmt. . .«
In diesem Experiment können zwei Arten der Bewegung unterschieden werden:
1. die anfängliche Bewegung, wo sich der Eimer dreht, aber die Wasseroberfläche noch f l a c h bleibt,
2. die Endphase der Bewegung, wo die Wasseroberfläche nach unten g e k r ü m m t ist, also eine Zentrifugalkraft wirkt, die das Wasser von der Bewegungsachse wegdrängt und an der Wand des Eimers hochsteigen läßt.
Den Grund für das Auftreten der Zentrifugalkraft sieht Newton darin, daß sich das Wasser nach einer gewissen Zeit relativ zum Raum als Ganzem dreht. Die relative Drehung des Wassers bezüglich der Eimerwand kann nicht die Ursache für die Zentrifugalkraft sein, denn das Wasser behält seine gekrümmte Oberfläche bei, unabhängig davon, ob der Eimer mitrotiert oder angehalten wird.
Trägheitskräfte treten immer dann auf, wenn ein Körper relativ zum Raum als Ganzes beschleunigt wird. »An den Trägheitskräften merken wir, daß wir in ein Weltall eingebettet sind.« (F. Hund, 1969, Grundbegriffe der Physik)
Daß die Planeten auf bestimmten Bahnen um die Sonne schweben beruht auf Zentrifugalkräften, die der Gravitation das Gleichgewicht halten.

Indem also ein Körper zum Raum als Ganzes in eine Beziehung gesetzt wird, werden bestimmte Verhaltensweisen des Körpers erst möglich bzw. verständlich. Der Ausgleich der Schwerkraft durch Trägheitskräfte ist ein solches Verhalten.

Das Prinzip der lokalen Symmetrie: Von der flachen zur gekrümmten Raum-Zeit

Die Beziehung zwischen einem Körper und dem Raum als Ganzem ist der Kern von Einsteins allgemeiner Relativitätstheorie.

Durch die spezielle Relativitätstheorie, die Einstein 1905 der Fachwelt vorgestellt hatte, ist zunächst geklärt worden, was der Raum als Ganzes physikalisch eigentlich bedeutet. Elementare physikalische Erfahrungen hatten Einstein dazu geführt, die strenge Trennung von Raum und Zeit aufzugeben. Raum und Zeit wurden durch die spezielle Relativitätstheorie zu zwei Aspekten einer einzigen zugrundeliegenden Wirklichkeit, die »Raum-Zeit« oder »Ereigniswelt«.

Die Raum-Zeit-Symmetrie der speziellen Relativitätstheorie charakterisiert eine umfassende Ganzheit, die unabhängig von den Körpern, Teilchen und Feldern der physikalischen Welt existiert.

Die Ereigniswelt der speziellen Relativitätstheorie hat eine »flache« geometrische Struktur, denn lokale Krümmungen, die mit der Existenz der physikalischen Objekte verbunden sind, spielen noch keine Rolle. Die Raum-Zeit ist ein Bereich wunderbarer Möglichkeiten, weil durch sie der g a n z e Raum und die g a n z e Zeit dem Menschen zugänglich werden. Die ungewöhnlichen Möglichkeiten der Raum-Zeit sind eine große Inspiration für jeden Täuschungskünstler. In seinem Buch »Raum-Zeit und erweitertes Bewußtsein« hat Bob Toben versucht, einige Wunder der Raum-Zeit durch Cartoons zu veranschaulichen.

In der allgemeinen Relativitätstheorie, die Einstein ab 1915 veröffentlichte, wird dann die Beziehung hergestellt zwischen der umfassenden Symmetrie der Raum-Zeit und jedem einzelnen Raum-Zeit-Punkt. Dieses als "Prinzip der lokalen Symmetrie" bezeichnete Vorgehen führt automatisch zur Gravitation als gekrümmter Geometrie der Raum-Zeit. Die allgemeine Relativitätstheorie Einsteins ist ihrem Wesen nach eine Theorie der Gravitation, die die Newtonsche Theorie als Sonderfall mit einschließt aber viel umfassender ist. Es besteht darum die berechtigte Erwartung, daß im Rahmen der Einsteinschen Gravitationstheorie auch Levitation einen Platz hat. Durch Einstein hört die Gravitation auf, eine fremdartige physikalische Kraft zu sein, vielmehr ist sie ein Ausdruck der lokalen Krümmung des allgegenwärtigen Mediums der Raum-Zeit. Die Gravitation ist bei Einstein auch nicht mehr eine aus der Ferne wirkende Kraft, sondern Gravitation ist ein lokales Phänomen und kann deshalb auch lokal verändert werden. Die Geometrie der Raum-Zeit wird durch ihre selbstbezogene Eigendynamik zum eigentlichen »Akteur auf der physikalischen Bühne« (Wheeler).

Einsteins Erkenntnis: Schwerelosigkeit ist der Normalfall

Der Test dafür, daß das Prinzip der lokalen Symmetrie für die Raum-Zeit tatsächlich verwirklicht wurde, ist die Schwerelosigkeit. Für die allgemeine Relativitätstheorie ist Schwerelosigkeit der Normalfall.

John A. Wheeler beschreibt in seinem mathematikfreien Buch über »Gravitation und Raum-Zeit« (1992 auf Deutsch erschienen) das für Einstein richtungsweisende Ereignis: Im Jahre 1908 fiel eines Tages ein Anstreicher vom Dach herunter. Nachdem Einstein von dem Unfall gehört hatte, erkundigte er sich bei dem Mann nach seinem Gefühl während des Fallens. Er erfuhr, daß der Anstreicher sein Gewicht im Fallen nicht gespürt hatte.

In diesem Augenblick überkam Einstein »der größte Einfall meines Lebens«, wie er es später ausdrückte.

»In einem Gravitationsfelde (geringer räumlicher Ausdehnung) verhalten sich die Dinge

wie in einem gravitationsfreien Raum. . .« (A.Einstein)
Ein im leeren Raum frei fallender Körper ist im Zustand der Schwerelosigkeit, weil die Schwerkraft durch eine gleichgroße Trägheitskraft ausgeglichen wird. Schwere und Trägheit, obwohl scheinbar ganz verschiedene Phänomene, sind lokal (d. h. in kleinen Raumbereichen) nicht unterscheidbar.
Die Verallgemeinerung dieses Sachverhaltes auf alle physikalisch denkbaren Situationen führte Einstein zu seiner Feldgleichung, die die Wechselbeziehung zwischen der Materie und der Krümmung der Raum-Zeit regelt:
Die Raum-Zeit-Krümmung sagt der Materie, wie sie sich zu bewegen hat, und die Materie sagt der Raum-Zeit, wie sie sich zu krümmen hat.
Wer sich genauer darüber informieren will, der nehme das Paperback von Misner, Thorne und Wheeler: »Gravitation«, in die Hand, doch Vorsicht: Es wiegt 2,5 Kg!!!
Durch das Gravitationsgesetz von Newton wird die Gravitation durch e i n e Zahlengröße beschrieben. Die Einsteinsche Theorie erfaßt die Gravitation durch eine Gesamtheit von 10 Zahlengrößen, die sich zu einem Quadrat anordnen lassen, einem Tensor, der die Krümmung der Raum-Zeit-Welt beschreibt. Der mit der Gravitation in Wechselbeziehung stehende Energie-Impuls-Tensor der Materie schließt unter anderem auch den Druck, der in Gasen oder Flüssigkeiten herrscht, mit ein. Durch bestimmte Druckverhältnisse kann dabei auch die Schwerkraft ausgeglichen werden. Diese Tatsache wird sich als bedeutsam erweisen, wenn der Mechanismus der Symmetrie-Brechung behandelt wird, der im quantenmechanischen Vakuum die Bedingung für Levitation erzeugt.
Die im Rahmen der Einsteinschen Gravitationstheorie mögliche Levitation kommt echter Levitation schon sehr nahe, weil die allgemeine Relativitätstheorie eine völlig selbstgenügsame und selbstbezogene Realität beschreibt. Da diese Beschreibung jedoch rein klassisch bleibt, ist das Subjekt, das Bewußtsein, noch ausgeschlossen. Die aktive Einbeziehung des Beobachters geschieht erst durch die Quantenmechanik.

Levitation durch Auftrieb

Wenn Schwerelosigkeit der Normalfall ist, warum ist sie dann keine vertraute Erfahrung?
Die Antwort der allgemeinen Relativitätstheorie ist:
»Wir, die wir auf der Erde stehen, sehen die Dinge falsch, weil uns der Boden unter unseren Füßen daran hindert, einen natürlichen Bewegungszustand einzunehmen. . . Wir müssen nur den Boden und damit dessen Elastizität entfernen, um in den Zustand des freien Schwebens zu gelangen.» (J. Wheeler in »Gravitation und Raumzeit«)
Dieser Einfluß der Elastizität der Materie auf den Bewegungszustand der Körper wird auf anschauliche Weise klar, wenn wir von einer festen in eine flüssige oder gasförmige Umwelt übergehen.
Der Bewegungszustand eines Körpers hängt ganz wesentlich von der Dichte des umgebenden Mediums ab. Durch die Gravitationskraft der Erde nimmt in einem stehenden Gewässer bzw. in der Luft der Druck mit der Höhe (über dem Grund) ab. Dadurch erfährt ein Körper von oben eine geringere Druckwirkung als von unten. Durch den Druckunterschied zwischen der Oberseite und der Unterseite eines Körpers, der sich in einem Medium wie Wasser oder Luft befindet, kann eine der Schwerkraft entgegenwirkende Kraft entstehen: der Auftrieb. Ursache des Auftriebs ist der mit der Tiefe zunehmende Druck, was wiederum eine Folge der Schwerkraft ist. Im Auftrieb wirkt also letztlich die Schwerkraft über das umgebende Medium der Schwerkraft entgegen.
Körper schweben in einer Flüssigkeit oder einem Gas, wenn der Auftrieb etwa gleich dem Körper-Gewicht ist, oder anders ausgedrückt, wenn die mittlere Dichte des schwebenden Körpers mit der Dichte des umgebenden Mediums übereinstimmt. Erst durch

das umgebende Medium wird eine Feder oder Watte als leicht erlebt.
Die für das Newtonsche Gravitationsgesetz typische Situation (Symmetrie) wird durch das Medium so verändert, daß stabile Levitation möglich wird.
Der Auftrieb ist eine Levitationstechnik, die weiteste technische Anwendung gefunden hat. Aufgrund des Auftriebs schwimmen Schiffe, tauchen Unterseeboote und schweben Luftschiffe. Durch den Auftrieb steigende Ballons sind eine beliebte Attraktion für Kinder. Charlie Chaplin gibt in seinem Film »Der große Diktator« ein Beispiel, wie der Auftrieb in der Täuschungskunst eingesetzt werden kann. Der große Diktator benutzt einen gasgefüllten Ballon, der wie ein Erdglobus aussieht, als Spielzeug, bis er platzt. Eine Mahnung vor den Folgen des Mißbrauchs der Macht, z. B. auch durch die einseitige Anwendung der Naturgesetze.

(Schluß folgt)

Mensch Maya

Stabpuppentheater (LUST 14)

Liebe Licht- und Schattenfreunde! Heute schreibe ich Ihnen aus einem abgelegenen Bergdorf in Galiläa, wo ich gerade Gelegenheit hatte, einen israelischen Vertreter des türkischen Schattenspiels kennenzulernen. Ich hatte zum Sommerfest des Dorfes ein Schattenspiel über den »Wind von Galiläa« aufgeführt und wurde daraufhin von einer Malerin, die auch Scherenschnitte und Schattenpuppen herstellt, zu einem Treffen mit ihrem Bruder, **Joel Peretz**, eingeladen. Joel wird von der israelischen Kulturgesellschaft vor allem in Gegenden vermittelt, wo kulturell nicht viel geboten wird, und führt seine Schattenspiele hauptsächlich in Schulklassen auf.

Sein Gepäck besteht aus einem 60 x 100 cm großen, mit weißem Tuch bespannten Holzrahmen, den er aufgeklappt auf den Tisch stellt (Bild 1). Dazu eine Mundharmonika, eine Glühbirne mit Kabel und einige aus schwarzer Pappe ausgeschnittene Puppen, an die er einen etwa 40 cm langen Stab aus transparentem Plastik geheftet hat.
Im Wohnzimmer seiner Schwester rückte er den Tisch schräg in eine Zimmerecke, baute in wenigen Augenblicken seine Schattenwand auf und begann seine Vorführung mit Mundharmonika und einem Prolog der beiden türkischen Schwankfiguren *Hacivat* und *Karagöz*. Ähnlich wie unser »Kasperle-Theater« wird das türkische Schattentheater nach seiner Hauptfigur als »Karagöz« bezeichnet.

Ein-Mann-Theater

Das Bühnenbild ist von Anfang an mit Reißzwekken und Tesafilm hinter der Schattenwand befe-

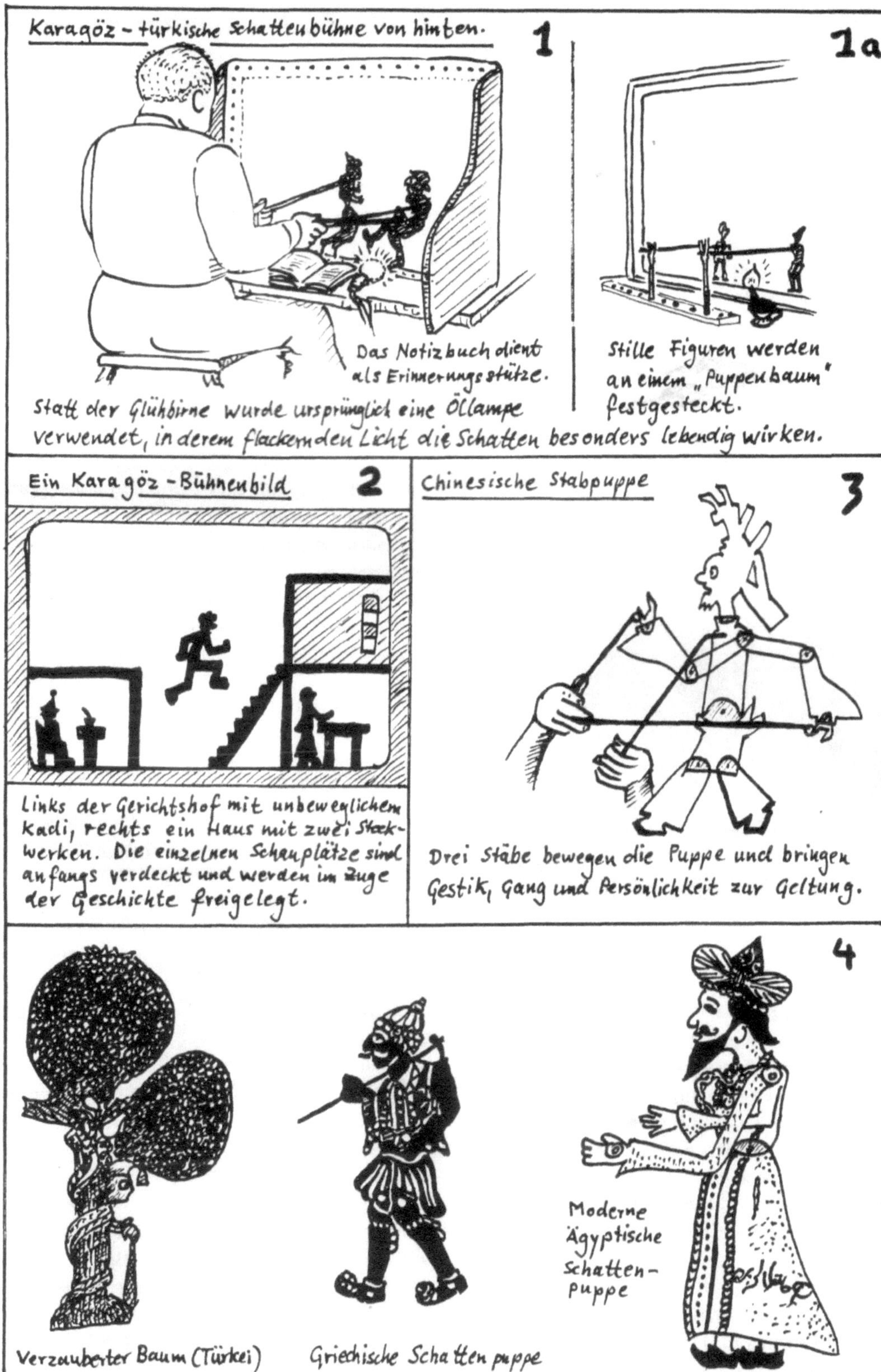
Karagöz – türkische Schattenbühne von hinten.
1
1a
Das Notizbuch dient als Erinnerungsstütze.
Stille Figuren werden an einem „Puppenbaum" festgesteckt.
Statt der Glühbirne wurde ursprünglich eine Öllampe verwendet, in derem flackernden Licht die Schatten besonders lebendig wirken.
Ein Karagöz-Bühnenbild
2
Links der Gerichtshof mit unbeweglichem Kadi, rechts ein Haus mit zwei Stock-werken. Die einzelnen Schauplätze sind anfangs verdeckt und werden im Zuge der Geschichte freigelegt.
Chinesische Stabpuppe
3
Drei Stäbe bewegen die Puppe und bringen Gestik, Gang und Persönlichkeit zur Geltung.
4
Moderne Ägyptische Schatten-puppe
Verzauberter Baum (Türkei)
Griechische Schattenpuppe

stigt. Einige Schauplätze sind anfangs abgedeckt und zeigen nur ein geheimnisvolles farbiges Fensterchen. Im Zuge der Geschichte werden sie nach und nach freigelegt und dafür andere Schauplätze verdeckt (Bild 2).

Die etwa 15 cm großen Figuren sind aus einem Stück geschnitten und werden einfach und zügig über die Bühne geführt. Figuren, die sich nicht bewegen, z. B. der Kadi im Gerichtshof, sind wie die Kulissen festgeklebt. Andere Figuren, die vorübergehend stillstehen, werden an einem »Puppenbaum« festgesteckt (Bild 1a). Das sind Y-förmige Astgabeln, die auf einer Lochleiste hinter der Lichtquelle aufgestellt werden. Soll sich eine Figur umdrehen und in Gegenrichtung bewegen, wird sie gegen ihre Spiegelbildfigur ausgetauscht. Da der Stab rechtwinkelig zur Leinwand gehalten wird, wirft er nur einen sehr diffusen und kurzen Schatten, der nicht stört.

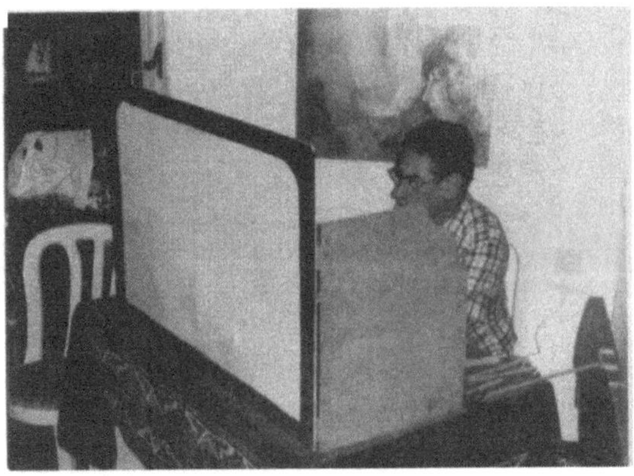

Joel Peretz mit seiner Schattenwand

Besonders praktisch fand ich die einfache Handhabung, das schnelle Auswechseln der Figuren und überhaupt den unkomplizierten Aufbau der Bühne. Das Spiel lebt von den unterschiedlichen Stimmen und Bewegungen der Figuren, den Geräuschen und musikalischen Einlagen. Außerdem sind die Stücke sehr volkstümlich und lustig. Die Aufführung, die ich sah, handelte vom Niesen. Joel schreibt auch eigene Geschichten, die er gerade veröffentlicht hat.

Chinesische Schatten

Das türkische Schattentheater, dessen Einfluß bis nach Griechenland und Ägypten reicht (Bild 4), hat seinen Ursprung im Schattenspiel der Chinesen. Ich finde es daher angebracht, während meines Besuches in Kleinasien mit Ihnen einen kurzen Ausflug nach China und zurück zu machen.

Die erste chinesische Schattentäuschung ist aus dem Jahre 121 v.Chr. überliefert, als die Lieblingskonkubine des Kaisers *Han Wudi*, die schöne *Li Furen*, starb. Um den Gram des Kaisers zu lindern, versprach der Hofschamane, den Geist der Verstorbenen zurückzurufen, und ließ ihren Schatten auf einer Leinwand im kaiserlichen Schlafgemach erscheinen.

Populär wurde das Schattentheater jedoch erst tausend Jahre später. In Südchina illustrierten buddhistische Mönche das Rezitieren ihrer Sutras mit Bildern, die von hinten beleuchtet wurden. In der Zeit von 960 - 1279 wurden in Südchina Schattenpuppen aus Papier ausgeschnitten und bemalt. Später diente Kuhhaut als Material, für feinere Arbeiten Eselshaut. Das Leder wurde glattgeschabt und so lange behandelt, bis es transparent war und sich nicht verzog. Noch heute heißt das Schattentheater in Südchina »Papierschatten«, in Nordchina »Lederschatten«. Der Kinofilm wird analog dazu als »Elektroschatten« bezeichnet.

Die chinesische Stabpuppe

Obwohl nur Hände und Rumpf mit Stäben versehen sind, besteht die chinesische Stabpuppe im Durchschnitt aus elf Einzelgliedern, die mit beidseits verknoteten Lederriemen verbunden sind (Bild 3). An den überlappenden Gelenken wird das Leder dünner geschabt oder ausgeschnitten, damit keine dunklen Stellen durch die Überlappung entstehen. Seit 1949 werden auch Plastik und synthetische Farben für Schattenpuppen verwendet. Die Glieder und besonders der Kopf werden kunstvoll ausgeschnitten und bemalt. Je höher der Rang der Puppe, je edler ihr Charakter, desto kunstvoller sind Bemalung und Schneidetechnik.

Besonders viel Aufmerksamkeit wird dem Kopf der Puppe gewidmet. Wie in der chinesischen Oper ist der Charakter der Figur bereits an der Gesichtsmaske zu erkennen (Bild 5). Edle, Gebildete und Regierungsbeamte haben weiß ausgeschnittene Gesichter und einen geschlossenen Mund. Frauen haben eine runde Stirn und weibliche Frisuren, Kleidung und Schmuck. Mili-

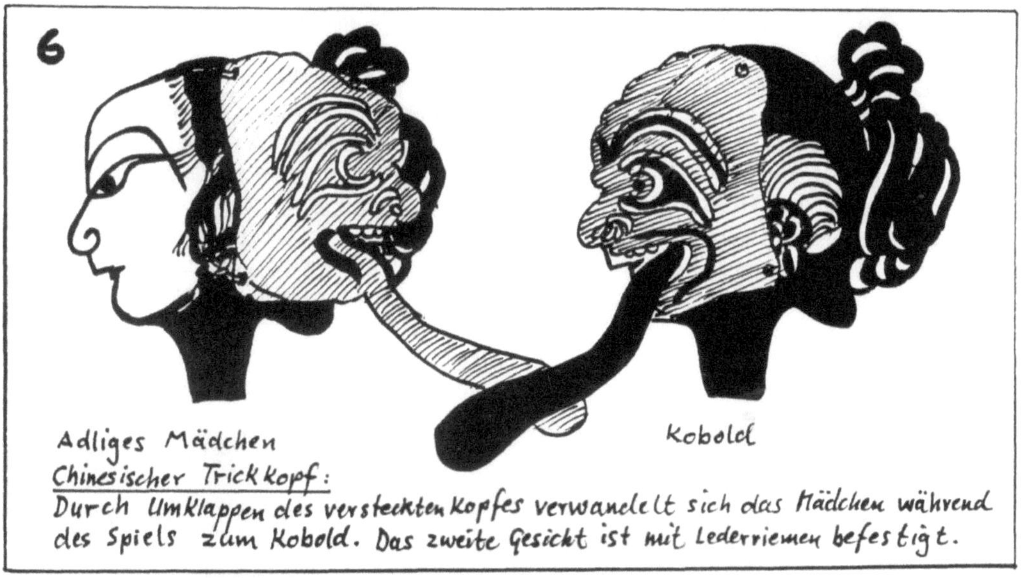
6
Adliges Mädchen
Kobold
Chinesischer Trickkopf:
Durch Umklappen des versteckten Kopfes verwandelt sich das Mädchen während des Spiels zum Kobold. Das zweite Gesicht ist mit Lederriemen befestigt.

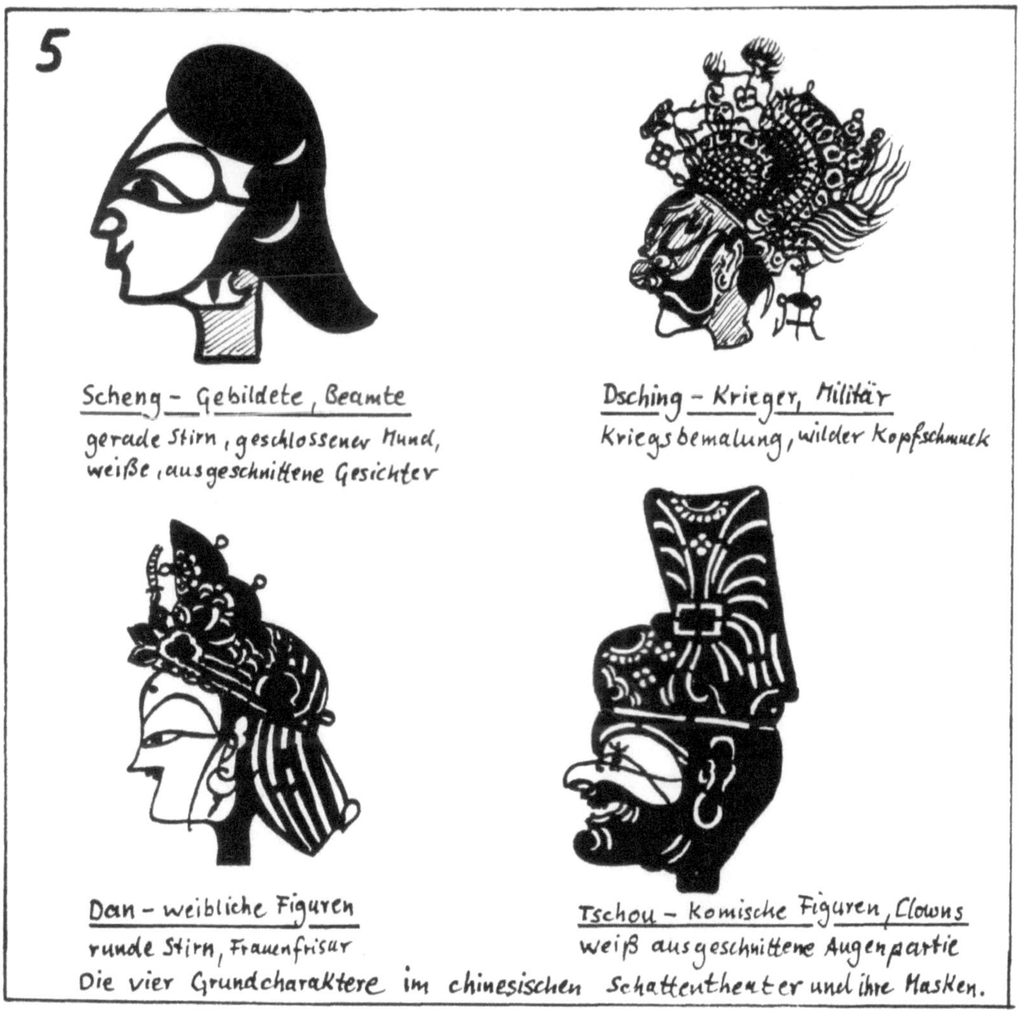
5
Scheng – Gebildete, Beamte
gerade Stirn, geschlossener Mund, weiße, ausgeschnittene Gesichter
Dsching – Krieger, Militär
Kriegsbemalung, wilder Kopfschmuck
Dan – weibliche Figuren
runde Stirn, Frauenfrisur
Tschou – Komische Figuren, Clowns
weiß ausgeschnittene Augenpartie
Die vier Grundcharaktere im chinesischen Schattentheater und ihre Masken.

tärpersonen sind durch starke Gesichtsbemalung und entsprechend kriegerischen Ausdruck und Kopfschmuck gekennzeichnet. Komische Figuren sind meist an der weiß ausgeschnittenen Augenpartie zu erkennen, die das weiße Puder der Clownmaske nachahmt. Außer bei Monstern oder außergewöhnlichen Herrschern sind alle Köpfe im Profil dargestellt. Schattenkulissen wie Stühle, Tische, Wandschirme, Häuser u.a. werden dagegen mit Perspektive von vorn oder halbvorn gezeigt, um der Bühne mehr Tiefe zu geben.

Das magische Element

Mehr als im normalen Theater ist es auf der Schattenbühne möglich, magisches Geschehen darzustellen. Die Figuren können schweben, enthauptet werden, sich verwandeln und vieles mehr. Zur Verwandlung eines Kopfes werden auch Trickköpfe eingesetzt (Bild 6), bei denen der zweite Kopf in der Haartracht oder hinter dem Körper versteckt ist und im Augenblick der Verwandlung vor- oder hochgeklappt wird. Die Themen der chinesischen Schattenspiele sind meist uralte Legenden, die seit Jahrhunderten immer wieder neu aufgeführt werden.

»Die Ereignisse von tausend Herbsten unter einer Laterne, zehntausend Jahre uralte Helden in einer Hand«, sagt ein chinesischer Spruch über das Schattentheater.

Von China bis Paris und London

In China werden Schattenspieler vor allem zu Geburtstagsfesten und Begräbnissen eingeladen. In Kaifung, der früheren Hauptstadt Chinas, standen im 12. Jh. Schattenzelte an den Straßenecken für die Kinder, während die Erwachsenen auf Feste und Märkte gingen. Unter der Mongolenherrschaft zogen Schattenspieltruppen mit der mongolischen Armee bis Persien, Arabien, Ägypten und in die Türkei. Im 13. Jh. wird das Schattenspiel in Persien bekannt, am ägyptischen Hof im 15. Jh., in der Türkei im 17. Jh.

Im Jahre 1767 brachten Missionare aus China das Schattentheater nach Frankreich mit. 1784 war es in Paris bereits äußerst beliebt und wurde als »Ombres Chinoise«, als »chinesische Schatten« bezeichnet. Schattendramen von François Dominique Seraphin wurden im Palais Royale bis 1870 aufgeführt. In London wurde das Schattentheater als »Chinese Shades« aufgeführt und bekannt.

Meine eigene Erfahrung zeigt, daß Kinder bei Schattenspielen nur mit Mühe von der Schattenwand wegzukriegen sind und daß Erwachsene — vor allem bei farbiger Hintergrundprojektion[1] — immer wieder von der märchenhaften Wirkung bezaubert sind. *»Wenn man sowas gesehen hat«*, sagte kürzlich ein Zuschauer nach dem Schattenspiel über den Wind von Galiläa, *»dann wirft man den Fernseher weg.«*

Das nächstemal möchte ich Ihnen mehr über die moderne Projektionstechnik im Schattenspiel erklären und wie es mir gelungen ist, hier in diesem abgelegenen Bergdorf ohne jegliches Gepäck einen Schattenfilm herzustellen und aufzuführen. Bis dahin für Bücherwürmer eine kurze Bibliographie:

Geschichte des Schattentheaters im Morgen- und Abendland, Hannover 1925 (mit ausführlicher Bibliographie).

And, Metin: Karagöz, Turkish Shadow Theatre, Istanbul 1975.

Blackham, Ollie: Shadow Puppets, London 1960.

Blackham, Ollie: European Shadow Plays, London 1970.

Reininger, Lotte: Shadow Theatres and Shadow Films, London 1970.

Ritter, Helmut: Karagöz, Türkische Schattenspiele; Band 1, Hannover 1924; Band 2, Istanbul und Leipzig 1941; Band 3, Wiesbaden 1963 (mit Szenarios).

Wimsatt, Genevieve: Chinese Shadow Shows, Cambridge 1936.

[1] Siehe M. Maya: Schattentäuschung 1, Projektionstechnik, »M«W 4/1988, S.316

Nutze die Talente, die du hast.
Die Wälder wären sehr still,
wenn nur die begabtesten Vögel sängen.

Henry van Dyke

KALEIDOSKOP 41. Jahrgang Heft 3 – Juli/Sept. 1992

Dr. Bernd Zeiger

Levitation durch Quanteneffekte

(4. Teil)

Wir wollen die Frage untersuchen, ob im Rahmen der Physik echte Levitation denkbar ist. Falls es echte Levitation gibt, muß sie das Ergebnis einer unmittelbaren Beeinflussung der Schwerkraft durch das Subjekt sein, ganz ohne die Verwendung »äußerer« Hilfsmittel.
In der Täuschungskunst gelingt die Illusion der Levitation dadurch, daß die mechanischen Hilfsmittel, die der Täuschungskünstler einsetzt, dem Zuschauer verborgen bzw. unsichtbar bleiben. Dies bedeutet in physikalischer Sichtweise, daß die geheimen Mechanismen im »Aufmerksamkeits-Vakuum« (F. Merkel) der Zuschauer sind. Der Täuschungskünstler nutzt das »Vakuum«, das für ihn nicht leer ist, sondern eine Struktur (z. B. Ladungen) besitzt. Das Vakuum der Quantenphysik ist wie ein Geheimfach in der Täuschungskunst zwar ein ungewöhnlicher aber doch realer und damit wirksamer Zustand eines physikalischen Systems. Das quantenmechanische Vakuum repräsentiert die Natur eines Systems (z. B. auch der ganzen Schöpfung) in potentieller Form; d. h. das Vakuum ist ein Feld aller Möglichkeiten.
Die klassische Physik betrachtet wie der Zuschauer eines Unterhaltungsprogramms nur ganz bestimmte ausgewählte Phänomene aus der Gesamtheit aller im Vakuum angelegten Möglichkeiten. Mit anderen Worten: Das Subjekt spielt in der klassischen Physik nur die Rolle eines unbeteiligten Beobachters. Daß das Subjekt auch ein Aspekt der Natur ist und durch seine Aufmerksamkeit das Objekt der Beobachtung beeinflußt, ist erst durch die Quantenmechanik physikalisch verständlich geworden. In der Quantenphysik hat das Subjekt die Funktion des Täuschungskünstlers, der Effekte aus dem Nichts, dem Vakuum, hervorbringen kann.

Quantengravitation und Levitation

In der Quantenphysik ist die klassische Trennung von Subjekt und Objekt aufgehoben. Aus dem Beobachter wird ein »Teilnehmer«, und »die Vorstellung, daß das Universum sich ‚dort draußen' befindet, gilt nicht mehr« (John A. Wheeler 1974 auf einem Symposium über Quantengravitation). »Teilnahme des Subjektes« heißt in letzter Konsequenz, daß die Phänomene der Wirklichkeit durch einen Vorgang im Bewußtsein entstehen.
Wenn das nicht nur eine Gedankenspielerei weltfremder Wissenschaftler sein soll, sondern eine gelebte Wirklichkeit, so muß diese Erkenntnis auch in wiederholbaren Experimenten sichtbaren Ausdruck finden können. Der entscheidende Test, mit dem das ganze Gebäude der Quantengravitation, d. h. die quantenmechanische Behandlung der Schwerkraft, steht und fällt, ist echte Levitation. Erst wenn das Subjekt allein durch einen Vorgang im Bewußtsein auch den Körper entgegen der Schwerkraft vom Erdboden abheben und durch die Luft bewegen kann, ist der Beweis erbracht, daß die quantenphysikalische Einheit von Subjekt und Objekt eine konkrete Wirklichkeit ist.
Die klassische Physik sagt uns, welche Bedingungen erfüllt sein müssen, damit Levitation ein sichtbarer Effekt wird, aber sie sagt uns nichts über die Beziehung zur Ebene der Einheit von Subjekt und Objekt. Umgekehrt ist die rein quantenmechanische Wirklichkeit ein Bereich, wo alles mit allem verbunden ist. In diesem Ozean aller Möglichkeiten gibt es noch keine klassischen Phänomene. Die Einheit dominiert über die Vielfalt. Um die Beziehung zur klassischen

Ebene der Phänomene herzustellen, muß die ursprüngliche quantenmechanische Einheit (Symmetrie) zumindest teilweise aufgehoben werden. Die ganzheitliche Symmetrie der quantenmechanischen Wirklichkeit muß »gebrochen« aber braucht nicht völlig zerstört werden. Zum Verständnis und zur Verwirklichung echter Levitation ist der Mechanismus des Übergangs von der quantenmechanischen Ebene zur klassischen Ebene von entscheidender Bedeutung. Der erste Schritt zum Klassischen ist noch ein Vorgang im Bewußtsein. W. H. Zurek, dessen Forschungsbereich der Übergang vom Quantenmechanischen zum Klassischen ist, kommt in einem Artikel in der Zeitschrift PHYSICS TODAY vom Oktober 1991 zu dem Schluß, daß dieser Übergang letztlich etwas mit unserem »Geisteszustand« zu tun hat. Es wird deshalb notwendig sein, auch auf die Wirkungsweise des Geistes einzugehen, wenn wir die Quantenphysik der Levitation verstehen wollen.

Die richtige Denkweise

H. Primas, Professor an der Technischen Hochschule in Zürich, hat im ersten Heft der Zeitschrift GAIA vom Januar 1992 die Frage untersucht, ob das heutige Denken noch auf dem richtigen Weg ist: »Die von den modernen Naturwissenschaften übernommene Denkweise ist beispiellos erfolgreich, nicht etwa weil sie die rechte Weise zu denken ist, sondern weil sie eng und ausgesprochen einseitig ist. Eine enge Denkweise erlaubt uns, weder nach links noch nach rechts zu sehen, sondern mit voller Kraft das Ziel anzusteuern ... aber ... darf nicht mit der ‚rechten Weise zu denken' identifiziert werden.«
Eine völlig andere Art der Benutzung des Denkens ist dem Menschen von Natur aus möglich und angesichts der sich häufenden Probleme im individuellen, gesellschaftlichen und globalen Bereich auch notwendig. Denken ist ein Mittel, ein notwendiger Zwischenschritt, wenn Erkenntnis in einer bestimmten Form ausgedrückt oder Information aufgenommen werden soll, nicht mehr und nicht weniger. Der eigentliche Bereich, in dem Erkenntnis entsteht, ist das Bewußtsein. Der Bereich des Bewußtseins ist durch das gegenwärtige horizontale Denken, das formal bzw. inhaltsbezogen ist, nicht zugänglich.
Viele hören es heute noch nicht gerne, aber ohne die Erfahrung des Ursprungs der Gedanken im reinen Bewußtsein, ein Vorgang der als Transzendentale Meditation (TM) bezeichnet wird, ist ein gesunder Fortschritt in allen Bereichen des Lebens nicht mehr möglich. Der Zustand reinen Bewußtseins wird in der TM als Zustand der geringsten Anregung des Geistes erfahren und ist deshalb eine Art quantenmechanischer Vakuumzustand (Grundzustand).
Die Forderung nach einem vertikalen und zunehmend »weicheren« ganzheitlichen Denken wird immer dringlicher in dem Maße, wie die Abschottung der Wissenschaften, der Künste und auch der Religionen hinter Mauern aus Begriffen zunimmt.
Die bisher eher als kulturelles Randphänomen eingestufte Unterhaltungstäuschung bekommt dadurch eine zentrale Aufgabe: Sie kann dazu beitragen, im Zuschauer durch Staunen und Lachen starre Geisteshaltungen zu lockern. Ein anderer nicht zu unterschätzender Beitrag der Täuschungskunst ist die Popularisierung der Funktion des Vakuums. Für Täuschungskünstler wie für Quantenphysiker ist das verborgene bzw. »unsichtbare« Vakuum die eigentliche Schaltstelle für die beobachteten Effekte.

Levitation und das quantenmechanische Vakuum

Der reinste Repräsentant der quantenmechanischen Wirklichkeit ist das Vakuum. Durch die Quantenmechanik wird das allgegenwärtige Vakuum zum physikalisch wirksamen Medium, das niemals unberücksichtigt bleiben darf. Die Beeinflussung der Gravitation aus dem Nichts, dem quantenmechanischen Vakuum, ist eine notwendige Voraussetzung für echte Levitation.
Der folgende Auszug aus einem in Dialog-

form geschriebenen Buch von J. Rafelski und B. Müller aus dem Jahre 1985 über »Die Strukturen des Vakuums« erläutert die Rolle des Vakuums bei der Verwirklichung echter Levitation:

Müller: Stell Dir vor, wir könnten uns schwerelos machen!

Rafelski: Aber Du weißt doch, daß das durchaus möglich ist. Schon Archimedes zeigte uns wie. Wir können uns z. B. im Wasser treiben lassen.

Müller: Das ist wahr, aber auf diese Weise werden wir nur unser Gewicht los und nicht unsere Masse, d. h. unsere Trägheit.

Rafelski: Darum geht es ja gerade. Wir würden gerne den Zusammenhang dieser beiden Größen trennen. Es gibt eine schwere Masse und eine träge Masse. Einsteins Äquivalenzprinzip sagt uns, daß die Masse, welche die Trägheit unseres Körpers bestimmt, gleich der Masse ist, die bestimmt, wie stark wir von der Erde angezogen werden.

Müller: Das ist nicht ganz korrekt, Jan. Einsteins Äquivalenzprinzip sagt nur aus, daß träge und schwere Masse streng proportional zueinander sind. So, wie ich Dich jetzt verstehe, möchtest Du gern die Proportionalitätskonstante zwischen beiden verändern und nicht die Tatsache, daß sie zueinander proportional sind.

Rafelski: Ja. Das Prinzip, das Einstein aufgestellt hat und das sich als so erfolgreich erwiesen hat, möchte ich wirklich nicht gerne verändern. Aber es wäre doch für mich sehr nützlich, wenn ich die Möglichkeit hätte, über die Struktur des Vakuums diese Konstante zu verändern, die die schwere und die träge Masse miteinander verbindet. Ich würde dann z. B. erreichen, daß mein Gewicht sehr stark reduziert wäre. Oder genauer, daß mein Körper mit einer wesentlich geringeren Kraft von einem schweren Körper, wie z. B. die Erde, angezogen wird. . . Wenn aber die Erde keine große Anziehungskraft hätte, so würde mich das sehr glücklich machen, denn dann könnte ich mit Leichtigkeit durch den Raum fliegen.

Müller: Ja, das ist richtig. . . Wir müssen vermutlich einen neuen Weg finden, das Vakuum zu beeinflussen, wenn wir dadurch die Gravitationskonstante beeinflussen wollen.

Rafelski: Es könnte doch durchaus sein, daß die Konstante etwas mit der Struktur des Vakuums zu tun hat. Wenn ich diese Struktur verändere, also wenn ich das schwere Vakuum zu schmelzen lerne, dann kann ich auch lokal und unter kontrollierten Bedingungen die Kraft verändern, die uns in Richtung auf die Erdoberfläche zieht.

Levitation durch Symmetriebrechung: das Schmelzen des schweren Vakuums

Das in dem Gespräch der beiden Physiker erwähnte »schwere Vakuum« ist das quantenmechanische Vakuum mit Berücksichtigung der Gravitation. Das »Schmelzen« des schweren Vakuums wurde 1981 von A. Guth als erster Schritt im Schöpfungsprozeß vorgeschlagen. Bevor sich die materiellen Strukturen der beobachteten Welt manifestieren können, muß gemäß den Vorstellungen der Quantenphysik in dem allgegenwärtigen Vakuum eine Strukturänderung stattfinden. Das Verständnis dieser Strukturänderung des Vakuums ist auch für die Täuschungskunst bedeutungsvoll, wenn es darum geht, einen bestimmten Effekt aus dem Nichts hervorzubringen.

Das Entstehen von klassischen Phänomenen bedeutet immer eine Einschränkung des ursprünglichen undifferenzierten Ordnungszustandes (vereinheitlichende Symmetrie). Das Aufheben oder Brechen der Symmetrie wird durch einen Mechanismus bewirkt, der es erlaubt, eine bestimmte klassisch beobachtbare Situation auszusondern. Diese Symmetriebrechung läßt sich auf die Struktur des Vakuums zurückführen. Wie das zu verstehen ist, soll am Beispiel des Rouletts veranschaulicht werden:

Die Roulettscheibe sei das Modell eines Vakuums. Sie repräsentiert ein Vakuum hoher Symmetrie, da alle Fächer zunächst gleichwertig sind.

Wenn die Roulettkugel in einem der 37 Fächer zur Ruhe gekommen ist, so haben wir es mit dem Zustand gebrochener Symmetrie zu tun, der die Basis für den beobachtbaren Effekt ist. Der gebrochenen Symmetrie entspricht das »wahre« Vakuum minimaler Energie (Grundzustand oder Zustand der geringsten Anregung). Das wahre Vakuum ist in diesem Fall gleichzeitig der Träger einer bestimmten klassischen Ordnung (gefrorenes Vakuum).

Die Roulettkugel veranschaulicht den Mechanismus der Symmetriebrechung. Der Zustand, in dem die Roulettkugel noch rollt, entspricht einem »falschen« Vakuum hoher Energie und hoher Symmetrie. Der Mechanismus der Symmetriebrechung ist im »falschen« Vakuum bildlich gesprochen in einem »geschmolzenen« Zustand, weil die hohe Symmetrie des Rouletts noch ungebrochen ist, gleichzeitig aber der Mechanismus der Symmetriebrechung schon existiert.

Ganz allgemein gilt: Symmetriebrechung und damit das Entstehen beobachtbarer Effekte ist mit der Existenz mehrerer Vakuumzustände verknüpft.

Wie Rafelski und Müller in dem oben genannten Buch ausführlich erläutert haben, besitzt das geschmolzene Vakuum des Gravitationsfeldes einen negativen Eigendruck. Die rollende Roulettkugel veranschaulicht diesen negativen Druck in ihrer Tendenz zur Erhaltung einer hoch-symmetrischen Situation. Ein negativer Druck entspricht im Rahmen der Einstein'schen Gravitationstheorie einem Anti-Gravitationseffekt. Anti-Gravitation ist wiederum die Grundlage für echte Levitation.

In einem ausführlichen und leicht verständlichen Aufsatz über das Vakuum im Heft 11 des PM Magazins von 1991 schreibt Harald Fritzsch: »Es scheint unmöglich, dieses ‚Schmelzen des Vakuums' heute etwa mit Hilfe eines Teilchenbeschleunigers zu bewerkstelligen. Dazu würde man im Augenblick eine Energiedichte benötigen, die ein Vielfaches der Energie beträgt, die wir etwa am CERN (europäisches Zentrum für Teilchenphysik bei Genf) erzeugen können.«

Die Physik ist also mit ihrem gegenwärtigen Instrumentarium noch weit davon entfernt, echte Levitation verwirklichen zu können. Dennoch ist echte Levitation eine theoretische Möglichkeit, die von einigen Physikern ernsthaft diskutiert wird. Welche methodischen Ansätze die Quantenphysik zur Verwirklichung echter Levitation anzubieten hat, soll als nächstes untersucht werden. Für Täuschungskünstler können sich daraus Einsichten über die Beziehung zwischen Tricktechnik und der Struktur der geheimen Bereiche (Vakuum) ergeben und daraus vielleicht auch Denkanstöße für neuartige Tricktechniken.

(Schluß folgt)

Mensch Maya

Unterwegs und nichts dabei (LUST 15)

Lieber Licht- und Schattenfreund, kommt Ihnen folgende Situation bekannt vor? Sie sind unterwegs, haben absolut nichts Zauberhaftes dabei, da ergibt sich die Gelegenheit, vor 200 Leuten aufzutreten. Sie haben glücklicherweise noch ein paar Tage Zeit zur Vorbereitung und erkundigen sich nun, wie Sie an die Utensilien kommen, die Sie normalerweise für Ihre Vorführung brauchen.
Genauso erging es mir diesen Sommer in Galiläa. Der Wind blies so heftig über die Bergeshöhe, daß mein Sonnenhut — und nicht nur meiner — immer wieder Nachlauf und Verstecken spielen wollte. Hätte ich ihn nicht jedesmal sofort dingfest gemacht, hätte er sich längst übers Tal zum See Genezareth aufgemacht. Als ich ihn daraufhin mit einer Schnur unterm Kinn festknüpfte, kam mir die Schattenspielidee vom »Wind von Galiläa«, der mich samt Sonnenhut durch 2000 m hohe Wolkenschichten bis zum See Genezareth trägt.
Als ich dem Veranstalter des Sommerfestes die Story schmackhaft machte, meinte er: »Das klingt wie im Film. Aber wie willst du das vorführen?«
»Ich bräuchte zwei stabile Tische als Bühne und zwei Laken als Leinwand.«
»Kein Problem. Und weiter?«
»Einen Diaprojektor mit Handschieber, den man rausnehmen könnte.«
»Sowas hat Joschua.«
»Und schließlich einige Overheadprojektor-Folien und OHP-Marker, um einen Kulissenfilm herzustellen, den man durch den Diaprojektor ziehen kann.*«
»Marker müßte Schimon haben. Und Folien habe ich. Die sind aber schon beschriftet.«
»Mehr brauche ich nicht«, meinte ich.

Ein Kollege von mir gab mir Fleckenwasser, um die Folien zu reinigen. Dabei stellte ich fest, daß sich das Fleckenwasser (Marke Pirol) gleichzeitig als Verdünner für die OHP-Marker eignete, so daß ich mit den Stiften nicht nur Striche, sondern auch helle, transparente Flächen erzeugen konnte. Auch stellte sich zu meiner Freude heraus, daß alle üblichen wasserfesten Filzstifte transparente Farbpigmente haben und auf Overheadfolie verwendet werden können. Ich brauchte mich also nicht um Glasmalfarben zu kümmern, mit denen ich bisher meine Kulissenfilme gemalt hatte.
Die Enttäuschung kam, als ich den Diaprojektor sah: ein moderner Projektor Marke Liesegang für automatischen Kassetteneinzug. Wie sollte ich da einen handgemalten Film einfädeln und auf der anderen Seite wieder herausziehen können? Da kam mir die Idee, den Gehäusedeckel abzunehmen . . .

Umwandlung des Projektors

Da Diaprojektoren mit Kassetteneinzug heute die üblichsten Modelle sind, möchte ich Ihnen kurz die Schritte erklären, mit denen Sie daraus einen Schattenfilmprojektor machen können. Meine Zeichnungen zeigen das Modell, das ich selbst zur Verfügung hatte, aber die grundlegenden Schritte treffen auf alle Modelle zu, auch wenn die Baupläne variieren.
1. Entfernen Sie den Gehäusedeckel (Bild 1). Dazu müssen Sie im allgemeinen eine Schraube lockern und das Objektiv entweder bis zum Anschlag hineindrücken oder herausziehen. Sie sehen nun — vielleicht zum erstenmal — den inneren Aufbau eines Diaprojektors: hinten die Lichtquelle mit Ventilator, davor die Linsen zum Bündeln des Lichts, davor die Diahalterung, davor die Lichtklappe und davor das Objektiv mit Vorrichtung zum Scharfstellen des Bildes. Vergleichen Sie diesen Aufbau mit Bild 2.
2. Öffnen Sie die Lichtklappe, und stellen Sie sie in dieser Position fest. Dazu reicht ein Stück Klebeband oder ein Gummiring. Wol-

So wird Ihr Diaprojektor zu einem Schattenfilmprojektor

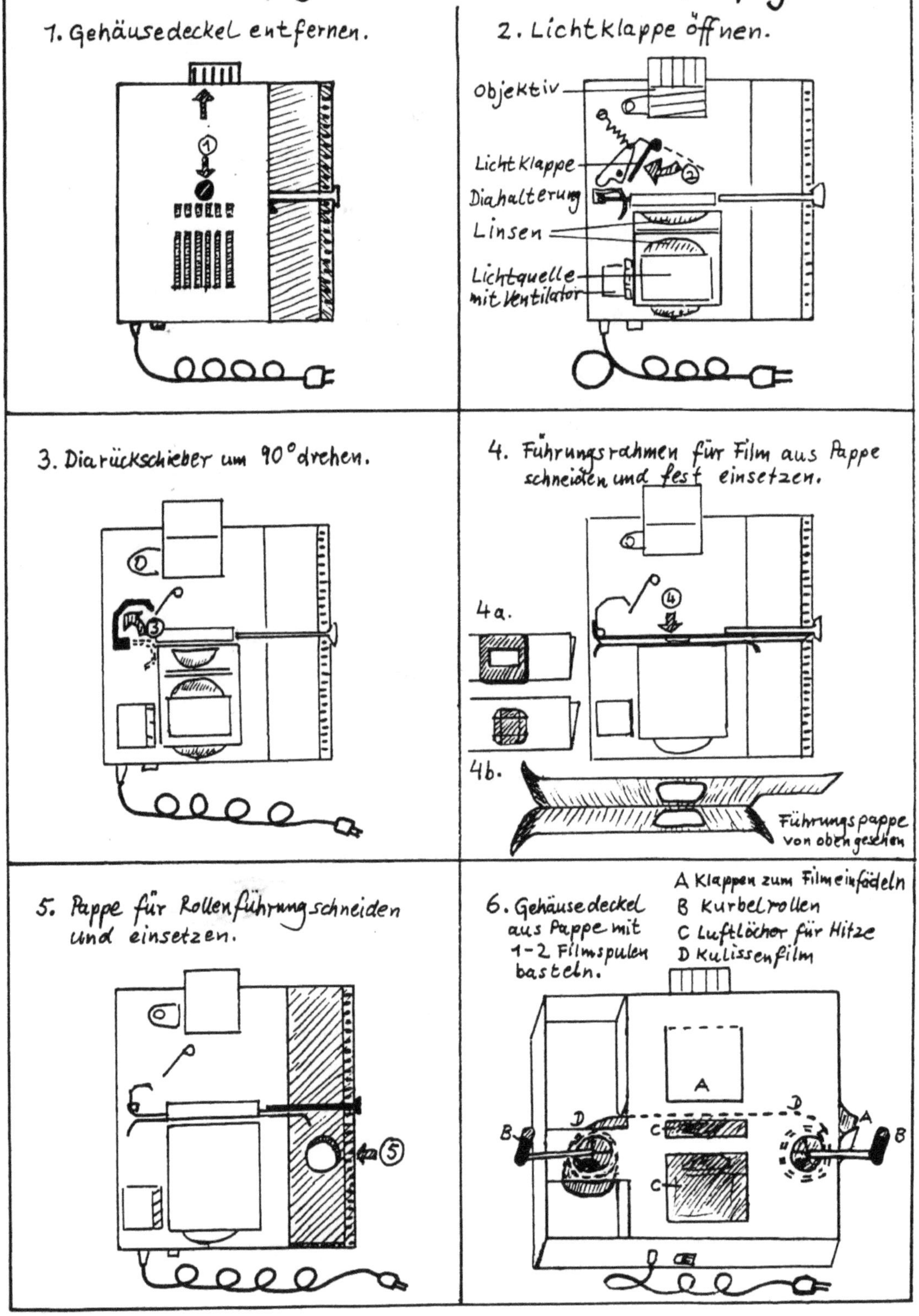

len Sie länger mit dem Projektor arbeiten, können Sie die gesamte Federvorrichtung vorübergehend entfernen. Skizzieren Sie sich aber vorher, wie die Feder montiert ist, damit Sie später beim Wiedereinbauen keine Einzelteile übrig haben (Bild 2)!

3. Um den Weg zum Durchziehen eines Filmes freizumachen, müssen Sie den Schieber, der zum Rückschieben der Dias gedacht ist, lockern und um 90 Grad verdrehen (Bild 3). In diesem Zustand können Sie bereits den Kulissenfilm testen und das Schattenspiel einstudieren. Bei den Proben werden Sie jedoch feststellen, daß sich die Schärfe des projizierten Hintergrunds beim Bewegen des Films ständig verändert. Aus diesem Grund empfiehlt es sich, aus hitzebeständigem Material — ich nahm dazu die Wachspappe einer Milchtüte — eine Art Führung zu schneiden und in die Halterung für den Diarahmen einzuklemmen (Bild 4).

Diese Führung hat dieselbe Funktion wie ein Diarahmen, nämlich einen gleichmäßigen Fokus zu gewähren und den Bildrand sauber zu begrenzen. Falten Sie ein Stück Pappe, und schneiden Sie es in Höhe eines Diarahmens ab. Legen Sie den Rahmen im Breitformat auf die Mitte der Führungspappe, und markieren Sie die Diaöffnung. Dann drehen Sie den Rahmen ins Hochformat und markieren ebenfalls die Diaöffnung. Sie erhalten zwei Rechtecke, die sich überkreuzen. Verbinden Sie die Ecken beider Rechtecke durch schräge oder runde Linien (Bild 4a). Das ist die Fläche, durch die gebündeltes Licht fällt. Schneiden Sie diese Fläche aus, und Sie haben das Format für Ihr Bühnenbild: ein abgerundetes Quadrat. Nun setzen Sie die Führung in die Halterung des Projektors, justieren ihre Position bei brennender Lampe und befestigen sie mit Klebeband auf beiden Seiten an der Schiebevorrichtung.

Das Basteln der Führung erfordert etwas Präzisionsarbeit, aber dafür haben Sie ein sauber begrenztes und gleichmäßig scharfes Bild. Wenn Sie nur einen kurzen Kulissenfilm haben, können Sie auf die restlichen Schritte verzichten. Haben Sie aber — wie in meinem Fall — einen 5 m langen Film, durch den der Schattenheld reisen soll, empfiehlt es sich, ein Gehäuse mit Rollenvorrichtung zu bauen. Die Rollen sorgen für eine gleichmäßige und sanfte Bewegung und verhindern, daß der Film ruckelt oder sich verwikkelt. Meine »Filmspulen« stellte ich aus leeren Klorollen und etwas Kupferkabel her, das Gehäuse aus einer Pappschachtel.

Geht die Reise nur in eine Richtung, können Sie auf die zweite Rolle verzichten und den Film einfach zusammengerollt an seinen Platz legen. Bild 5 zeigt Ihnen, wie Sie mit einem Stück Wellpappe die untere Rollenführung basteln können, Bild 6 zeigt mein fertiges »Schattenfilmgehäuse« und die Lage des eingefädelten Films. Die Klappen dienen dazu, den Film einfädeln und mit Klebeband an den Spulen befestigen zu können. Die rechte Rolle brauchte ich für ein zweites Schattenspiel, bei dem die Helden mehrmals hin- und zurück durch die projizierte Landschaft wandern.

Weitere Einzelheiten und Feinheiten beim Herstellen und Vorführen eines Kulissenfilms werden wir das nächste Mal kennenlernen. Bis dahin können Sie schon einmal testen, wie es wirkt, wenn ein lebensgroßer Schatten durch eine farbige, gemalte Landschaft wandert, die im Original nur 4 cm hoch ist. Wo immer ich hinkam, war ich der erste, der diesen Effekt vorführte, und immer übertraf er die Erwartung der Zuschauer. Alle fühlten sich ins Märchenland versetzt.

* siehe Mensch Maya: Schattentäuschung 1, Projektionstechnik, MW 4/1988, S. 316.

KALEIDOSKOP 41. Jahrgang Heft 4 – Okt./Dez.1992

Dr.Bernd Zeiger

Levitation durch Quanteneffekte

(Schluß)

Kann die Physik auch echte Levitation erklären? Die KLASSISCHE PHYSIK kennt zwei Bedingungen zur Beeinflussung der Schwerkraft auf ihrer eigenen Ebene, so daß stabile Levitation ohne zusätzliche Hilfsmittel möglich wird:

1. Der Bezug der Körper zum Raum als Ganzes

Dieses Vorgehen wird als »Prinzip der lokalen Symmetrie« bezeichnet und führte Einstein zu einem vollständigen Verständnis der klassischen Seite der Gravitation. Für Einstein, dem es gelang, »das Naheliegende mit neuen Augen zu sehen« (A. J. Wheeler), ist Schwerelosigkeit der Normalfall. »In einem Gravitationsfeld geringer räumlicher Ausdehnung verhalten sich die Dinge wie in einem gravitationsfreien Raum.« (A. Einstein) Um die Erfahrung des freien Schwebens zu machen, ist es deshalb noch nicht einmal notwendig, eine Reise in den Weltraum zu unternehmen.

Ende der 70er Jahre wurde eine neue Methode des Fallschirmspringens, das Freifallspringen, entwickelt, die vom ersten Sprung an das erhebende Gefühl des freien Schwebens vermittelt. »Gleich beim ersten Sprung klettert die Absetzmaschine auf rund 4000 Meter, hoch genug für 60 Sekunden freien Fall . . . Hat man festen Boden unter den Füßen, kommt einem diese Zeitspanne sehr kurz vor. Im freien Fall aber können 60 Sekunden erstaunlich lang sein. Das Zeitgefühl spielt verrückt, die Wahrnehmung zeigt sich aufnahmefähig wie nie.« (FLUG REVUE, Heft 5, 1987)

2. Der Einfluß des umgebenden Mediums auf das Gewicht eines Körpers

Das entsprechende Prinzip des Auftriebs wurde schon von Archimedes (287 bis 212 v. Chr.) erkannt. Eine ruhende Flüssigkeit bzw. ein Gas im Schwerefeld (z. B. der Erde) übt auf einen sich in dem Medium befindenden Körper eine gewichtsvermindernde Druckkraft aus, die »Auftrieb« genannt wird. Aufgrund des Auftriebs wird Watte als leicht erlebt. Der aerodynamische Auftrieb nutzt die Druckunterschiede, die durch Zirkulation des umgebenden Mediums entstehen.

Die notwendige Voraussetzung für echte Levitation ist die Beeinflussung der Gravitationskraft aus dem Nichts. Der leere Raum wird in der QUANTENPHYSIK als Vakuumzustand oder Grundzustand eines allgegenwärtigen Feldes beschrieben. Die quantenmechanische Vorstellung vom Vakuum läßt sich durch die geheimen Raumbereiche (Geheimfächer) veranschaulichen, die ein Täuschungskünstler benutzt. Wie in der Täuschungskunst muß auch im quantenmechanischen Vakuum eine innere Strukturänderung stattfinden, wenn ein Levitations- bzw. Antigravitations-Effekt auftreten soll. Die zur Anti-Gravitation führende Strukturänderung des quantenmechanischen Vakuums wird als »Schmelzen des schweren Vakuums« bezeichnet. Im geschmolzenen Vakuum existiert ein Mechanismus, der die undifferenzierte Einheit (Symmetrie) des Vakuums verändern kann. Durch die Veränderung oder »Brechung« der Symmetrie des ursprünglichen einfachen Vakuumzustandes kann sich erst ein beobachtbarer Effekt manifestieren. Eine solche Symmetriebrechung des Vakuums ist die Grundlage für die Beeinflussung der Gravitationskraft aus dem »Nichts«.

Die Erkenntnisse der klassischen Physik haben bereits die vielfältigsten technischen Anwendungen gefunden. Die Einsicht in die Rolle des quantenmechanischen Vakuums führten bisher bestenfalls zu einer »Philosophie des Vakuums« (so der Titel eines 1991 auf Englisch erschienenen Sammelbandes über das quantenmechanische Vakuum).

Die Quantenmechanik empfinden auch heute noch viele als ein umstrittenes Gedankengebäude. Die letzte Entscheidungsinstanz auch für die Quantenmechanik ist die unmittelbare Erfahrung. Das Zusammenwirken der Quantenmechanik mit der klassischen Physik — insbesondere mit der Einsteinschen Relativitätstheorie — bildet die methodische Voraussetzung zur Verwirklichung von Effekten aus dem Nichts.

Das Verständnis des Übergangs von der reinen »Potentialität« der Quantenmechanik in die »Aktualität« eines Effektes ist auch für Täuschungskünstler sehr wichtig, denn es legt eine ganz neue Art der Präsentation nahe, frei von dem konventionellen, oft albern wirkenden »magischen« Drumherum.

Quantentheoretische Methode, um bestimmte Naturgesetze im allgegenwärtigen Vakuum zu beleben

Um echte Levitation zu verwirklichen, müssen Quantenphysik und klassische Physik zusammenwirken. Die praktische Frage ist: Wie kann das quantenmechanische Vakuum durch geeignete klassische Rahmenbedingungen aktiviert werden, so daß das Phänomen der Levitation entsteht. Natürlich hat die gegenwärtige Physik hier noch keine endgültigen Lösungen anzubieten, denn sonst wäre Levitation bereits eine alltägliche Sache. Viele bedeutende Physiker haben sich jedoch aus unterschiedlichen Gründen mit der Frage beschäftigt, ob es e c h t e Levitation gibt und sie sogar mit »ja« beantwortet. Es lohnt deshalb, deren Überlegungen nachzuvollziehen, um zu einem eigenen Urteil über dieses kontroverse Thema vorzudringen.

Was uns die berechtigte Hoffnung gibt, im Rahmen der Quantentheorie für das Problem »echter Levitation« eine Lösung zu erhalten, ist die besondere quantenmechanische Betrachtungsweise der Veränderungen in der Natur: In der Sicht der Quantenmechanik existiert die objektive Welt deshalb, weil es ein bestimmtes Geschehen gibt, das sich letztlich auf die innere dynamische Struktur des Vakuums zurückführen läßt. Diese Sichtweise ist für Täuschungskünstler unmittelbar einsichtig; denn in der Täuschungskunst sind alle Effekte das Ergebnis des geheimen Trickgeschehens.

Die Quantenphysiker beschreiben das grundlegende Geschehen in der Natur als Wechselwirkung elementarer Teilchen. Nach einer 1943 von W. Heisenberg entwickelten Idee wird die quantenmechanische Theorie der Wechselwirkungen auch als »S-Matrix-Theorie« bezeichnet.

Das »S« steht für »Streuung«, denn in der physikalischen Praxis werden Wechselwirkungen als Streuung (Ablenkung) von Welle oder Teilchenstrahlen an einem Streuzentrum untersucht. Wichtige Beispiele sind die Streuphänomene des Lichtes wie Spiegelung, Brechung, Beugung, Dispersion, Doppelbrechung (die auch in der Täuschungskunst eingesetzt werden) und der Zusammenstoß atomarer und subatomarer Teilchen (Atome, Atomkerne, Elektronen).

Jeder Streuvorgang läßt sich auf einige wenige Grundtypen der Wechselwirkungen bzw. auf bestimmte Grundkräfte der Natur zurückführen. Es gibt letztlich nur vier Grundkräfte der Natur: Gravitation, Elektromagnetismus, Flavordynamik (schwache Wechselwirkung) und Chromodynamik (starke Wechselwirkung).

Eine M a t r i x ist die Darstellung einer Transformation bzw. eines Operators durch eine oft quadratische Anordnung von Zahlengrößen eines Koordinatensystems. Transformationen bzw. Operatoren wiederum sind die formale Beschreibung von geistigen oder materiellen Methoden wie z. B. logisch-mathematische Vorschriften (Rechenvorschriften) oder technische Verfahren (Apparate). Dabei werden durch eine genau definierte Operation den Anfangszuständen bestimmte Endzustände zugeordnet. Die geheimen Mechanismen der Täuschungskunst, die z. B. eine uninteressante Ausgangssituation in eine effektvolle Endsituation transformieren, lassen sich ebenfalls formal als Operatoren beschreiben. Ein erster Versuch, den Ablauf einer Routine der Unterhaltungstäuschung auf symbolisch-mathematische Weise zu beschreiben, stammt von H. Lacroix (siehe Heft 1 der »MAGISCHEN« WELT von 1975).

Die quantenmechanische Theorie der S-Matrix führt alles Geschehen auf eine u n i t ä r e Transformation zurück. »Unitär« ist eine Transformation, bei der die Aktivität ohne Verlust der zugrundeliegenden Einheit — insbesondere des Vakuumzustandes — erfolgt. Eine solche Aktivität ist vollständig natürlich und reibungslos. Entsprechendes gilt auch für eine überzeugende Präsentation in der Täuschungskunst, wobei die Aufmerksamkeit des Zuschauers so gelenkt wird, daß dem Täuschungskünstler immer ein

Aufmerksamkeitsvakuum für die geheime Tricktechnik zur Verfügung steht.
Die Situation bei physikalischen Streuvorgängen läßt sich am Billard-Spiel veranschaulichen: Die statischen Anordnungen am Anfang und am Ende entsprechen den klassischen Ereignissen. Die Bewegungen der Kugeln aufeinander zu bzw. voneinander weg veranschaulichen das Transformationsgeschehen. Der kurze Augenblick der Ruhe während des Zusammenstoßes der Kugeln, wo Energie und Impuls zwischen den Kugeln ausgetauscht wird, ist die klassische Entsprechung zum quantenmechanischen Vakuum der Wechselwirkung.
In Verallgemeinerung der Situation beim Billard-Spiel hat die unitäre Transformation der quantenmechanischen Streutheorie drei Aspekte:
a) die klassischen Rahmenbedingungen (Symmetrien der beobachtbaren Phänomene),
b) die zum Wechselwirkungsbereich »einlaufenden« und vom Wechselwirkungsbereich »auslaufenden« Zustände,
c) das quantenmechanische Vakuum der Wechselwirkung.
Diese drei Aspekte der S-Matrix werden durch jeden konkreten Streuvorgang verwirklicht.
In der Elementarteilchenphysik benutzt man riesige und kostspielige Teilchenbeschleuniger, um subatomaren Teilchen eine große kinetische Energie zu verleihen. Aus den beim Zusammenstoß der energiereichen Teilchen entstehenden Reaktionsprodukte und deren Streuung kann auf die Art der Wechselwirkung zwischen den Teilchen zurückgeschlossen werden.
Der Umgang mit der Natur durch Teilchenbeschleuniger ist jedoch ein gewalttätiger und zerstörerischer. Glücklicherweise sind ihm natürliche Grenzen gesetzt. Demgegenüber erfüllt die quantenmechanische Theorie der S-Matrix alle Forderungen nach einem »harmonischen und sanften Umgang mit der Natur« (H. Primas). Die Kluft zwischen Theorie und Praxis ruft nach einer neuen Form des Verhaltens gegenüber der Natur. Die Quantenmechanik gibt uns mit dem Konzept der »unitären Transformation« eine theoretische Vorstellung, wie ein richtiger Umgang mit der Natur in der Praxis aussehen muß.

Anti-Gravitation und das vereinheitlichte Feld der Supergravitation

Die Sichtweise der S-Matrix läßt sich nach A. O. Barut (1967) folgendermaßen zusammenfassen: »Die S-Matrix verbindet jeden in der Natur vorkommenden Zustand mit jedem anderen Zustand. Glücklicherweise gibt es aber eine gewisse Ordnung in der Natur; nicht alle Übergänge sind möglich . . . gewisse Eigenschaften oder Quantenzahlen, welche bei den Übergängen unverändert bleiben . . . weisen auf die vorhandenen Symmetrien oder die Invarianzprinzipien der Übergänge hin. Ein großer Teil der Elementarteilchenphysik besteht im Aufdecken dieser Symmetrien und Invarianzprinzipien . . . «
Die allgemeinste Symmetrie der unitären Streu-Transformation ist die Supersymmetrie. Definitionsgemäß verknüpft die Supersymmetrie die beiden entgegengesetzten Verhaltensweisen der Natur: auseinanderstrebendes (fermionisches) und zusammenstrebendes (bosonisches) Verhalten. Dadurch kann durch die Supersymmetrie die äußere Raum-Zeit-Symmetrie mit den inneren Symmetrien der Materie vereinigt werden. Die äußere Symmetrie bezieht sich auf die Welt der Ereignisse, während die inneren Symmetrien den Bereich der »Ladungen« beschreibt, die wiederum die Art der Wechselwirkungen zwischen den Materieteilchen charakterisieren. Die Supersymmetrie führt zur allgemeinsten Beschreibung des »Raumes«, die sinnvoll ist.
Die Beziehung jedes Raum-Zeit-Punktes zum supersymmetrischen Konzept des Raumes ergibt die Supergravitation. Das ist wieder eine Anwendung des Prinzips der lokalen Symmetrie. »Lokale Symmetrie bedeutet hier, daß die (Super-)Symmetrie an jedem Ort und zu jedem Zeitpunkt anders gewählt werden darf« (G.'t Hooft, SPEKTRUM DER WISSENSCHAFT 1980, Heft 8). Das Prinzip der lokalen Symmetrie hatte schon Einstein zu seiner Gravitationstheorie (die allgemeine Relativitätstheorie) geführt.
Die Supergravitation ist eine nur mit sich selbst wechselwirkende Kraft, in welcher die Einsteinsche Gravitation mit den anderen Kräften der Natur zu einem vereinheitlichten Kraftfeld verschmolzen ist. Dies weist auf die Sonderrolle der Gravitation hin, die in ihrer supersymmetrischen

Form als der »Leim« der Schöpfung bezeichnet werden kann.

J. Scherk, einer der Begründer der Supergravitationstheorie, hatte schon 1979 erkannt, daß im Rahmen dieser Theorie auch eine stabile Aufhebung der Schwerkraft möglich ist. Innerhalb eines Bereiches von einigen hundert Metern oder Kilometern kann nämlich das inverse Quadratgesetz der Newtonschen Gravitationstheorie seine Gültigkeit verlieren. Die endliche Reichweite des Antigravitations-Effektes kommt wie beim Meißner-Effekt daher, daß die Felder, die mit dem Gravitationsfeld koppeln, eine Masse besitzen. Die resultierende Symmetriebrechung hängt von der Art der Materie ab und verändert deshalb auch die Proportionalität zwischen Schwere und Trägheit (Genaueres in dem Aufsatz über »Schwerkraft und Antimaterie« im SPEKTRUM DER WISSENSCHAFT vom Mai 1988).

Der wesentliche Aspekt des vereinheitlichten Feldes von Supergravitationstheorien (z. B. auch der Superstringtheorien) ist, daß es nur mit sich selbst wechselwirken kann, da es außer dem Feld nichts anderes gibt. Selbstwechselwirkung ist auch das Kennzeichen der einfachsten Form von Bewußtsein, dem reinen Bewußtsein. Der theoretische Physiker J. Hagelin hat 1987 in der Zeitschrift VEDIC SCIENCE AND MODERN SCIENCE (Heft 1) alle Argumente zusammengefaßt, die die Identität zwischen dem Bewußtsein einerseits und dem vereinheitlichten Feld andererseits begründen.

Bezüglich Levitation kommt Hagelin zu folgendem Schluß: »Das Phänomen der Levitation . . . setzt die Fähigkeit voraus, auf kohärente Weise im Bereich der Quantengravitation tätig zu sein, was letztlich die Ebene der Supervereinheitlichung sein dürfte bzw. der Bereich reinen Bewußtseins.« Auf kohärente Weise im Bereich der Superver-einheitlichung tätig zu sein bedeutet, eine unitäre Transformation auszuführen, durch deren spezifischen Aspekt das Phänomen der Levitation entsteht.

Jeder Täuschungskünstler kann diese quantenmechanischen Überlegungen tricktechnisch veranschaulichen. Levitations-Illusionen sind Illustrationen der quantenmechanischen Methode, wie mit Hilfe von Veränderungen im Vakuum, also durch einen geheimen Mechanismus, Antigravitation-Effekte entstehen.

Yogische Denkmethode zur Belebung bestimmter Naturgesetze im Zustand der geringsten Anregung des Geistes

Die Wissenschaft untersucht die Frage, ob echte Levitation physikalisch möglich ist, unter anderem deshalb, weil in allen Kulturen der Erde von Personen berichtet wird, die schweben konnten. Auch im christlichen Kulturbereich ist die Fähigkeit zu echter Levitation bei einer großen Zahl von Männern und Frauen durch Augenzeugen verbürgt; die bekanntesten sind: Thomas von Aquin (1226 - 1274), Teresa von Avila (1515 - 1582), der heilige Joseph von Copertino (1603 - 1663), Maria von Mörl (1812 - 1868). Paramahansa Yogananda berichtet in seiner »Autobiographie eines Yogi« ausführlich über einen schwebenden indischen Yogi und erwähnt auch, daß die Methode zur Verwirklichung von echter Levitation in den Yoga Lehrsätzen (Yoga Sutras) von Maharishi Patanjali beschrieben wird.

Zur Vervollkommnung der Geist-Körper-Koordination (Sidhi) gibt Maharishi Patanjali eine Denkmethode an, die er Samyama nennt. Zu den zahlreichen durch Samyama entwickelten Sidhis oder Perfektionierungen, die in den Yoga Sutras beschrieben werden, gehört auch echte Levitation. Samyama hat wie die quantenmechanische Streutheorie drei Aspekte:

a) Dharana: Verbindung der Aufmerksamkeit mit dem konkreten Phänomen,

b) Dhyana: Konvergenz der Aufmerksamkeit nach »innen« zum reinen Bewußtsein und Divergenz nach »außen« in die konkreten Phänomene,

c) Samadhi: Erfahrung reinen, selbstbezogenen Bewußtseins.

Wie bei unitären Transformationen ist auch das wesentliche Merkmal von Samyama die Erhaltung der inneren Einheit. Samyama umfaßt aber auch eine Symmetriebrechung, d. h. einen Übergang von der umfassenden unitären Symmetrie zu einer speziellen unitären Teilsymmetrie, die dem beobachteten Phänomen entspricht. Vom Standpunkt der Unterhaltungstäuschung aus ist Samyama das Ideal der Aufmerksamkeitslenkung: Lenke Deine eigene Aufmerksamkeit, und Du lenkst die Natur. Das ist die Verallgemeinerung einer Regel der Täuschungskunst, wie sie Peki in seinem Buch DER MANIPULATOR formuliert hat.

Nach Patanjali führt Samyama zur Levitation, wenn zwei klassische Bedingungen vorgegeben werden, die in einem Lehrsatz des Yoga-Systems folgendermaßen beschrieben werden:
1. Verhältnis des Körpers zum Raum,
2. Leichtigkeit wie Watte.
Die Bedeutung dieser beiden Bedingungen ist uns durch die klassische Physik vertraut. Der Mechanismus der Symmetriebrechung, welcher durch Samyama zur Levitation führt, ist uns durch die Strukturänderung des quantenmechanischen Vakuums verständlich:
Das reine, transzendentale Bewußtsein (Samadhi) entspricht einem hochsymmetrischen quantenmechanischen Vakuumzustand. Der Wechsel der Aufmerksamkeit nach innen und nach außen im Samyama bewirkt ein Schmelzen des Vakuums. Schmelzen des Vakuums bedeutet subjektiv eine ganzheitliche »Anwärmung« (Anregung) reinen Bewußtseins, d. h. eine Belebung des Mechanismus der Symmetriebrechung, der zu dem beobachteten Effekt der Levitation führt. Die Beschreibung von Bewußtseinsvorgängen und deren konkrete Auswirkungen durch Analogien aus dem Bereich der Quantenphysik hat für naturwissenschaftlich Ausgebildete den Vorteil der Vertrautheit. Viele Täuschungskünstler werden jedoch die subjektive Beschreibung in Begriffen von Aufmerksamkeitsvakuum und Aufmerksamkeitslenkung vorziehen.

Yogisches Fliegen und makroskopisch-kohärente Quantenzustände im Gehirn

Durch Berichte im Rundfunk und Fernsehen, vor allem aber in der Presse, ist bekannt geworden, daß Maharishi Mahesh Yogi seit 1976 durch sein TM-Sidhi-Programm die in den Yoga Sutras beschriebenen geistigen Methoden der Allgemeinheit wieder praktisch zugänglich gemacht hat. Besonders wissenschaftlich orientierte Menschen haben von der Möglichkeit Gebrauch gemacht, Phänomene, die bisher je nach Standpunkt als Mystik, Magie oder Täuschung bezeichnet wurden, auf der Grundlage eigener Erfahrungen zu studieren. Zahlreiche, unter genau kontrollierten Bedingungen durchgeführte, objektive Forschungen, scheinen die Echtheit der Erfahrungen zu bestätigen.
Das TM-Sidhi-Programm soll ein Denken in spontaner Übereinstimmung mit den Naturgesetzen entwickeln. Die Sidhi-Phänomene wie Levitation sind nach Maharishi Mahesh Yogi einerseits ein objektiver Test, inwieweit dieses Denken in Übereinstimmung mit allen Naturgesetzen entwickelt wurde, und andererseits ist die Ausübung der entsprechenden Techniken eine Methode, das Wachstum kohärenten Denkens zu beschleunigen. Voraussetzung für die Anwendbarkeit der TM-Sidhi-Techniken ist die Erfahrung reinen Bewußtseins (Samadhi). Reines Bewußtsein wird durch die Technik der Transzendentalen Meditation (TM) als Zustand der geringsten Anregung der geistigen Aktivität, d. h. als quantenmechanischer Vakuumzustand, erfahren.
Die Ausübung der TM-Sidhi-Technik für Levitation ist durch die Tagespresse als »Yogisches Fliegen« bekannt geworden. Das Phänomen des Yogischen Fliegens bei Ausübenden des TM-Sidhi- Programms ist äußerlich gesehen wenig sensationell: Es ähnelt dem Hüpfen von Fröschen und erweist sich damit gemäß den überlieferten Yoga-Schriften als die erste Stufe auf dem Weg zu echter Levitation. Nur die Höhe der Hüpfer (bis zu 80 cm im Lotussitz) und die fehlende körperliche Ermüdung, selbst wenn das Yogische Fliegen länger als eine Stunde ausgeübt wird, sind für den äußeren Betrachter Hinweise, daß es sich beim Yogischen Fliegen um mehr handelt als eine sportliche Übung. Was jedoch das Yogische Fliegen als Quanteneffekt ausweist, sind vor allem zwei Auswirkungen:
Durch Personen, die gemeinsam das Yogische Fliegen ausüben, nehmen in der umgebenden Gesellschaft die Kriminalität und andere Symptome der Disharmonie ab. Ein kürzlich erschienenes Taschenbuch von E. und A. Aron berichtet über die zahlreichen wissenschaftlichen Bestätigungen des »Maharishi-Effekts«.
Eine zweite wissenschaftlich genauestens erforschte Besonderheit des Yogischen Fliegens ist die hohe Geordnetheit der elektrischen Gehirnwellen (EEG-Kohärenz). Dadurch läßt sich das Yogische Fliegen eindeutig von sportlichen Nachahmungen unterscheiden. Bereits 1976 sind erste Kohärenzuntersuchungen im EEG von Ausübenden der TM-Sidhi-Flugtechnik durchgeführt worden. Der hohe Grad der EEG-Kohärenz während des Yogischen Fliegens ist eine Bestätigung der theoretischen Vorstellungen des

Physikers L. Domash, daß der Zustand reinen Bewußtseins, wie er während der Transzendentalen Meditation erfahren wird, ein makroskopisch-kohärenter Quantenzustand des Gehirns ist. L. Domash hat darüber auf verschiedenen Symposien in der Mitte der 70er Jahre, u. a. an den Universitäten von Heidelberg und Tübingen, berichtet.

Versteht man den Zustand reinen Bewußtseins analog zur Supraleitfähigkeit als ein makroskopisches Quantenphänomen, so ist das Sidhi-Phänomen echter Levitation das Ergebnis einer Symmetriebrechung ähnlich wie beim Meißner-Effekt, nur jetzt direkt auf das Gravitationsfeld bezogen. Damit führt uns das Thema »echte Levitation« wieder zum Ausgangspunkt, dem Meißner-Effekt, zurück, der nun die Rolle eines Modells für die Neurophysiologie höherer Bewußtseinszustände bekommt.

TRICKTECHNIK

42. Jahrgang Heft 1 – Jan./März 1993

Mensch Maya

Von der Idee zum Schattenfilm (LUST 16)

In dieser Serie über Licht- und Schattentäuschung haben wir inzwischen viele Möglichkeiten kennengelernt, die den Rahmen des bisher bekannten schwarz-weißen Schattenspiels weit überschreiten. Wir haben alle Spielschichten durchwandert von der hinteren Lichtquelle über Zwischen- und Wandschicht bis zur vorderen Lichtquelle, wir haben fingerkleine und überlebensgroße Schattenfiguren kennengelernt, flache, durchbrochene, durchsichtige und klappbare Köpfe, feste und bewegliche Lichtquellen, Dia-, Tageslicht- und Filmprojektor. . .

Das Schattenspiel hat sich als reiches Spielfeld für zauberhafte Täuschungen und farbige Märcheneffekte erwiesen. Mit diesem Exkurs in den Bereich aller Möglichkeiten haben wir ein Grundwissen erworben, auf dessen Basis wir unserer Phantasie nun freien Lauf lassen können. Um die Hemmschwelle vor dem Schritt in die Praxis zu überwinden, möchte ich Ihnen heute anhand eines Beispiels die Schritte erklären, die aus einer ersten vagen Spielidee

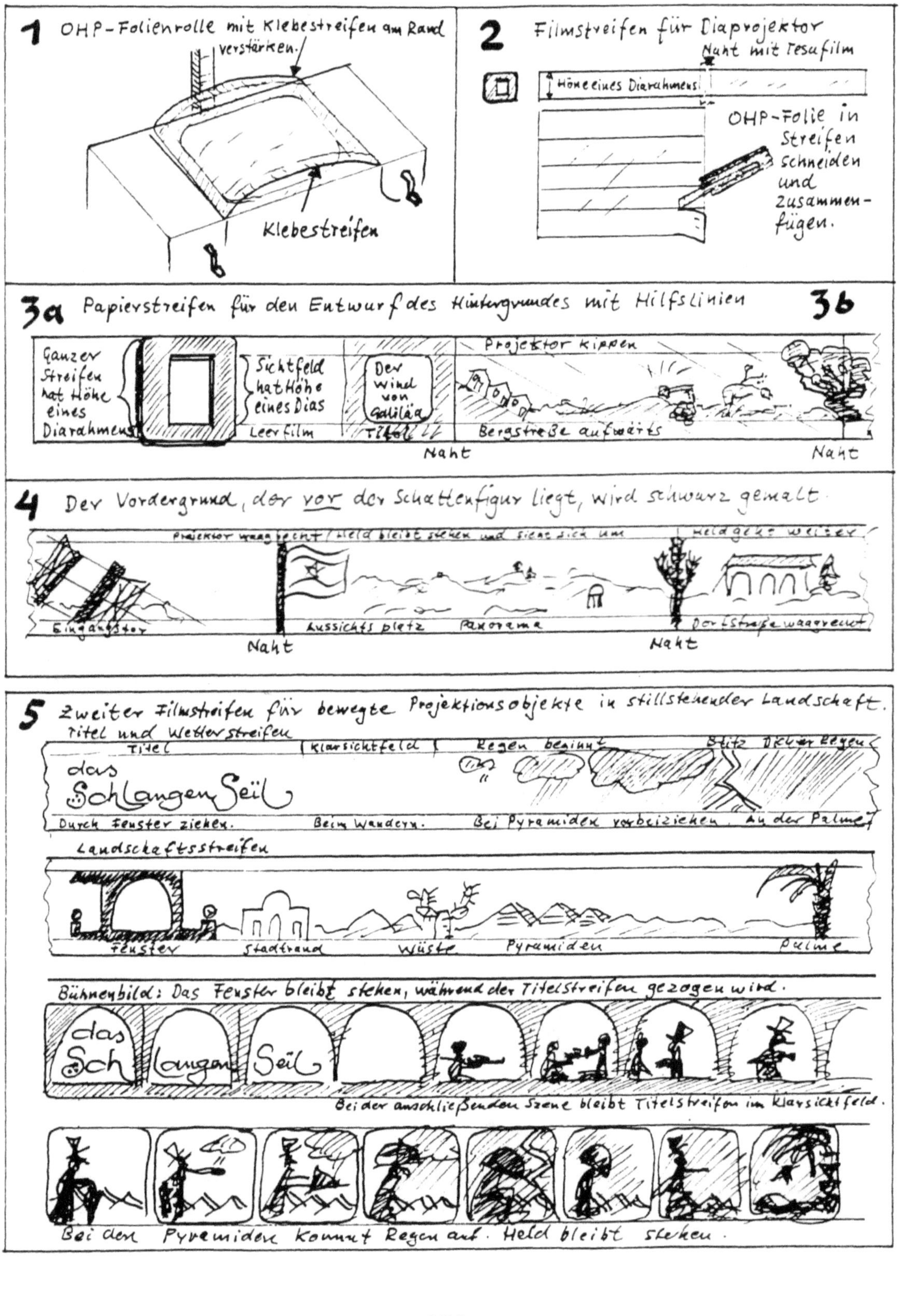
1 OHP-Folienrolle mit Klebestreifen am Rand verstärken.
Klebestreifen
2 Filmstreifen für Diaprojektor
Naht mit Tesafilm
Höhe eines Diarahmens
OHP-Folie in Streifen schneiden und zusammenfügen.
3a Papierstreifen für den Entwurf des Hintergrundes mit Hilfslinien
3b
Ganzer Streifen hat Höhe eines Diarahmens
Sichtfeld hat Höhe eines Dias
Leerfilm
Der Wind von Galiläa
Titel
Projektor kippen
Bergstraße aufwärts
Naht
Naht
4 Der Vordergrund, der vor der Schattenfigur liegt, wird schwarz gemalt.
Projektor waagrecht
Held bleibt stehen und sieht sich um
Held geht weiter
Eingangstor
Aussichtsplatz
Panorama
Der Straße waagrecht
Naht
Naht
5 Zweiter Filmstreifen für bewegte Projektionsobjekte in stillstehender Landschaft.
Titel und Wetterstreifen
Titel
Klarsichtfeld
Regen beginnt
Blitz
Dichter Regen
das Schlangen Seil
Durch Fenster ziehen.
Beim Wandern.
Bei Pyramiden vorbeiziehen.
An der Palme
Landschaftsstreifen
Fenster
Stadtrand
Wüste
Pyramiden
Palme
Bühnenbild: Das Fenster bleibt stehen, während der Titelstreifen gezogen wird.
das Sch langen Seil
Bei der anschließenden Szene bleibt Titelstreifen im Klarsichtfeld.
Bei den Pyramiden kommt Regen auf. Held bleibt stehen.

eine erfolgreiche Schattenfilm-Vorführung machen.

Idee wird zu Handlung

Als der Wind von Galiläa zum erstenmal meinen Sonnenhut entführte und durch die Luft wirbelte, hatte ich nur eine sehr vage und verworrene Idee für ein Schattenspiel mit wegfliegendem Hut, nachlaufen, einfangen, festbinden und selbst in die Lüfte heben. Diese Idee sprach ich mit einem Schauspieler durch, und dabei kristallisierte sich folgender Handlungsfaden mit deutlich sich steigernden Reiseetappen heraus:

1. Gemütlicher Aufstieg ins Bergdorf
2. Wind lüftet Hut, Hut wird festgehalten
3. Weiterwandern bis Picknick
4. Hut weht davon
5. Hut wird gejagt und gefangen
6. Hut wird festgebunden
7. Wind trägt Held mit Hut in die Luft
8. Hut wird zum großen Wolkenschiff
9. Hut dient als Fallschirm
10. Blitz schneidet Hutschnur durch
11. Held fliegt ohne Hut weiter
12. Held findet Hut auf dem See Genezareth wieder und schreitet über das Wasser.

Diese Szenenfolge ergab genügend Wechsel zwischen Spannung und Entspannung, langsamer und schneller Bewegung, Realismus und Phantasie usw.*

Handlung braucht Schauplätze

Den einzelnen Szenen der Handlung werden nun die Schauplätze zugeordnet. Der Reiz des Schattenspiels "Der Wind von Galiläa" lag hauptsächlich darin, daß die Dorfbewohner ihr gesamtes Dorf mit Umgebung auf der Leinwand wiedererkennen konnten. Bei jedem Handlungsabschnitt durchreiste der Schattenheld einen deutlich markierten Abschnitt der Landschaft, den sich der Darsteller leicht merken konnte:

1. Weg ins Dorf bis Tor (aufwärts)
2. Aussichtsplatz mit Panorama
3. Dorfstraße bis Affenbrotbaum (bergab)
4. Steiniger Weg bis Kapelle
5. Felsweg bis Disteln
6. Bei den blauen Disteln
7. Wolken aufwärts
8. Wolken waagrecht
9. Regenwolken
10. Gewitter und Blitz
11. Wolken abwärts bis Fels
12. See Genezareth bis Regenbogen.

Filmstreifen vorbereiten

Nach dem Festlegen der Schauplätze kann der Kulissenfilm vorbereitet werden. Bei Verwendung eines Overheadprojektors (OHP) wird die Landschaft auf die für OHP erhältlichen Folienrollen gemalt. Diese Folien sind jedoch meist sehr dünn, da sie für einmalige Verwendung gedacht sind. Deshalb empfiehlt es sich, die Folienränder mit Klebestreifen zu verstärken (Bild 1). Dickere Folie ist stabiler. Die Folie sollte jedoch nicht so dick sein, daß zuviel Licht absorbiert wird.

Beim Diaprojektor ist es wichtig, als erstes einen Hitzetest zu machen. Stecken Sie ein Stück Folie bei brennender Lampe für längere Zeit in den Projektor; wenn sich die Folie wellt oder verzieht, ist sie als Kulissenfilm ungeeignet. Am sichersten gehen Sie mit festen OHP-Folien im Din-A4-Format, die Sie in Streifen schneiden und mit Tesafilm aneinanderstückeln können (Bild 2).

Diese technischen Vorbereitungen sollten geschehen, bevor Sie an die künstlerische Gestaltung des Hintergrundes gehen. Damit sich der Filmstreifen glatt und ohne Hängenbleiben durch den Projektor ziehen läßt, sollte er exakt mit Lineal geschnitten sein und überall gleichmäßig die Höhe eines Diarahmens haben.

Entwurf des Hintergrundes

Sobald Sie sich über die technischen Einzelheiten Ihres Kulissenfilms im klaren sind, entwerfen Sie den gesamten Hintergrund zunächst auf einem Papierstreifen gleicher Größe. Dabei sehen Sie auch, wie lang der geplante Kulissenfilm werden soll, und können bei Bedarf Stellen herausschneiden oder einfügen. Planen Sie am Filmanfang und -ende genügend Leerfilm zum Ein- und Ausfädeln. Markieren Sie sich auf dem

Papierstreifen die Nahtstellen, wo die Folien zusammengeklebt werden, und die Begrenzungslinien, die den oberen und unteren Bildrand anzeigen. Denn während der Filmstreifen die Höhe eines Diarahmens hat, ist das Sichtfeld nur so hoch wie ein Dia in Hochformat (Bild 3a).

Auf den Rand außerhalb des Sichtfeldes notieren Sie sich die geplante Landschaft etc. Soll die Reise aufwärts oder abwärts gehen, zeichnen Sie sich Horizontlinien in der gewünschten Neigung ein (Bild 3b).

Damit die mit Tesa geklebten Nahtstellen nicht ins Auge fallen, planen Sie an diesen Stellen ein möglichst dunkles senkrechtes Objekt, wie Rand des Titels, Laternenmast, Baum, Torkante oder ähnliches (Bild 3b). Wollen Sie den Eindruck erwecken, daß sich eine Kulisse *vor* der Schattenfigur befindet, z. B. ein Torbogen oder ein Baum, so muß dieser im Vordergrund liegende Teil — sofern es keine Glasscheibe ist — undurchsichtig gestaltet werden (Bild 4).

Bevor Sie jedoch zu sehr in die Einzelheiten gehen, ist es gut, den gesamten Kulissenfilm in groben Zügen von Anfang bis Ende zu skizzieren. Je unterschiedlicher dabei die Reiseetappen und ihre Stimmungen sind, desto lebhafter wirkt der Film: Aufstieg, Abstieg, Berg und Tal, Sonne, Regen, Blitz und Schnee, Abendrot und Sternennacht, Wolkenritte, Meeresgrund, Himmel, Hölle, Tropfsteinhöhlen — alles das können Sie mit wenigen Strichen und Farben auf den Kulissenfilm bannen. Während meines Aufenthalts in Galiläa zeichneten zwei weitere Personen ihren ersten Kulissenfilm.

Titel- und Wetterstreifen

Manchmal ist es erforderlich, zwei übereinanderliegende Filme gleichzeitig zu verwenden, z. B. wenn sich durch eine feststehende Landschaft ein Schriftzug, eine Hochzeitskutsche oder Regen- und Gewitterwolken bewegen sollen. In diesem Fall trägt der erste Film die Landschaft mit neutralem Himmel, während das bewegte Objekt auf dem zweiten Film vorbeigezogen wird (Bild 5).

Die Vorführung von zwei Filmen gleichzeitig erfordert allerdings von dem “Kulissenfilmschieber”, der den Projektor bedient, besondere Geschicklichkeit und Wachheit und führt erfahrungsgemäß leichter zu Pannen. Soweit es die Handlung erlaubt, planen Sie den Hintergrund lieber in einfacher und klarer Reihenfolge auf einem Film.

Projektorprobe

Haben Sie auf dem Papierstreifen den Hintergrund in groben Zügen skizziert, legen Sie den Filmstreifen auf den Papierstreifen und beginnen, die Landschaft auf die Folie zu übertragen. Zur Gestaltung des Hintergrundes gibt es verschiedene Möglichkeiten. Für meinen ersten Kulissenfilm verwendete ich schwarze und farbige Klebefolien, ein andermal setzte ich die Szenerie aus einzelnen, aneinandergereihten 6x6-Dias zusammen. Für stark farbige Märchen verwende ich Glasmalfarben, die mit dem Pinsel aufgetragen werden. In Galiläa taten es einfache wasserfeste Filzstifte mit Fleckenwasser als Verdünnungsmittel.

Während der Film entsteht, ist es ratsam, ihn öfters in den Projektor einzufädeln und die Wirkung Ihres Bühnenbildes in der geplanten Spielgröße zu überprüfen. Stellen Sie den Projektor im geeigneten Abstand vor eine weiße Wand, bis das Bühnenbild für ihre Schattenfiguren groß genug ist. Bei lebensgroßen Darstellern beträgt der Abstand je nach Objektiv etwa 4-6 Meter. Testen Sie, ob die Größenverhältnisse stimmen, ob das Bild, wenn es die Leinwand von oben bis unten ausfüllt, die richtige Größe für die Darsteller hat, ob Stufen, Torbögen etc. so wirken, wie Sie es sich vorgestellt haben, oder ob sie geändert werden müssen. Bei Änderungen wischen Sie die Stelle einfach mit einem nichttrübenden Lösungsmittel sauber und zeichnen den Hintergrund noch einmal.

In diesem Stadium können Sie bereits die erste Probe mit den Darstellern und eventuellen Musikern durchführen. Über Probe, Bühnenaufbau und Vorführung werden wir das nächstemal sprechen. Bis dahin herzliche Grüße von der Costa del Sol in Südspanien, wo sich mein Sonnenhut gerade gestern vom Wind aufs Meer treiben ließ und sein Schicksal endgültig den Fluten anvertraute. Freunde, die meine Verfolgungsjagd am Strand beobachtet hatten, meinten heute zu mir, das wirkliche Schauspiel sei mindestens genauso aufregend gewesen wie das Schattenspiel.

* Zum dramaturgischen Aufbau einer Handlung siehe auch: Mensch Maya: Dramaturgie — Spannung, Entspannung, Steigerung, MW 1/35, 1986, S. 38.

YOGA UND MEDITATION WISSENSCHAFTLICH SAUBERE DINGE

. . . Zu Hause fand ich in der Post auch die letzte "M"W, auf die wir in Spanien vergeblich gewartet hatten. Inzwischen habe ich sie ausführlich und genüßlich studiert.

Es ist gut, daß Sie den Aufsatz von Dr. Stumpf "Über Geheimlehren" zusammen mit dem Aufsatz über das Yogische Fliegen abgedruckt haben. Dem Leser wird dadurch hoffentlich klar, daß Yoga und Meditation wissenschaftlich saubere Dinge sind, die nichts mit Spiritismus, Okkultismus und Parapsychologie zu tun haben.

Dr. Stumpf erwähnt in seinem Artikel Gutachten über angeblich negative Folgen von Meditationsmethoden. Leider verschweigt er oder weiß nicht, daß diese Gutachten aus dem Kreis der kirchlichen Sektenexperten kommen. Die Gutachten dieser "Experten" ignorieren bewußt die vielen hundert an Universitäten und Forschungsinstituten in allen Teilen der Erde durchgeführten wissenschaftlichen Untersuchungen, die übereinstimmend zeigen, daß Yoga und Meditation ausschließlich positive Wirkungen haben bei psychosomatischen Störungen, Angstzuständen, Drogenabhängigkeit, Verhaltensstörungen, Lern- und Leistungsproblemen und anderer Streß- und Entwurzelungserscheinungen des modernen Menschen.

Selbst die deutschen Regierungsstellen, die die Tätigkeit der Sektenexperten auch finanziell fördern, mußten aufgrund von öffentlichen Anfragen immer wieder zugeben, daß es in keiner Weise erwiesen ist, daß "Sekten mit destruktiven Psychotechniken arbeiten". Solche rein polemischen Behauptungen vor allem der beiden Pfarrer Haack und Gandow haben in den vergangenen Jahrzehnten das geistige Klima in Deutschland so vergiftet, daß es jetzt sogar einigen christlichen Theologen und Religionswissenschaftlern Angst wird und sie sich an ihre humanitäre Pflicht erinnern, auch etwas gegen "Fanatismus und rücksichtslose Feindschaft gegenüber Andersdenkenden" im eigenen Lager zu unternehmen.

Yoga und Meditation gehören zu den wertvollsten Kulturgütern der Menschheit, und wer sie verunglimpft, kann das nur aus Unwissenheit oder Böswilligkeit tun. Wie auch Dr. Stumpf feststellt: "Den Zustand der Dummheit jedoch kann man kompensieren, indem man lernt."

Lernen aber sollte man als erstes von den erleuchteten Sehern (Rishis) und großen Weisen (Maharishis) unserer Zeit und nicht von Gift verbreitenden kirchlichen Funktionsträgern, die schon in so einfachen und natürlichen Techniken wie die Transzendentale Meditation das Werk des Teufels sehen.

Was die großen Weisen aller Zeiten lehren ist, den Irrtum des Intellekts zu überwinden und nicht nur die oberflächlichen Werte des Lebens zu erkennen, sondern auch die transzendentale Basis des Lebens: das Königreich des Himmels in uns. Der praktische Weg zur Einheit (Yoga) des Lebens ist zu allen Zeiten das Überschreiten (transzendieren) der Begrenzungen des Geistes durch Meditation gewesen. All die Verirrungen der Menschheit wie Drogenabhängigkeit, Grausamkeit, Exzesse aller Art, schwarzmagische Praktiken, religiöser Fanatismus können nur aus der Welt verschwinden, wenn die Unterscheidungsfähigkeit des Menschen wieder so klar ist, daß er erkennen kann, was für seine Entwicklung wirklich förderlich ist. Ohne einen klaren und starken Geist ist die Gefahr sehr groß, durch die Beschäftigung mit dem Schmutz dieser Welt überall nur Schmutz zu sehen, auch in den großen Schätzen der Menschheit.

Yoga und Meditation sind solche Schätze. . .

Dr. Bernd Zeiger, Büdingen

G 21240 F
»Magische Welt
ISSN 0940-5852
42. Jahrgang
Sept. 1993
Zeitschrift für angewandte Tricktechnik und Wahrnehmungstäuschung

Leserforum

WUNSCHGEDANKEN

Zum Leserbrief von Dr. Bernd Zeiger aus "M"W 2/93, S. 97:

In meinem Pilotartikel zur Serie "Über Geheimlehren, Spiritismus, Okkultismus und Parapsychologie" ("M"W 4/92, S. 352) ist in Spalte 2 am Ende des zweiten Absatzes folgendes zu lesen: *Gutachten weisen auch die destruktiven Folgen durch psychologisch (gemeint war "psychisch") einwirkende Methoden wie Meditation nach.*

Diesen Satz nahm Dr. Zeiger zum Anlaß, einen Leserbrief ... zu schreiben, der ... in der "M"W 2/93, S. 97 veröffentlicht wurde. Dazu möchte ich folgendes ausführen:

Yoga und Meditation sind "wissenschaftlich saubere Dinge", so man die empirisch gesicherten Meditationsmethoden und ihre fachgerechten Interpretationen meint. Gegenteiliges wurde von mir im obenstehenden Satz nicht behauptet.

In seinem Artikel zuvor ("Levitation durch Quanteneffekte"— "M"W 4/92, S. 346 ff.) gibt Dr. Zeiger zu erkennen, daß er präzisiert die "Transzendentale Meditation" (TM) meint, die in ihren Anwendungen und in ihren Ergebnissen sehr umstritten ist. Teile seines Leserbriefes, die (die TM betreffend) Euphorisches zum Inhalt haben, gehören zu den Aussagen der TM-Verfechter und sind z. B. sinngemäß in der "Festschrift der Erleuchtung — Festausgabe zum Besuch Maharishis in Deutschland 1975" nachzulesen.

Die Meinung vieler Kritiker zum Inhalt der TM ist, hier werde eine Heilswelt des sogenannten "Paradieses" angenommen, die die realen Erkenntnisse der Human-Historie und die des wissenschaftlichen Menschenbildes negiere. Ergebnisse psychopathologischer Forschungen würden ausgeklammert, eine Scheinwelt proklamiert und Heilung von den Leiden der Menschheit durch TM prognostiziert.

Es gäbe eine Reihe von meditativen Möglichkeiten, bei Menschen den Zustand tiefer und wohltuender Ruhe zu erzeugen; die TM könnte eine von ihnen sein, wenn sie unter Fachaufsicht und Fachkontrolle vorgenommen würde.

Der Weltplan des Maharishi Mahesh Jogi sei utopisch, die Methoden der TM der hinduistischen Religion entnommen und könnten bei falscher Anwendung zu gefährlichen Folgeerscheinungen führen.

Der leider zu früh verstorbene Pfarrer Friedrich-Wilhelm Haack, den der Autor dieser Thesen sehr geschätzt hat, ist viele Jahre hindurch der Sektenbeauftragte der evangelischen Kirche in Bayern und ein großer Kenner dieser Materie gewesen. Er hat nicht, wie Dr. Zeiger behauptet, ". . . das geistige Klima in Deutschland so vergiftet, daß . . .", sondern sah seine Aufgabe darin, vor psychisch-manipulativen Techniken und ihren Manipulateuren zu warnen und auf psychisch-negative Folgeerscheinungen in seinen vielfältigen Schriften aufmerksam zu machen. Es dürfte Dr. Zeiger schwerfallen, nachzuweisen, daß dieser kritische Theologe in der TM "das Werk des Teufels" sah.

Yoga und Meditation können, richtig angewandt, "Schätze sein"; jedoch werden die Ideen eines Maharishi Mahesh Yogi (leider) nur Wunschgedanken bleiben! Sie dürften eine "Vox clamantis in deserto" (eine Stimme des Rufenden in der Wüste) sein, die oft wirkungslos verhallt.

Dr. Hans-Gerhard Stumpf, Pößneck

Die "LUST-Serie" von Mensch Maya brach im März vorigen Jahren unvermittelt ab, und niemand wußte, warum. Mancher Leser fragte sich, warum denn dieser abrupte Abbruch? Auch wir waren konsterniert. Erst viel später erfuhren wir, daß sich der beliebte (aber auch umstrittene) Autor an einen stillen Ort der Halbinsel Krim zurückgezogen hatte, um zu meditieren, was jedoch keine ausreichende Erklärung für den plötzlichen Abbruch der Serie war.
Jetzt ist Mensch Maja wieder in westlichen Gefilden, und das Rätsel um sein langes Schweigen ist kein Rätsel mehr. Vor seiner Abreise hatte er den letzten Teil der Serie zu Papier gebracht, sich quasi abgemeldet und rechtzeitig alles bis zum Redaktionsschluß für "M"W 2/1993 eingeschickt. Aber die Post bewies mal wieder, daß sie besser "zaubern" kann, als alle Hokuspokusmacher Deutschlands zusammen: Sie ließ die Sendung verschwinden——— und uns alle im Dunkeln... Hier endlich der ein Jahr alte letzte Teil der Serie (zum Glück gab es davon eine Kopie).

Mensch Maya

Mit und ohne Personal (LUST 17)

Liebe Licht- und Schattenfreunde. Das letzte Mal haben wir gesehen, wie wir unsere Schattenspiel-Idee mit Handlung und Schauplätzen konkretisieren und einen Kulissenfilm herstellen können, der uns als Hintergrund für die Schattenfiguren dient. Alle diese Schritte können Sie allein, unabhängig von Bühne, Mitspielern oder Musikern vorbereiten. Erst jetzt, für Probe und Aufführung, sind Sie auf die Mitarbeit Ihrer Darsteller angewiesen. Falls Sie jedoch am liebsten den Alleinunterhalter spielen, will ich Ihnen zunächst erklären, wie Sie ganz allein Licht- und Schattenspiele aufführen können.

Die Zimmerwandbühne

Eines meiner ersten Schattenspiele war eine spontane Wohnzimmer-Improvisation über den "König von Burgund" mit Utensilien aus Pappe, die im Beisein der Zuschauer hergestellt wurden. Auf ein Stück Pappe zeichnete ich in groben Zügen eine Schloßsilhouette und mehrere Flachköpfe in Handgröße, die wir gemeinsam mit der Schere ausschnitten: König, Königin, Teufel, Gott (Bild 1). Eine einfache Bürolampe und die weiße Wand des verdunkelten Wohnzimmers stellten die Bühne dar.
In der Mitte zwischen Lampe und Wand — also in der Mittelschicht — stellte ich die Schloßsilhouette auf, die dadurch einen größeren Schatten warf als die Köpfe, die ich näher an die Wand hielt. Die Zuschauer saßen neben mir und blickten auf die Wand (Bild 2). Die Hände hatte ich mit einem Taschentuch oder Schal bekleidet, so daß ich bei Figurenwechsel nur die Pappköpfe austauschen mußte. Ich konnte also, wie beim Kaspertheater, immer zwei Figuren gleichzeitig bedienen und brauchte nur Stimme und Bewegungen zu ändern. Wenn Sie mehr Vorbereitungszeit haben, können Sie statt der losen Pappköpfe auch Köpfe mit fertigem Puppengewand verwenden, die Sie wie Handpuppen über die Finger streifen.

Einzelne Bühnenbilder

Für das gleiche Spiel stellte ich später in der Größe eines Diarähmchens einzelne Bühnenbilder her, die ich über Fernbedienung in einem Diaprojektor mit Kassetteneinschub während des Spiels selbst auswechseln konnte. Statt eines großen ausgeschnittenen Pappschlosses hatte ich nun einen farbigen Hintergrund mit mehreren Szenenbildern: Schloß, Turmfenster, Weinkeller usw. Diese Einzelbilder stellte ich aus dünner Pappe und Klarsichtfolie her (Bild 3).

Zuschauer als Darsteller

Allein mit zwei Schattenfilmen in der Westentasche kam ich

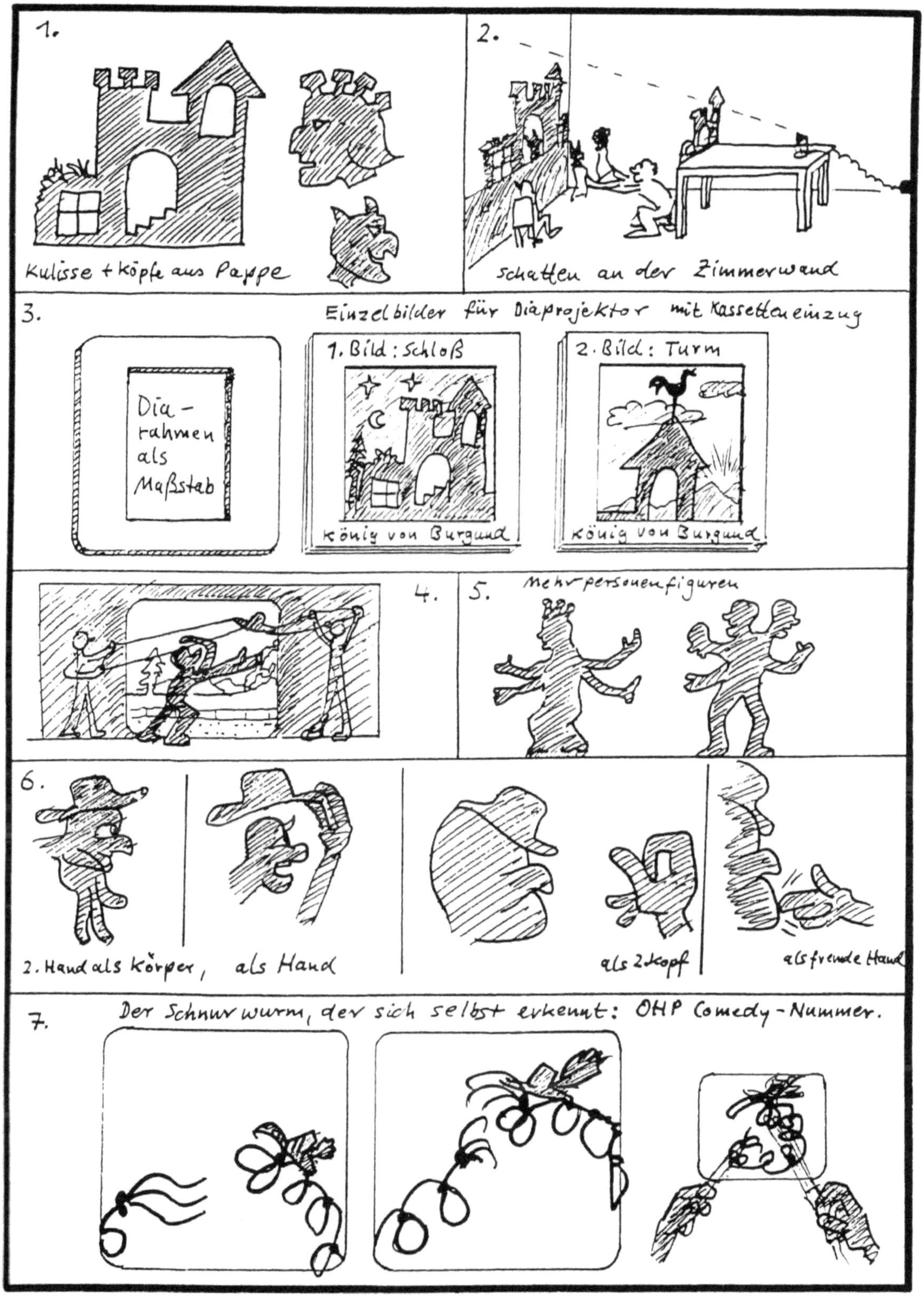
1.
Kulisse + Köpfe aus Pappe
2.
Schatten an der Zimmerwand
3.
Einzelbilder für Diaprojektor mit Kassetteneinzug
Dia-rahmen als Maßstab
1. Bild: Schloß
König von Burgund
2. Bild: Turm
König von Burgund
4.
5.
Mehrpersonenfiguren
6.
2. Hand als Körper, als Hand
als 2. Kopf
als fremde Hand
7.
Der Schnurwurm, der sich selbst erkennt: OHP Comedy-Nummer.

1975 zu einer Silvesterparty nach Berlin und fragte die Gäste, ob sie Schattenmärchen sehen wollten. Während der Hausherr ein Laken im Türrahmen der Verbindungstür aufhängte und die Hausherrin die Requisiten zusammensuchte (Hüte, Schirme, Tasse und Krug, Bauchkissen, Kopftuch etc.), weihte ich einige Gäste, die zum Mitspielen bereit waren, mit wenigen Worten in den Spielverlauf ein. "Alles andere erfahrt ihr während des Spiels. Führt einfach die Handlungen aus, die ich beim Geschichtenerzählen erwähne." Ich bediente also den Kulissenfilm im Projektor und erzählte dabei gleichzeitig die Geschichte, in die ich die Regieanweisungen für die Mitspieler einbaute.

Noch weniger Vorbereitungszeit hatten die Schüler einer Berufsschulklasse für Kindergärtner in Dormagen, denen ich den "Gebrauch von Dia- und Overheadprojektor im Kindergarten" erklärte. Erst während des Unterrichts merkten sie, daß sie nicht nur Zuschauer, sondern auch Darsteller spielen mußten.

Solche Spontanaktionen haben ihre eigene Atmosphäre und leben vor allem von der Stimmung, die durch die lebendige Spielsituation entsteht. Die unvermeidlichen Pannen, die entstehen, wenn ein Mitspieler nicht gleich auf Anhieb alles richtig macht, wirken in diesem Rahmen nicht peinlich, sondern steigern nur die Heiterkeit und bringen Lacher. Große darstellerische Leistungen oder kompliziertere Handlungsabläufe sind allerdings bei diesen Spontanaufführungen nicht leicht zu erreichen.

Die Tonspur

Um Musik ins Spiel zu bringen und dennoch von Mitarbeitern unabhängig zu bleiben, ging ich zeitweise dazu über, die Tonspur für ein Schattenspiel als Bänkellied oder als Hörspiel mit verschiedenenen Stimmen aufzunehmen und während der Aufführung abzuspielen. Die Schattenspieler untermalten dann "ihre" Stimme mit Mundbewegung und Gestik.

Diese technische Steigerung des Tons geht allerdings auf Kosten der spontanen Atmosphäre und sollte nur als Notlösung bei Personalmangel angesehen werden. Am schönsten ist immer noch der lebendige Ton mit anwesenden Musikern, bei der die Stimmung des Publikums berücksichtigt werden kann.

Das Ensemble-Spiel

Für den "Wind von Galiläa" hatte ich als Mitarbeiter neben zwei Musikern drei Darsteller ausgewählt: einen Schattenspieler und zwei unsichtbare Assistenten, die den an Fäden befestigten Hut bedienten (Bild 4). Die Handlung erforderte ein geschicktes Bedienen des Hutes, da der Hut davonwehen, aufsteigen, sich umdrehen, größer werden sollte usw. Wie brauchten dazu insgesamt sechs Proben von je anderthalb Stunden, wobei ich manchmal mit allen zusammen, manchmal getrennt mit Musikern oder Darstellern übte. Als Probebühne diente uns ein größerer Raum, der genügend Abstand für den Projektor bot (6 m) und dessen Wand die Höhe der späteren Leinwand hatte. (Bei den Proben ist zu beachten, daß die Zuschauer später auf der anderen Seite der Leinwand sitzen und alles spiegelverkehrt sehen, was besonders bei Schriftzügen ins Auge fällt.)

Den Projektor mit dem Schattenfilm bediente ich selbst, da ein Fehler am Projektor, der ja den Rahmen für das gesamte Geschehen bildet, am meisten ins Auge fällt.

Die Mehrpersonenfigur

Eine schöne Idee bei genügend Mitspielern ist es, eine Schattenfigur aus mehreren Personen herzustellen. Als Hanna Schigulla 1975 eines meiner ersten Schattenmärchen für Meditierende in München inszenierte, ließ sie die "Perlenmutter" als vierarmige Figur darstellen. Sie brauchte dazu eine größere Hauptfigur und eine dahinterstehende kleinere Hilfsfigur, von der nur die Arme sichtbar waren (Bild 5).

Das Zweierteam

Da die Projektionsgröße eines Schattenfilms vom Abstand des Projektors zur Leinwand abhängt, können Sie dasselbe Spiel sowohl für lebensgroße Darsteller als auch für Hand- oder Fingerpuppen verwenden. Einige Tage nach der Aufführung vom "Wind von Galiläa" sollte ich das Spiel in einem Wohnzimmer wiederholen (für Joel Peretz, den Karagöz-Spieler). Ich bat einen Assistenten, der vorher den Hut bedient hatte und daher den Spielverlauf kannte, den Projektor zu bedienen und spielte Hut und Darsteller mit den Händen. Während ich in der einen Hand einen Klappkopf hielt, übernahm die zweite Hand mehrere Funktionen: Sie spielte zeitweise Körper oder Hand der Klappkopf-Figur, zeitweise die Bedienung des Hutes, zeitweise Kopf oder Hand eines Gegenübers (Bild 6).

Lichtpuppenspiel
Zum Schluß dieser Betrachtung der Personalfrage noch ein Schwenk zum Overheadprojektor, der sich am besten von einer oder zwei Personen bedienen läßt.
Einen meiner größten Lacherfolge erzielte ich einmal damit, daß ich bei einer Familienfeier einen Schnurwurm auftreten ließ, der sich mit seinem eigenen Schwanz unterhielt. Der Kopf sprach hessisch (wie meine Mutter), der Schwanz sprach sächsisch (wie mein Vater), und während der Wurm langsam zu der Einsicht kam, daß beide Enden zu ihm selbst gehörten, konnten sich die Zuschauer kaum auf den Stühlen halten. Ich brauchte für diese Comedy-Show außer dem Overheadprojektor nur einen Schnurwurm* und mich selbst (Bild 7).

Und damit wären wir auch schon am vorläufigen Ende unserer Licht- und Schattenserie. Zum Geleit für Ihre eigene Licht- und Schattenkarriere ein Zitat von Berthold Brecht:

"Und die einen stehn im Dunkeln,
und die andern stehn im Licht,
doch man sieht nur die im Licht,
die im Dunkeln sieht man nicht."

* Siehe Mensch Maya, Ebenen der Durchsicht, "M"W 4/ 1990, Seite 302 ff.

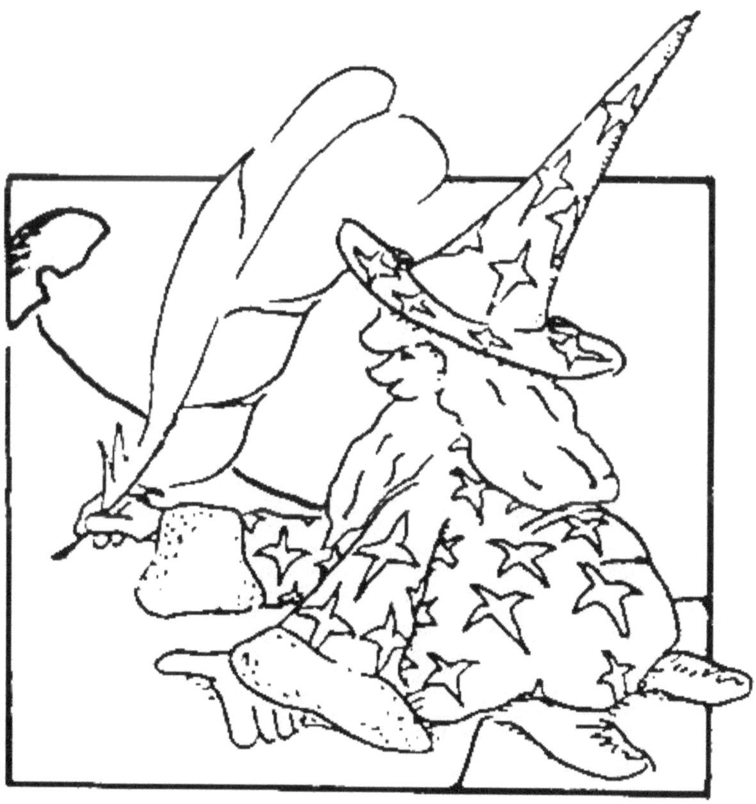

Yogisches Fliegen in den Jahren 1985 – 1994

Das 1976 bei erfahrenen Praktizierenden der Transzendentalen Meditation erstmals beobachtete Phänomen des Yogischen Fliegens erwies sich als wirksame Methode, um ungeordnete Tendenzen in der Gesellschaft aufzulösen und die Kreativität zu fördern.

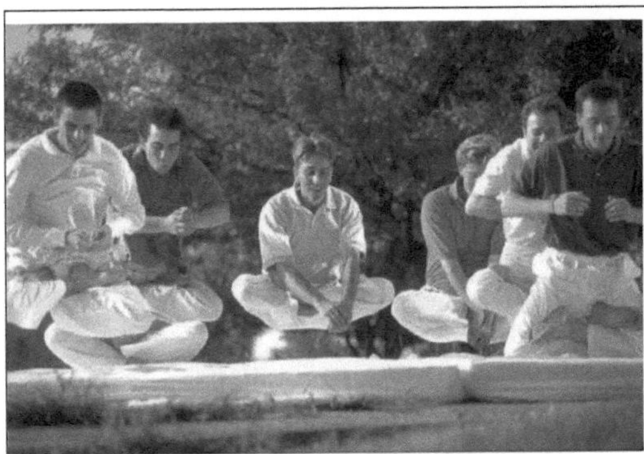

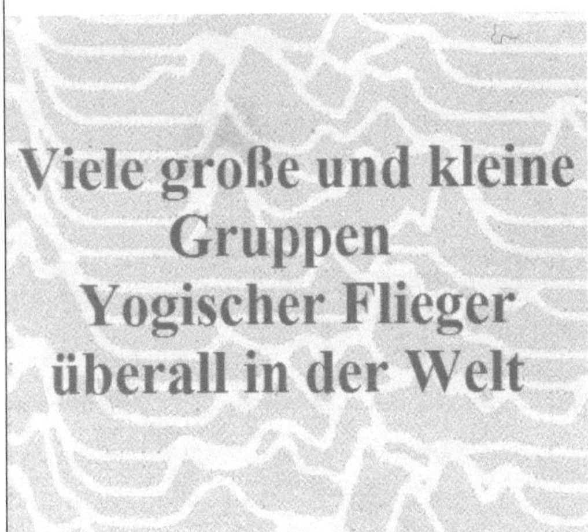

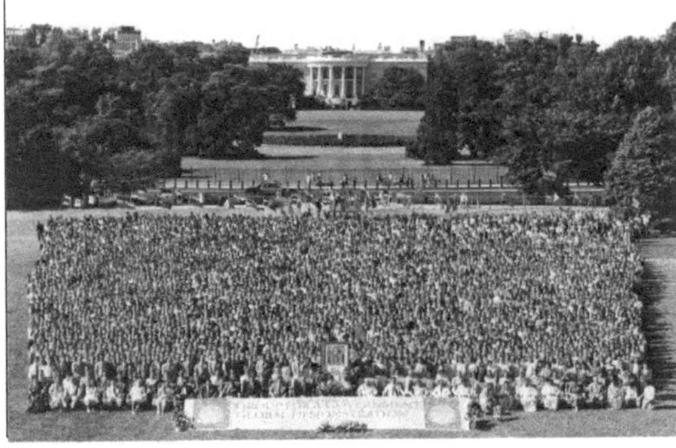

1985	Yogische Flieger beteiligen sich an der Entwicklung einer spielerisch-unterhaltsamen Präsentation des Mechanismus, wie sich vollständiges Wissen entfaltet (Veda Lila).
1986	Yogische Flieger engagieren sich in praktischen Programmen zur Erzeugung kollektiver Kohärenz.
1987	Yogische Flieger unterstützen lebensfördernde Strategien der Verteidigung, die Wettrüsten überflüssig machen.
1988	Regelmäßige Weltfriedensversammlungen Yogischer Flieger.
1989	Yogische Flieger unterstützen eine weltweite „grüne Initiative“ zur Verwirklichung einer stressfreien und progressiven postindustriellen Gesellschaft.
1990	Yogische Flieger unterstützen die Naturgesetzpartei zur Stärkung der Rolle der Naturgesetze in der Verwaltung.
1991	Yogische Flieger erforschen das wissenschaftliche Verständnis des Feldeffektes bei der Ordnung der Gesellschaft.
1992	Yogische Flieger unterstützen die Planung und Einrichtung von Unterhaltungs-Parks zur Veranschaulichung des kreativen Potential vollständigen Wissens (Doug Henning Veda Land).
1993	Wissenchaftlich-strenger Nachweis, dass Yogische Flieger Regierungskrisen auflösen können (Washington Studie).
1994	Die Effektivität des Yogischen Fliegens führt zum Konzept einer Kohärenz-erzeugenden Gruppe für jede Regierung.

Das Wunder der Wende: 1985 – 1994

Die sprunghafte Abnahme der Kriege zwischen den Staaten weltweit – das Ende des Eisernen Vorhang – macht bestehende innerstaatliche Konflikte sichtbar, die nach einer gewaltfreien, kreativen Lösungs-Strategie verlangen.

1985 Zunehmende Kompromiss-bereitschaft der Regierungen.
1986 Glasnost (Offenheit: Rede- und Meinungs-Freiheit) und Perestroika (Neuaufbau).
1987 Abrüstungsbestrebungen der Supermächte USA und Sowjetunion.
1988 Irak-Iran Friedensabkommen.
1989 Fall der Berliner Mauer und Wiedervereinigung Deutschlands („friedliche Revolution“).
1990 Erste Stufe der Europäischen Wirtschafts- und Währungsunion.
1991 Auflösung der Sowjetunion in unabhängige Staaten.
1992 Verschwinden zwischenstaatlicher militärischer Konflikte bei friedlicher Bewahrung kultureller Eigenständigkeit.
1993 Beginn der arabisch-israelischen Annäherung.
1994 Beginn des „Friedensprozesses“ in Nordirland, Friedensvertrag Israel-Jordanien.

Zahl der Kriegstoten weltweit 1946 - 1984

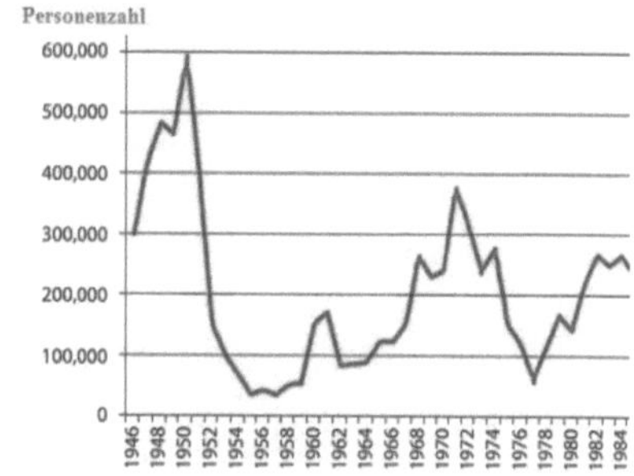

Quelle: UCDP, PRIO Battle-related deaths Dataset 2015

Sprunghafte Abnahme der Kriegstoten weltweit zwischen 1985 - 1994

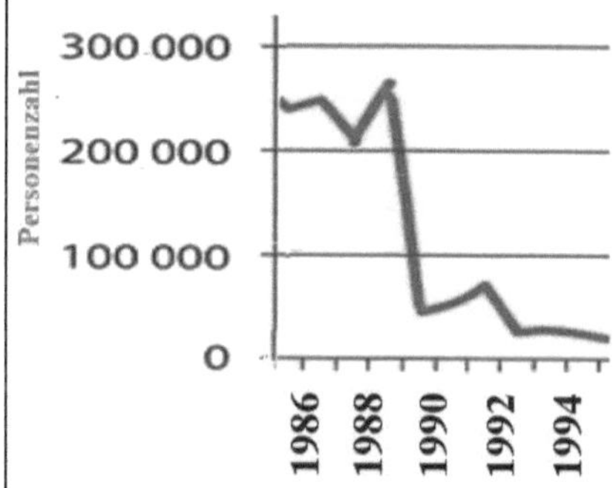

Quelle: UCDP, PRIO Battle-related deaths Dataset 2015

Dauerhaft niedrige Zahl an Kriegstoten weltweit ab 1994

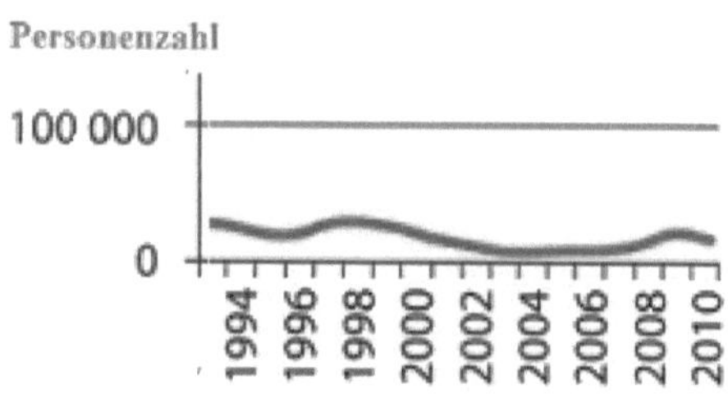

Quelle: UCDP, PRIO Battle-related deaths Dataset 2015

Reich über Nacht – Wunderware Geschichten

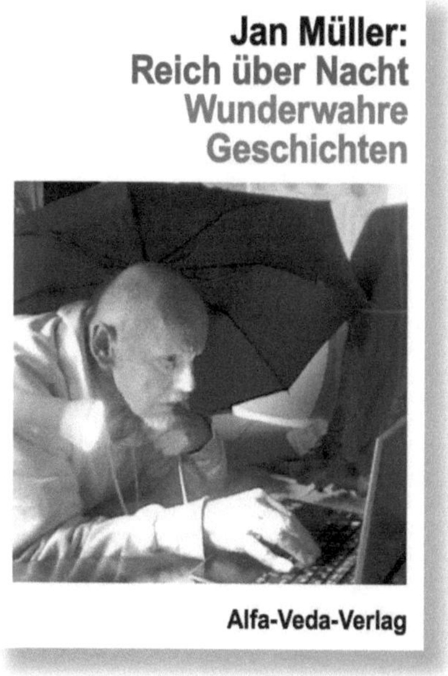

Im Oktober 1981 gründete Maharishi eine Gruppe alleinstehender Männer, die hauptberuflich in die Stille tauchen und Kohärenz erzeugen sollten. Aber wovon sollten sie leben? Wer bezahlt sie schon fürs Meditieren? Sind sie von Natur aus reich, oder bekommen sie Spenden, weil sie Kohärenz erzeugen?

»Reich über Nacht« erzählt vom abwechslungsreichen Leben einer solchen Gruppe. Schließlich können sie nicht den ganzen Tag nur meditieren. Vor allem nicht, wenn für sie gerade ein neues Spirituelles Zentrum mitten im tiefsten Regenwald der Blue Ridge Mountains entsteht. Im Land der unbegrenzten Möglichkeiten, wo die seltsamsten Geschichten zirkulieren, von denen keiner genau weiß, ob man sie glauben darf oder nicht. Wir lernen 13 phantastische Erzähler kennen, die im August und September 2001 einen spannenden Geschichtenwettbewerb abhalten, bis ein unglaubliches Ereignis plötzlich alles verändert.

200 Seiten reich illustriert
Taschenbuch ISBN 9783945004067
Hardcover ISBN 9783945004319

Sidhapower an der Mauer – Gedichte aus historischem Anlass

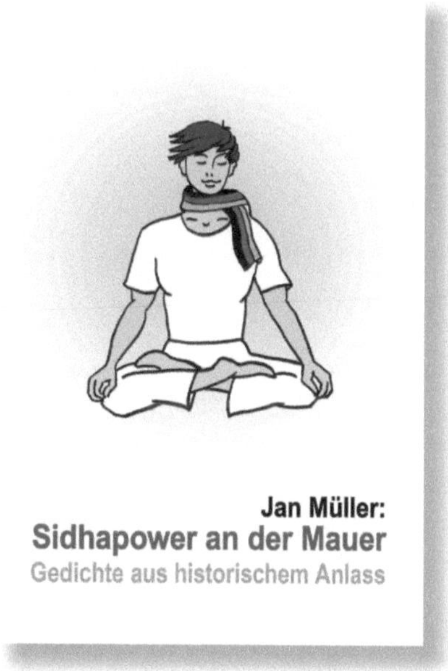

Vor der Wiedervereinigung Deutschlands organisierte die TM-Bewegung in Deutschland zahlreiche Veranstaltungen, um die Einheit und den Zusammenhalt der Bevölkerung zu stärken und die Mauer zu Fall zu bringen. Dieser Gedichtband fasst Jan Müllers Festreden zusammen, die als Grußbotschaft der deutschen Puruscha-Gruppe zu verschiedenen TM-Anlässen in den letzten Jahrzehnten des vergangenen Jahrhunderts entstanden sind. Weitere Gedichte zu privaten und festlichen Anlässen geben einen lebendigen Einblick in den bunten Alltag einer dauerhaften Meditationsgruppe.

294 Seiten reich illustriert
Taschenbuch ISBN 9783945004173
Hardcover ISBN 9783945004350